企业战略管理

规划理论、流程、方法与实践

（第3版）

21世纪经济管理类精品教材

主　编◎刘　平
副主编◎李　坚　金　环　林则宏

清华大学出版社
北京

内 容 简 介

本书从应用型本科教学的实际需要出发，坚持理论与实践相结合的原则，在教材体例上充分考虑案例教学和模拟演练的需要，每章开头设有引入案例，正文穿插个案研究、专论摘要，并安排课程级项目贯穿全书，突出应用型特色。

本书共分为五篇：第一篇战略管理的基本框架，包括第一章企业战略管理概论；第二篇战略环境分析，包括第二章企业外部环境分析和第三章企业内部环境分析；第三篇企业使命与战略选择，包括第四章企业使命与战略目标和第五章战略选择方法与评价；第四篇战略选择模式，包括第六章企业总体战略和第七章企业竞争战略；第五篇战略执行，包括第八章企业战略的实施与控制。

本书可作为普通高等教育院校经济管理类专业的企业战略管理课程教材，也可作为企业战略管理课程的培训用书或参考用书及企业管理人员的学习用书。

本书封面贴有清华大学出版社防伪标签，无标签者不得销售。
版权所有，侵权必究。举报：010-62782989，beiqinquan@tup.tsinghua.edu.cn。

图书在版编目（CIP）数据

企业战略管理：规划理论、流程、方法与实践 / 刘平主编. —3 版. —北京：清华大学出版社，2020.12（2024.8重印）
21 世纪经济管理类精品教材
ISBN 978-7-302-56949-7

Ⅰ.①企… Ⅱ.①刘… Ⅲ.①企业战略－战略管理－高等学校－教材 Ⅳ.①F272.1

中国版本图书馆 CIP 数据核字（2020）第 228214 号

责任编辑：杜春杰
封面设计：刘　超
版式设计：文森时代
责任校对：马军令
责任印制：曹婉颖

出版发行：清华大学出版社
网　　址：https://www.tup.com.cn，https://www.wqxuetang.com
地　　址：北京清华大学学研大厦 A 座　　邮　编：100084
社 总 机：010-83470000　　　　　　　　邮　购：010-62786544
投稿与读者服务：010-62776969，c-service@tup.tsinghua.edu.cn
质量反馈：010-62772015，zhiliang@tup.tsinghua.edu.cn
印 装 者：三河市铭诚印务有限公司
经　　销：全国新华书店
开　　本：185mm×260mm　　印　张：19　　字　数：472 千字
版　　次：2010 年 8 月第 1 版　2020 年 12 月第 3 版　印　次：2024 年 8 月第 4 次印刷
定　　价：59.80 元

产品编号：087699-01

第3版前言

《企业战略管理——规划理论、流程、方法与实践（第2版）》自2015年5月出版以来，已被众多大学广泛使用，并已重印多次。如今五年过去了，我国高等教育发生了深刻的变革，为适应新形势和新情况，再次修订已成必然。

本次修订主要是针对目前正在如火如荼地进行的应用型大学建设。为了进一步提升学生运用知识的能力，本次修订系统性地设置了课程级项目，并且贯穿全书始终；同时对部分内容进行了更新和增减，主要修订体现在以下几方面。

（1）增加了一个完整的课程级项目。以"为了家乡企业的腾飞——为家乡企业制定战略规划"为开端，具体分为"知彼——发现外部的机会与威胁、知己——找出自身的优势与劣势、定位——确定企业使命与战略目标、路径之选——确定企业的总体战略及实现途径、短兵相接——确定企业的竞争战略及实现方式、全力以赴——保障措施与战略实施"6个子项目，将相关知识点的运用有机融合到各个子项目里，最后由"为自己制定人生发展规划"收尾。以上项目分别在第一章、第二章、第三章、第四章、第六章、第七章、第八章和尾声。

（2）对第一章引入案例"百年柯达成也战略，败也战略——柯达百年沉浮录"再次做了改写和充实，补充了最新进展情况。同时，在第一章增加了《隆中对》的案例分析；并将第五章美国克莱斯勒汽车公司的案例分析扩展到第二章、第三章、第四章；将"阅读材料5-1 平衡计分卡简介"与"阅读材料8-1 贝塔斯曼中国之必然"对调，使内容体系更顺畅。

（3）考虑时间因素，删除了综合案例二"新华人寿的'二五'规划"；用"大数据产业发展规划（2016—2020）"替换了综合案例一"物联网'十二五'发展规划"；增加了附录B 企业战略规划提纲。

本次修订仍由沈阳工学院刘平主持，同时担任主编，沈阳理工大学李坚、林则宏和沈阳工学院金环担任副主编。沈阳工学院钟育秀、张颖、张洪迎、张超、梁月参与了部分内容的修订工作。本次修订同时采纳了读者的一些宝贵意见和建议。

由于作者学识、水平有限，疏漏之处在所难免，敬请广大读者批评指正，我们将在下次重印或修订时将大家反馈的意见和建议恰当地体现出来。再次感谢广大读者的厚爱！

刘 平

2020年3月

第 2 版前言

《企业战略管理——规划理论、流程、方法与实践》自 2010 年 8 月出版以来，已被浙江、陕西、四川、江苏、北京、辽宁、山东、湖南、江西、河南、安徽、江苏、广东、黑龙江等省市的宁波大学、西北师大知行学院、四川工程学院、延安大学、沈阳理工大学、南通航院、台州学院、安徽财经大学、辽宁石油化工大学、北大资源研修学院、曲阜师范大学、沈阳农业大学科学技术学院、广州大学、沈阳理工大学应用技术学院、潮汕学院、宁波工程学院、平顶山学院、江西陶瓷工艺美术学院、哈尔滨理工大学荣成学院等 40 余所大学广泛使用，并已重印多次。

本次修订坚持"精、新、实"的原则，主要修改和充实的内容体现在以下几方面。

(1) 对第一章引入案例"百年柯达成也战略，败也战略——柯达百年沉浮录"做了改写和充实，补充了最新进展情况。

(2) 将附在各章后面的综合案例"新华人寿的'二五'规划"各部分内容整合为一个完整的规划与分析文本，作为全书的综合案例二附于书后，还增补了最新进展情况。同时，增加了综合案例一"物联网'十二五'发展规划"。

(3) 在第三章后增加了阅读材料"基础管理是缔造联想的基石"。将第三章讨论案例"贝塔斯曼为何失利中国"的后续分析由第四章的引入案例移至第八章，变为阅读材料 8-1 "贝塔斯曼中国之必然"。另外，在第八章还增加了"联想'二次革命'全面进军移动互联网"和"为了前进必须付出的代价"两篇阅读材料。

(4) 第四章引入案例替换为"联想，从中国品牌到国际品牌"；将第四章阅读材料 4-1 "全面认识战略和战略决策"移至第二章阅读材料 2-1；第四章另增两篇阅读材料——"海尔战略 VS TCL 思维"和"联想是如何决定收购 IBM PC 的"。

(5) 第五章增加了阅读材料 5-2 "快乐购的全媒体销售模式"。第六章增加了阅读材料 6-1 "腾讯多元化之险"，并将综合案例"寿险公司发展战略的若干模式"改为第七章阅读材料。第七章还增加了"让竞争对手变成合作伙伴""诺基亚三打苹果，智能手机'空战'升级"等阅读材料。同时，将第七章原阅读材料 7-1 "竞合战略简介"改为第一节知识链接 7-1。

本次修订由沈阳工学院刘平主持，同时采纳了读者的一些宝贵意见和建议。由于作者学识、水平有限，疏漏之处在所难免，敬请广大读者批评指正，我们将在下次重印或修订时将大家反馈的意见和建议恰当地体现出来。再次感谢广大读者的厚爱！

刘 平

2015 年 1 月

第 1 版前言

一

企业战略管理是管理学科工商管理类各专业的一门主干课程，近年来得到了理论界和教育界的普遍重视。在高等院校，不仅相关专业把企业战略管理作为必修的考试课程，而且主动选修企业战略管理课程的大学生也越来越多。目前，企业战略管理的教材很多，虽各有特点，但主要是基于 MBA 的教学需要，适合应用型本科的教材却凤毛麟角。

经典的 MBA 教材有：清华大学刘冀生教授编著的《企业战略管理》、复旦大学王方华教授主编的《企业战略管理》、东北大学杨锡怀教授等人编写的《企业战略管理》，以及引进的（美）弗雷德·大卫著的《战略管理》、（美）阿瑟·汤姆森等著的《战略管理》等。

目前，本科使用的企业战略管理教材多从 MBA 的教材调整而来，虽注重学科体系的完整性、全面性和深入性，但实践性和应用性却显不足，对于缺乏实践经验的本科生而言，很多内容都理解不了。许多学过该门课程的学生在做相关毕业论文题目时不会具体运用，只是把书本理论简单地堆砌在一起，这种情况相当普遍。

通行的教材基本采用以下结构：战略管理概论，企业战略的形成（外部环境分析、内部环境分析、企业使命与战略目标、公司战略、企业的国际化经营战略、竞争战略、职能战略等），企业战略的执行与控制（企业战略的实施、企业战略的控制、企业战略的变革等）。内容较多，篇幅较大。在实际教学中，许多教师只是重点讲解战略管理概论、内外部环境分析、企业使命与战略目标、公司战略、竞争战略等内容，其他很多内容一带而过，甚至不讲。

应用型本科培养的人才既不可能马上就参与到大企业的战略规划制定，也不可能参与到真正的执行部分——真正的执行需要经验的积累。然而却很有可能自主创业或参与小企业的发展，那么懂得战略规划（以企业规划为主，兼顾人生规划）制定的理论、流程、方法与实践就显得更有现实意义。所以，本教材一反目前流行的做法，做此安排与尝试。

同时，在引入丰富案例的基础上，本教材还安排了一个综合案例贯穿全书，以强化对理论知识的理解和运用。通过这个综合案例的学习和分析，帮助学生真正掌握战略规划的流程与战略规划文本的格式，深刻体会战略规划的内容特色与分析方法。此种安排与尝试已在实际教学中进行了多轮的运用，取得了较好的成效。目前，该课程已被授予"辽宁省省级精品课程"称号，下步拟申报国家级精品课程。

2007 年 10 月，在党的"十七大"上，胡锦涛总书记明确提出了"实施扩大就业的发展战略，促进以创业带动就业"，把"以创业带动就业"上升到了党和国家的战略高度。同时他进一步指出，"完善支持自主创业、自谋职业的政策，加强就业观念教育，使更多劳动者成为创业者"。应用型本科生应一马当先，而要成功创业，制定出符合实际的创业规划必不可少。

虽然，本科生一毕业就能从事或涉及大企业战略管理工作的可能性很小，但是具有全局的观念和战略的高度却是非常必要的，通过实际的战略环境分析和规划制定可以有效地培养具有全局观念的战略性思维，对于本科生，特别是应用型本科生，意义重大。

二

本教材是省级精品课程——"企业战略管理"的阶段性成果之一。本精品课程建设的指导思想，是以企业战略管理知识的综合运用为导向，以战略规划的规范流程和方法为基础，以辩证思维为核心，以实际运用为重点，以综合的教学改革为突破口，促进学生对企业战略管理基本理论的掌握和运用技能的提升，重点是突出应用能力和培养辩证思维。

为此，本教材在编写过程中，从应用型本科教学的实际需要出发，坚持科学性、应用性与先进性的统一，坚持理论与实践相结合，纠正了以往本科教材过分追求理论知识体系的完整和深入的倾向，重点集中在战略规划的理论、流程、方法与实践。

全书分为五篇：第一篇战略管理的基本框架，包括第一章企业战略管理概论；第二篇战略环境分析，包括第二章企业外部环境分析和第三章企业内部环境分析；第三篇企业使命与战略选择，包括第四章企业使命与战略目标和第五章战略选择方法与评价；第四篇战略选择模式，包括第六章企业总体战略和第七章企业竞争战略；第五篇战略执行，包括第八章企业战略的实施与控制。

本教材在编写过程中突出了以下三个主要特点。

（1）理论与实践相结合，突出应用性和实践性，充实分析方法、战略规划文本等实践性较强且又非常有用的内容，同时结合分析企业战略规划的实际案例，可以较好地满足应用型和技能型人才培养的需要。

（2）构建符合面向实践应用的企业战略管理知识和方法体系，在分章编写关于企业战略规划的重点内容和实用内容时，注重语言的表达方式，争取做到像讲故事一样娓娓道来，使学生易于理解和接受。

（3）在教材体例上充分考虑案例教学法和模拟演练的需要，在每章开篇有引入案例，正文中穿插了个案研究，以加深对重点问题和难点问题的理解和掌握。全书安排了一个综合案例贯穿全书，系统强化对理论知识的理解和运用。同时穿插部分专论摘要，介绍当今的一些新趋势和观点，开阔视野；在每章最后设有阅读材料，以拓宽学生的知识面，加深对正文内容的理解和认识。

本教材各章的基本体例结构如下。

（1）学习目标与重点：说明本章的学习收获及对各部分内容的掌握程度。

（2）关键术语：本章涉及的关键内容索引。

（3）引入案例：引发学习兴趣，引入思维环境。

（4）正文：本章的核心内容。

（5）个案研究：穿插于正文中，通过个案加深对重点问题和难点问题的理解和掌握。

（6）专论摘要：穿插于正文中，介绍当今的一些新趋势和观点，开阔视野。

（7）知识链接：介绍一些背景资料和相关知识。

（8）本章内容结构：给出本章核心内容的体系结构。

（9）综合练习：分别包括名词解释、判断题、填空题、单项选择题、多项选择题、简答题、简述题、搜索思考、案例分析和模拟演练等题型中的若干类型；并在第一章和第五章安排了两个实训题，分别是"为家乡企业制定战略"（这是一个贯穿全课程的综合实训题）和"为自己做

SWOT 分析"。

（10）综合案例：结合全书各部分的综合案例构成了一个完整的规划文本。

（11）推荐阅读：给出深入学习本章内容的参考书籍。

（12）讨论案例：分别在第三章和第六章后安排了两个典型的讨论案例。

（13）阅读材料：此类资料篇幅要大于个案研究和专论摘要，是相对比较完整的补充阅读材料，拓宽学生的知识面，加深对正文内容的理解和认识。

全书突出案例教学和互动交流、研讨。

三

本教材根据应用型人才的培养目标和"应用为本、学以致用"的办学理念，理论部分贯彻"精、新、实"的原则，以"必需、够用"为度，精选必需的内容，其余内容引导学生根据兴趣和需要有目的、有针对性地自学；实践部分则突出应用能力的培养，加大实践教学的力度，创新实践教学的内容和形式，以此为依据，统筹考虑和选取教学内容。本教材基本做到教学内容新颖、精辟，能及时把最新科研成果引入教学，突出了课程内容的应用性与先进性。

企业战略管理是一门综合型、实用型课程，本教材以"好读、实用、操作性强"为编写宗旨和追求目标，具有"精""准""新""活""实"五个显著特征。

"精"：理论部分力求简洁、精练，用结构式描述法替代长篇大论的大段文字描述法，好读、易记，便于理解，使学生从宏观的角度对企业战略管理有整体、全面的认识，至于从微观角度进行的学习研究则是各门专业课的任务。因此，本书舍弃晦涩难懂的专业内容和繁杂的公式，力求用通俗易懂的语言讲清其间的逻辑关系和深奥的道理。

"准"：准确阐明企业战略管理的理论和概念，务求理论体系全面、完整、准确。为此，编者参阅了大量教材并进行了深入的调查研究，设计了本教材目前的结构和内容。

"新"：近年来，我国企业战略管理的理论与实践取得了长足进展，迫切需要对相关内容进行更新。对典型案例及时进行修订和补充，如第一章引入案例"成也战略，败也战略——百年柯达的成与危"就是对罗雁《百年柯达痛苦转型，战略性危机获得软着陆》一文的二次开发，一是增加了柯达早期成功原因的背景资料；二是增加了柯达此次危机拯救的最新进展，以出售数码业务而告终；三是进行理论升华，引出"成功的负担"的理论。

"活"：一是采用了大量鲜活的案例，二是编写手法丰富鲜活。这从全书的体例结构中可以得到充分的印证。

"实"：实用、系统，有利于读者循序渐进地学习，具有较强的可操作性。在案例的选取上，主要采用国内案例或跨国公司在中国发展的案例，以自编案例、二次开发案例为主，注重选取作者亲身经历或深入研究过的典型案例和学生熟悉的最新案例，以增强真实性和可触摸性，提高学生的参与度。

四

其实，工商管理学科除企业战略管理外，还有管理学、市场营销管理、财务会计、财务管理、人力资源管理、组织行为学、企业文化、生产运作管理、研究与开发管理等众多课程，这些课程之间存在着密切的联系。企业战略管理是管理理论的最高层次管理，它不仅以管理基础理论和职能管理理论为基础，还融合了政治学、法学、社会学、经济学等方面的知识。

企业战略管理作为一门高度综合的课程，有别于其他管理课程，不只是狭隘地集中于某一领域，而是跨越了企业经营和管理的整个范畴，重点研究和解决企业长远性、全局性的战略管理问题。只有掌握了企业战略管理理论，才能有效处理企业整体性的管理问题。学习本课程的目的是使学生了解战略管理的基本理论知识，掌握战略管理的过程和战略制定的方法，培养学生的战略性思维及相关分析问题、解决问题的能力。

因此，企业战略管理是在学习了其他管理理论课程的基础上综合性地运用知识以解决企业整体问题的课程。为此，本教材尽量避免与其他教材的过分重复，没有过多地探讨各专门理论独立解决的问题，而是注重各理论的综合运用，关注各理论的相互衔接。

本教材既可作为应用型本科相关专业的企业战略管理课程教材，也可作为高职高专相关专业的企业战略管理课程教材；既可作为企业战略管理的培训用书或参考用书，也可作为企业战略管理实务工作者的学习用书。

五

本书由刘平起草写作大纲并担任主编，张海玉、金环、徐彦担任副主编。具体编写分工如下：刘平参与前言、第一章、第八章和尾声的编写；张海玉参与第二章和第三章的编写；金环参与第四章和第五章的编写；徐彦参与第六章和第七章的编写；张博参与第二章和第四章的编写；林则宏参与第三章和第五章的编写；戴晓丹参与第六章和第七章的编写；书中主要案例由刘平提供。最后，由刘平通读全书，并做适当修改。

本教材的编辑、出版得到了清华大学出版社的热情鼓励和大力支持；也得到了学校领导与各位老师的积极支持和密切配合，在此一并表示衷心的感谢！同时，还要感谢我的学生李梅和傅琦，她们分别参与了第一章、第四章、第五章、第八章和第二章、第三章、第六章、第七章部分内容的整理工作。本书的编写也参阅了有关文献资料，在此向原作者表示诚挚的谢意！

写书和出书在某种程度上说也是一种"遗憾"的事情。由于种种缘由，每每在书稿完成之后，总能发现有缺憾之处，本教材也不例外。编者诚恳地希望读者在阅读本书的过程中，指出存在的缺点和错误，并提出宝贵的指导意见。我们将在修订或重印时，将大家反馈的意见和建议恰当地体现出来。感谢广大读者的厚爱！

编 者

2010 年 7 月

目 录

第一篇 战略管理的基本框架

第一章 企业战略管理概论 ... 3
内容提要 ... 3
学习目标与重点 ... 3
关键术语 ... 3
引入案例 百年柯达成也战略，败也战略——柯达百年沉浮录 ... 3

第一节 企业战略的基本概念 ... 6
一、战略的内涵 ... 6
【知识链接 1-1】 隆中对（节选） ... 6
【专论摘要 1-1】 企业战略图解 ... 8
二、战略的特征 ... 9
三、战略的结构 ... 10
【课堂讨论】 ... 12

第二节 战略管理的内涵 ... 12
一、战略管理的概念 ... 12
【知识链接 1-2】 战略管理的起源与发展 ... 12
二、战略管理的性质 ... 13
【知识链接 1-3】 三个层次管理理论的划分 ... 13
【知识链接 1-4】 对管理者能力的要求 ... 14
三、战略管理的作用 ... 14
【脑力激荡】 ... 15
【知识链接 1-5】 战略管理与经济效益的关系 ... 15
【专论摘要 1-2】 战略管理的辩证法 ... 16

第三节 战略管理的过程 ... 18
一、确定企业使命 ... 19
【个案研究 1-1】 宏碁对高端音响项目的选择 ... 19
二、战略环境分析 ... 19
三、战略评价及选择 ... 20
四、战略实施及控制 ... 21
【知识链接 1-6】 企业战略的修订 ... 22

第四节 战略规划及编制 ... 23
一、战略规划的含义 ... 23

二、战略规划的作用 ... 24
　　三、战略规划制定应遵循的基本原则 ... 25
　　四、战略规划的基本内容 ... 25
　　五、战略规划的形成过程及基本格式 ... 27
　　【知识链接1-7】　企业战略规划的格式 ... 27
　第五节　战略管理的利益相关者 ... 28
　　一、相关利益者 ... 28
　　二、战略管理者 ... 28
　　三、战略实施者 ... 30
　本章内容结构 ... 31
　综合练习 ... 31
　总项目　为了家乡企业的腾飞——为家乡企业制定战略规划 ... 32
　推荐阅读 ... 34
　阅读材料1-1　战略管理理论的演进 ... 35
　阅读材料1-2　战略管理主要学派简介 ... 36

第二篇　战略环境分析

第二章　企业外部环境分析 ... 43
　内容提要 ... 43
　学习目标与重点 ... 43
　关键术语 ... 43
　引入案例　变革中的招商银行 ... 43
　第一节　宏观环境分析 ... 45
　　一、政治法律因素 ... 45
　　二、经济因素 ... 46
　　三、社会文化因素 ... 47
　　四、科学技术因素 ... 47
　第二节　行业（产业）结构分析 ... 48
　　一、现有竞争者之间的竞争程度 ... 49
　　二、行业新加入者的威胁 ... 50
　　三、替代产品的威胁 ... 51
　　四、购买商讨价还价的能力 ... 52
　　五、供应商讨价还价的能力 ... 53
　　【知识链接2-1】　战略集团与战略集团分析法 ... 54
　第三节　竞争对手分析 ... 55
　　一、竞争对手的未来目标 ... 55

二、竞争对手的假设 ... 56
　　三、竞争对手的现行战略 ... 56
　　四、竞争对手的能力 ... 56
　　【知识链接2-2】 选择竞争对手的风险 ... 57
第四节　客户分析 ... 58
　　一、客户需求分析 ... 58
　　二、客户行为分析 ... 59
　　三、客户让渡价值分析 ... 61
　　【个案研究2-1】 为何愿意多付20元 ... 62
第五节　外部环境分析方法 ... 63
　　一、战略环境要素评价模型 ... 63
　　二、行业关键战略要素评价矩阵 ... 64
　　三、战略环境预测方法和技术 ... 65
　　【知识链接2-3】 用于预测未来外部环境状况的六种定性技术 ... 65
　　四、行业中取得成功的关键因素分析 ... 66
　　【专论摘要2-1】 如何培育企业成功的关键因素 ... 66
　　本章内容结构 ... 67
　　综合练习 ... 68
　　子项目1　知彼——分析外部的机会与威胁 ... 68
　　参考案例　美国克莱斯勒汽车公司外部分析结论 ... 69
　　推荐阅读 ... 70
　　阅读材料2-1　全面认识战略和战略决策 ... 70

第三章　企业内部环境分析 ... 73
　　内容提要 ... 73
　　学习目标与重点 ... 73
　　关键术语 ... 73
　　引入案例　家电连锁业：极度扩张理论与现实的悖论 ... 73
第一节　企业资源分析 ... 76
　　一、企业资源的分类 ... 76
　　二、企业资源分析过程 ... 78
　　【案例解读3-1】 家电连锁业：极度扩张理论与现实的悖论（续） ... 79
第二节　企业能力分析 ... 81
　　一、财务能力分析 ... 82
　　二、营销能力分析 ... 84
　　三、生产管理能力分析 ... 86
　　四、组织效能分析 ... 86

  五、企业文化分析......87
 第三节 企业核心能力分析......87
  一、企业核心能力的概念......88
  二、企业核心能力的判断标准......88
  三、企业核心能力分析的内容......90
  四、企业核心能力的获得......90
  五、企业核心能力的培育......91
 第四节 内部环境分析方法......92
  一、雷达图分析法......92
  二、内部战略要素评价矩阵......92
  本章内容结构......94
  综合练习......94
  子项目2 知己——找出自身的优势与劣势......95
  参考案例 美国克莱斯勒汽车公司内部分析结论......96
  推荐阅读......96
  讨论案例3-1 贝塔斯曼为何失利中国......96
  背景资料一 历史悠久的贝塔斯曼......97
  背景资料二 贝塔斯曼中国体系......97
  背景资料三 贝塔斯曼中国大事记......98
  阅读材料3-1 基础管理是缔造联想的基石......98

第三篇 企业使命与战略选择

第四章 企业使命与战略目标......105
 内容提要......105
 学习目标与重点......105
 关键术语......105
 引入案例 联想,从中国品牌到国际品牌......105
 第一节 企业愿景与使命......108
  一、企业愿景的含义......108
  二、企业使命的含义......109
  三、企业使命定位的内容......109
  四、企业使命定位应考虑的因素......111
 第二节 企业功能的定位......112
  一、企业是什么......112
  【专论摘要4-1】 德鲁克谈企业功能......113
  二、企业将会是什么......113

三、企业应该是什么 113
【个案研究 4-1】 可口可乐公司对"我们的事业"的报告 114
第三节 企业战略目标体系 114
一、企业战略目标的含义 114
二、企业战略目标的特征 115
三、企业战略目标的内容 116
【专论摘要 4-2】 德鲁克谈企业战略目标的内容 117
【专论摘要 4-3】 格罗斯谈企业战略目标的内容 118
四、企业战略目标体系的构成及表示 118
五、企业战略目标的制定原则 120
六、企业战略目标的制定过程 121
【知识链接 4-1】 环境、战略、能力三者的关系 122
本章内容结构 122
综合练习 122
子项目 3 定位——确定企业使命与战略目标 123
推荐阅读 124
阅读材料 4-1 社会责任与企业公民行为 124
阅读材料 4-2 海尔战略 VS TCL 思维 126
阅读材料 4-3 联想是如何决定收购 IBM PC 的 129

第五章 战略选择方法与评价 132
内容提要 132
学习目标与重点 132
关键术语 132
引入案例 新华 VS 友邦,条条大路通罗马——重视战略制定的方法论 132
第一节 SWOT 分析 135
一、SWOT 分析的基本思路 135
二、SWOT 分析矩阵 137
【个案研究 5-1】 Chrysler 的 SWOT 分析 137
三、SWOT 模型分析 138
【专论摘要 5-1】 对 SWOT 分析的评价 139
第二节 波士顿矩阵(BCG 矩阵) 140
一、波士顿矩阵的基本结构 140
二、波士顿矩阵在企业战略分析中的运用 142
第三节 GE 矩阵(九宫格) 142
一、GE 矩阵的基本结构 143
二、GE 矩阵在企业战略分析中的应用 144

第四节 战略方案的评价及选择 ... 146
　一、战略方案的评价及选择过程 ... 146
　二、影响战略选择的因素 ... 146
　【个案研究 5-2】 日本明星精密机械公司的战略选择 ... 148
　本章内容结构 ... 149
　综合练习 ... 149
　实训练习　为自己做 SWOT 分析 ... 150
　推荐阅读 ... 150
　阅读材料 5-1　贝塔斯曼中国之必然 ... 150
　阅读材料 5-2　快乐购的全媒体销售模式 ... 155
　点评 ... 156

第四篇　战略选择模式

第六章　企业总体战略 ... 159
　内容提要 ... 159
　学习目标与重点 ... 159
　关键术语 ... 159
　引入案例　波导，手机黑马何去何从 ... 159

第一节　稳定型战略 ... 162
　一、企业采用稳定型战略的原因 ... 162
　二、稳定型战略的适用性 ... 163
　三、稳定型战略的利与弊 ... 163

第二节　发展型战略Ⅰ：战略类型 ... 164
　一、产品—市场战略 ... 164
　二、一体化战略 ... 165
　三、多元化战略 ... 167

第三节　发展型战略Ⅱ：实现方式 ... 169
　一、公司内部发展 ... 169
　二、合并及并购 ... 170
　三、合资经营 ... 172

第四节　防御型战略 ... 172
　一、收获战略 ... 172
　二、调整战略 ... 173
　三、放弃战略 ... 173
　四、清算战略 ... 174
　【知识链接 6-1】战略组合与混合型战略 ... 174

第五节　战略选择实践 174
　　一、实践中的战略选择 175
　　二、战略态势选择的误区 175
　本章内容结构 176
　综合练习 177
　子项目4　路径之选——确定企业的总体战略 177
　推荐阅读 178
　讨论案例　"走出去"真的准备好了吗——冲击国际龙头的代价与反思 179
　阅读材料6-1　腾讯多元化之险 183
　阅读材料6-2　国际化经营战略简介 185

第七章　企业竞争战略 187
　内容提要 187
　学习目标与重点 187
　关键术语 187
　引入案例　中国首富王传福——比亚迪的低成本策略 187
　第一节　基本竞争战略 188
　　一、成本领先战略（低成本战略） 189
　　【个案研究7-1】　一分钱优势，赢来做不完的订单——
　　　　　　　　　　　聪明地抠成本，低价≠微利 189
　　二、别具一格战略（差异化战略） 191
　　【个案研究7-2】　从朱呈的糖葫芦看产品差异化 191
　　【个案研究7-3】　三小伙开女性专卖店 192
　　三、集中一点战略（专业化战略） 193
　　【个案研究7-4】　非常小器·圣雅伦 194
　　【知识链接7-1】　竞合战略简介 196
　第二节　不同产业结构下的竞争战略 197
　　一、新兴产业中的竞争战略 197
　　【个案研究7-5】　下一代DVD的标准之争 198
　　二、成熟产业中的竞争战略 201
　　三、衰退产业中的竞争战略 203
　　四、分散型产业中的竞争战略 205
　第三节　不同市场竞争地位下的竞争战略 207
　　一、市场领导者战略 207
　　二、市场挑战者战略 209
　　三、市场追随者战略 209
　　【个案研究7-6】　姜贵琴的成功跟随 210

四、市场补缺者战略 212
　　【个案研究7-7】 独特的降氟牛奶 212
　　本章内容结构 213
　　综合练习 213
　　子项目5　短兵相接——确定企业的竞争战略 214
　　推荐阅读 215
　　阅读材料7-1　让竞争对手变成合作伙伴 215
　　阅读材料7-2　诺基亚三打苹果，智能手机"空战"升级 217
　　阅读材料7-3　寿险公司发展战略的若干模式 219

第五篇　战略执行

第八章　企业战略的实施与控制 225
　　内容提要 225
　　学习目标与重点 225
　　关键术语 225
　　引入案例　德隆系倒塌，母子公司管控之败 225
　第一节　企业战略实施 226
　　一、战略实施的基本原则 226
　　二、战略实施的基本模式 227
　　三、战略实施的支持系统 229
　　【个案研究8-1】 海尔的"文化先行"战略 232
　　【专论摘要8-1】 企业文化与企业新战略之间的关系 233
　第二节　企业战略控制 235
　　一、战略控制的含义 235
　　二、战略控制的层次与类型 236
　　三、战略控制的原则 237
　　四、战略控制与评价过程 238
　　五、战略控制与评价的方法 238
　第三节　企业战略变革 240
　　一、战略变革的基本含义 241
　　二、企业战略变革的必要性 242
　　三、企业战略变革的影响因素 243
　　本章内容结构 245
　　综合练习 245
　　子项目6　全力以赴——保障措施与战略实施 246
　　推荐阅读 247

讨论案例　宏碁再造 247
　　阅读材料 8-1　平衡计分卡简介 249
　　阅读材料 8-2　联想"二次革命"全面进军移动互联网 253
　　阅读材料 8-3　为了前进必须付出的代价 255
　　【链接】　柳传志喜获法国"世界企业家"大奖，
　　　　　　　联想集团国际化广受世界好评 260
　　【个案研究】　环宇集团持续成长"四要素" 261
　　项目总结　为了我们未来的成功——为自己制定人生发展规划 262

尾声　高成长企业的长赢基因 266

参考文献 271

附录 A　综合案例大数据产业发展规划（2016—2020） 273

附录 B　企业战略规划提纲 284

第一篇

战略管理的基本框架

➢ 第一章 企业战略管理概论

第一章　企业战略管理概论

内容提要

　　本章从总体上勾勒出了企业战略管理的基本框架与逻辑结构，在全书中起提纲挈领的作用。首先阐述了企业战略的内涵、特征和结构；然后阐述了战略管理的概念、性质与作用；接着介绍了战略管理过程和战略规划流程；最后介绍了战略管理的三大利益相关者。通过本章的学习，读者可以清晰地了解企业战略管理的基本框架，为进一步学习企业战略管理的具体内容打下坚实的基础。

学习目标与重点

- 了解管理理论的划分，明确战略管理的地位；
- 掌握战略、战略规划与战略管理的内涵及其关系；
- 掌握战略的特征、结构（层次），战略管理的性质、作用和过程；
- 重点掌握战略规划的作用、基本原则、内容、流程及其逻辑关系；
- 了解三大主要利益集团对战略的影响。

关键术语

战略；战略规划；战略管理；战略管理过程

引入案例　　百年柯达成也战略，败也战略——柯达百年沉浮录[①]

　　1888 年，乔治·伊斯曼使照相机走入寻常百姓家，"柯达"也几乎成为摄影的代名词。此后的一百年间，柯达公司曾占据过全球 2/3 的摄影产业市场份额，拥有超过 14.5 万名员工。然而数码时代的转型失败，使其市值在十五年间从 300 亿美元蒸发至 1.75 亿美元，进入"破产倒计时"。

　　（一）战略的变革成就了柯达的辉煌[②]

　　1963 年 2 月 28 日——这是一个世界照相史上划时代的日子，柯达公司率先推出了"傻瓜相机"。当年营业额超过了 20 亿美元，纯利润 3 亿多美元，所花费的 600 万美元开发费带来了巨大利润。可就在柯达的"傻瓜相机"大为走俏时，柯达做出了出人意料的惊人之举：公布了"傻瓜相机"的专利技术。为什么？

　　其实，柯达公开"傻瓜相机"技术正是该公司战略变革的体现。当时，世界上相机拥有量已有

[①] 网易财经. 柯达正式申请破产保护　百年老店折戟数码时代 [EB/OL]. (2012-01-19)[2020-04-20]. http://money.163.com/12/0119/13/7O4T5ROT002526O3.html#p= 7O50UATF0HH40025.

[②] 杨明刚. 市场营销策划[M]. 北京：高等教育出版社，2002：25-26.

数千万部,而且日本自行研究的"傻瓜相机"也将问世,即使不公开其技术,其他公司也已模仿研制出同类产品。另一方面,相机是耐用品,可以重复使用,而胶卷是一次性使用的,其市场需求越来越大。

鉴于以上考虑,柯达公司才做此战略转变,公布了"傻瓜相机"技术。公布的结果使日本的独立开发与其他公司的模仿开发变得一钱不值,没有投入研制的公司不费吹灰之力就拥有了柯达提供的技术。此时,柯达正好收缩精力,全力生产高质量的胶卷,结果成功变身为处于垄断地位的胶卷业巨头,照样财源滚滚。

(二)不能应时而使,陷入困境[①]

然而,柯达却在从"胶卷时代"走入"数字时代"中迷失,在21世纪初IT泡沫破裂时陷入严重的经营危机。究其根源:

(1)投资方向单一,过分依赖传统胶片部门,对数字科技给予传统影像部门的冲击反应迟钝。由于对现有技术带来的现实利润的依赖和对新技术带来的未来利润的不确定性,柯达将大量资金用于传统胶片业务的简单扩张上,无暇他顾。

(2)公司高层作风保守,迷恋既有优势,忽视对新技术和替代技术的开发。化学胶片与数字科技相隔甚远,而柯达的管理层多为化学等传统行业出身,满足于传统胶片产品的市场份额和垄断地位。

(3)缺乏对市场的前瞻性分析,战略联盟被短期市场行为左右,没能及时调整公司经营战略重心和组织架构,决策犹豫不决,错失良机。

针对上述问题和资本市场的反应,柯达于2003年9月26日宣布实施战略性转变:放弃传统的胶卷业务,重心向新兴的数字产品转移。具体内容如下所示。

(1)"以变应变",增加非影像业务领域的投资。

(2)不再向传统胶片业务进行重大的长期投资。

(3)公司重组,机构进行了大幅调整。

2005年1月,柯达任命在惠普工作了31年的技术专家、被外界冠为"数字CTO"的William Lloyd为新的CTO。2005年6月,曾为惠普效力25年的彭安东(Antonio Perez)出任柯达首席执行官,其率领的惠普打印机部门每年的盈利高达100亿美元。

在全球传统胶卷市场迅速萎缩的当口,彭安东的走马上任被外界解读为柯达加速转型的一个重要信号,即这家企业已决心要把自己带入数据时代。

(三)转型失利,从老大变成追随者[②]

2009年6月,美国柯达公司宣布,将停止生产拥有74年历史的Kodachrome品牌胶卷。"这意味着一个时代的结束。"24年前曾使用柯达克罗姆反转片拍摄《阿富汗少女》的著名摄影师史蒂夫·麦凯瑞公开表示。

尽管历经挣扎,柯达还是走到了这一步——2012年1月19日,在纽约依据美国《破产法》第十一章提出破产保护申请。这家创立于1880年的世界最大的影像产品及相关服务生产和供应商,由于担心其胶卷销量受到影响,一直未敢大力发展数字业务,使其逐渐被数字化潮流淘汰,而不得

---

① 罗雁. 百年柯达痛苦转型,战略性危机获得软着陆[J]. 中外管理,2005(7).
② 宋文明. 柯达2010或出局:两次转型失败 从老大到追随者[N]. 中国经营报,2010-01-10.

不面对残酷的结局。

2013年5月，伊士曼-柯达公司正式提交退出破产保护的计划，如果计划获批，该公司无担保债权人可获得重组后公司总值22亿美元的股份。2013年8月20日，美国联邦破产法院批准美国柯达公司脱离破产保护、重组为一家小型数码影像公司的计划。

2013年11月，完成重组的伊士曼-柯达重返纽约证券交易所。重组完成后，这个昔日的业界霸主的市值已不足10亿美元。柯达破产又重组后，公司主要业务来自于小众电影市场——仍有一小部分导演是胶片的忠实粉丝，不肯运用数码手段拍摄影片；此外，柯达也向报纸印刷、包装和一些相关企业出售设备。柯达目前的主要营业收入仍然来自传统业务。根据电影制片人的数据，2015年约有64部电影采用35mm胶片拍摄，2016年降到29部，2017年戛纳电影节上仅剩15部。2017年柯达三季度收入3.79亿美元，净亏损4 600万美元，于是柯达决定裁员425人。①

战略失误，胶片巨头被数码时代淘汰。在从传统影像到数码影像的转型战略中，柯达始终犹豫不决，贻误了战机，因为它不希望放弃自己在传统胶片时代的优势，2003年才逐渐加快转型的步伐，但已错过了最好的时机。在此过程中，黯然失色的不只柯达一家，柯尼卡、美能达也已淡出了人们的视野。

相比之下，柯达在胶片行业的老对手富士在"做事"上就要"激进"得多。在他们意识到胶片行业已经是一个末路行业后，迅速关掉了其胶片生产的绝大多数生产线，转投与之前业务毫不相干的医药甚至化妆品行业。

案例点评：

经营范围变大了，什么都做，而且习惯于用过去成功的方法做未来的事情，因为用过去成功的方法做未来的事情不担风险。但问题也随之而来。做好了，自然不用说；做坏了，别人也说不出什么。如果用新方法去做，做好了还行；做不好，麻烦就大了。因此也就严重影响了创新。往往是当用过去成功的方法使企业陷入困境时，才想起创新；或者说不得不创新，否则只有死路一条。这就是"成功的负担"，如图1-1所示。

图1-1 战略管理循环图

有资料表明，美国平均每年要注册50万家企业，可只有不到千分之一的企业能上升到中型企业，或者称之为稳定企业。1 000家企业中有999家都是在这个水平线上退下来，其中95%的企业在3年之内必定破产，其余企业就永远停留在小老板的行列中。②2005年7月1日公布的中国民营

---

① 陶凤. 百年柯达的"反扑" [EB/OL].（2018-01-11）[2020-04-20]. www.xinhuanet.com/fortune/2018-01/11/c_129788539.htm.
② 刘平. 快速成长型企业的危机基因[J]. 中外管理，2006（6）：56-57.

> 企业发展报告"蓝皮书"称：20年来，中国每年新诞生的企业接近15万家，而每年消亡的企业也有十几万家。60%的民营企业在5年内破产，85%的企业在10年内死亡。中国民营企业的平均寿命仅有2.9年。究其根源，战略决策失误、经营管理不善是重要原因。

第一节 企业战略的基本概念

一、战略的内涵

"战略"一词源于军事，就是作战的谋略。依据《辞海》的解释：战略泛指重大的、带有全局性和决定全局的计谋。东汉末年，孙、刘联军在赤壁大破曹操，这是中国历史上以少胜多、以弱胜强的著名战役之一。那么，为何是孙权与刘备联合对抗曹操呢？我们可以从"一对分天下"的《隆中对》中找到答案。

【知识链接1-1】　　　　　　　隆中对（节选）

自董卓已来，豪杰并起，跨州连郡者不可胜数。曹操比于袁绍，则名微而众寡。然操遂能克绍，以弱为强者，非惟天时，抑亦人谋也。今操已拥百万之众，挟天子而令诸侯，此诚不可与争锋。孙权据有江东，已历三世，国险而民附，贤能为之用，此可以为援而不可图也。荆州北据汉、沔，利尽南海，东连吴会，西通巴、蜀，此用武之国，而其主不能守，此殆天所以资将军，将军岂有意乎？益州险塞，沃野千里，天府之土，高祖因之以成帝业。刘璋暗弱，张鲁在北，民殷国富而不知存恤，智能之士思得明君。将军既帝室之胄，信义著于四海，总揽英雄，思贤如渴，若跨有荆、益，保其岩阻，西和诸戎，南抚夷越，外结好孙权，内修政理；天下有变，则命一上将将荆州之军以向宛、洛，将军身率益州之众出于秦川，百姓孰敢不箪食壶浆以迎将军者乎？诚如是，则霸业可成，汉室可兴矣。

解读：

刘备三顾茅庐，诸葛亮为其廓清天下大势，厘清自身优劣，指明了未来之路。

天下大势：曹操、孙权强；荆州刘表、益州刘璋弱。

自身条件：虽弱小，但为帝室之胄，有信义，揽英雄，思贤如渴。

历史使命：中兴汉室。

战略目标：三分天下有其一。

战略任务：夺荆、益，结孙权，修内政。

未来机遇：若天下有变，荆州之军向宛、洛，益州之众出秦川，则霸业可成，汉室可兴。

在上述分析中，诸葛亮明确提出了三大战略任务：先夺荆州、再取益州以建立立身之地；对外联合第二军事集团的孙权对抗第一军事集团的曹操；对内修整内政以富国强军。最终，不仅诞生了赤壁之战这样的经典战例，也确实为刘备实现了三分天下有其一的战略目标。这就是战略的力量！也是战略规划的思路框架。

随着企业竞争的日益激烈，战略一词被广泛地应用到企业管理中来。然而究竟什么是企业战略？目前尚无统一的定义。不同的学者与管理者赋予企业战略不同的含义，下面列出关于企业战略的主要观点。

1. 早期的战略定义

很多学者都认为，真正为企业战略下定义的第一人是钱德勒（Chandler），他将战略定义为"确定企业基本长期目标、选择行动途径和为实现这些目标进行资源分配。"

2. 安索夫（H. I. Ansoff）的定义

美国著名战略学家安索夫和安德鲁斯一样，都是战略管理第一次浪潮的代表人物，自从他的战略定义提出后，西方战略管理文献一般便将战略管理分为两大类，即企业总体战略和经营战略（竞争战略）。企业总体战略考虑的是企业应该选择进入哪种类型的经营业务；经营战略考虑的则是企业一旦选定了某种类型的经营业务后，确定应该如何在这一领域里进行竞争或运行。

3. 明茨伯格的定义

加拿大麦吉尔大学管理学教授明茨伯格归纳总结出人们对战略的五个定义。他认为，人们在不同的场合以不同的方式赋予战略不同的内涵，说明人们可以根据需要来接受各种不同的战略概念。只不过在正式使用战略概念时，人们只引用其中的一个罢了。

为此，明茨伯格借鉴市场营销学中四要素的（4P's）提法，即产品（Product）、价格（Price）、地点/渠道（Place）和促销（Promotion），提出了企业战略由五种规范的定义来阐明，即计划（Plan）、计谋（Ploy）、模式（Pattern）、定位（Position）和观念（Perspective），这五种定义构成了企业战略的5P's。值得强调的是，企业战略仍只有一个，这五个定义只不过是从不同角度对战略加以阐述。

（1）战略是一种计划。大多数人将战略看作一种计划，认为它是一种有意识的、正式的、有预计的行动程序。计划在先，行动在后。根据这个定义，战略应具有两个基本特征：一是战略需在企业经营活动之前制定，以备使用；二是战略是有意识、有目的地开发和制定。借用彼得·德鲁克的话："战略是一种统一的、综合的、一体化的计划，用来实现企业的基本目标。"

（2）战略是一种计谋。这是指在特定环境下，企业把战略作为威慑和战胜竞争对手的一种"手段"。此时，战略强调的已不是竞争性行动本身，而是要阻止竞争对手正在准备中的、有可能对本企业造成严重打击的那些战略性行动。在军事上被称为"威慑性战略"。

例如，一个企业得知竞争对手想要扩大生产能力以抢占市场时，便迅速提出大规模扩大厂房面积和生产能力的新战略。由于该企业资金雄厚、产品质量优异，竞争对手得知这个"信号"后，便放弃了扩大产能抢占市场的设想。一旦竞争对手放弃了扩大产能的想法，该企业就不会将新战略付诸实施，因此，这种战略只能称之为一种对竞争对手构成威慑的计谋。

（3）战略是一种模式。明茨伯格认为，仅把战略定义为企业采取经营活动之前的一种计划是不充分的。因此，他引用钱德勒在《战略与结构》一书中的观点，将战略定义为企业为了实现战略目标进行竞争而进行的重要决策、采取的途径和行动，以及为实现目标对企业主要资源进行分配的一种模式。

该定义认为战略是一种模式，它反映企业的一系列活动。这就是说，无论企业是否事先对战略有所考虑，只要有具体的经营行为，就有战略。这种定义将战略视为行动的结果，与企业的行为相一致，行为的最终结果说明了战略的执行情况，使之有水到渠成的效果。

图 1-2 表明，战略实际上是一种从计划向实现流动的结果。那些不能实现的战略设计或实施失败的战略将通过一个单独的渠道流失，脱离准备实施战略的渠道变成没有实现的战略。此外，准备实施的战略与自发形成的战略则通过各自的渠道，流向已实现的战略。这是一种动态的观点，将战略看成是一种"行为流"的运动过程。

图 1-2　明茨伯格 5P's 中计划与模式的关系

（4）战略是一种定位。战略应使一个组织在环境中正确确定自己的位置，从而使产品开发、顾客选择、市场策略等各项企业行为在正确的定位之下来进行。这种意义上的战略成为企业与环境之间的纽带，使得企业的外部环境和内部环境更加融洽。根据这一概念，战略首先要确定企业应该进入的经营（业务）领域；其次要确定在选定的经营（业务）领域进行竞争或运作的方式。

值得指出的是，战略是一种定位的概念引进了"多方竞争"以及超越竞争的含义。也就是说，企业在活动中既可以考虑单个竞争对手在面对面的竞争中处于何种位置，也可以考虑在若干个竞争对手面前自己在市场中所处的地位，甚至企业还可以在市场中确定一个特殊的地位，使得对手们无法与之竞争。

（5）战略是一种观念。这种定义强调战略是一种概念，它深藏于企业内部，是企业主要领导者头脑中感知世界的方式。战略是以思维和智力为基础的，它具有精神导向性，体现了企业中人们对客观世界的认识，它与企业中人们的世界观、价值观和理想等文化因素相联系。

首先，战略存在于战略者的头脑之中，是战略者的独创性和想象力的体现；其次，战略的观念被组织成员所共享，构成组织文化的一部分，由此而指导组织成员的意图和行动。

以上五种定义有助于深刻了解战略管理及过程，避免发生观念上的混乱。同时应该看到，这五种定义彼此之间存在一定的内在联系。它们有时是某种程度的替代，如有时定位型战略定义可替代计划型战略定义，但在大多数情况下，它们之间的关系是互补的，是使战略内涵趋于完善。因此，不同的定义只能说明人们对战略的特性的不同认识，不能说明哪种战略定义更为重要。

【专论摘要 1-1】　　　　　　　　**企业战略图解**

编者对企业战略的理解可以用图 1-3 表示。

- 企业战略就是描述一个企业打算如何实现自己的目标和使命。
- 为什么需要战略：根本原因是资源有限。

图 1-3　企业战略图示（示意图）

二、战略的特征

尽管人们对企业战略的内涵有着不同的认识，但是对于企业战略的特征，人们的认识没有太大的分歧。概括起来，企业战略具有如下十大特征。

1. 全局性（总体性）

这是企业战略最根本的特征。全局性是指企业战略是以企业的全局为研究对象来确定企业的总目标，规定企业的总行动，追求企业的总数量。也就是说，企业战略的重点不是研究企业的某些局部性质的问题，而是研究企业的整体发展。

2. 指导性

企业战略规定了企业在一定时期内的基本发展目标，以及实现这一目标的基本途径，指导和激励着企业全体员工努力工作。形象地说，企业战略就是企业的发展蓝图，指导着企业经营管理的一切具体活动。

3. 长远性

企业战略考虑的是企业未来相当长一段时间内的发展问题。经验表明，企业战略通常着眼于未来三年至五年乃至更长远的目标。

4. 综合性

企业战略与战术、策略、方法、手段相结合。一个好的企业战略如果缺乏实施的力量与技巧，就不会取得好的效果。

5. 竞争性

企业战略也像军事战略一样，其目的是为了克敌制胜，赢得市场竞争的胜利。

6. 现实性

企业战略是建立在现有的主客观条件基础上的，一切从现有起点出发。

7. 创新性

企业战略的创新性源于企业内外部环境的发展变化及市场竞争的需要，因循守旧、缺乏特色的企业战略是无法适应时代发展和市场竞争的。

8. 稳定性

企业战略一经制定，在较长时期内应保持稳定（不排除局部调整），以利于员工贯彻执行，除非环境发生重大变化。

9. 适应性

企业战略应使企业具有一定的适应环境的能力。

10. 风险性

企业战略是对未来发展的规划，然而环境总是处于不确定的、变化莫测的趋势中，任何企业战略都伴随着风险。

企业战略的根本要求/根本特点：创新性思维和差异化战略。

三、战略的结构

1. 战略层次划分

一般来说，企业的战略可划分为三个层次，即总体战略、竞争战略和职能战略。

（1）总体战略。总体战略，也称公司战略，是企业总体的、最高层次的战略，是有关企业全局发展的、整体性的、长期的战略规划，是企业最高管理层指导和控制企业一切行为的最高行动纲领。从参与战略形成的人员看，企业总体战略的制定者主要是企业的高层管理者。

总体战略的着重点在于：一是根据内外部环境情况，从企业全局出发，选择企业所从事的经营范围和领域，即确定企业从事哪些业务领域，为哪些消费者服务以及向哪些市场发展；二是在确定所从事的业务后，从企业层面对各项业务进行资源分配，以实现企业整体战略的意图，这也是企业战略实施的关键措施或内容。

（2）竞争战略。竞争战略，也称经营战略，是企业内战略经营单位竞争战略的简称，处于战略结构中的第二个层次。竞争战略着眼于选定的业务范围、市场应在什么样的基础上进行竞争，以取得超越竞争对手的竞争优势。

总体战略主要由企业的最高层参与决策制定和组织实施；而经营战略制定的参与者主要是具体的事业部或子公司的决策层。竞争战略的侧重点在于：一是如何贯彻企业的宗旨；二是企业发展的机会与危险分析；三是企业内在条件分析；四是确定经营单位战略的重点和主要战略措施。

（3）职能战略。职能战略，又称职能部门战略，是指为了贯彻、实施和支持总体战略与竞争战略而在企业特定的职能管理领域制定的战略。职能战略通常包括营销战略、生产战略、研发战略、财务战略、人力资源战略等。

如果说总体战略与竞争战略强调"做正确的事情"，职能战略则强调"将事情做好"。职能战略直接处理各职能领域内的问题，如提高生产及市场营销系统的效率，改善客户服务的质量及程度等。职能战略通常由职能部门管理者依据总体战略与经营战略的需要负责参与制定。

职能战略的侧重点在于：一是如何贯彻企业的总体目标；二是职能目标的论证及其细分，如规模与生产能力、主导产品与品种目标、技术进步目标、市场目标等；三是确定职能部门的战略重点和主要战略措施；四是战略实施中的风险分析和应变能力分析。

2. 三个层次战略之间的关系

总体战略、竞争战略与职能战略构成企业战略的三个层次，它们之间相互作用、紧密联系，共同构成了企业的战略体系。企业要想获得成功，必须将三者有机地结合起来。三个层次战略的制定与实施过程实际上是各级管理者充分协商、密切配合的结果。如图1-4所示，企业中每一层次的战略构成下一层次的战略环境。同时，低层次的战略为高层次战略目标的实现提供保障和支持。

图1-4　企业中的战略层次

对于经营单一业务的大型企业，总体战略和竞争战略是一样的，两种战略的决策权都集中于董事会和最高管理者手中。其管理结构类似于中小型企业的组织形式，如图1-5所示。然而，中小型企业的战略层次往往不明显，经营战略对其十分重要。

图1-5　单一业务企业的战略结构

如果一个企业属跨行业经营，即有多项经营业务的话，则战略层次呈现本书所述的结构形式，如图1-6所示。总体战略为上层结构、最高层次的战略，它为竞争战略和职能战略提供发展的方法和支持。

图1-6　跨行业经营企业的战略结构

【课堂讨论】

试举例说明不同规模企业战略结构的区别。

第二节 战略管理的内涵

一、战略管理的概念

战略管理是指企业为了长期的生存和发展,依据确定的企业使命,在充分分析企业外部环境和内部条件的基础上,确定和选择达到目标的有效战略,并将战略付诸实施及对战略实施的过程进行控制和评价的一个动态管理过程。

战略管理的概念主要涵盖以下五个方面的内容。

（1）对象：战略管理的对象是战略。

（2）主体：战略管理的主体是企业。

（3）目的：战略管理的目的是为了企业长期的生存和发展。

（4）任务：企业确定其使命,根据外部环境和内部条件设定企业的战略目标,为保证目标的实现进行谋划,并依靠企业内部能力将这种谋划和决策付诸实施,以及对战略实施的过程进行控制和评价。

（5）特征：战略管理是一个动态管理过程。

这里有以下两点需要强调说明。

第一,战略管理不仅涉及战略的制定和规划,而且包含将制定出的战略付诸实施的管理,因此是一个全过程和全面的管理。

第二,战略管理不是静态的、一次性的管理,而是循环的、往复性的动态管理过程。需要根据外部环境的变化、企业内部条件的改变以及战略执行结果的反馈等信息,重复进行新一轮的战略管理,是不间断的管理。

【知识链接 1-2】　　　　　战略管理的起源与发展

企业战略管理一词最初是由安索夫在其 1976 年出版的《从战略规划到战略管理》一书中提出的。他认为,企业的战略管理是指将企业的日常业务决策同长期计划决策相结合而形成的一系列经营管理活动。斯坦纳在他 1982 年出版的《企业政策与战略》一书中则提出,企业战略管理是确定企业使命,根据企业外部环境和内部经营要素确定企业目标,保证目标的正确落实并使企业使命最终得以实现的一个动态过程。

战略管理的关键词不是战略而是动态的管理,它是一种崭新的管理思想和管理方式。指导企业全部活动的是企业战略,企业全部管理活动的重点是制定战略和实施战略。而制定战略和实施战略的关键在于对企业外部环境的变化进行分析,对企业的内部条件和素质进行审核,并以此为前提确定企业的战略目标。战略管理的任务就是通过战略分析、战略制定、战略实施和战略评价与控制,实现企业的战略目标。

二、战略管理的性质

以往的企业管理是将企业的活动分成多种职能,如生产、财务、市场营销等,对不同的职能实行不同的管理,因而出现企业的"职能管理"一词。由对企业的"职能管理"走向对企业的"战略管理"是现代企业管理的一次飞跃。

1. 战略管理是整合性管理理论

营销管理、财务管理、生产管理、人力资源管理等职能管理理论是从局部的角度来讨论企业管理的问题。应当承认,这种解剖式的理论创建和发展方式,对管理理论的发展以及深入了解某一方面的管理问题提供了丰富的要素。但其带来的弊端也是显而易见的,被分解的管理理论如何解决企业整体性的管理问题?因为在实际的管理活动中企业是不能分割的,它是一个由具有执行不同功能的部分所组成的统一体。如何将企业的各个职能部门协调一致、有机运作?这就需要企业战略管理发挥作用。

企业战略管理理论从企业整体的、全局的角度出发,综合运用职能管理理论,处理涉及企业整体的和全面的管理问题,使企业的管理工作达到整体最优的水平。

【知识链接1-3】　　　　　　　三个层次管理理论的划分

按照内容所涉及的范围和影响的程度,管理理论分成以下三个不同的层次,如图1-7所示。

图1-7　三个层次管理理论的关系

（1）管理基础理论:它是管理中带有共性的基础理论、基本原则和基本技术;主要包括管理数学、管理经济学、管理心理学、管理原理与原则等。

（2）职能管理理论:它是将管理基础理论与特定的管理职能相结合,以提高职能部门的效率;主要包括生产运作管理、财务管理、营销管理、人力资源管理、研发管理等。

（3）战略管理理论:它是最高层次的整合性管理理论,不仅以管理基础理论和职能管理理论为基础,还融合了政治学、法学、社会学、经济学等方面的知识。

三个层次管理理论的划分指明了战略管理的地位。

---

2. 战略管理是企业高层管理者最重要的活动和技能

由于战略决策涉及一个企业活动的各个方面,虽然它也需要企业中、下层管理者和全体员工的参与和支持，但企业最高层管理者介入战略决策不仅必需而且非常重要。这不仅是因为他们能够统观企业全局，更重要的是他们具有对战略实施所需资源进行分配的权力。

20世纪80年代，在美国的一次调查中，90%以上的企业家认为："企业家最占时间、最为困难、最为重要的事是制定企业战略。"对于企业高层管理者来说，最重要的活动和技能就是制定战略和推进战略管理，以保证企业整体的有效性。

【知识链接1-4】　　　　　　对管理者能力的要求

美国学者罗伯特·卡茨将企业管理工作对管理者的能力要求分成以下三个方面。

（1）技术技能，即操作能力，是一个人运用一定的技术来完成某项组织任务的能力，包括方法、程序和技术。

（2）人际技能，即人际能力，是一个人与他人共事、共同完成工作任务的能力，包括领导、激励、排解纠纷和培养协作精神等。

（3）概念技能，即战略思维能力，这种能力包括将企业看作一个整体，洞察企业与外界环境之间的关系，以及理解整个企业的各个部分应如何互助协调来生产公司的产品或提供服务的能力。

处于企业不同管理层次的人员，对上述三种能力的要求是不同的。低层管理者所需要的主要是操作能力和人际能力；中层管理者的有效性主要依赖于人际能力和战略思维能力；而高层管理者最需要的能力是战略思维能力，这是保证他们工作有效性的最重要的因素。

---

3. 战略管理的目的是提高企业对外部环境的适应性，使企业做到可持续发展

企业的生存与发展在很大程度上受外部环境因素的影响。当今社会，企业存在于一个开放的系统中，它们影响着外部环境因素，但更通常的是受这些不能由企业自身控制的外部环境因素所影响。企业外部环境既复杂多样，又动荡多变。如何在这种复杂多变的外部环境中生存并持续发展，是战略管理的任务和目的。

战略管理促使企业高层管理人员在制定、实施企业战略的各个阶段，都要清楚地了解有哪些外部因素影响企业，影响的方向、性质和程度如何，以便及时调整企业现行的战略以适应外部环境的变化，做到以变应变，不断提高企业的适应能力。这就要求企业战略必须是具有弹性的，能够随着环境的变化而及时做出调整。因此，战略管理的目的是促使企业提高对外部环境的适应能力，使其能够生存并可持续发展。

三、战略管理的作用

从职能化的管理走向战略性的管理是现代企业管理学发展的一次飞跃，对提高企业经营绩效有着极其重要的作用。正因为如此，从20世纪70年代中期开始，西方发达国家（主要是美国）中的大中型企业越来越多地实行战略管理，并在企业组织机构中建立起了有效的战略管理系统，以帮助最高层管理者进行战略性的决策。另外，亦有许多小企业开始进行战略管理，并取得了很好的效果。

作为一种企业管理方式或思想，战略管理之所以受到人们的青睐，是因为它具有以下几个方面的作用。

（1）由于战略管理将企业的成长和发展纳入了变化的环境之中，管理工作要以未来的环境变化趋势作为决策的基础，这就使企业管理者们必须重视对经营环境的研究，正确地确定公司的发展方向，选择适合公司的经营领域或产品市场领域，从而更好地把握外部环境所提供的机会，增强企业经营活动对外部环境的适应性，使二者达成最佳的联合。

（2）由于战略管理不是仅停留在战略分析及战略制定上，而是将战略的实施作为其管理的一部分，这就使企业的战略在日常生产经营活动中充分发挥其纲领性的作用，特别是在战略实施过程中，根据环境的变化对战略不断地进行评价和修改，以使企业战略得到不断完善。这种循环往复的过程，更加突出了战略在管理实践中的指导作用。

（3）由于战略管理把规划出的战略付诸实施，而战略的实施又同日常的经营计划执行与控制结合在一起，这就把近期目标（或作业性目标）与长远目标（或战略性目标）结合起来，把总体战略目标同局部的战术目标统一起来，从而可以调动各级管理人员参与战略管理的积极性，有利于充分利用企业的各种资源并提高协同效果。

（4）由于战略管理不只是计划"我们正走向何处"，而且也计划如何淘汰陈旧过时的东西，以"计划是否继续有效"为指导，重视战略的评价与更新。这就使企业管理者能不断地在新的起点上对外界环境和企业战略进行连续性的探索，增强创新意识。

战略管理具有如上所述的重要性，并非是战略管理学者们杜撰出来以说服企业管理者的托词，而是有着实践的验证。企业在采取任何管理方法时都希望能够由此而带来企业经济效益的提高。下面一些实证研究的结果说明了企业实行战略管理以后的确会产生较好的经济效益。

【脑力激荡】

一只老鼠意外地掉进一个米缸里。这意外使老鼠喜出望外，它先是确定没有危险，接下来便是一通猛吃，吃完倒头便睡。日子在衣食无忧的休闲中过去了。有时，老鼠也曾为是否要跳出米缸进行过痛苦抉择，但终究未能摆脱白花花的大米的诱惑。直到一天米缸见了底，老鼠才醒悟，以现在的高度跳出去已是无能为力了。

（1）米缸里的老鼠为什么不在吃饱的情况下跳出来呢？

（2）老鼠的行为说明什么？面对利益的诱惑你能保持清醒吗？

（3）你有没有预见风险的能力？举出生活中类似的例子加以说明。

引申思考：

百年柯达为何由巨大的成功走进危机的深渊？

【知识链接1-5】　　　　　战略管理与经济效益的关系

1970年，桑恩（Thune）和豪斯（House）最先研究了战略管理与经济效益的关系。他们历时7年、对6个不同行业的36家（18对）大中型企业运用战略管理的情况进行考察，每一对企业都是由一家运用了正式战略规划系统的企业与一家没有运用正式战略规划系统的企业组成。经过比较研究他们发现，在石油、食品、医药、钢铁、化工和机械行业中，有正式战略规划的企业在投资收益率、股权资本收益率和每股收益等财务指标上都明显地好于没有正式战略规划的企业。同时他们还发现，企业采取正式的战略规划以后，其经济效益要比没有战略规划的年代的效益有较大幅度的改善。

哈罗德（Herold）又用了 4 年的时间，专题研究了桑恩和豪斯所涉及的医药和化工行业。他的研究结论又一次证明了桑恩和豪斯结论的正确性，而且指出有正式战略规划的企业与无正式战略规划的企业在经营效益上的差别在不断扩大。

1970 年，安索夫等人研究了 1947—1966 年战略规划对 93 宗美国大型企业兼并和收购成功率的影响。他们发现，在资产、销售、价格和收益等方面，样本中的有正式战略规划的企业都显著地超过了无正式战略规划的企业。

总体上讲，正式战略规划企业较非正式战略规划企业能较好地预见未来的发展，并大大降低了兼并活动所带来的不确定性。

虽然以上研究多数是以大型企业为研究对象，但在 1982 年，鲁滨孙（Robinson）的研究报告指出，战略规划对小型企业也有益处。在三年的时间里，鲁滨孙研究了 101 家小型的零售、服务和制造企业。最后，他得出结论：在销售、利润和生产率上，有战略规划的小型企业要比没有战略规划的企业有显著的经济效益改善和提高。

总之，不断有新的研究结论证明，企业采用战略管理的思想和方法进行管理会产生很好的经济效益。这一点在制造行业的企业中表现得尤为显著。当然，企业也不应期望只要有了正式的战略管理就一定会带来最佳效益，因为这还取决于战略管理的质量，质量的好坏决定着企业效益的高低。

【专论摘要 1-2】　　　　　战略管理的辩证法[①]

战略管理既是科学[②]，也是艺术[③]，是一门掌握"度"的科学与艺术。管理是科学，有科学的一般属性和特点，却又不是一门精确科学，如数学 1+1=2，就是 1+1=2，不可能有其他结论。管理是与人和组织打交道的艺术，有创造性的方式和方法。管理讲究"适度"，适度就是因人、因时、因事而定，要适应内、外部环境的要求。IBM 奉行集权，取得了成功；宏碁采用分权，也成功了。集权与分权看似对立，但集权并不完全排斥分权，分权也不完全排斥集权，是集权中有分权，分权中也有集权。没有绝对的集权，也没有绝对的分权。战略管理也不例外，不一定是非此即彼；而更多的是你中有我，我中有你。

目前在战略管理中存在一些误区，如把战略管理的理性与创造性对立起来，把突变与渐变对立起来，把市场与资源对立起来。金桥在《战略管理十大悖论》（以下简称金文）一文中提出了战略管理的十大悖论[④]。文章的分析对我们做全面、深刻的战略观察、规划、管理和研究都很有益处，但如果把它们尖锐地对立起来，就会造成人们思想的混乱。

文章提出的十大悖论实际上是十对各有侧重的战略管理思想观点或理论。它们并不是尖锐对立、

---

① 刘平. 战略管理的辩证法[J]. 企业管理，2005（10）：33-34.
② 现代汉语词典（2002 年增补本）对科学的定义如下：反映自然、社会、思维等客观规律的分科的知识体系。
③ 现代汉语词典（2002 年增补本）对艺术的定义有三种情况：（1）用形象来反映现实但比现实有典型性的社会意识形态，包括文学、绘画、雕塑、建筑、音乐、舞蹈、戏剧、电影、曲艺等；（2）指富有创造性的方式、方法，如领导艺术；（3）形状独特而美观，如这棵松树的样子挺艺术。
④ 金桥在结论中写道：作为一个悖论的问题并没有真正的解决方法，因为无法将两个极端合乎逻辑地整合在一起，变成一个对问题的内在一致的理解。

不可调和的矛盾，是此非彼，或非此即彼；它们只是从不同的侧面研究战略管理的内容、过程、方法和情境，严格意义上讲不能构成逻辑学中的悖论，因为它们不仅不是不相容的，而且应该是互为补充、因果、内外因的。

当我们在战略管理中把握好以下几种关系和方法时，看似对立的悖论，也就可以转化成了补充、因果、内外因了，也就把消极因素变成了积极因素。

（一）把握定量分析与定性分析的有机结合

管理学是一门综合性学科。管理学的主要目的是要指导管理实践活动，如战略管理、日常经营管理等。当前的管理活动已经异常复杂，需要运用很多学科的知识，如哲学、政治学、经济学、社会学、心理学、数学、统计学、运筹学、会计学、系统论等，既不单纯是定性研究就能解决问题，也不单纯是定量研究就能解决问题，而是定性研究分析与定量研究分析的有机结合。

金文中的悖论一：理性 VS 创造性，实际上就是定量与定性的关系。金文中基于理性的战略思维的认知模式实际上就是侧重于定量分析的思维过程和方法；而基于创造性的战略思维的认知模式实际上就是侧重于定性分析的思维过程和方法。两者不是对立的，而是可以互为补充，也应该互为补充的，使战略思维的认知更为科学可行。

（二）把握量变与质变的关系

量变是事物在数量上和程度上的逐渐的、不显著的变化。质变是事物显著的、根本性质的变化。量变和质变是事物变化发展的两种状态，世界上任何事物的变化都是量变和质变的统一。量变是质变的前提和准备，一切事物的变化发展首先是从量变开始的，没有量变做准备，就不会有质变发生；质变是量变的必然结果，量变积累到一定程度必然引起质变。基于以上哲学的基本观点，我们要坚持适度的原则和方法论，既要重视量的积累，也要不失时机地促成质的变化，实现飞跃。我们既要反对忽视量的积累，寄希望于一蹴而就的急躁心态；也要反对忽视质变的重要意义，不能积极适时地促成飞跃，延误了战机。

金文中的悖论二：突变 VS 渐变，其本质就是质变与量变的关系。突变是质变的表现形态，渐变是量变的积累。渐变是突变的前提、基础和准备，突变是渐变的必然结果，是飞跃。两者形态是互相依存、相互转化的；没有渐变就不会有突变，而没有突变的渐变也不可能实现质的变化。因此，我们既要重视渐变的积累作用，也要适时促成由量变到质变的飞跃，实现突变；而不是将两者对立起来，你不容我，我不容你。

（三）注重内因与外因的联系

内因是事物的内部矛盾，外因是事物的外部矛盾。在事物的发展中，内因与外因同时存在，事物的发展是内因与外因共同作用的结果。内因是事物变化发展的根据，是事物发展的根本原因；外因是事物变化发展的条件，外因通过内因起作用。基于以上哲学的基本思想，正确的方法论是坚持内外因相结合，而不是割裂内外因，更不是把内外因对立起来。既要重视内因的作用，也不能忽视外因的作用，有时外因的作用还是决定性的。

金文中的悖论三：市场 VS 资源，就是典型的外因与内因的关系。企业的发展离不开外部市场环境，更不能脱离自身内部的资源状况。我们既不能强调外部市场环境的重要就忽视内部资源的作用，也不能强调内部资源的重要就忽视外部市场环境的制约，而是要把两者结合起来分析才可能得出正确的选择。SWOT分析就是把内外部因素结合起来分析的一种典型方法，还有很多其他方法可以把内外部因素结合起来分析，为企业的战略选择服务。

综上所述，把辩证思维带入战略管理中就容易解决思想认识的误区，协调好各方因素的关系，制定出符合内外部条件和自身发展阶段的战略并加以有效实施。

第三节　战略管理的过程

战略管理是对一个企业的未来发展方向制定决策和实施这些决策的动态管理过程。一个规范的、全面的战略管理过程如图1-8所示。

而一个简化的战略管理过程可大体分为四个阶段，但不同的学者对具体分法有不同的看法。强调执行和控制的学者，将战略管理过程分为战略形成（规划）、战略执行、战略控制及战略修正（变革）四个阶段，如图1-9所示。规划是起点，执行是重点，控制是难点，变革是新起点。

关注战略制定过程的学者，则将战略管理过程分为确定战略使命、战略分析、战略选择及评价、战略实施及控制四个阶段，如图1-10所示。确定企业使命是规划的起点，战略环境分析是规划的重点，战略评价及选择是规划的核心，战略实施及控制是规划的落脚点。

图1-8　战略管理过程示意图

图1-9　战略管理过程的简化示意图一

图 1-10　战略管理过程的简化示意图二

一、确定企业使命

企业使命是企业在社会进步和社会经济发展中所应担当的角色和承担的责任，就是企业存在的价值所在。一般来说，一个企业的使命包括两个方面的内容，即企业哲学和企业宗旨。

所谓企业哲学，是指一个企业为其经营活动或方式所确立的价值观、态度、信念和行为准则，是企业在社会活动及经营过程中起何种作用或如何起这种作用的一个抽象反映。

所谓企业宗旨，是指企业现在和将来应从事什么样的事业活动，以及应成为什么性质的企业或组织类型。

企业在制定战略之前，必须先确定企业使命。这是因为企业使命的确定过程常常会从总体上引起企业发展方向、发展道路的改变，使企业发生战略性的变化。此外，确定企业使命也是制定企业战略目标的前提，是战略方案制定和选择的依据，是企业分配企业资源的基础。诸葛亮在《隆中对》中指出：刘备乃帝室之胄，应以中兴汉室为己任。在这一使命指引下，首先的战略目标就是三分天下有其一；然后择机图谋中兴汉室。

【个案研究 1-1】　　　　　　宏碁对高端音响项目的选择[①]

1995 年，当宏碁计划研究一个结合计算机与视听家电的新产品时，一位同仁告诉施振荣，他认识一群制作高级音响的"发烧友"（音响玩家），可以做出价值数十万元甚至上百万元的产品，必定可以吸引"发烧友"的光顾，宏碁也可以从中得到厚利。但施振荣告诉他，这不是宏碁的精神（宏碁文化中有一个重点就是"平民文化"，编者注）。宏碁不走贵族路线，但如果可以将高品质的音响批量生产，降低售价，嘉惠一般大众，就值得宏碁去发展，否则完全不予考虑。后来，这个部门开发出平价路线的"激光视盘机"，就符合"平民文化"的定位。

二、战略环境分析

战略环境分析是指对影响企业现在和未来生存与发展的一些关键因素进行分析，主要包括企业外部环境分析和企业内部环境分析两大部分。

1. 企业外部环境分析

企业外部环境分析包括宏观环境分析、行业（产业）环境分析以及竞争对手分析。进行外部环境分析的目的就是要了解企业所处的战略环境，掌握各环境因素的变化规律和发展趋势，研究

[①] 施振荣. 再造宏碁：开创、成长与挑战[M]. 北京：中信出版社，2005：25.

环境的变化将给企业的发展带来哪些机会和威胁,为制定战略打下良好的基础。

诸葛亮在《隆中对》中分析天下大势:曹操拥百万之众,携天子而令诸侯,为第一军事集团,是最主要的威胁力量;孙权据有江东,已历三世,国险而民附,贤能为之用,是可以联合但不能图谋的力量;荆州刘表、益州刘璋弱,是主要的发展机遇,可以取而代之。

2. 企业内部环境分析

企业内部环境分析包括企业资源分析、企业能力分析以及企业的核心能力分析。具体要了解企业自身在同行业中所处的相对位置,分析企业的资源和能力,明确企业内部条件的优势和劣势,以及不同的利益相关者对企业的期望等。进行内部环境因素分析的目的是为了发现企业所具备的优势或弱点,以便在制定和实施战略时扬长避短,有效利用企业自身的各种资源,发挥出企业的核心竞争力。

《隆中对》中分析了刘备的自身条件:现在还弱小,这是不足;但为帝室之胄,有信义,揽英雄,思贤如渴,已有关羽、张飞等大将,又有诸葛亮这一天下奇才,这是优势。

三、战略评价及选择

战略评价及选择过程就是战略决策的过程,即对战略进行探索、制定、评价以及选择的过程。通常,这个过程主要包括三个方面:一是拟定多种可供选择的战略方案;二是利用一定的战略评价方法对拟定的各战略方案进行评价;三是最终选择出满意的供执行的战略。

诸葛亮在《隆中对》中给出的战略规划:先夺荆州、再取益州,建立根据地,形成三分天下的格局;对外西和诸戎,南抚夷越,结好孙权,也就是联合第二的孙权来对抗第一的曹操;内修政理,以实现富国强军,为争霸天下奠定基础。

企业战略选择应当解决以下两个基本的战略问题:一是明确企业的经营范围或战略经营领域,即确定企业从事生产经营活动的行业,明确企业的性质和所从事的事业,确定企业以什么样的产品或服务来满足哪一类顾客的需求;二是突出企业在某一特定经营领域的竞争优势,即要确定企业提供的特定产品或服务的类型,要在什么基础上取得超越竞争对手的优势。

一个企业可能会拟定出多种战略方案,这就需要对每种方案进行鉴别和评价,以选出适合企业自身的方案。在战略选择过程中,除了运用一定的战略选择评价方法外,还要考虑以下因素的影响。

1. 企业对外部环境的依赖程度

任何企业都存在于它的外部环境之中,受股东、竞争对手、顾客、政府和社区的影响。企业的生存对这些因素的依赖程度,影响着战略选择过程。依赖程度越高,企业选择战略的灵活性就越小;依赖程度越弱,企业选择战略的灵活性就越大。

2. 管理者对待风险的态度

管理者对待风险的态度影响着战略选择。如果管理者乐于承担风险,则企业通常会采取积极的进攻性战略或选择高风险的项目;如果管理者不愿承担风险,则企业通常会采取低风险的战略选择,拒绝高风险的项目。

3. 企业过去战略的影响

对于大多数企业来说，过去的战略是新战略选择的起点，这就导致新考虑的战略方案受到企业过去战略的制约。有研究结论表明，原有的战略对以后的战略选择存在影响，所以战略选择过程更多的是一种战略的演变过程。这也部分地说明为什么改变过去的战略时，往往要更换高层管理者。

4. 最高层管理者的影响

在大多数企业中，如果一个权力很大的高层管理者支持某一战略方案，那么该方案往往就会成为企业所选择的战略，并且会得到一致的拥护。因此，个人喜好也涉及企业的战略选择之中，主要管理人员的修养及喜好，都将影响对战略的选择。

四、战略实施及控制

一个企业的战略方案确定后，必须通过具体的实际行动才能实现战略及战略目标。战略实施与控制过程就是把战略方案付诸行动，保持经营活动朝着既定战略目标与方向不断前进的过程。这个阶段的主要工作包括计划、组织、领导和控制四种管理职能的活动。一般来说，可从以下三个方面来推进战略的实施。

（1）将企业的总体战略方案从空间上和时间上进行分解，形成企业各层次、各子系统的具体战略或政策，在企业各部门之间分配资源，制定职能战略和计划。

（2）对企业的组织机构进行构建，以使构造出的机构能够适应所采取的战略，为战略实施提供一个有利的环境。新战略的实施往往需要对现有的组织进行重大变革。

（3）要使领导者的素质及能力与所执行的战略相匹配，即挑选合适的高层管理者来贯彻既定的战略方案。

在战略的具体化和实施过程中，为了使实施中的战略达到预期目的，实现既定的战略目标，必须对战略的实施进行控制。企业战略控制具有以下特点。

（1）企业战略控制是面向整个企业系统的。

（2）企业战略控制的标准是依据企业总体目标，而不是战略规划本身的目标，因为战略规划必须服从企业总体目标。

（3）企业战略控制既要保持战略规划的稳定性，又要注意战略的灵活性。

战略控制是战略管理过程中的一个重要环节，它伴随着战略实施的整个过程。战略控制有以下三要素。

（1）确定评价标准。战略评价标准是用以衡量战略执行效果好坏的指标体系，包括定性指标和定量指标两大类。

（2）实际工作效果。实际工作效果是战略执行过程中实际达到目标程度的综合反映。

（3）评价工作成绩。用取得的实际成果与预定的目标进行比较，通过比较可能出现如下情况。

① 超过预期的目标，这种情况称为正偏差。如果是稳定、协调发展的结果，是好结果。

② 与预定目标基本相等，偏差甚微，这也属于好结果。

③ 没有达到预期目标，存在明显的负偏差，这是不好的结果。在这种情况下应及时采取有效措施，进行调整。调整必须针对其产生的深层原因而非表层原因采取纠正措施，才能真正达到战略控制的目的。

【知识链接 1-6】　　　　　　　　企业战略的修订

企业战略的修订是指在战略执行过程中产生的实际结果与预定目标有明显差距时采取的对战略方案的修改。如果战略执行成效与预期战略目标无差别则不需要对战略进行修订。

1. 战略修订的原因

（1）战略的长期稳定性与战略环境的多变性之间发生矛盾，如果不对战略方案进行修订，就会严重脱离实际，从而带来不良的后果。

（2）战略方案的制定带有主观想象的成分，加上科学技术发展水平的限制使得对未来的预测不够准确，在战略执行过程中其可靠程度可能会日益降低，不得不修改战略。

（3）在战略执行过程中，产生了明显的失误，带来了巨大的风险，使得企业不得不修订战略。与此相反的情况是，由于指挥得力，措施得当，善于捕捉机会，而提前完成了阶段性战略目标，也要修订战略。

（4）战略制定的本身不符合客观发展规律，甚至是错误的，经过一段时间的执行后，发现战略制定失误，必须进行修订。

造成战略修订的具体原因很多，既可能是由客观因素所造成的，也可能是由主观因素所造成的。进行战略修订是更好地实现战略的一个重要程序。

2. 战略修订的种类与程序

战略修订的范围大致可分为局部性修订、职能战略修订和总体战略修订三类，具体的战略修订类型与程序如表 1-1 所示。

表 1-1　战略修订类型与程序

分　类	定义与说明	程　　序
局部性修订	按照影响战略的因素对战略进行局部性小修改，而不涉及战略方向的变化	这种修订不影响整体战略，可以由执行单位进行修订，报综合部门备案
职能战略修订	属于子战略的修订，由于影响战略的因素涉及范围较大，职能战略修订程度也比较大，需要认真研究分析才能进行修订	由职能部门提出修订方案，报综合部门审定，经主管领导批准后执行
总体战略修订	涉及全局的长期基本方向的修改，不可轻举妄动，如需要变动大方向，必须有充分的数据与论证，才能进行修改	由综合部门提出修订方案，经领导班子讨论，报董事会或上级主管部门批准后执行

3. 战略、战略规划与战略管理三者的关系

战略、战略规划与战略管理三者之间的关系如图 1-11 所示。战略是战略管理的核心；战略规划是制定战略并形成规划文本的过程，是一个相对静态的过程；而战略管理是包含战略规划但不限于战略规划的一个动态管理过程，还包括战略的实施、控制和变革。

图 1-11 战略、战略规划与战略管理三者的关系

第四节 战略规划及编制

为了使企业走向成功,经营者必须从实际出发,在认真分析内外部环境因素的基础上,通过周密的思考,制定出一个实现战略目标的行动方案,这就是战略规划。如果没有这张"导航图",企业之舟就不能或很难到达成功的彼岸。

有人说,计划没有变化快,走一步算一步,这是盲目主义的撞大运思想。固然,没有战略规划不能说一定就不能成功,然而成功的概率却非常小;有战略规划虽不能保证企业必然成功,但却能大大提高企业成功的概率。

一、战略规划的含义

作为名词,战略规划是由企业经营者准备的一份书面计划,用以描述与所在企业相关的外部和内部的要素,企业所要达到的目标以及实现目标的方法与途径等。如果把战略规划当作行路图,我们就能够更好地理解它的意义。假设我们试图决策如何驱车从沈阳到上海,这就有很多可能的路线,每条路线所花的时间和成本不同。旅行者必须做出一些重要的决策,然而在做出决策和制定规划之前必须收集足够的信息。例如,一些外部的因素,如紧急状况下的汽车修理、气候条件、路况等,这些因素是旅行者所不可控的,但又必须在规划中考虑;同时旅行者还要考虑手头有多少钱、多少时间以及对高速公路、铁路班次、民用航班的选择等。在经营者这里,这些就体现在战略规划之中。

作为动词,战略规划是一个决策过程,是指经营者在充分分析内外部环境因素的基础上,特别是对企业所拥有或能使用的人力资源、市场资源、技术资源、资金资源、原材料资源、信息资源等关键资源充分挖掘的情况下,制订出未来的发展目标、策略和战略的全过程。

从形式上讲,由于经营者的经营思路、经营方式以及企业所涉及的领域不同,战略规划本身也表现出各自的独特性。但是,作为战略规划,尤其是比较成功的战略规划,还是具有很多共同点的,主要有以下特点。

(1) 循序渐进。战略规划的制定往往要经过几个阶段并在每个阶段进行多次修改,循序渐进而成。

（2）一目了然。战略规划应该重点突出经营者和投资者所关心的议题，对关键问题进行直接明确的阐述，好的战略规划给人的印象往往是意思表达明确，文章脉络清晰。

（3）令人信服。战略规划在内容表达方面应注意运用比较中性的语言，保持客观的调子，力求对规划中所涉及的内容进行不加主观倾向性的评论，尤其不能使用广告性的语言。

（4）通俗易懂。在战略规划的编写过程中，不应该对技术或工艺进行过于专业化的描述或进行过于复杂的分析，而应力求简单明了、深入浅出，对必须引用的专业术语及特殊概念在附录中给予必要的解释和说明。

（5）风格统一。战略规划的编写如果是由多人协作完成的，那么最后应由一人统一修订成文，力求战略规划的风格统一，同时对规划中引用数据的来源给予明确地记录，并统一标明出处。

（6）严谨周密。战略规划是以客观表述企业状况为宗旨的，因此格式必须严谨统一且完整。

二、战略规划的作用

1. 战略规划指明了企业的目标和方向

企业目标的不同决定着企业的未来发展与走向的不同。希望建立可持续机构、并将其所在的企业看成是自己毕生追求的事业型经营者，可能会不管有人出价多少都拒绝被收购；追求迅速盈利的投资型经营者，则不会潜心于构建一家持久经营才能长远获利的公司；而那些谋生型经营者，他们只管赚取足够的现金来维持自己的某种生活方式。因此，不同的企业目标也决定着经营者不同的生存方式。

2. 战略规划为经营者提供了行动指南

战略规划为经营者提供了行动指南，具体包括：认识并关注客户；认清企业在产业价值链中的位置；熟悉企业所在的行业；善于利用外部资源；加强管理团队建设和企业文化建设；关注财务管理和企业的现金流；正确对待技术；等等。有两点值得特别提醒：一是关注现金流，这是以前被我们经常忽略的；二是不要过分注重技术，技术人员占主导地位的企业往往会陶醉于自己技术的先进性，而对客户需要和消费习惯疏于研究。有很多技术和产品很好的企业最终却失败的例子，而技术水平一般的企业大获成功的例子也很多。我们建议，刚起步的企业把50%的精力放在营销上，把30%的精力放在团队建设上，而只把20%的精力放在技术和其他方面上。

3. 战略规划使企业活动有序开展、持续进行

面对纷繁复杂、瞬息万变的市场经济，经营者不能依靠自己的想象任意而为，也不能只凭兴趣大胆妄为，或凭自己的感觉摸着石头过河，这样的成功概率很低。要想取得企业经营的成功，既要讲究艺术，也要讲究科学。根据企业的需要制定适合自己的战略规划就是讲究科学的体现。只有这样，才能保证企业的经营活动不受外界变化的干扰，才更有把握使企业获得成功。

4. 战略规划使企业活动落到实处

战略规划不仅包括企业的战略目标，也包括策略规划、竞争规划和职能规划，如组织规划、营销规划、生产规划、开发规划。因此，战略规划不仅告诉经营者做什么，也告诉经营者怎么做，分几个部分、几个步骤、采取哪些措施方法去做等。所以，一个好的战略规划可以使企业的各项活动和事务落到实处，具有可行性和可操作性，最终物化为人的具体活动，取得预期的结果。否则，企业目标可能只是镜中花、水中月，可望而不可即。

5. 战略规划是有效的沟通工具

战略规划将企业的发展潜力、所面临的机会，以及以一种明确的、有效的方式来开发这个机会等清晰地展现出来，发挥着强大的与人沟通的作用。沟通的对象包括内外部的利益相关者。战略规划可以将经营者与内部员工凝聚起来并指导他们的行动；也可以引起外部投资者的兴趣，吸引他们投资。没有可信和有吸引力的战略规划，不能吸引到优秀的员工和谨慎、精明的投资者。因此，战略规划是获取人力资源、资本和运作资金的有效工具。

三、战略规划制定应遵循的基本原则

战略规划的有效制定是在充分了解并掌握前面各章内容的基础上进行的综合性、创造性的工作；同时也是一个相对复杂的过程。战略规划的制定应遵循以下基本原则。

1. 可行性原则

战略规划要有事实依据，要从企业的实际情况和发展需要出发，从社会的发展需要来制定，不能不着边际。

2. 长期性原则

战略规划虽然要立足现实，但一定要从长远来考虑，为企业发展设定一个大方向，使企业集中力量紧紧围绕这个方向做出努力，最终取得成功。

3. 清晰性原则

战略规划一定要清晰、明确，能够把它转化为一个个可以实行的行动。战略的各阶段的线路划分与安排一定要具体可行。

4. 挑战性原则

战略规划要在可行性的基础上具有一定的挑战性，实现规划要付出一定的努力，成功之后能有较大的成就感。

5. 适应性原则

规划未来的活动牵扯到多种可变因素，因此，战略规划要有弹性，以增加其适应性。

四、战略规划的基本内容

一个规范性的、全面的战略规划至少应包括以下基本方面的内容。

1. 确立企业的目标、经营模式及产品服务市场

一位名人曾说过：成功=计划（目标）+正确的方法+有效的行动。因此，根据外部环境和自身的实际情况，明确企业的发展目标、产品服务市场和经营模式是首先要回答的问题。

（1）明确企业的发展目标。在企业价值观的指导下，结合企业内外部环境，确定企业的宗旨、使命任务、发展哲学和愿景、目标等。企业的使命是战略规划最先应该回答的问题，它不是企业经营活动具体结果的表述，而是为企业提供的一种原则、方向和哲学。企业使命的定位包括企业生存目的定位、企业经营哲学定位和企业形象地位。企业使命是战略规划制定的前提，为战略规划指明了方向，是战略规划的行动基础。

发展目标是具体化、时间化的企业使命,是制定战略规划的前提和关键。发展目标包括总体战略目标、市场目标、盈利目标、创新目标和社会目标等,根据具体情况,可以是定量的指标,也可以是定性的指标。

发展目标对企业行为有着重大指导作用:首先,它是战略规划的基本依据和出发点,发展目标明确了企业的努力方向,体现了企业的具体期望,表明了企业的行动纲领;其次,它是战略规划实施的指导原则,发展目标必须能使企业中的各项资源和力量集中起来,减少企业的内部冲突,提高管理效率和经济效益;最后,它是战略规划控制的评价标准,发展目标必须是具体的和可衡量的,以便对目标是否最终实现进行比较客观的评价考核。如果没有一个适合企业的发展目标,则势必使战略规划和企业的经营活动陷入盲目的境地。

(2) 产品、服务市场选择。选择产品或服务市场是接下来必须考虑的问题,主要从投资方向和投资项目两个方面来把握。具体参见第四章和第五章的相关内容。

(3) 选择适合的经营模式。具体参见第六章和第七章的相关内容。

2. 企业组织规划

组织和管理对企业的成败至关重要。一般来说,一个人才结构合理、组织设计适宜、管理与技术及营销水平较高的团队,更容易获得成功。一个管理团队至少需要三方面的人才,即优秀的管理者、优秀的营销人员、优秀的技术人员。

组织规划主要包括组织结构、绩效考评制度、奖惩制度、任用标准、培训、工作描述与职务分析、领导者的标准、董事会的作用、关键的外部顾问等内容。在组织设计上要遵循以下基本原则:精简原则、责权利对等原则、统一指挥原则、灵活性原则、效率效益原则、管理宽度原则、目标明确与分工协作原则、弹性原则。

在组织结构设计和人才选用上应依据以下程序。

(1) 对企业经营项目进行科学分析,把企业经营项目分解为相关的子项目和子目标;分析完成这些子项目和子目标所要做的各项事务和要处理的各种关系,以此为依据选择合适的组织架构、管理跨度和管理梯度;依据各部门的结构和职能设置相应的职位,做到"因事设岗"。

(2) 对各职能部门要完成的任务进行分析,了解各岗位对担当者知识、能力和素质等方面的要求及各要求之间的关系,制定出用人原则和标准,依据该要求即可选拔与之相符的相关人才加以委任和使用,做到"因岗用人"。

(3) 依照各种事务和各部门之间的相互关系,制定出协调各部门责、权、利关系的有关典章制度及工作规范,选择和设置适合各层次人员特质及符合项目目标的特定的管理方式。协调各种关系,使其责、权、利关系分明,各部门和各主管之间既能各司其职,又能相互沟通协作,使组织处于内外环境的良性循环之中。

3. 财务规划

财务规划包括资产流动性、收益预测与资产负债预测。资产流动性主要考虑未来3~5年现金的流入和流出、筹资安排和现金储备等;收益预测主要考虑销售收入、成本及费用、净利润等;资产负债预测主要考虑某几个时间节点上的资产与负债的情况。

编制财务规划需要做资本需求预算、预期年度收入表、现金流量估计表、资产负债估计表、资金回报计划和盈亏平衡分析等。资本需求预算应包括开发项目费、购买设备费、引进生产线费、流动资金投入、资金使用计划、筹资渠道等。

除此之外，还要做风险分析，主要包括对最好、一般、最差三种情况的预测，因素变动下的盈亏平衡分析和敏感性分析。风险分析的编写方法：一是确定主要的机会和风险；二是改变不同的参数，看结果如何变化。

五、战略规划的形成过程及基本格式

战略规划的形成过程见战略规划模型（流程），如图 1-12 所示。这也是本书后面陆续要讲的重点内容。

图 1-12　企业战略规划模型（流程）①

【知识链接 1-7】　　　　　　　　企业战略规划的格式

企业战略规划的基本格式如下。
绪论
1. 企业简介
2. 外部环境分析
　　2.1 外部发展机遇
　　2.2 外部发展威胁
3. 内部环境分析
　　3.1 积淀的优势
　　3.2 存在的不足

---

① 刘平. 寿险营销：战略导航，规划先行[J]. 保险赢家，2007（1）：64-67.

> 4. 战略选择与战略目标
>   4.1 指导思想
>   4.2 战略选择
>   4.3 战略目标
> 5. 主要任务（战略任务）
> 6. 保障措施
>
> 结论
>
> 本书会在后续章节中结合实例进行具体说明。

第五节　战略管理的利益相关者

参与企业战略管理的利益相关者可以分为相关利益者、战略管理者和战略实施者三大类，具体分析如下。

一、相关利益者

相关利益者主要包括资本市场相关利益者（股东和公司的主要资本提供者）与产品市场相关利益者（公司主要的顾客、供应商、所在社区、工会）。

1. 资本市场相关利益者

股东和出资者都期待公司能够使其投资保值并升值，期待收益是与风险成正比的。也就是说，低风险只能带来低收益，而高风险可能会有高收益。

假如出资者对公司不满，他们则会对以后的资本借贷提出更严格的要求。股东可以通过多种方式表达他们的不满，如抛售股票等。当公司意识到资本市场相关利益者潜在或实际的不满时，它会做出反应。公司对相关利益者不满做出的反应会受到它们之间的依靠关系的影响。依靠关系越紧密、越重要，公司的反应则会越直接、越重视。

2. 产品市场相关利益者

顾客、供应商、所在社区和工会这四类团体都会从激烈的企业竞争中获得利益。顾客往往要求物美价廉，而供应商则希望找到愿意出高价的忠诚顾客。社区希望企业能够常驻此地以提供税收收入，但是社区不希望企业提出过多公共支持服务的要求。工会关注的是为工人寻求稳定的工作和舒适的工作环境。因此，当企业的利润只不过最低程度地满足了资本市场相关利益者时，它却能基本满足产品市场相关利益者。

在一个竞争的商业环境中，所有的产品市场相关利益者都是至关重要的。然而，很多企业都非常重视顾客。尽管资本市场相关利益者的能力可以决定企业的实力，但最终的标准还是顾客满意度。

二、战略管理者

战略管理者是战略管理的主体，因此，战略管理者的构成、各自参与方式与程度以及相关关系等对企业成功实施战略管理具有非常大的影响。一般来说,战略管理者包括董事会、高层管理者、中层管理者、战略管理部门、非正式组织的领导、企业智囊团。其中,最重要的是董事会和高层管理者。

1. 董事会

从战略管理的角度讲,董事会有以下三项主要任务。

(1)提出企业的使命,为企业高层管理者划定战略选择的具体范围。

(2)审批企业高层管理者的建议、决策、行动,为他们提出忠告和建议,提出具体的改进措施。

(3)通过它的委员会监视企业内外部环境的变化,并提醒企业高层管理者注意这些变化将会给企业造成的影响。

2. 高层管理者

企业高层管理者一般包括企业经营班子成员及事业部总经理。在企业战略管理中,高层管理者主要发挥以下两个方面的作用。

(1)扮演企业管理的十大角色,具体包括企业代表、领导者、联络人、传播者、监督者、故障排除者、发言人、资源分配者、谈判者和企业家。

(2)领导企业战略制定和战略实施。为了正确确定企业的使命、建立战略目标、制定企业战略和政策,高层管理者必须从长远的角度看问题,形成对企业的长期发展思路。同时,在企业战略的实施过程中,高层管理者也起着关键作用。

战略决策者主要是指在企业战略层次的责任者——高层管理者,通过企业战略计划的确定,企业高层管理者为自己的企业选择正确的时机、设置正确的方向、按照正确的顺序、运用最高效率的方法去做正确的事情。

相关利益者在战略管理过程中的主要任务如表1-2所示。

高层管理者对企业能否获得预期的战略结果起着关键作用。不难理解,工作勤奋、思维缜密、诚实可信、追求卓越、具备常识等特点是成为成功战略决策者的前提。战略决策者在进行战略决策时,最大的特点就是需要具有企业家的精神。

表1-2 相关利益者在战略决策过程中的主要任务

战略层次	责任者	战略管理工作重点	战略决策过程中的主要任务
总体战略	企业高层管理者	制定和实施企业的宗旨、目标、政策和战略	1. 制定企业的任务和战略 2. 确定企业各事业部的任务 3. 按照任务给各部门分配资源 4. 批准各事业部的计划、预算和主要投资 5. 考核各事业部工作,保证整个企业按照战略规划顺利运作
竞争战略	事业部主要管理者	制定和实施企业战略之下的相关事业部战略	1. 向企业高层管理者提出执行企业总体战略的事业部战略 2. 制订本事业部的经营计划并获得上级批准 3. 为取得最佳利润率和业务增长率而经营 4. 按照企业方针、政策与程序进行管理

续表

战略层次	责任者	战略管理工作重点	战略决策过程中的主要任务
职能战略	职能机构中的中级管理者	制定和实施与企业战略、事业部战略相配合的职能战略	1. 参与制定企业战略 2. 依据职能制定企业范围的方针、政策与标准，通过考核与监督，保证执行的一致性 3. 就各事业部的任务、战略、经营计划和预算问题向企业高层管理者提出建议 4. 就各事业部职能部门的工作向企业高层管理者提出建议 5. 制定职能部门系统的战略、目标和职责 6. 对于关键岗位的任命、工作标准的设置以及考核评价提出建议 7. 在需要的地方提供职能方面的服务
战术	基层管理者和员工	实现企业各层次战略的具体方法和步骤	

企业家精神体现在企业战略制定中，就是要使企业不断地追求卓越。这意味着高层管理者要努力维持创新精神和进取精神，不断地探索和把握新的市场机会，改进和开发新的产品与服务，寻求满足顾客需要的更好方法，随时准备应付来自环境和竞争者的威胁，使企业在市场竞争中始终处于不败之地。

同时，高层管理者还需要正确地、不失时机地决定企业应该放弃哪些业务、保持哪些业务、开发哪些新的业务，以及怎样用正确方法对企业的业务进行调整，将企业的资源从低收益或收益下降的业务部门转移到高收益或收益增长的业务部门，使企业的资源得到最合理的运用，以取得更好的经营效益。

三、战略实施者

战略实施者是指企业中下层管理者和员工。他们在企业的运作中承担不同的职责，在不同的岗位各司其职、恪尽职守，上下级密切配合、和谐协作，主要包括以下两方面。

（1）业务战略层次的责任者——业务层战略的主要管理者。

（2）职能战略层次的责任者——职能机构的中级管理人员和组织相关利益者（公司所有的员工）。

贯彻落实战略计划，并取得预期效果，是战略实施者的重要职责。企业战略的实施虽然是行政管理性质的工作，但也充满挑战性，包括建立一个高效率的企业组织系统，激励员工的工作积极性和劳动生产率，创造一个有利于实现企业战略的企业文化环境，协调企业内部各方面的关系，修订工作进度，调整工作计划以适应环境变化，当企业的经营活动偏离预期目标时能够及时采取正确的行动予以干预和纠正。

本章内容结构

本章内容可以概括为"二三三",即两个结构、三大问题和三个集团。

两个结构:勾勒战略规划和战略管理的逻辑结构。

三大问题:探讨什么是企业战略、战略规划与战略管理。

三大问题 { 企业战略:内涵、特征和结构(层次)
战略规划:含义、作用、基本原则、基本内容、流程与格式
战略管理:概念、性质、作用和过程 }

三个集团:企业战略的相关利益者、战略管理(决策)者和战略实施者。

三个集团 {
相关利益者 { 资本市场相关利益者:股东、主要资本提供者
产品市场相关利益者:顾客、供应商、社区、工会 }
战略管理者 { 董事会
高层管理者 }
战略实施者 { 中低层管理者
员工 }
}

综合练习

一、名词解释

战略　战略规划　战略管理　利益相关者　总体战略　竞争战略　职能战略

二、判断题

1．我是一名普通员工,战略管理与我无关。（　　）
2．战略的五种定义之间是不相容的。（　　）
3．需要战略的根本原因是资源有限。（　　）
4．战略管理既是科学,也是艺术。（　　）
5．战略规划与战略管理是同义词。（　　）

三、填空题

1．明茨伯格借鉴市场营销学中四要素（4P's）的提法,提出了企业战略由五种规范的定义来阐明,即（　　）、（　　）、（　　）、（　　）和（　　）,这五种定义构成了企业战略的 5P's。

2．企业战略可划分为三个层次,即（　　）战略、（　　）战略和（　　）战略。

3．按照内容所涉及的范围和影响程度,人们将管理理论分成三个不同的层次,即（　　）理论、（　　）理论和（　　）理论。

4．美国学者罗伯特·卡茨将企业管理工作对管理者的能力要求划分成三个方面,即（　　）能力、（　　）能力和（　　）能力。

5．企业战略管理的利益相关者可以分为三大类,即（　　）、（　　）和（　　）。

四、简述题

1. 简述战略、战略规划与战略管理的区别与联系。
2. 简述战略的五种定义之间的区别与联系。
3. 简述三个层次管理理论。
4. 简述本章内容概括为"二三三"的内涵。
5. 简述战略规划流程（模型）的逻辑关系。

五、搜索思考（网上冲浪、网上调研、案头研究）

1. 什么是企业战略？企业为什么需要战略？
2. 为何说"战略管理既是科学，也是艺术"？
3. 由企业战略规划联系到对人生规划（选择）的借鉴作用。

六、案例分析

1. 举例说明企业战略可以划分为几个层次。
2. 百年柯达为何由巨大的成功走进危机的深渊？

总项目　　为了家乡企业的腾飞——为家乡企业制定战略规划

1. 项目任务

为家乡××企业制定战略规划。

2. 项目指标

（1）分析该企业的外部环境，得出符合该企业实际的外部分析结论。

（2）分析该企业的内部环境，得出符合该企业实际的内部分析结论。

（3）在企业宗旨使命和价值观的指引下，结合内外部分析结论，确定企业的战略选择和战略目标。

（4）选择确定为实现企业使命和战略目标的企业总体战略模式及实现途径。

（5）根据总体战略要求，选择确定企业的竞争战略及实现方式。

（6）选择确定实现战略目标的关键任务和主要配套政策。

（7）最终形成符合该企业发展实际的战略规划文本，字数在1万~1.5万。

（8）制作简明扼要的PPT进行汇报交流，自述10分钟，提问5分钟。

3. 项目要求

（1）要求是已经存在并经营一年以上的实际企业，企业大小不限。建议选择小企业，便于掌握一手资料，如家乡的小工厂、小区物业管理公司、学校周边的餐馆等都可以。

（2）要求对企业进行实地调研，要有针对性地提出个性化的企业发展规划。

（3）能否认清本项目的意义和价值是能否做好本项目的前提，也是能否激发项目团队的热情、立志完成好本项目的关键，因此首先要特别重视项目的导入。

4. 项目团队组成

（1）5~6人组成一个项目团队，每个团队设项目经理1人，负责整个团队管理，并负责组织协调团队成员完成整个项目。其余团队成员分工建议如下：1人负责企业外部环境分析，1人负责企业内部环境分析，1人负责企业使命与战略目标以及企业总体战略设计，1人负责企业竞争战略和盈利模式设计，1人负责实现目标的关键任务与主要配套政策设计。

（2）团队组成由项目导师根据实际情况掌握，可由项目导师随机分组，也可允许学生自由组合。团队内角色分工由各团队自行协商产生，报项目导师备案。

5. 团队成果评定方法

（1）流程形式占50%，考察对规划规范的理解和运用，主要体现的是态度，决定的是成绩能否通过的问题。

（2）内容水平占50%，考察对相关知识的创造性运用能力，主要体现的是能力水平，决定的是成绩高低的问题。

6. 个人成绩评定方法

个人成绩可依据以下几个方面综合给出：

（1）项目团队成绩，决定团队平均成绩及项目经理的成绩。

（2）团队内排名，由项目经理根据团队成员的参与程度和对团队的贡献给出。

（3）个人在项目教学实施过程中的表现，出勤情况、回答问题、项目交流等。

7. 项目的实施

在导师的引导下，各项目团队按项目实施计划逐个完成各个子项目（见表1-3），并最终完成整个项目。子项目1和子项目2可以同步进行，子项目3、4和5可以同步进行，子项目6在子项目4和子项目5的后期就可以开始进行，项目总结在子项目6的后期就可以开始启动。

项目的总结和交流是本项目升华的重点，好的项目总结和交流可以使项目参与者获得巨大的收获。做规划的过程是辛苦的，但也是学习、收获和获取经验的快乐过程，而好的总结和交流可以画龙点睛、锦上添花，使成员的收获得到质的飞跃。只有善于思考和总结的人，才能获得最大的收获与提高。因此，要筹划好最后的项目总结。

时间进程安排见表1-3。

8. 本项目实施过程中可能出现的问题

（1）了解不到企业的真实信息。这正是我们要选取家乡小企业或校园周边企业的原因，便于收集第一手资料。

（2）不会用相关知识具体分析问题。仔细阅读附录A"综合案例 大数据产业发展规划（2016-2020）"和书中丰富的案例。"大数据产业发展规划（2016—2020）"给出了一个真实的、全面的产业发展规划实例，而书中的鲜活案例则从正确认识战略与战略决策、如何思考一个成长型公司的战略决策、企业发展快与慢的辩证关系、多元化的误区、重视制定战略的方法论等不同角度阐述了公司战略选择、经营方略与竞争策略的问题。

（3）缺乏经验得不出正确的判断。掌握正确的方法比简单的结论更重要。当我们的经验经过有效积累，采用正确的方法与工具就容易得出正确的判断和结论。认真阅读书中的大量案例和多看推荐阅读书目都有助于我们经验的积累；分享与相互交流也有助于弥补我们经验的不足；而项目导师则是我们可以信赖和依靠的坚实臂膀。

表 1-3 项目进程表

进 展 时 间	项 目 内 容	要　　求
第 1~2 周	项目导入，接受项目任务	真正了解项目的价值，清楚项目的构成
第 3~6 周	子项目 1：知彼——企业外部环境分析	发现外部的机会和威胁
第 3~6 周	子项目 2：知己——企业内部环境分析	找出企业自身的优势和劣势
第 7~11 周	子项目 3：定位——战略选择与战略目标	在企业使命和价值观的指引下，运用 SWOT 等方法确定企业战略选择和战略目标
第 7~11 周	子项目 4：路径之选——确定企业总体战略	确定实现战略目标的企业发展战略及实现途径
第 7~11 周	子项目 5：短兵相接——确定企业竞争战略	确定实现战略目标的企业竞争策略及实现方式
第 10~13 周	子项目 6：全力以赴——保障措施与战略实施	确定落实主要任务的保障措施
第 13~15 周	项目总结，交流提升	提交规划文本（格式参见附录 B），进行分享交流

9. 后续项目

企业战略规划的制定，首先从企业的内外部环境分析（即子项目 1 和子项目 2）开始，二者可以同步进行。

推荐阅读

1. 王方华．企业战略管理[M]．2 版．上海：复旦大学出版社，2006：第一章．
2. 杨锡怀，等．企业战略管理[M]．4 版．北京：高等教育出版社，2016：第一章．
3. 赵越春．企业战略管理[M]．3 版．北京：中国人民大学出版社，2019：第一章．
4. 刘平．保险战争[M]．北京：电子工业出版社，2009：第二、第六和第七章．
5. 刘平等．创业学：理论与实践[M]．3 版．北京：清华大学出版社，2016：第十章．
6. 关国亮．新华方略[M]．北京：人民出版社，2004．
7. 施振荣．再造宏碁：开创、成长与挑战[M]．北京：中信出版社，2005．
8. 雷银生．企业战略管理教程[M]．2 版．北京：清华大学出版社，2010：第一章．
9. 高红岩．战略管理学[M]．北京：清华大学出版社，2007：第一章．
10. 谭开明，等．企业战略管理[M]．5 版．大连：东北财经大学出版社，2019：第一章．

> 阅读材料 1-1　　　　　　　战略管理理论的演进[①]

无论是在管理理论还是在管理实践中，战略管理理论皆占据着十分重要的地位。从发展的历史脉络看，企业战略管理理论大体可以分为以环境为基点的经典战略管理理论，以产业（市场）结构分析为基础的竞争战略理论，以资源、知识为基础的核心能力理论。

像其他任何一门管理学科一样，战略管理理论从科学管理理论及现代管理理论中汲取了营养，是在总体管理理论的基础上顺应时代的要求而逐步发展起来的。这里追溯一下战略管理理论的源泉以及它的发展史。

1. 计划与控制阶段

20 世纪初，计划与控制管理制度开始出现。首先，科学管理创始人泰勒强调，要通过计划工作，挑选、培训和组织工人，以便增加产量。接着，法约尔提出，计划与控制都属于管理的重要职能。

在此阶段，财务预算成为重要的计划与控制手段。企业内既定的生产、销售、财务等部门分别制订年度预算计划。在财务预算的执行过程中，如果出现偏差，企业要找出原因，并采取必要的修正措施，以便实现既定的预算计划。这种管理制度的重点在于对偏差的控制。其基本假定是：过去的情况，必将重现。

2. 长期规划阶段

长期规划理论是战略管理理论的雏形，开始于 20 世纪 50 年代初，持续到 60 年代初期。进入 20 世纪 50 年代后，西方企业（主要是美国企业）的外部环境发生了很大的变化，从而使企业面临着许多更为严峻的挑战。这个时期的主要特点如下。

（1）需求结构发生变化。基本消费品的需求已经达到饱和，社会已从对生活"数量"的需要转向对生活"质量"的需要，需求发生了多样化的转变。

（2）科学技术水平不断提高。第二次世界大战中研究开发的许多技术，一方面使许多行业陈旧过时，另一方面又使一些以技术为基础的新行业产生。技术革命的加快和技术革新周期的缩短，加速了产品和制造工艺的发展，生产了许多属于"创造需要"性的新产品，增加了企业的技术密度。同时，也加剧了企业间的竞争。

（3）全球性竞争日益激烈。在这个时期，不仅产品的出口数量和范围有了很大扩展，而且出现资本输出，跨国公司迅速发展。这样就使争夺国外资源、国际市场的竞争愈加激烈。

（4）社会、政府和顾客等提高了对企业的要求和限制。由于企业一味重视获利，给社会带来许多消极影响。这一切引起了社会、政府、顾客对企业的不满，从而提高了对企业的要求，并提出了许多对企业的限制。

"长期规划"产生的原因正是这些变化迫使企业管理人员来延展传统的管理概念。这种理论的实质是根据历史情况，通过趋势外推法对企业未来环境的变化做出预测，从而制订出长期计划以应对这些变化。在这一时期，企业长期规划的主要活动集中于通过合并而实行企业经营多元化的计划和组织、跨国经营、前向一体化发展、产品—市场的革新等战略措施。

[①] 作者综合了杨锡怀和赵越春等相关作品内容编写而成。

3. 战略规划阶段

这一时期开始于20世纪60年代初，持续到70年代初，战略规划由长期规划转变而来。应用长期规划这一管理技术有以下两个前提。

（1）认为促使环境变化的主动权在于企业本身，企业对环境的变化具有很大的影响力。

（2）认为外部环境是可以预测的，企业总可以制订计划以应对未来的变化。

但当企业进入20世纪60年代后，由于政府的管制和各种调节政策，企业失去了对环境的控制。而且由于外部环境的复杂性和相互作用使得企业难以预测环境变化。企业要发展，必须具备能够对外部环境变化做出迅速反应的能力，并且要适应环境的变化，选择灵活性的战略。因此，长期规划被战略规划所取代。

4. 战略管理阶段

在战略规划阶段，由于一些高层管理人员机械地看待战略规划过程，过分强调定量分析的作用，只注重战略规划，忽略了对战略的评估与实施工作，使一些公司战略规划或缺少弹性，或流于形式，成为玩弄数字的游戏，丧失了战略规划应有的成效。

战略管理兴起于20世纪70年代中后期。企业战略决策者为了应付外来的"战略突变"和迅速出现的机会与威胁，必须摆脱计划周期的束缚，改变重计划不重实施的习惯做法，转为制定、评价和实施战略并重，在实施战略规划上下功夫，灵活而又富有创造性地实施战略性管理。

战略管理还具有更深一层的含义。它不一定限于完全被动地承受动荡环境的影响，单纯做出战略的反应和调整，它还具有积极的作用，即战略管理具有"预应"性质：通过制定、实施创造性的战略，它能够主动影响环境的变化，迎接环境的挑战。

进入20世纪80年代后，世界经济更加动荡，贸易摩擦、能源短缺、债务危机、股价下跌、新技术和新产品层出不穷，加剧了国际市场竞争。在这样复杂的经营环境下，推行战略管理便成为美国企业适应形势、突破困境、维持生存与发展的重要保证。

值得注意的是，企业战略管理各阶段的演进并非是新的管理方式"替代"原有的方式，而是新方法"补充"了原有的方式。因此，最后形成的战略管理方式包含了以往三种管理方式的内容。具体地说，企业实施战略管理，依然需要定期的计划程序，只是必须运用各种特殊的管理技术，以使企业经营战略更加灵活和完善，能够适应正常计划程序以外的情况，并且强化了战略实施和控制工作。

阅读材料1-2　　战略管理主要学派简介[①]

人们对企业战略的认识是随着时间的推移逐渐得到完善的。自1965年安索夫（Ansoff）出版了第一本有关战略的著作《公司战略》以来，学者们基于不同的理论基础、研究方法和研究角度，形成了各种理论流派。明茨伯格（Mintzberg）等人在其所著的《战略历程：纵览战略管理学派》一书中，沿着战略管理理论发展的历史脉络，将战略管理理论归结为十大流派，即设计学派、计划学派、定位学派、企业家学派、认知学派、学习学派、权力学派、文化学派、环境学派和结构学派。这十大学派

---

① 根据杨锡怀、王方华和赵越春等相关作品内容编写而成。

分别从各个角度或层次反映了战略形成的客观规律，均对战略管理理论做出了贡献，它们相互补充，共同构成了完整的战略管理理论体系。

1. 设计学派（Design School）：将战略形成看作一个概念作用的过程

设计学派认为，战略形成是经过深思熟虑而得出"重大战略"的过程，必须有充分的理由才能采取行动，有效的战略产生于严谨的人类思维过程。只有深思熟虑制定的战略，才能真正了解自己在做什么。

设计学派建立了著名的 SWOT 战略形成模型，这一模型也是设计学派的重要基础。根据 SWOT 分析，对企业现有的目标进行评价从而识别可选的战略方案。然后对这些方案进行评价，在考虑高层管理者的价值观及社会责任的基础上，选择最佳的战略。CEO 不仅控制整个战略的形成过程，而且是战略的"建筑师"。

尽管这一学派通常被认为源自哈佛商学院，尤其是 20 世纪 60 年代的安德鲁斯，但是明茨伯格却认为这一学派产生于 20 世纪 50 年代安索夫和塞兹尼克（Selznick）的工作。明茨伯格认为这一学派不仅过时，而且在应用上受到限制，因为设计学派假设有关组织和环境的一切都可以得到战略家的理解与正确评价，事实上未必如此。

2. 计划学派（Planning School）：将战略形成看作一个正式的过程

计划学派开始于 20 世纪 60 年代，安索夫是这个学派最有影响力的思想家。计划学派认为，企业战略制定的过程应该是一个正规的计划过程，可以分为许多不同的步骤，每个步骤有分析技术和方法的支持。

明茨伯格认为，这一模型建立在传统生产线观念的基础上，每个计划因素可以得到界限和区分，然后按照规定得到各个组成部分，再把这些部分放在一起制定正确的战略。战略以"蓝图"的形式出现，包括特定的目标、预算、程序和经营计划。

计划学派也是明茨伯格所反对的一种观点，他认为这种学派具有三大误区，即错误地认为未来的事件是可以预测的，战略思考可以与经营管理分离开，数据和分析技术可以产生"新颖"的战略。虽然这一学派在 20 世纪 70 年代非常盛行，但是目前其重要性已经开始下降。

3. 定位学派（Position School）：将战略形成看作一个分析的过程

明茨伯格认为，定位学派建立在军事概念的基础之上。在管理领域，20 世纪 70 年代的咨询工具，如波士顿矩阵等，是这一模型的经典方法。20 世纪 80 年代，波特在竞争战略和竞争优势方面的研究[①]，使得这一学派在战略管理领域占据了主导地位。

波特用竞争分析和产业分析的方法取代了设计学派和计划学派的方法，尽管战略制定仍旧是一个深思熟虑的过程，但是波特提出了一套基本战略模式，即成本领先、差异化和专业化。该派认为，产业结构决定企业的战略位置，而战略位置又决定企业的组织结构。

明茨伯格认为，定位学派的不足表现在分析所需要的大量数据很难得到，而且这一学派与设计学派和计划学派一样，都把战略思想和实践分离开来，没有给组织留下学习的空间。明茨伯格认为这是把分析误认为是战略，因为分析本身是支持战略制定过程的东西。

[①] 1980 年，波特（Porter）出版了其代表作《公司战略》一书。

4. 企业家学派（Entrepreneurial School）：将战略形成看作一个预测的过程

20世纪80年代后期，在对以上三个学派进行反思和总结的基础上，出现了一些新的学派。这些学派的基本特点是具有明显的非理性主义特点，强调企业战略的形式，注重对战略过程中行为因素的研究。

企业家学派认为，存在于企业领导人心中的战略，既是一种观念，更是一种特殊的、长期的方向感，是对组织未来的预见。战略形成最好不要成为一个完全有意识的思维过程。无论企业领导人是在实际中构思战略，还是把其他人的战略改进后以他自己的方式将战略内在化，战略形成都应当深深地根植于企业领导人的经验和直觉当中。

这一学派还认为，战略远见是可以发展变化的。企业家式的战略既是深思熟虑的，又是随机应变的，在远见的整体感觉上是深思熟虑的，在展开远见具体细节上是随机应变的。组织其实是一个受企业领导人指挥的、简单的组织结构。在这一学派看来，企业家式的战略就如同某种特殊的位置，而这个位置是受保护的、不受市场竞争冲击的市场位置。

5. 认知学派（Cognitive School）：将战略形成看作一个心理的过程

认知学派认为，企业战略制定不仅是一个理性思维的过程，而且也包括了非理性思维的因素。面对大量真假难辨的信息、数据和时间限制，非理性思维在战略决策中可以发挥很大的作用。尽管并不真正存在这样一个学派，但是明茨伯格认为这一领域十分重要，最终会发展成为一个学派。这一领域的研究建立在认知心理学的基础之上，因而不断得出一些负面的观点。它倾向于强调个体在收集正确信息方面的能力的有限性，人脑在处理所收集信息方面的天然的局限性，因而得出有偏见的、失真的结论。

明茨伯格之所以提出这一学派，是为了推动这个领域的工作。他认为，人们需要理解来自经验的智慧如何在战略制定中发挥作用，需要更多地了解创新思维和直觉，需要进一步发展迈克尔·波兰尼（Michael Polanyi）在隐含知识（Tacit Knowledge）上的研究，尤其是他提出的"我们知道的远比我们所能说出来的要多"的观点。明茨伯格认为，有必要弥补心理学家强调的认知行为观点，其代表人物有西蒙（Simon）等。

6. 学习学派（Learning School）：将战略形成看作一个应急的过程

面对复杂而动态的外部环境，战略家该如何去做呢？学习学派认为，企业需要不断学习，才能适应不断变化的、复杂的外部环境。明茨伯格本人就是这一学派的拥护者，他把战略制定看作是一个"自然发生的过程"。

该学派认为，组织环境具有复杂和难以预测的特性，经常伴随着对战略而言必不可缺的知识库的传播，同时排斥有意识的控制，战略的制定首先必须采取不断学习的形式，在这一过程中，战略制定和实施的界限变得不可辨别。领导的作用不再是预想深思熟虑的战略，而是学习管理战略的过程，在此过程中可能出现新的战略。

因此，战略首先是以过去的行为模式出现，只是在后来成了未来的计划，并且最后变成了指导总体行为的观念。该学派的典型著作有奎因于1980年出版的《应变战略：逻辑渐进主义》、圣吉于1990年出版的《第五项修炼》等。

7. 权力学派（Politics and Power School）：将战略形成看作一个协商的过程

权力学派认为，战略形成是一个协商的过程，包括组织内部各个矛盾着的集团之间和互为外部环境的组织之间的协商。权力学派之所以要强调权力，是因为在企业战略制定的过程中，战略形成不仅要受到"经济"因素的影响，还要受到"政治"因素的影响。

在这一学派中，权力和竞争使战略形成具体化，无论是作为组织内部的过程，还是作为其外部环境中组织本身的行为。也许这一过程产生的战略往往是应急的，并且采用定位和策略的形式而不是观念的形式。

因此，权力学派认为，战略制定不仅要注意行业环境、竞争力量等经济因素，而且要注意利益团体、权利分享等政治因素。

8. 文化学派（Cultural School）：将战略形成看作一个集体思维的过程

文化学派认为，战略形成是建立在组织成员的共同信念和理解基础之上的社会交互过程。个人通过文化适应过程或社会化过程来获得这些信念，该过程大多为潜移默化而非语言文字的，虽然有时也通过较为正规的教导来强化。

因此，组织成员只能部分地描述巩固他们文化的信念，而文化的来源和解释可能依然模糊。结果，战略首先采取了观念而非立场的形式。该学派还认为，观念植根于集体意识之中，并在深藏着资源或潜能的组织模式中反映出来，受到保护并且用作竞争优势。

在这一学派看来，文化，尤其是观念体系不鼓励战略改变，以便现有战略永久存在。他们往往至多在组织整体战略观念之内做一些立场的改变。其危险性体现在文化越强大和丰富，现有战略对文化的附着性就越强，在未来进行战略变革的难度也会越大。

9. 环境学派（Environmental School）：将战略形成看作一个反应的过程

尽管大多数战略学派都把外部环境看成是战略过程的一部分，但是环境学派认为，环境不应该是"因素"，而应该是"演员"。他们认为，各种复杂力量所构成的环境是制定战略过程的核心"演员"；企业必须适应环境，并且在适应环境的过程中寻找自己生存和发展的位置；同时企业还应该对环境的变化做出反应，企业与环境是可以互动的。

明茨伯格希望对环境的重要性进行更多的研究，并强调需要更多地了解特定环境如何对战略选择发挥约束作用。

10. 结构学派（Configuration School）：将战略形成看作一个转变的过程

结构学派的观点其实是其他学派的一种综合，但它却运用了自己的一个独特视角。每个学派都有自己的时间、自己的位置。所以，结构学派与所有其他学派的一个根本区别就是：它提供了一种调和的可能，一种对其他学派进行综合的方式。

结构学派的观点有两个主要方面：一方面把组织和组织周围的环境状态描述为结构；另一方面把战略形成过程描述为一个转变的过程。在不同的历史发展阶段，不同的战略制定过程将分别发挥作用。

该学派强调，大多数时候，组织都可被描述为某种稳定结构，即在一定时期内，采用特殊的结构形式，与特殊的内容相匹配，导致组织建立特殊的行为，从而产生了一套特殊的战略。这种稳定时期偶尔被一些转变过程所割断，发生向另一种结构的转变。

第二篇

战略环境分析

- 第二章　企业外部环境分析
- 第三章　企业内部环境分析

第二章 企业外部环境分析

📋 **内容提要**

现代企业的生产经营活动日益受到外部环境的作用和影响。企业要进行战略管理，首先必须全面、客观地分析和掌握外部环境的变化。本章系统介绍了影响企业战略的外部环境因素，包括宏观环境要素、行业环境要素、竞争对手和客户等，同时介绍了PEST分析法、波特五力模型分析法、战略环境要素评价模型、行业关键战略要素评价矩阵等。通过本章学习，读者应学会进行初步的外部环境分析。

📖 **学习目标与重点**

- ◇ 了解企业总体环境及行业环境的组成要素；
- ◇ 掌握PEST模型和波特五力模型分析方法；
- ◇ 掌握竞争对手和客户分析的主要内容；
- ◇ 熟练掌握战略环境要素评价模型及行业关键战略要素评价矩阵等分析方法。

📝 **关键术语**

宏观环境；行业环境；波特五力模型

📚 **引入案例**　　　　　　　　　**变革中的招商银行**[①]

1987年4月8日，招商银行在深圳蛇口正式成立，这是我国第一家完全由企业法人持股的股份制商业银行。经过19年的发展，招商银行从当年的一家小银行发展成如今遍布全国主要城市、总资产达7000亿元、利润约在10亿元以上的大型股份制商业银行。

（一）"一招鲜，吃遍天"

招商银行的使命就是为顾客提供最好的服务。"葵花"是招商银行的标志，寓意是"客户就像太阳一样"，而招商银行就是"葵花"，"葵花"永远围着客户这个永不落的太阳转。在发展过程中，招商银行在国内首创了数十种新业务。例如，1995年，在国内率先推出集定活期、多储种、多币种于一卡的"一卡通"；1999年，在国内率先全面启动网上银行业务；2002年，推出国内首个面向高端个人客户的"金葵花"理财品牌等。

招商银行的发展一度形成了"一招鲜，吃遍天"的喜人态势。但是，随着银行业经营环境的深刻变化，随着经济金融市场化改革的不断深化，以及对外开放的全面推进，特别是外资银行的

[①] 招商银行的下一个10年向何处去. 中国金融网，2006-05-19.

涌入，国内银行业的经营环境已经发生了重大变化，招商银行也面临严峻的挑战。

在这样的历史时刻，招商银行行长马蔚华思考的是外部环境和招行自身正在发生变化：随着中国金融业全面的开放，招商银行股份制机制和商业化的优势正面临衰减，同时越来越多的中资银行开始缩短与招商银行的距离，大环境已经让招商银行很难再创造出像"一卡通"这样能够遥遥领先同行七八年的"一招鲜"产品。

（二）环境变，我也变

随着顾客需求的日益多样化，我国银行业已经告别了产品导向的时代，进入了顾客导向的时代。中国家庭财产状况的改变决定了市场和个人客户对银行服务的需求不再是简单的汇率服务或简单的中转型服务，整个社会对个人理财有了一定的需求。中国加入WTO后，逐渐进入中国的国外商业银行首先关注的是个人高端用户，他们成熟的经验和成熟的品牌优势将导致竞争格局的重大变化。过去商业银行的市场营销人员可以足不出户在办公室向客户介绍银行的各种金融产品和功能，现在客户面临更多的选择，他们不再是被动接受者。因此，马蔚华提出把"因您而变"作为招商银行的自我定位，作为银行制胜的关键。[①]

2004年8月，马蔚华在招商零售银行半年工作会议上，开始明确提出零售银行业务是招商银行未来发展战略中的重中之重。而后，招行又明确提出其目标客户为"中高端客户"。但是，近几年来，招行瞄准的这个目标客户群的金融服务需求正在发生快速转变，已经不再满足于来银行有杯咖啡、有张笑脸或者有方便的电子渠道能在家转账这样的服务了。这个群体对自己在银行的资产逐渐有了保值、升值的需求，在这个群体选择银行时更看重银行的理财能力，于是，理财服务成为招商银行重点锤炼的能力，而"尽快转变为一家理财型银行"也开始成为招商银行未来的明确目标。从强调零售业务到走向理财银行这是马蔚华推动招商银行战略转型的一条主线。

（三）调战略，保发展

2004年4月1日，中国银监会为推行巴塞尔协议Ⅱ做准备，发布了《商业银行资本充足率管理办法》，要求所有国内商业银行在2006年年底前必须满足资本充足率8%、核心资本充足率4%的标准，否则其业务发展将受到限制。在这个刚性标准面前，银行要扩大规模，就要增加更多的准备金成本。这样，低风险的个人资产由于具有准备金要求比对公业务少50%的优势，开始明显体现出其重要性。而这对于一直处于规模发展快车道的招商银行来说，自然意义重大。

2005年，央行开始酝酿发行银行间市场企业短期融资债券，进一步压缩了商业银行在大企业身上的盈利空间，招商银行再次确定了对零售业务进行战略倾斜的决心。于是在这一年的行长会上，马蔚华进一步把发展低资本消耗的零售银行业务和中间业务正式部署为"经营战略调整"的方向。

2006年1月12日，马蔚华在招商银行全国分行行长会议上宣布：招商银行在2005年的经营战略调整初见成效，资产结构明显改善，零售银行业务与中间业务获得了稳步发展。2005年年底，招商银行的储蓄存款已占所有存款40%以上，中间业务增速超过50%，资本充足率在资产质量保持20%以上增速的情况下仅下降0.5%。

---

① 马蔚华. 因您而变[J]. 北大商业评论，2004（6）：158-161.

案例点评：

任何企业都是在一定的环境下生存和发展的，外部环境是企业生存和发展的空间，企业的经营管理活动必须受到外部环境的控制和影响。例如，由于文化习惯的不同，中美电影市场的表现截然不同。再如，由于美国是个移民国家，滋养了移民律师这个职业，中国就没有。

企业的环境在很大程度上决定了企业管理者可能的战略选择。外部环境既可能对企业发展有利，也可能对企业发展不利。因此，外部环境分析是制定企业战略的关键要素。招商银行能及时应对环境变化调整战略，保持了企业的持续发展，而第一章介绍的柯达公司因忽视外部环境的变化陷入了危机，二者形成了鲜明的对比。

外部环境分析就是要确定有哪些外部因素会影响企业，这些因素将会发生哪些变化，这些变化会以何种方式影响企业，这些因素对企业影响的性质是什么样的等。外部环境分析的内容主要包括宏观环境、行业环境、竞争对手和客户分析等。

第一节 宏观环境分析

宏观环境是指对企业发展具有战略性影响的环境因素。一般来说，宏观外部环境包括政治法律因素、经济因素、社会文化因素和科学技术因素，即 PEST 分析。通过这些因素的分析可以揭示外部环境中的重要机会和威胁，为企业战略的制定提供基础。图 2-1 揭示了企业与外部行业和宏观环境的关系。

图 2-1 企业的外部环境

一、政治法律因素

政治法律因素是指对企业经营活动具有现存和潜在作用与影响的政治力量，同时也包括对企业经营活动加以限制和要求的法律和法规等。

政治因素包括国家和企业所在地区的政局稳定情况、执政党所要推行的基本政策以及这些政策的连续性和稳定性。这些基本政策包括产业政策、税收政策、政府订购及补贴政策等。

（1）产业政策：国家确定的重点产业总是处于优先发展的地位。因此，处于重点行业的企业增长机会多,发展空间大。那些非重点发展的行业,发展速度就较为缓慢,甚至停滞不前,因而处于这种行业的企业发展难度就比较大。

(2)税收政策:政府的税收政策影响着企业的财务结构和投资决策,资本持有者总是愿意将资金投向那些具有较高需求且税率较低的产业部门。

(3)政府订购及补贴政策:一方面,政府有时以资源供给者的身份出现,如政府对自然资源(森林、矿山、土地等)和农产品国家储备的政策和立场,将对一些企业的战略选择产生重大影响。另一方面,政府有时以顾客的身份出现,扮演消费者的角色。如政府订货对军事工业、航空航天等国防工业有重大影响,同时也间接地影响着其他工业的消费走向。此外,政府贷款和补贴对某些行业的发展也有着积极的影响。

法律因素体现在政府通过制定一些法律和法规来间接地影响企业的活动。为了促进和指导企业的发展,国家颁布的法律有经济合同法、企业破产法、商标法、质量法、专利法和中外合资企业法等。此外,国家还有对工业污染程度的规定、卫生要求、产品安全要求、对某些产品定价的规定等,而这类法律法规对企业的活动有着限制性的影响。

二、经济因素

经济因素是指构成企业生存和发展的社会经济状况及国家经济政策。社会经济状况包括经济要素的性质、水平、结构、变动趋势等多方面的内容,涉及国家、社会、市场及企业等多个领域。国家经济政策是国家履行经济管理职能、调控宏观经济水平和结构、实施国家经济发展战略的指导方针,对企业经济环境有着重要的影响。

企业经济环境是一个多元动态系统,主要由社会经济结构、经济发展水平、经济体制和宏观经济政策四个要素构成。

1. 社会经济结构

社会经济结构又称国民经济结构,是指国民经济中不同经济成分、不同产业部门,以及社会再生产各个方面在组成国民经济整体时质的适应性、量的比例性及排列关联的状况。一般而言,社会经济结构主要包括五个方面的内容,即产业结构、分配结构、交换结构、消费结构和技术结构,其中最重要的是产业结构问题。

实践证明,社会经济结构如果出现问题,会立即导致相当范围与数量的企业不能正常生产经营,甚至造成国民经济危机。企业只有关注社会经济结构的变化动向,及时妥善调整企业的经营活动,主动适应宏观经济环境变化,才能保证企业的安全与健康,有时还能把握时机,开拓创新,推动企业的发展。

2. 经济发展水平

经济发展水平是指一个国家经济发展的规模、速度和所达到的水准。反映一个国家经济发展水平常用的主要指标有国内生产总值(GDP)、人均国民收入、经济增长速度等[1]。对企业而言,从这些指标中可以认识国家经济全局发展状况,通过分析全国、各省市、整个产业的数据与企业

---

[1] 除了以上经济数据外,还有利率水平、劳动力的供给(失业率)、消费者收入水平、价格指数的变化(通货膨胀率)、汇率水平等。

自身数据，以及一定时间间隔下数据的变化，企业可以从中认识国家宏观经济形势以及企业自身的发展是否符合这一形势，避免与实际情况发生冲突。

3. 经济体制

经济体制是指国家组织经济的形式。经济体制规定了国家与企业、企业与企业、企业与各经济部门之间的关系，并通过一定的管理手段和方法，调控或影响社会经济流动的范围、内容和方式等。正因为如此，经济体制对企业的生存与发展的形式、内容、途径都提出了系统的基本规则与条件。在经济体制改革过程中，企业应加强和重视对新经济体制实质、形式及运行规律等方面的了解，把握并建立起新的体制意识，改变企业行为的方式与方法。

4. 宏观经济政策

宏观经济政策是国家在一定时期内为达到国家经济发展目标而制定的战略与策略，它包括综合性的国家经济发展战略和产业政策、国民收入分配政策、价格政策、物资流通政策、金融货币政策、劳动工资政策、对外贸易政策等。宏观经济政策是国家根据一定时期经济领域中普遍存在的问题而提出的针对性政策，它规定企业活动的范围、原则，引导和规范企业经营的方法，协调企业之间、经济部门之间、局部与整体之间的关系，保证社会经济正常运转，实现国民经济发展的目标和任务。

三、社会文化因素

社会文化因素包括社会习俗、民族特色、宗教信仰、社会道德观念、公众价值观念、员工的工作态度以及人口统计特征等。变化中的社会因素影响社会对企业产品或劳务的需求，也能改变企业的战略选择，具体表现在以下几个方面。

（1）社会文化是人们的价值观、思想、态度、社会行为等的综合体。文化因素强烈地影响着人们的购买决策，进而影响着企业的经营方式。因此，企业必须了解社会行为准则、社会习俗、社会道德观念等文化因素的变化对企业的影响。

（2）公众价值观念具体表现在人们对于婚姻、生活方式、工作、道德、性别角色、公正、教育、退休等方面的态度和意见。这些价值观念同人们的工作态度一起对企业的工作安排、作业组织、管理行为以及报酬制度等产生很大的影响。

（3）人口统计特征是社会环境中的另一重要因素。据统计，我国人口结构将趋于老龄化，青壮劳动力供应则相对紧张，从而影响企业劳动力的补充。但另一方面，人口结构的老龄化又出现了一个老年人的市场，这就为生产老年人用品和提供老年人服务的企业提供了发展的机会，就会做成一个巨大的市场。

四、科学技术因素

科学技术因素是指企业所处的环境中的科技要素及与该要素直接相关的各种社会现象的集合，包括国家科技体制、科技政策、科技水平和科技发展趋势等。在科学技术迅速发展的今天，技术环境对企业的影响可能是创造性的，也可能是破坏性的，企业必须要预见新的技术带来的变化，在战略上做出相应的战略决策和调整，以获得新的竞争优势。

科技因素不仅指那些引起划时代革命性变化的发明，而且包括与企业生产有关的新技术、新工艺、新材料的出现、发展趋势及应用前景。科学技术力量主要从以下两方面影响企业战略的选择。

（1）技术革新为企业创造了机遇，表现在以下两方面。

① 新技术的出现使得社会和新兴行业增加对本行业产品的需求，从而使得企业可以开辟新的市场和新的经营范围，如历史上彩色胶卷、立体相机的问世。

② 技术进步可能使得企业通过利用新的生产方法、新的生产工艺过程或新材料等各种途径，生产出高质量、高性能的产品，同时也可能会使得产品成本大大降低。例如，互联网技术的广泛应用可以使企业在全球范围内实现最优成本采购和全球物流配送，同时也可使企业在不同的地点完成产品研发、设计、生产、销售和售后服务等不同的活动，以寻求产品的不断增值。

（2）新技术的出现也使企业面临着挑战，表现在以下两方面。

① 技术进步可能会对另一个产业构成威胁，如塑料制品业的发展就在一定程度上对钢铁业形成了威胁，许多塑料制品成为钢铁产品的代用品。

② 竞争对手的技术进步可能使得本企业的产品或服务陈旧过时，也可能使得本企业的产品价格过高，从而失去竞争力。例如，在国际贸易中，某个国家在产品生产中采用先进技术，就会导致另一个国家的同类产品价格过高。

因此，要认真分析技术因素对企业带来的影响，认清本企业和竞争对手在技术上的优势和劣势。

综上所述，PEST 分析如图 2-2 所示。

● 政治/法律（P） ——垄断法律；环境保护法；税法；对外贸易规定；劳动法；政府稳定性	● 经济（E） ——经济周期；GNP 趋势；利率；货币供给；通货膨胀；失业率；可支配收入；能源适用性；成本
● 社会文化（S） ——人口统计；收入分配；社会稳定；生活方式的变化；对工作和休闲的态度；教育水平；消费	● 技术（T） ——政府对研究的投入；政府和行业对技术的重视；新技术的发明和进展；技术传播速度；折旧和报废速度

图 2-2 PEST 分析

第二节 行业（产业）结构分析

行业（产业）结构分析属于外部环境分析中的微观环境分析，主要是分析本行业中的企业竞争格局以及本行业和其他行业的关系。行业是影响企业生产经营活动最直接的外部因素，是企业赖以生存和发展的空间。行业的结构在决定竞争原则和企业可能采取的战略等方面具有强烈的影响，因此，产业结构分析是企业制定战略最主要的基础。

按照波特的观点，一个行业中的竞争，远不止在原有竞争对手中进行，而是存在着五种基本的竞争力量，它们分别是行业新加入者的威胁、替代产品的威胁、购买商讨价还价的能力、供应商讨价还价的能力以及现有竞争者之间的竞争程度，如图 2-3 所示。这五种基本竞争力量的状况及其综合强度，决定着行业的竞争激烈程度，决定着行业中获得利润的最终潜力。

图 2-3　波特的五种竞争力模型

不同行业的竞争力量的综合强度是不同的，所以各行业利润的最终潜力也不同。竞争力的综合强度有强烈和缓和之分。在竞争激烈的行业中，一般不会出现某家企业获得惊人的收益状况；在竞争相对缓和的行业中，各企业普遍可能获得较高的收益。

另外，行业中竞争的不断进行，会导致投资收益率下降，直至趋近于竞争的最低收益率。若投资收益率长期处于较低水平，投资者会将资本投入其他行业，甚至还会引起现有企业停止经营。在相反情况下，将会刺激资本流入该行业，其流入方式有新加入者带入和现有竞争者增加投资。所以，行业竞争力量的综合强度还决定资本向本行业的流入程度。这一切最终将决定企业保持高收益的能力。

一、现有竞争者之间的竞争程度

现有竞争者之间采用的竞争手段主要有价格战、广告战、引进产品以及增加对消费者的服务和保修等。竞争的产生源于一个或多个竞争者感受到了竞争的压力，或看到改善其地位的机会。如果一个企业的竞争行动对其竞争对手有显著影响，就会招致报复或抵制。在下列情况下，现有企业之间的竞争会变得很激烈。

1. 有众多势均力敌的竞争者

当行业中的企业为数众多时，必然会有一定数量的企业为了占有更大的市场份额和取得更高的利润，而突破本行业规定的一致行动的限制，采取打击、排斥其他企业的竞争行为。这势必在现有竞争者之间形成激烈的竞争。即便在企业为数不多的情况下，若各企业的实力相当，由于它们都有支持竞争和进行强烈反击的资源，也会使现有企业间竞争激烈化。

2. 行业增长缓慢

在行业增长缓慢的情况下，企业为了寻求发展，便将力量放在争夺现有市场的占有率上，从而使现有企业的竞争激烈化。而在行业快速增长的条件下,行业内各企业可以与行业同步增长,而且企业还可以在增长的过程中充分地利用自己的资源,竞争就不会激烈。

3. 行业具有非常高的固定成本和库存成本

当一个行业固定成本较高时,企业为降低单位产品的固定成本,势必采取增加产量的措施。企业的这种发展趋势会使生产能力过剩;而且还会导致价格大战,从而使现有竞争者的竞争激化。如若行业生产的产品库存起来非常困难或费用极高,企业也容易为尽快把产品销售出去而大幅降价致使竞争加剧。

4. 行业的产品没有差别或没有行业转化成本

当产品或劳务缺乏差异时,购买者选择的是价格和服务,这就会使生产者在价格和服务上展开竞争,使现有企业之间的竞争激化。同样,转化成本低时,购买者有很大的选择空间,也会产生相同的作用。

5. 行业总体生产规模和能力大幅提高

新的生产规模不断增加,就必然会经常打破行业的供需平衡,使行业产品供过于求,迫使企业不断降价销售,强化了现有企业之间的竞争。

6. 竞争者战略选择的多样化

企业如果把市场当作解决生产能力过剩的出路,就会采取倾销过剩产品的方法;多种业务经营的企业,若把某行业经营的产品视为厚利产品,就会采取扩大或巩固销售量的策略,尽力促使该行业的稳定;小型企业为了保持经营的独立性,可能情愿取得低于正常水平的收益来扩大自己的销路。所有这些都会引起竞争的激化。

7. 企业在该行业的成功概率高

行业对企业的兴衰至关重要,如果取得成功的可能性大,那么行业中企业之间的竞争就会更加激烈。例如,一个多样化经营的公司可能将成功的重点放在某一特定产业中,以推动公司整体战略的成功。在这样的情况下,这些公司的目标可能不仅是多样化,而且更加带有突破性,因为他们只求扩张并含有牺牲其利润的潜在意向。

8. 退出行业的障碍大

退出障碍是指经营困难的企业在退出行业时所遇到的困难。退出障碍主要由以下原因造成:① 专业化的固定资产,这种固定资产的清算价值低或转换成本高;② 退出的费用高,如较高的劳动合同费、安置费、设备配件费等;③ 企业的协同关系,如果企业的某一经营单位退出,就会破坏这种协力;④ 感情上的障碍,如退出某一行业影响员工的忠诚,对前途充满畏惧等;⑤ 政府和社会的限制,如因失业问题、地区经济影响问题,政府反对或劝阻企业退出某一行。当退出障碍高时,经营不好的企业只得继续经营下去,这样就使现有竞争者的竞争激化。

二、行业新加入者的威胁

行业新加入者的威胁主要是由于新加入者进入该行业,会带来生产能力的扩大,带来对市场占有率的要求，这必然引起与现有企业的激烈竞争，造成产品价格下跌；另一方面，新加入者需要获得资源进行生产，从而可能使行业生产成本升高，导致行业获利能力下降。

新加入者威胁的状况取决于进入障碍和原有企业的反击程度。如果进入障碍高，原有企业激烈反击，潜在的加入者难以进入该行业，加入者的威胁就小。决定进入障碍大小的主要因素有以下几个方面。

1. 规模经济

规模经济是指生产单位产品的成本随生产规模的增加而降低。规模经济的作用是迫使行业新加入者以大的生产规模进入，但冒着现有企业强烈反击的风险；或者以小的规模进入，但要长期忍受产品成本高的劣势。这两种情况都可能会使加入者望而却步。

规模经济形成的进入障碍表现在诸多方面：① 企业的某项职能或某几项职能，如在生产、研究与开发、采购、市场营销等职能上的规模经济，都可能是进入的主要障碍；② 某种或某几种经营业务活动，如电视机制造业中，彩色显像管生产规模的经济性具有决定意义；③ 联合成本，如企业利用生产主产品时产出的副产品创造经济效益从而降低生产成本，形成成本优势；④ 纵向联合经营，如从矿山开采、烧结直至轧制成各种钢材的纵向一体化钢铁生产。

2. 产品差异优势

产品差异优势是指原有企业所具有的产品商标信誉和用户的忠诚性。产品差异化形成的障碍，迫使新加入者要用很大代价来树立自己的信誉和克服现有用户对原有产品的忠诚。这种投资具有特殊的风险，通常是以亏损为代价，而且要花费很长时间才能达到目的。这一壁垒在保健品和化妆品行业尤为明显。

3. 资金需求

资金需求所形成的进入障碍，是指在行业中企业经营不仅需要大量资金，而且资金投资风险大。增加企业经营中的资金需求会对新加入者造成障碍。需要大量资金的原因是多方面的，如购买生产设备、用户信贷、存贷经营、弥补投产亏损等业务都需要资金。

4. 转换成本

转换成本是指购买者将一个供应商的产品转到另一个供应商的产品所支付的一次性成本，包括重新训练业务人员、增加新设备、检测新资源以及产品的再设计等。如果转换成本会造成购买者对变换供应者的抵制，那么新加入者就需要用大量时间和特殊服务消除这种抵制。

5. 销售渠道

销售活动是指产品或服务从生产领域经由中间商转移至消费领域的活动。新加入者需要通过让价、合作广告和津贴等方法打破原企业建立的销售渠道障碍。

除了以上主要因素之外，还会有一些因素造成进入障碍，如专利产品技术、独占最优惠资源、占据市场的有利位置、政府补贴、具有学习或经验曲线以及政府的某些限制政策等。

三、替代产品的威胁

替代产品是指那些与本行业的产品有同样功能的其他产品。替代产品的价格如果比较低，投入市场就会使本行业产品的价格上限只能处在较低的水平，这就限制了本行业的收益。替代产品的价格越是有吸引力，这种限制作用也就越牢固，对本行业构成的压力也就越大。正因为如此，本行业与生产替代产品的其他行业进行的竞争，常常需要本行业所有企业采取共同措施和集体行动。

在进行这种竞争中应注意下述情况：当出现的替代品是一种顺应潮流的产品并且具有强大成本优势时，或者替代品是那些实力雄厚、获利水平高的行业生产的，在这种情况下，完全采取排斥的竞争战略不如采取引进的战略更为有利。

特别值得注意的是，替代品对本行业的影响往往是致命的，但却常常被忽略，抵御替代品的最好方法就是拥抱替代！如第一章引入案例中，数码相机对传统相机的替代致使提供胶卷的柯达陷入危机。还有我们熟知的DVD、VCD对VCR（录放机）的替代，MP3、MP4对DVD、VCD的替代，以及目前智能手机对MP3、MP4的替代。

四、购买商讨价还价的能力

购买商可能要求降低购买价格，要求高品质的产品和更多的优质服务，其结果是使得行业的竞争者们互相竞争，行业利润下降。在下列情况下，购买商们有较强的讨价还价能力。

1. 购买商相对集中并且大量购买

如果购买商集中程度高，由几家大公司控制，就会提高购买商的地位。如果销售者行业急需补充生产能力的话，那么大宗的购买商就更具有特别有力的竞争地位。如家电连锁业寡头国美和苏宁相对于家电制造厂商具有非常强的讨价还价能力。

2. 在购买商的消费中占比高

如果购买商购买的产品在购买商全部费用或全部购买量中占比很大，这时，购买商对价格通常比较敏感，购买商讨价还价的意愿比较大。反之，只占购买商全部费用的一小部分，那么购买商通常对价格不是很敏感，无须讨价还价。

3. 购买商的选择余地大

购买商从该行业购买的产品属标准化或无差别的产品，在这种情况下，购买商确信自己总是可以找到可挑选的销售者，可使销售者之间互相倾轧。

4. 购买商的行业转换成本低

高的转换成本将购买商固定在特定的销售者身上。相反，如果转换成本低，购买商讨价还价的能力就大。

5. 购买商的利润很低

这时，他们会千方百计地压低购买费用，要求降低购买价格。高盈利的购买商通常对价格不太敏感，同时他们还可能重新考虑维护与供应商的关系和利益。

6. 购买商具有强大的垂直整合能力

如果购买商能够通过后向一体化以取代供应商承担的角色，那么购买商讨价还价的能力将会提高。如果购买商拒绝采购供应商的产品,可以选择寻找另一位供应商或自己生产,如零售商可以通过制造和促销自有品牌的产品来提高与制造商的谈判能力。

7. 对购买商的产品无关紧要

如果销售者的产品对购买商的产品质量影响很大时,购买商一般在价格上不太敏感。如果销售者的产品对购买商的产品质量或服务无关紧要,购买商讨价还价的能力就比较强。

8. 购买商拥有充分的信息

购买商对于供应商及其价格和成本的信息知道得越全面,在讨价还价时就越有优势。清楚地了解供应商的产品、价格和成本结构信息,会使购买商在与供应商进行价格谈判时针对性更强。购买商拥有的信息越全面,他们所处的地位就越强。

五、供应商讨价还价的能力

供应商讨价还价的能力影响到产业的竞争程度。供应商对某一行业的潜在利润会有相当重要的影响。合理的价格、更好的质量、新服务项目的开发、送货及库存成本的降低,常常使供应商和生产商均能受益。供应商的威胁手段,一是提高供应价格,二是降低供应产品或服务的质量,从而使下游行业利润下降。在下列情况下,供应商有较强的讨价还价能力。

1. 供应商数量有限

这是指供应行业由几家公司控制,其集中化程度高于购买商的集中程度。这样供应商能够在价格、质量的条件上对购买商施加相当大的影响。

2. 无替代品竞争

这是指供应商无须与替代产品进行竞争。如果存在着与替代产品的竞争,即使供应商再强大有力,他们的竞争能力也会受到牵制。

3. 在供应商的销售中占比不大

在供应商向一些行业销售产品且每个行业在其销售额中占比不大时,供应商更易于应用他们讨价还价的能力。反之,如果某行业是供应商的重要主顾,供应商就会为了自己的发展采用公道的定价、研究与开发、疏通渠道等援助活动来保护购买商的行业。

4. 对买主很重要

对买主们来说,供应商的产品是很重要的生产投入要素。这种投入对于买主的制造过程或产品质量有重要的影响,这样便增强了供应商讨价还价的能力。

5. 购买者的转换成本高

如果供应商们的产品是有差别的,并且能够使购买者产生很高的转换成本,那么购买者便不会"打供应商的牌"。

6. 供应商拥有前向一体化的能力

如果供应商能够通过前向一体化进行下游行业的生产过程,那么它就拥有较强的议价能力,并对下游厂商构成严重威胁。这样，购买商若想在购买条件上讨价还价，就会遇到困难。

【知识链接2-1】　　　　　　　战略集团与战略集团分析法

所谓战略集团，是指一个产业内执行同样或类似战略并具有类似战略特征的一组企业。在一个产业中，如果所有的企业都执行着基本相同的战略，则该产业中只有一个战略集团；如果每个企业都奉行与众不同的战略，则该产业中有多少企业便有多少战略集团。当然，在正常情况下，一个产业中仅有几个战略集团，它们采用性质不同的战略。每个战略集团内的企业数目不等，但战略相似。

1. 战略集团间的竞争

一个产业中如果出现两个或两个以上的战略集团，则可能出现战略集团之间的竞争。这不仅影响着整体产业的潜在利润，而且在对付潜在的产业进入者、替代产品、供应商和购买商讨价还价的能力等方面表现出很大的差异性。以下四个因素决定着一个产业中战略集团之间的竞争激烈强度。

（1）战略集团间的市场相互牵连程度。所谓市场牵连程度，就是各战略集团为同一顾客进行争夺的程度，或者说是各战略集团为争取不同细分市场中的顾客进行竞争的程度。当战略集团间的市场牵连很多时，战略集团间会产生剧烈的竞争。当战略集团将目标放在差别很大的细分市场上时，它们对他人的兴趣及相互影响就会小得多。当它们的销售对象区别很大时，其竞争就更像是在不同产业的集团间进行一样。

（2）战略集团数量以及它们的相对规模。一个产业中战略集团数量越多且各个战略集团的市场份额越相近时，则战略集团间的竞争越激烈。战略集团数量多就意味着集团离散，某一集团采取削价或其他战术攻击其他集团的机会多，从而激发集团间的竞争。

如果集团的规模极不平衡，如某一集团在产业中占有很小的份额，另一集团却占有很大的份额，则战略的不同不大可能对战略集团之间的竞争方式造成很大的影响，因为小集团力量太弱，很难以其竞争战术来影响大集团。

（3）战略集团建立的产品差别化。如果各个战略集团各自不同的战略使顾客区分开来，并使它们各自偏爱某些商标，则战略集团间的竞争程度就大大低于集团所销售的产品被视为可替代产品时的情况。

（4）各集团战略的差异。所谓战略差异，是指不同战略集团奉行的战略在关键战略方向上的离散程度，这些战略方向包括商标信誉、销售渠道、产品质量、技术领先程度、成本状况、服务质量、纵向一体化程度、价格、与母公司或东道国政府的关系等。如果其他条件相同，集团间的战略差异大，则可能只发生小规模的摩擦。集团奉行不同的战略导致他们在竞争思想上有极大的差别，并使他们难以相互理解，从而避免茫然的竞争行动和反应。

以上四个因素的共同作用决定了产业中战略集团的竞争激烈程度。最不稳定，也即集团间激烈竞争的情况是：产业中存在几个势均力敌的战略集团，各自奉行全然不同的战略并为争取同一类基本顾客竞争。反之，较为稳定的情况是：产业中有少数几个大的战略集团，它们各自为一定规模的顾客而进行竞争，所奉行的战略除少数几个方向外并无差异。

2. 战略集团内部的竞争

在战略集团内部同样存在着竞争，这主要是各企业的优势不同造成的。在一个战略集团内，各企业会有生产规模和能力上的差别。如果一个战略集团的经济效益主要取决于产量规模，则规模大的企业就会处于优势地位。另外，同一战略集团内的企业，虽然常采用相同的战略，但各企业的战略实施能力不同，即在管理能力、生产技术、研究开发能力和销售能力等方面是有差别的，能力强者处于优势地位。

3. 战略集团分析

波特认为，利用两个或三个关键特性，通常就可以界定一个行业内的战略集团。战略集团分析仅仅描述了在一个战略集团内企业战略要素的相似性，但不一定是竞争关系。战略集团分析是一种分析预测工具，具有以下三种用途。

（1）有助于很好地了解战略集团间的竞争状况。

（2）有助于很好地了解企业怎样从一个战略集团移到另一个战略集团。

（3）利用战略集团分析图还可以预测市场变化或者发现战略机会。

竞争性分析的基点是确定五种竞争力量的来源及强弱，这些力量决定了产业中竞争的性质和该产业中所具有的潜在利润。而产业内部结构分析则是来解释在同一产业中，企业之间在经营上的差异以及这些差异与它们的战略地位的关系。

第三节　竞争对手分析

竞争对手是企业经营行为最直接的影响者和被影响者，这种直接的互动关系决定了竞争对手分析在外部环境分析中的重要性。分析竞争对手的目的在于以下几方面。

（1）了解每个竞争对手所可能采取的战略行动及其实质和成功的希望。

（2）各竞争对手对其他公司的战略行动可能做出的反应。

（3）各竞争对手对可能发生的产业变迁和环境的大范围的变化可能做出的反应等。

在进行竞争对手分析前，首先要做的工作就是明确谁是竞争对手。公司最近的竞争者是那些用与自己相同的战略服务于同一目标市场的公司。然而，竞争对手是会变化的，在确定竞争对手的问题上，与其简单地认为是企业所处的竞争环境中既有的对手，还不如说，在很大程度上企业应主动地选定"谁作为对手"。

根据波特教授对竞争对手的分析模型，对竞争者的分析有四种诊断要素，它们分别是：竞争对手的未来目标、竞争对手的假设、竞争对手的现行战略、竞争对手的能力。

一、竞争对手的未来目标

分析并了解竞争对手的未来目标，有利于预测竞争对手对其自身的定位和检测其财务成果的满意度，有助于推断竞争对手改变竞争战略的可能性及和其他企业战略行为的反应程度。对竞争对手未来目标的分析包括以下关键问题。

(1) 竞争对手追求的市场地位总体目标是什么？

(2) 竞争对手各管理部门对未来的目标是否取得一致性意见？如果有分歧，是否可能导致战略上的突变？

(3) 竞争对手的当前财务目标及未来财务目标是什么？

(4) 竞争对手核心领导的个人行为对整个企业的未来目标影响如何？

二、竞争对手的假设

假设经常是企业采取各种行为的最根本原因，因此了解竞争对手的假设，有助于正确判断竞争对手的真实意图。竞争对手的假设有以下两类。

1. 竞争对手对自己的假设

每个公司都对自己的情况有所假设，例如，可能把自己看成社会上知名的公司、产业霸主、低成本生产者、具有最优秀的销售队伍等，这些假设将指导公司的行动方式和反击方式。

2. 竞争对手对产业及产业中其他公司的假设

对所有假设的检验能够发现竞争对手的管理人员在认识其环境的方法中所存在的偏见及盲点。竞争对手的盲点可能是根本没有看清重大事件何在，也可能是没有正确认识自己。找出这些盲点可以帮助公司采取不大可能遭到反击的行动。

三、竞争对手的现行战略

对竞争对手分析的第三个要素是列出每个竞争对手现行战略的清单。对竞争对手进行现行战略的分析，实际上就是看它正在做些什么？正在想些什么？竞争对手现行战略至少应该分析以下几个方面。

(1) 其市场占有率如何？产品在市场上是如何分布的？采取什么销售方式？有何特殊销售渠道和促销策略？

(2) 研究开发能力如何？投入资源如何？

(3) 其产品价格如何制定？在产品设计、要素成本、劳动生产率等因素中哪些因素对成本影响较大？

(4) 采取的一般竞争战略属于成本领先战略，或者特色经营战略，还是集中一点战略？

四、竞争对手的能力

对竞争对手的能力进行客观评价，是竞争对手分析过程中的一项重要内容，因为能力将决定其对战略行动做出反应的可能性、时间选择、性质和强度。对竞争对手的能力分析包括以下几方面。

1. 核心能力

竞争对手在各职能领域中业务能力如何？最强之处是什么？最弱之处在哪里？这些能力将发生怎样的变化？随着竞争对手的成熟，这些方面的能力是否可能发生变化？是随时间的推移增强还是减弱？

2. 增长能力

竞争对手发展壮大的能力如何？竞争对手在人员、技术、市场占有率等方面的增长能力如何？财务方面、对外筹资方面是否能支持增长能力？竞争对手在哪些方面能持续增长？

3. 快速反应能力

竞争对手迅速对其他公司的行动做出反应的能力如何？或立即组织防御的能力如何？

4. 适应变化的能力

竞争对手能否适应诸如成本竞争、服务竞争、产品创新、营销升级、技术变迁、通货膨胀、经济衰退等外部环境的变化？有没有严重的退出障碍？

5. 持久力

竞争对手维持长期较量的能力如何？为维持长期较量会在多大程度上影响收益？

【知识链接2-2】　　　　　　选择竞争对手的风险

企业在制定竞争战略时必须决策攻击或联盟一系列竞争者的一部分或其中之一。如强大或弱小的竞争者、紧密或松散的竞争者、好的或坏的竞争者等。

（1）强大或弱小的竞争者：许多公司关注于攻击弱小的竞争者，这种战略需要的资源较少，时间较短。但是在攻击弱小的竞争者过程中，公司在能力的提高上收效甚微，所以公司也应该与强大的竞争者进行竞争以保持竞争状态和竞争艺术。

（2）紧密或松散的竞争者：许多公司和自己最紧密的竞争者竞争。如克莱斯勒和福特竞争，而不是和豹牌竞争。同时，公司应该避免伤害紧密的竞争者。在许多情况下，公司成功地攻击了紧密的对手，但却带来了更强硬的竞争者。

（3）好的或坏的竞争者：波特认为，每个行业都有"好"的和"坏"的竞争者。所谓好的竞争者，是指那些能起有益作用又不会带来太严重的长期威胁的竞争者。好的竞争者不会为满足虚荣心而向本企业挑战。公司应该支持"好"的竞争者，攻击"坏"的竞争者。"坏"的竞争者会破坏产业内的均衡。

"好"的竞争者具有以下特征：① 有信用和活力；② 有明显的自知性；③ 通晓规则；④ 有现实的假设；⑤ 有改善产业结构的战略；⑥ 有可协调的目标。

一般来说，"坏"的竞争者具有相反的特征。

综上所述，竞争对手分析要素如图2-4所示。

图 2-4 竞争对手分析要素

第四节 客户分析

所谓客户分析，就是了解谁是客户，他们在哪里，他们看中的是什么，他们通过什么形式购买，能买多少。通过明确客户决定企业的产品或提供的服务。因为只有客户的购买，才能使经济资源转化为财富。企业想生产什么并不十分重要，客户想买什么、什么是他们的认知价值，才是决定性的。因此，客户分析就显得特别重要。

客户分析过程包括以下三方面：客户需求分析、客户行为分析和客户让渡价值分析。通过对顾客需求的挖掘和识别，了解顾客需要什么、需要多少，为制定市场战略提供依据；通过对顾客行为的分析，了解他们以什么样的形式购买，为制定准确、有效的市场战略提供支持；同时以顾客所提供的市场反馈为基础，再一次进行顾客盈利能力评估，为改进服务和客户关系管理提供依据。

一、客户需求分析

在客户需求分析中，首先要确定企业的产品和服务的目标客户是谁；然后根据目标客户的不同需求，将目标客户划分为不同的群体，并把具有相似需求的人群集中起来，形成独立的、可识别的客户群，也就是市场细分。企业需要将其产品销售给特定的客户群。

客户需求不同，对应的市场战略也应有所不同，下面仅对常见的几种不同客户需求状况以及相应对策进行扼要分析。

1. 负需求

负需求是指绝大多数人对某个产品感到厌恶而回避购买的一种需求状况。在这种情况下，企业就应分析客户为什么不喜欢这种产品，以及是否可以通过产品重新设计、降低价格和更加积极推销等措施来改变市场和需求。

2. 无需求

无需求是指目标市场对产品毫无兴趣或漠不关心的一种需求状况。在这种情况下，企业应想方设法将产品的好处同人们的自然需求和兴趣联系起来。

3. 潜在需求

潜在需求是指相当一部分消费者对某物有强烈的渴求，而现有产品或服务又无法使之满足的一种需求状况。在这种情况下，企业应衡量潜在市场的范围，开发有效的商品和服务来满足这些需求。

4. 下降需求

下降需求是指市场对一个或几个产品的需求呈下降趋势的一种需求状况，在这种情况下，企业必须分析需求下降的原因，并通过开辟新的目标市场，改变产品特点，或者采取更有效的沟通手段来重新刺激需求，并扭转需求下降的趋势。

5. 不规则需求

不规则需求是指某些商品或服务的市场需求在一年里的不同季节，或一周中的不同日子，甚至一天里的不同时间上下波动很大的一种需求状况。在这种情况下，企业可以通过灵活定价、推销或其他刺激手段来改变需求的时间模式，调节市场需求。

6. 充分需求

充分需求是指某种物品或服务的目标需求水平和时间等于预期的需求水平和时间的一种需求状况。在客户的偏好发生变化和竞争日益激烈时，企业应努力维持现有的需求水平。企业必须保证产品质量，不断提高客户的满意度。

7. 过量需求

过量需求是指某种物品或服务的市场需求超过了企业所能供给或所愿供给的水平的一种需求状况。在这种情况下，企业应尽量降低盈利较少和需求不大的产品的市场供应量。

8. 有害需求

有害需求是指市场对某些有害物品或服务的需求。在这种情况下，企业应劝说喜欢这些产品的客户放弃这种需求。

二、客户行为分析

1. 消费者行为分析

消费者行为分析是研究个人、集团和组织究竟怎样选择、购买商品、服务，以满足其需要的活动。分析消费者行为的目的在于掌握消费者的购买动机和对产品的具体要求，勾画出典型的消费者形象，从而为有针对性地展开产品开发和市场营销活动提供参考资料。

消费者的购买行为，即消费主体通过支出（包括货币或信用）而获得所需商品或劳务的选择过程。这个过程的形成与发展会受到许多因素的影响，其中，主要因素有文化因素、个人因素、心理因素和社会因素，如图 2-5 所示。

图 2-5 消费者购买行为的影响因素

消费者做出购买决策的过程，可能有很多人参与，也可能只有一个人参与。因此，在这一过程中消费者会扮演不同的角色，主要的角色可以分为五种：一是发起者，即首先提出或有意购买产品或服务的人；二是影响者，即其看法或建议对购买决策有影响的人；三是决策者，即对是否买、为何买、怎样买、哪里买等问题进行最后决策的人；四是购买者，即实际采购的人；五是使用者，即所购产品或服务的实际消费人或使用人。

购买消费品的决策过程无论是何种角色的人参与，都可以分为五个阶段，如图 2-6 所示。

图 2-6 购买决策过程的五个阶段

2. 产业购买者行为分析

对生产资料的购买，企业一般都由专职的采购人员和非专职的采购人员组成"采购中心"。企业的"采购中心"一般由发起者、使用者、影响者、决定者、批准者、采购者、控制者等几种角色的人组成。应该指出的是，并不是所有的企业采购任何产品都需要上述几种人员参与决策。一个企业的采购中心的规模和参加的人员，会因为欲购买产品种类的不同、企业自身规模的大小及企业组织结构不同而有所区别。

产业市场的购买类型分为三类：① 直接再采购，是指采购部门根据惯例再订购产品；② 修正再采购，是指购买者希望修改产品规格、价格、其他条件或者供应商的情况；③ 新任务采购，是指购买者首次购买某一种产品或劳务。

影响产业市场购买行为的各种因素可以概括为四个主要因素：环境因素、组织因素、人际因素、个人因素，如图2-7所示。

图 2-7　影响产业购买者行为的主要因素

三、客户让渡价值分析

当今的顾客已不再是产品与服务的被动接受者，他们比以往掌握着更多的知识、信息与技能，更热衷于学习与实践，在日趋广泛的产品选择中享有主动权。谁能够争取顾客、维系顾客，谁就能够获得持久的竞争优势，在激烈的市场竞争中立于不败之地。

1. 顾客让渡价值

顾客让渡价值是指总顾客价值与总顾客成本之差。总顾客价值就是顾客从某一特定产品或服务中获得的一系列利益；总顾客成本是在评估、获得和使用该产品或服务时产生的顾客预计费用。消费者购买某一产品或服务，总是要塑造出一个价值的期望值并实践它。购买者将从能提供他们认知的最高顾客让渡价值的企业购买产品。顾客不会买自己不需要的东西。顾客让渡价值构成如图2-8所示。

（1）总顾客价值的构成。总顾客价值由产品价值、服务价值、人员价值、形象价值四个方面构成。

产品价值是由产品的质量、功能、规格、式样等因素产生的价值。产品价值是满足顾客需求的基础，其高低是顾客选择商品或服务时考虑的重要因素。

服务价值是指企业向顾客提供满意服务所产生的价值。服务价值是构成顾客总价值的重要组成部分，也是满足顾客、建立顾客对商品忠诚度的重要因素。

人员价值的含义十分广泛，主要指的是服务人员的可靠性、响应性、安全性和移情性。具体地，人员价值一般包括企业员工经营思想、知识水平、业务能力、工作效率与质量、经营作风、应变能力所产生的价值。

形象价值是指企业及其产品在社会公众中形成的总体形象所产生的价值。

图 2-8 顾客让渡价值构成

（2）总顾客成本的构成。总顾客成本由货币成本、时间成本、体力和精力（精神）成本三方面构成。

货币成本是指购买行为的金钱支出。顾客购买商品首先要考虑货币成本的高低，因而货币成本是构成整体顾客成本的主要和基本因素。

时间成本是指顾客为得到所期望的商品或服务而必须处于等待状态的时期和代价。时间成本是顾客满意和价值的减函数，在顾客价值和其他成本一定的情况下，时间成本越低，顾客购买的总成本越小，从而顾客让渡价值越大；反之，让渡价值越小。

体力和精力成本是指顾客购买商品时，在体力、精力方面的耗费与支出。在顾客总价值与其他成本一定的情况下，体力与精力成本越小，顾客为购买商品所支出的总成本越低，从而让渡价值越大。

因此，企业如何采取有力的营销措施，从企业经营的各个方面和各个环节为顾客提供便利，使顾客以最小的成本耗费取得最大的实际价值，是每个企业需要深入探究的问题。

2. 顾客让渡价值与购买行为

顾客在购买产品时，会很自然地将效用与成本进行比较。如果效用大于成本，即顾客让渡价值为正时，有可能进行购买决策，实现购买行为；如果成本大于效用，即顾客让渡价值为负时，则会放弃购买决策，很难发生购买行为。

【个案研究 2-1】　　　　　为何愿意多付 20 元

某顾客欲购买一套杉杉牌西服，在相邻的两个商店进行了考察。甲店是名牌商店，乙店是一般的百货商店。同样的服装，甲店比乙店贵 20 元。该顾客考虑再三，还是选购了甲店的西服。当别人问起为什么愿意多付 20 元时，顾客的回答是：虽然多付了 20 元，但在甲店购买放心，且服务态度好。这就是说，从货币价值来看，顾客吃亏了；但顾客感到服务价值、人员价值、形象价值远远超过 20

元的货币价值。因此,在甲店购买的顾客让渡价值大于在乙店购买的顾客让渡价值。

了解顾客让渡价值理论,主要是明白两点:一是顾客在信息基本透明的情况下,会以顾客让渡价值最大化作为购买决策的主要依据;二是整体顾客价值和整体顾客成本都是包含多种因素的综合体,而不仅仅是产品效用和产品价格之间的简单比较。企业的决策者必须在整体顾客价值和整体顾客成本之间进行估算并考虑它们与竞争者的差别,以明确自己所提供的产品或服务如何推向市场销售。

如果决策者通过估算认为所售产品或服务在让渡价值上缺乏优势,则应该在努力增加整体顾客价值的同时降低整体顾客成本。前者要求强化或扩大产品的服务价值、人员价值和形象价值;后者要求减少顾客的货币成本、时间成本、体力和精力成本,如降低价格、简化订货和送货程序、实行上门安装调试、提供担保减少顾客风险等。

第五节 外部环境分析方法

企业战略环境的分析是运用各种技术及模型分析关键外部环境因素对企业的影响及其相互关系。这种分析的目的是了解这些关键因素对企业影响的性质(机会或威胁)以及它们的相对重要性。

一、战略环境要素评价模型

在找出企业的战略环境要素,收集了有关信息,预测了关键要素的变化之后,战略环境要素评价模型可以帮助企业战略管理者对上述分析工作进行概括和进一步分析。战略环境要素评价模型的作用是判断所处行业是否具有吸引力。由于主观判断在此模型中的影响,不能过分夸大此模型的作用。建立这个模型的主要步骤方法如下。

(1)列出企业面临的主要机会和威胁。

(2)给每个因素确定一个权数。权数应在 0.0(不重要)到 1.0(很重要)之间。每一个因素的权数说明这个因素在一个行业中对企业成功的重要性。各个因素的权数总和应该等于 1。

(3)按四分制给每一个因素打分,以表明这个因素是企业的重大威胁(1 分)、轻度威胁(2 分)、一般机会(3 分)、重大机会(4 分)。

(4)将每一个因素的权数和分数相乘得到某一因素的加权分数。

(5)将每一因素的加权分数加起来,其总和就是一个企业的总加权分数。

注意:无论这个模型包括多少重要机会或威胁,企业的总加权分数最高是 4 分,最低是 1 分,衡量标准是 2.5 分。大于或等于 2.5 分,行业有吸引力;小于 2.5 分,行业无吸引力。得 4 分的企业正处在有吸引力的行业,而且有许多外在机会;相反,得 1 分的企业则处在无吸引力的行业,面临许多严重的威胁。

在外部因素评价模型中列举的机会和威胁一般应控制在 5~20 个。表 2-1 是一个使用这一模型的例子。从中可以看到,政府放松管制是这个行业最重要的战略环境因素。例中的公司面临两个机会:中国人口向东部沿海地区转移和信息系统计算机化;一个主要威胁:汇率的上升。企业总加权分数是2.70，这表明该企业所处的行业只有略高于平均水平的吸引力。

表2-1 战略环境要素评价模型事例

关键战略环境要素	权数	分数	加权分数
汇率上升	0.20	1	0.20
中国人口向东部沿海地区转移	0.10	4	0.40
政府放松管制	0.30	3	0.90
一个主要对手采取扩张战略	0.20	2	0.40
信息系统计算机化	0.20	4	0.80
总加权分数	1.00		2.70

二、行业关键战略要素评价矩阵

行业关键战略要素评价矩阵的分析方法是通过对行业关键战略要素的评价分值比较，展示出行业内各竞争者之间的相对竞争力量的强弱，所面临的机会与风险的大小，为企业制定经营战略提供一种用来识别本企业与竞争对手各自竞争优势、劣势的工具。行业关键战略要素评价矩阵的作用是判断本企业相对于竞争对手而言是否具有竞争力。建立行业关键战略要素评价矩阵可按以下四个步骤进行。

（1）由企业战略决策者识别行业中的关键战略要素。评价矩阵中一般要求5~15个关键战略要素。具体由战略决策者通过研究特定的行业环境与评价结论，针对与企业成功密切相关的要素达成共识。在分析中常见的关键战略要素有市场份额、产品组合度、规模经济性、价格优势、广告与促销效益、财务地位、管理水平、产品质量等。

（2）对每个关键战略要素确定一个适用于行业中所有竞争者分析的权重，以此表示该要素对于在行业中成功经营的相对重要程度。权重值的确定可以通过考察成功竞争者与不成功竞争者的经营效果，从中得到启发。每一要素权重值的变化范围从0.0（最不重要）到1.0（最重要）；且各要素权重值之和应为1。

（3）对行业中各竞争者在每个关键战略要素上所表现的力量、相对强弱进行评价。评价的分数通常取为1、2、3、4，依次为：1表示最弱，2表示较弱，3表示较强，4表示最强。评价中必须注意各分值的给定应尽可能以客观性的资料为依据，以便得到较为科学的评价结论。

（4）将各关键战略要素的评价值与相应的权重值相乘，得出各竞争者在相应战略要素上相对力量强弱的加权评价值。最后对每个竞争者在每个战略要素上所得的加权评价值进行加总，从而得到每个竞争者在各关键战略要素上力量相对强弱情况的综合加权评价值。这一数值的大小就揭示了各竞争者之间在总体力量上的相对强弱情况。

表2-2提供了一个行业关键战略要素评价矩阵分析的示例。

表2-2中本企业财务地位的权重值为0.40，表明其为关系到企业经营战略成败的最重要的战略要素；产品质量方面的评价值为4，表明在产品质量方面本企业力量最强；竞争者2在财务地位与综合力量方面均属最强，其得分分别为4与2.8；而竞争者1的综合加权评价值为2.2，表示其在综合力量方面最弱。

表 2-2 行业关键战略要素评价矩阵示例

行业关键战略要素	权重	本企业		竞争者1		竞争者2	
		评价值	加权评价值	评价值	加权评价值	评价值	加权评价值
市场份额	0.20	3	0.60	2	0.40	2	0.40
价格竞争	0.20	1	0.20	4	0.80	1	0.20
财务地位	0.40	2	0.80	1	0.40	4	1.60
产品质量	0.10	4	0.40	3	0.30	3	0.30
用户信誉	0.10	3	0.30	3	0.30	3	0.30
综合加权评价值	1		2.30		2.20		2.80

注意：与战略环境要素评价模型不同的是，该模型采用对比分析，而不是设定固定的衡量标准值。

三、战略环境预测方法和技术

预测是一种十分复杂的活动，因为政治波动、技术进步、文化的改变、竞争状况的变化、新产品或服务的出现、政府政策的变化、经济形势的变化以及其他一些变化总是相互影响或同时发生的。预测方法可以分成两大类：定量方法和定性方法。

定量方法包括三种基本技术：经济模型、回归分析和趋势外推。经济模型是以若干回归等式构成的相互作用的系统为基础的。在计算机的帮助下，经济模型已经成为预测经济变量的一种最广泛运用的方法。单元或多元回归分析是一种用一个或几个自变量的变化来解释另一个因变量变化的统计学方法。趋势外推是对过去的变化趋势是否延续至将来的预测。应当注意的是，所有定量技术都是以各种变量之间的历史关系为基础或依据的。因此，选择和使用预测方法要小心谨慎，否则得到的结果会引起更大的失误。

【知识链接2-3】　　　　用于预测未来外部环境状况的六种定性技术

1. **销售人员估算法**

销售人员估算法是一种从下到上进行估算方法的典型代表。采用这种方法可以对产品、经销商和顾客方面的变化进行预测。

2. **经理人员判断法**

经理人员判断法是一种征询或综合各个部门经理的意见而进行预测的方法。

3. **预先调查或市场研究法**

预先调查或市场研究法是通过经常的电话或问卷调查和分析收集的信息进行预测的方法。

4. **情景预测法**

情景预测法是进行社会预测的最广泛使用的方法。首先对可能影响组织和企业的各种事件进行描述，然后预测如果发生这些事件会对企业产生什么样的影响。

5. 德尔菲法

德尔菲法主要用于技术、政治、法律变化趋势的预测。德尔菲法的使用要求有一批专家在一起进行共同预测。

6. 头脑风暴法

头脑风暴法则用于收集新的观点、办法和意见。它只能在没有任何压力的环境中才能使用。

没有一种预测方法是完美的,有的甚至误差很大。这就要求企业的战略管理者投入大量的时间和精力去了解各种公布的预测数据,并且在综合分析的基础上形成自己的预测。因为只有通过准确、及时的预测,企业才能辨认自己重要的机会和威胁,才能建立企业的竞争优势。

四、行业中取得成功的关键因素分析

1. 行业内关键成功因素的概念

一个行业的关键成功因素,是指最能影响行业内的企业取得竞争胜利的主要因素,如产品的属性、资源、竞争能力等。

2. 如何确认行业关键成功因素

回答下面三个问题有助于确认行业的关键成功因素。

（1）顾客在行业内各个竞争产品之间选择的根据是什么？

（2）行业内一个公司要想取得成功必须做什么？需要什么资源和竞争能力？

（3）行业内一个公司要想取得持久的竞争优势必须采取什么措施？

要回答第一个问题,需要详细深入地分析这个行业的顾客,并把他们看成是行业得以存在的理由和利润的来源,而不是把他们看成一种讨价还价的力量,更不能看成对企业盈利能力的威胁。公司必须识别谁是公司的顾客,识别他们的需求,并找出在行业内各个竞争产品之间顾客选择的优先级顺序是什么？如果顾客最看重的是价格,那么其关键成功因素当然是低成本。

要回答第二个问题,我们需要对整个行业的竞争进行分析：竞争激烈程度如何？竞争的关键维度（如产品档次、地区等）是什么？公司应如何获得竞争优势？

要回答第三个问题,我们需要对公司内部的资源及竞争能力进行分析,公司在研发、技术、生产制造、市场营销、管理、品牌等方面具有哪些优势？

识别关键成功因素的基本框架如图 2-9 所示。

【专论摘要 2-1】　　　　　　　　如何培育企业成功的关键因素

一个成功的企业应该在所有的关键成功因素上有适当的能力,至少在 1~2 个关键成功因素上拥有卓越的能力。刘冀生教授认为,中国企业在加入 WTO 以后,至少应该在一个关键成功因素上拥有非凡的能力,主要应在以下三个方面做出努力。

1. 企业管理能力

跨国公司进入中国后,对中国的企业不了解,对中国市场不了解,最了解中国企业及中国市场的还是中国企业家自己,如我国的海尔集团,由于加强企业管理,在管理上不断创新,创造"日事日毕,日清日高"的 OEC 管理模式，创造了"市场链"管理模式，在管理创新上取得了显著成绩。这是中国企业目前可以做到的。在这个关键要素上，中国企业有可能取得卓越的成绩。

2. 功能性创新能力

所谓功能性创新能力，是指非核心的技术创新，即这种创新是指在核心技术上不能实施创新的情况下，努力避开和拥有核心技术企业之间的竞争，而是在核心技术的下游，在非核心技术领域做出创新，这样的企业就会在竞争中取得成功。刘冀生教授认为，现在中国相当一部分企业已具备功能性创新能力。

3. 核心技术创新能力

核心技术是重要的，不能获得核心技术，企业产品就没有持久的竞争力，但是我国相当一部分企业目前尚不具备核心技术创新能力。

对于我国大多数制造企业来说，关键是要与核心技术提供者建立良好的战略合作关系，比竞争对手更快、更优惠地获得核心技术的使用权，例如，在 PC 机进入奔腾时代以来，联想集团之所以每次都能在 Intel 推出新的 CPU 后就推出具有相应配置的计算机，就是因为与 Intel 建立了良好的合作关系。当然，我国企业也要努力培育起自己的核心技术创新能力。

图 2-9　识别关键成功因素的基本框架

本章内容结构

综合练习

一、名词解释

外部环境　宏观环境　行业环境　竞争对手　PEST 分析　波特五力模型

二、判断题

1．凡是竞争对手就没有"好"的。　　　　　　　　　　　　　　　　（　　）
2．任何战略的制定都存在假设。　　　　　　　　　　　　　　　　　（　　）

三、填空题

1．一般来说，宏观外部环境包括（　　）因素、（　　）因素、（　　）因素和（　　）因素，即 PEST 分析。
2．波特提出的行业五种竞争力是指（　　）、（　　）、（　　）、（　　）、（　　）。
3．根据波特对竞争对手的分析模型，对竞争者的分析有四种诊断要素，分别是（　　）、（　　）、（　　）、（　　）。

四、简述题

1．简述宏观分析的主要内容。
2．简述行业分析的主要内容。
3．简述竞争对手分析的主要内容。

五、搜索思考（网上冲浪、网上调研、案头研究）

谁是你真正的竞争对手？（如何确定竞争对手）

六、案例分析

1．用 PEST 方法具体分析家电连锁业受哪些宏观环境因素的影响，并运用战略环境要素评价模型进行定量分析。
2．用波特五力模型具体分析家电连锁业中各种竞争力量是如何影响该产业的，并运用行业关键战略要素评价矩阵进行定量分析。
3．国美电器的外部发展机遇与威胁分析。

 子项目 1　　　　　　知彼——分析外部的机会与威胁

1．项目任务

企业外部环境分析——分析外部的机会与威胁。

2．项目指标

（1）从企业外部环境的众多机遇中找出对企业发展最为有利的 3~5 个机会。
（2）从企业外部环境的众多威胁中找出对企业发展影响最大的 3~5 个威胁。
（3）形成符合该企业实际的外部分析结论与报告。

3. 子项目1的实施

任务1：外部环境中存在的机遇

（1）找出外部环境中本企业的所有机会。

（2）从全部机遇中比较确定对本企业最有价值的3~5个机会。

任务2：外部环境中存在的威胁

（1）找出外部环境中本企业的所有威胁。

（2）从全部威胁中比较确定对本企业影响最大的3~5个威胁。

任务3：撰写外部分析报告

根据上述分析内容，撰写本企业外部分析报告。

4. 子项目1实施过程中可能出现的问题

（1）外部分析面面俱到。作为知识体系需要介绍的比较全面，但对于具体企业而言，有些因素影响很大，有些因素没什么影响，如汇率因素对一家外贸企业影响很大，但对一家本地饭店就没什么影响；而饭店周围的人口分布对该饭店的生意影响很大，但对外贸企业就没什么影响。因此，外部分析切忌面面俱到，而是需要个性化分析。

（2）忽视特定环境的差异。如中美两国电影市场的差异，由于文化习惯的不同和票价因素，美国的周末电影市场异常火爆，而中国的电影市场则相对萧条；由于大量移民涌入美国，导致美国移民律师大行其道，但在中国则不存在移民律师；由于国家政策（直销法）的影响，我国不允许多层计酬的直销，而在西方国家则允许。这些都是由宏观环境的差异引起的。

（3）缺少对产业环境变化的敏感。如第一章引入案例里介绍的百年柯达，就是由于忽视数码相机对传统照相技术的影响造成的。瑞士钟表战略的失误，导致日本电子表产业的崛起。前些年VCD、DVD取代了VCR，后来MP4、MP5又取代了VCD、DVD，近年来智能手机又取代了MP4、MP5，都是产业环境变化带来的影响。还有，"超女""中国好声音"、网络歌手都对传统"造星"（歌星）方式造成了致命的冲击。

参考案例

美国克莱斯勒汽车公司外部分析结论

一、外部发展机遇

1. 美元贬值
2. 航空/航天工业年增长20%
3. 公司收入年增长5%
4. 银行利率下降
5. GM新车计划遇到问题

二、外部发展威胁

1. 进口汽车增加
2. 石油涨价
3. Ford新建了先进生产线

推荐阅读

1. 杨锡怀，等. 企业战略管理[M]. 4版. 北京：高等教育出版社，2016：第二章.
2. 刘冀生. 企业战略管理[M]. 3版. 北京：清华大学出版社，2015：第二~三章.
3. 赵越春. 企业战略管理[M]. 3版. 北京：中国人民大学出版社，2019：第二章.
4. 王方华. 企业战略管理[M]. 2版. 上海：复旦大学出版社，2006：第三章.
5. 刘平，等. 创业学：理论与实践[M]. 3版. 北京：清华大学出版社，2016：第五章.
6. 高红岩. 战略管理学[M]. 北京：清华大学出版社，2007：第三章.
7. 刘庆元. 企业战略管理[M]. 2版. 北京：中国广播电视大学出版社，2006：第二章.
8. 方光罗. 市场营销学[M]. 2版. 大连：东北财经大学出版社，2004：第三章.
9. 雷银生. 企业战略管理教程[M]. 北京：清华大学出版社，2006：第二章.
10. 关国亮. 新华方略[M]. 北京：人民出版社，2004.

阅读材料 2-1　　全面认识战略和战略决策[①]

在西语中 Strategy（战略）一词来源于希腊文 Strategos，其含义是"将军"，最初指指挥军队的艺术和科学。今天，在企业中运用这个词，是用来描述一个企业打算如何实现自己的目标和使命。大多数企业为实现自己的目标和使命，可以有若干种选择，战略就与决定选用何种方案有关。战略包括对实现企业目标和使命的各种方案的拟定和评价，以及最终选定将要实行的方案。

最近看到一些关于战略的文章，很受启发，如刘春雄《还战略一个真实的面目》一文，很多论述和引用都很精彩："所有人都在选择，不做选择也是选择。""企业因为战略而成功，并非因为成功才需要战略。""战略不是那些'资源无限'企业的专利，中小企业也需要战略。""没有战略也是一种战略，只不过那是一种随遇而安的战略。"

该文关于企业家式战略的论述也很充分，很生动。的确，"在企业的初期状态，目标是一个暗藏的朦胧的意识。因为企业还很弱小，对瞬息万变的市场还缺乏把握。无论你具有怎样的信心，目标对于初创的企业至多是一个远大抱负，因而无法量化与明确。一切都是在日后的发展中日渐明朗。"（引自《联想为什么》）这就是中小企业的情况，没有充足的可调配的资源，没有对复杂的战略模型深刻理解的人，花不起巨额的战略调研费用和专家费用，每天忙于生存问题而不是长期战略所着力解决的长存问题。对这些企业来说，它们除了抓住机会、放大机会，没有过多的选择。因此，在此期间的战略决策多为凭经验感觉的机会决策，也就是该文中所称的企业家式战略。

斯剑在《企业，命系挥手间》一文中写道：当一个企业的决策者对自己企业的运营说了不算时，这个企业是相当可怕的；当一个企业的决策者对自己企业的运营一个人说了算时，这个企业是相当危险的。决策应该是一个严谨而复杂的过程，但当权力一旦演变为某个人的权威，决策就会成为一场灾难的开幕式。

的确，企业家式战略是此类企业所采用的主要战略决策方式，这是在特定环境和条件下的必然，

[①] 刘平. 用友ERP企业经营沙盘模拟实训手册[M]. 2版. 大连：东北财经大学出版社，2009：127-129.

是不得已而为之，而非有意如此。没有人会就此满足，只是形势所迫。我们必须承认这样的现实和接受需要成长的过程；但不应该放纵，甚至无原则鼓励这种行为，更不应该夸大这种做法的积极作用。事实上，这种情况下，失败的概率要远远大于成功的概率。因此，倡导科学的战略决策更显得具有积极意义。

一方面，科学的战略决策应是定性决策与定量决策的辩证统一、有机结合。企业家式战略更多的是侧重于定性分析，然后做出决策；而经院式战略更多的是注重于定量的研究，然后做出决策。其实，企业家式战略也少不了定量的分析做支持，而经院式战略也少不了定性分析做指引。

定性分析决策是一种传统的决策方式，更多依赖于经验感觉、归纳演绎、抽象概括、综合分析等对事物的发展趋势和方向做出判断，具有化繁为简、化难为易的特点。直观性、通俗性强，无须经过复杂的考量和繁难的公式计算，决策时效快、成本低。便于抢占先机，有利于充分发挥管理者的主观能动性，随机应变，赢得主动权，是成长初期企业的主要战略决策方式。但这种方式的缺点也非常明显，凭感觉、随意性强。正如《面目》一文中写到的：企业家式战略决策往往简单而直接，一句话就容易触发决策，因而也就容易出现失误。这类决策有定性认知，但缺乏量的描述（虽然也会自觉不自觉用到一些定量分析的东西，但是不充分、不系统），容易产生误导。在传递过程中信息扭曲多，难以适应信息社会和数字化时代的高标准、严要求。

定量分析决策是随着 20 世纪兴起的运筹学、数量经济学、系统论等现代数学和信息技术手段而发展起来的新型决策方式和方法，更多依赖于数理统计分析等现代分析方法对事物的发展变化幅度做出量化的研究和判断，比较科学且可操作性强，能够解决定性分析决策所不能解决的高难度复杂问题，容易传递。但定量分析决策也有明显的不足：不能脱离定性分析而独立存在，离开对事物性质和本质的正确认识，再精细的管理方法也难以有效发挥作用；有时也会显得画蛇添足。

当前战略决策面临的环境已经异常复杂，需要运用很多学科的知识，既不单纯是定性研究就能解决问题，也不单纯是定量研究就能解决问题，而是定性研究分析与定量研究分析的有机结合。同时，任何事物都是质和量的辩证统一，不仅需要有质的方面的描述，也需要有量的方面的描述。因此，对事物仅仅进行定性分析或定量研究都不足以反映事物的本来面目，都不可避免地带有形而上学的主观片面性。只有将定性分析与定量研究有机地结合起来，才能正确地反映和表明事物的性质和特点，做出正确的战略决策。事实上，对事物的定性分析必然导致对事物的定量分析，定量分析的目的在于更精确的定性。定性分析与定量分析应该是统一的，相互补充的。定性分析是定量分析的基本前提，没有定性的定量是一种盲目的、毫无价值的定量；定量分析又使定性更加科学、准确，它可以促使定性分析得出广泛而深入的结论。这是从分析手段和方法上来讲的。

另一方面，从考虑的因素上来讲，科学的战略决策要充分地考虑内外因条件。内因是事物的内部矛盾，外因是事物的外部矛盾。在事物的发展中，内因与外因同时存在，事物的发展是内因与外因共同作用的结果。内因是事物变化发展的根据，是事物发展的根本原因；外因是事物变化发展的条件，外因通过内因起作用。基于以上哲学的基本思想，正确的方法论是坚持内外因的有机结合，而不是割裂内外因；更不是把内外因对立起来。首先要重视内因的作用，其次也不能忽视外因的作用；有时外因在一定条件下起决定作用。

因此，归纳起来，科学的战略决策就是要主动地、有意识地运用定性分析和定量分析的手段研究外部环境的机会与挑战、内部自身的优势与劣势，然后放在一起分析，找出发展的机遇与可能的路径，做出符合自己利益和能力的选择。只是在企业初期，受条件限制，现代定量分析的方法和手段采用的少些，甚至没有采用，而是主要用传统的定性方法作决策，但并不是没有定量的观察和研究。企业发展壮大了，条件允许了，现代定量分析的方法和手段用得充分了，但也还是在定性分析的指引下进行的。因此，不管怎么说，都应该努力学习和掌握科学决策的基本原理和方法，这才是精髓；而不是模型的大小、数据的复杂程度等，那只是手段。

结论：

（1）战略决策贯彻始终。在企业拟成立的时候就已经在进行战略决策了。要成立某公司、成立的公司要干什么等，都是战略决策。只是这时的战略决策，包括企业成立初期的战略选择可能是基于定性分析的成分更多，靠领导人经验的成分更多，定量分析不足。随着企业发展壮大，单凭感觉的战略决策已经无法适应企业发展的需要，侧重于定量分析研究的战略决策日益重要，并且具备了可实行的基础和条件。

（2）既不能把战略神秘化，也不能把战略轻视化和随意化，两者都会误人子弟。要及早培养科学战略决策的思想和采用科学战略决策的原理和方法；但不必片面追求大而全的现代手段，可以根据现实条件决定做复杂些还是简单些。但把定性分析与定量分析结合起来是应该的。

没有人会满足于停留在成功的偶然上，要由成功的偶然走向成功的必然，追求不断提高的科学战略决策水平是必由之路。

第三章　企业内部环境分析

内容提要

知己知彼，方能百战百胜。第二章重点介绍了对企业外部环境的分析，其实比"知彼"更重要的是"知己"。知彼而不知己，做出的任何预测和决策都是空中楼阁，不具有现实性和可行性。为此，本章系统介绍了企业内部环境分析的要素和方法。通过本章学习，读者应学会进行初步的内部环境分析。

学习目标与重点

- ◇ 了解企业的资源要素及基本分类，掌握资源分析的步骤，重点掌握资源平衡分析；
- ◇ 掌握企业能力的含义，清楚企业能力分析的五大方面及具体内容；
- ◇ 掌握企业核心能力的含义、特征及判断标准，清楚企业核心能力分析内容及培育方法；
- ◇ 学会雷达图、内部战略要素评价矩阵法等企业内部战略环境的分析技术。

关键术语

企业资源；企业能力；核心竞争力；雷达图

引入案例　　　　家电连锁业：极度扩张理论与现实的悖论[①]

理论上，连锁扩张复制前期的成功，"跑马圈地"奠定领导地位，形成规模效益。事实上，却出现了机构发展严重不平衡、单店指标下降、增产不增收的怪现象。

（一）"跑马圈地"：增产不增收

具体到我国家电连锁企业，其扩张的逻辑是，以全国性网络和低价驱动来圈销量，再以销量压低进货价格，扩大利润空间，提高利润率。理论上是成立的。然而，现实中，并不是事事遂人心愿，往往是所谓成功的模式并没有传递下去。具体表现在以下几方面。

（1）分支机构、分店数量大量增加。截至 2005 年 11 月，苏宁提前 1 个月完成了当年开店 150 家的目标，是 2004 年年底以前店面总数的 1.5 倍，目前店面总数已达 260 家。国美 2005 年开新店达 200 家。永乐原本是尽可能吃透上海和江浙一带，形成块状布局，完成区域平台。然而，对手的全国扩张显然也刺激了原本安分的永乐。于是，永乐也曾提出 2005 年要使分店数量增加到 350 家的设想，并进行大肆并购。但由于上市迟，此计划大打折扣。

[①] 刘平. 极度扩张：理论与现实的悖论[J]. 经营管理者，2006（4）：54-55.

（2）单店利润下降，考核营运能力的每平方米收入和毛利率也在下降。中国连锁业联合会的数据显示，作为电器连锁行业关键指标的每平方米年收入，2004年同比下降了23%至28 100元，而薪资、租金等成本则同比增加了4%～13%。国美电器2006年7月5日的公告也称，快速扩张导致每平方米营业收入、毛利率都有所下降。单店利润下降，本属正常。因为不可能都像旗舰店利润那么高，但是也不能低于一个临界点，更不应该成为负值。不是贡献者，反而成为负担，这是万万不行的。

（3）总体利润率下降。国美、苏宁、永乐等电器连锁企业近两年来一直在高速扩张，但行业利润的增长速度却远低于店面增长的速度，如国美2005年上半年销售额的增长速度（32%）远远小于其门店数的增长速度（91%）。

（4）负债大幅增加，财务吃紧。家电连锁企业大量侵占供应商的资金。尽管如此，由于店面扩张太快太多，家电连锁企业自身仍然财务紧张。同时，随着家电连锁模式迅速在国内一、二线城市的扩张，卖场之间恶性价格竞争和非理智行为加剧，厂商关系逐步恶化。

（5）机构发展严重不平衡，各店之间差异很大。据悉，苏宁无效店面的比例从原来的5%增长到10%。这一数字随着店面的大幅增加还将继续上升。张近东表示，2006年在一级城市的主要任务是巩固和提升份额与利润率，而调整店面将是重要措施。国美和永乐也都有店面布局调整和店面整合的计划和要求，即关店减负，关掉亏损或微利的店面，使保留的店面都盈利。

（6）人力吃紧，尤其是中高级管理人员严重不足。目前，家电连锁企业全国性战略布局的加速发展，使得人才储备严重不足；随着这种布局的深入，矛盾将更加突出，已经成为制约这些企业快速发展的瓶颈。这种人才短缺的矛盾主要表现在以下三个方面：一是未开业机构，店面人才储备不足；二是存在问题的已开业机构，店面无人可换；三是总部核心职位既有部分缺人，同时也面临后备干部短缺的矛盾。概括说就是：高端人才、专业人才严重短缺，后备队伍捉襟见肘，这是家电连锁巨头目前普遍遇到的问题。

（二）"三圈"运动：营运能力下降

事实上，由于家电连锁企业过早地正面对抗而引发的价格战，吞噬了大量的利润。进价降低的幅度赶不上售价降低的幅度，利润空间实质上是在减少，而不是增加，利润率在快速降低。再加上由于快速扩张引发的运营能力下降，营运成本上升，"增产不增收"也就不足为奇了。

2005年，家电连锁企业开始进一步大规模地圈地、圈钱、圈人的"三圈"运动以及不惜代价的对决，给国内家电制造企业普遍带来了消极的影响。国美与苏宁都遇到单位面积销售额和销售利润持续下滑的问题。价格战武器带来的自我损坏已相当严重。在马拉松式的竞争中，没有谁可以经一役一统天下。在旷日持久的消耗战中靠什么取胜？谁会是最后的赢家？

国美、苏宁等在扩张时均采用"轻资产"运作模式，即开新店大都采用占用供应商资金的做法。如此来说，开新店对家电连锁企业占用的资金并不很大；但由于其扩张计划过于庞大，累加费用的总额就不容小觑了。如在一个中等发达城市开一个2 000平方米门店的总投入约3 000万元，连锁企业只要投入250万元左右的启动资金就可以了，只占不到10%，但要年开200个店，就需要5亿元资金来支持。

而且，由于扩张速度太快，导致家电连锁企业的整体营运能力下降，各项费用攀升。苏宁也放弃了曾经坚持的步步为营、追求单店的盈利能力和销售利润率的做法。2005年上半年与2004年同期相比,存货周转率由9.3次下降到6次,固定资产周转率由58.7次下降到40.2次,总资产周转率由4.9次下降到2.7次。

在此情况下,苏宁改变了以前的盈利模式。其新的扩张逻辑就是,以全国性网络和低价驱动来圈销量,再以销量压低进货价格,最后用其他收入(如促销费、进场费等)补贴被竞争摊薄的盈利。

(三)成本转移:厂商关系恶化

近几年来,国美、苏宁等国内家电连锁巨头都是家电厂商最重要的渠道增长点,一般企业都舍不得放弃这块市场。但当利益之争接近临界点的时候,这种微妙的平衡关系就会被打破。在近来国美与苏宁不断开店、又不断转移开店成本、惨烈对决却又拿供应商填坑的借台唱戏(即国美与苏宁的竞争不断升级,但竞争成本却由家电厂商承担)过程中,很多家电制造企业都已经嗅到了令人窒息的死亡气息。

于是,家电厂商开始了自卫反击。自格力与家电连锁巨头闹翻后,在国美、苏宁和永乐等家电连锁巨头加速"跑马圈地"时,TCL、美的、海尔等一些家电制造巨头也都开始悄悄地着手自建营销渠道,并把突破口放在三、四线城市。

从早期的自建渠道,到依靠连锁企业,再到重新自建渠道,家电制造企业在十几年间经历了一次销售渠道的轮回。渠道回归的背后,是为在与家电连锁巨头的博弈中赢得话语权,是家电制造企业试图摆脱家电连锁企业控制和盘剥的努力,也是塑造品牌、寻找生存新空间的尝试。对家电连锁企业也传递了一个信号。

据2005年11月21日《21世纪经济报道》称,2005年11月15日,重庆20多家家电供应商,包括创维、TCL、康佳、长虹、海信等众多知名品牌,成立了一个名为JD的俱乐部,联合起来抵制家电零售商的压榨,维护自身利益。JD俱乐部成立后的第一件事,是发出致国美的一封公开信。在公开信中,这些供应商列举出重庆国美一系列"令人无法忍受的行为",包括擅自给供应商降价、摊派各类费用、拖欠货款、强行将厂商加入国美新开店等。虽然,目前效果和结果还不得而知,但家电厂商关系恶化可见一斑。

在研究中我们发现,像美国的BestBuy等国际家电零售巨头之所以获得高于国内家电零售企业的利润率,主要是通过非价格竞争等营销手段实现的。

沃尔玛在中国市场的发展策略是在前期大幅投入基础建设,与此同时稳步推进店面的拓展。最近两年,其销售额的增长都高于店数的增长;而且,近三年的平均毛利率超过22%,并且呈逐年上升的趋势。而同期本土零售企业的平均毛利率仅维持在10%左右。

从产业的集中度上看,目前我国家电零售企业超过3.2万家,而美国的家电零售企业不足1 000家。但BestBuy等排名前四位的连锁零售企业的市场占有率达到90%以上。而据统计,我国排名前五位的连锁零售企业在整个消费电子市场中的占有率仅有20%。

问题思索:

(1)为什么扩张快了反倒利润下降?为什么不仅整体利润、利润率下降,单店利润也下降?

(2)以快制胜真的是制胜的法宝吗?"跑马圈地"还有效吗?

（3）现在外资家电连锁巨头还只是局部进入中国，如果它们大举进入中国，我们的家电连锁企业应该如何应对？

企业内部环境是指企业能够加以控制的因素。企业战略目标的制定及战略的选择不但要知彼，即客观地分析企业的外部环境；而且要知己，即对企业内部的资源、能力及核心能力加以正确的估计。企业内部环境是企业经营的基础，制定战略的出发点、依据和条件，是竞争取胜的根本。

对企业的内部环境进行分析，其目的在于掌握企业目前的资源、能力状况，明确企业的优势与劣势，进而使选定的战略最大限度地发挥企业的优势，避开或克服企业的劣势，最终使企业战略目标得以实现。

本章内容将依据企业资源、能力和核心能力之间的内在逻辑顺序关系展开：首先讨论企业的资源和资源的分析过程；接着讨论企业能力分析的内容和方法；之后讨论企业核心能力的判断标准和进行核心能力分析的基本思路；最后讨论进行企业内部环境分析的一般方法，即雷达图和内部战略要素评价矩阵。

第一节 企业资源分析

企业的经济活动必须建立在自身的资源禀赋之上。企业的资源，是指企业所拥有或所控制的有效要素的总和，是贯穿企业经营、技术开发、生产制造、市场营销等各个环节的一切物质与非物质形态的要素。

一、企业资源的分类

通常我们将企业资源分为有形资源和无形资源，如表 3-1 所示。

表 3-1 企业资源的分类与特征

资 源		主 要 特 征	主要的评估内容
有形资源	财务资源	企业的融资能力和内部资金的再生能力决定了企业的投资能力和资金使用的弹性	资产负债率、资金周转率、可支配现金总量、信用等级
有形资源	实物资源	企业装置和设备的规模、技术及灵活性；企业土地和建筑的地理位置和用途；获得原材料的能力等决定企业成本、质量、生产能力和水准的因素	固定资产现值、设备寿命、先进程度、企业规模、固定资产的其他用途
有形资源	人力资源	员工的专业知识、接受培训程度决定其基本能力。员工的适应能力影响企业本身的灵活性。员工的忠诚度和奉献精神以及学习能力决定企业维持竞争优势的能力	员工的知识结构、受教育水平、平均技术等级、专业资格、培训情况、工资水平
有形资源	组织资源	企业的组织结构类型与各种规章制度决定企业的运作方式与方法	企业的组织结构以及正式的计划、控制、协调机制

续表

资 源		主 要 特 征	主要的评估内容
无形资源	技术资源	企业专利、经营诀窍、专有技术、专有知识和技术储备、创新开发能力、科技人员等技术资源的充足程度决定企业工艺水平、产品品质,决定企业竞争优势的强弱	专利数量和重要性、从独占性知识产权所得收益,全体职工中研究开发人才的比重、创新能力
	商誉	企业商誉的高低反映了企业内部、外部对企业的整体评价水平,决定着企业的生存环境	品牌知名度、美誉度、企业形象;对产品的认同度等

1. 有形资源

有形资源是指可见的、能量化的资产。有形资源不仅容易识别,而且也容易估值。有形资源是企业参与市场竞争的硬件要素,主要包括企业用来为客户创造价值的实物资产和金融资产,如厂房、设备、资金等。有形资源的价值一般可以通过财务报表予以反映。

有形资源包括四类:财务资源、组织资源、实物资源和人力资源。其中,人力资源是一种特殊的有形资源,它意味着企业的知识结构、技能、决策能力、团队使命感、奉献精神、团队工作能力,以及组织整体的机敏度。因而许多战略学家把企业人力资源称为"人力资本"。

有些有形资源可以被竞争对手轻易地取得,因此,这些资源便不能成为企业竞争优势的来源。但是,具有稀缺性的有形资源可以使公司获得竞争优势。例如,香港的半岛酒店因为位于九龙半岛的天星码头旁,占有有利的地理位置,游客可以遥望维多利亚港美不胜收的海景和夜景。有利的地理位置成为半岛酒店的一大特色,构成其在香港五星级观光酒店中竞争优势的来源。

对企业有形资源的评估应从下列三大方面进行。

(1)有没有机会可以更经济地使用企业的有形资源,即用更少的资源去完成相同的事业;或用同等规模的资源去完成更大的事业。例如,通过有形资源的优化重组实现上述目的。

(2)有没有可能使现有的有形资源在具有更高利润的地方被利用。例如,通过资源重组和开发或与其他人建立战略联盟,甚至将部分有形资源出售以提高企业资产利润率。

(3)评估未来战略期内环境变化以及企业核心能力、竞争优势的发展目标,企业有形资源的缺口有多大,如何进行先期投入。

2. 无形资源

无形资源是指那些根植于企业的历史,长期积累下来的、不容易辨识和量化的资产。如企业的创新能力、产品和服务的声誉、专利、版权、商标、专有知识、商业机密等均属无形资源。很难被竞争对手解释和模仿的是无形资源。与有形资源相比,无形资源更具潜力。无形资源可分为技术资源和商誉资源两大类。

无形资源大部分被排除在资产负债表之外,或被过低地估价,这是导致公司的账面价值与股票市场价值之间出现巨大差异的主要原因。无形资源有以下两大特点。

(1)不容易被竞争对手获知、模仿或取得。在无形资源面前,即使有再好的"搭便车"和再多的金钱,往往也无济于事。正因为如此,企业和事业组织总是希望取得更多的无形资源,并以无形资源为主要材料打造组织能力和核心能力。无形资源的"无形"特征表现得越显著,在对手面前的隐蔽性越好,所形成的竞争优势越稳定、越持久。

(2)价值的非转移性。有形资源越用越少、越用越旧,在使用中其价值会逐步转移到产品和服务之中。但是,无形资源无论使用多少次都不会减少,它在创造价值的同时,自身的价值不会发生转移。例如,员工在生产中要投入自己掌握的知识和技能,生产完成之后,产品中包含了知识和技能创造的价值。此时,员工自己的知识和技能的价值不但没有下降,反而会因为使用提高了熟练程度而使价值增加。

现代企业无形资源的重要性越来越突出,往往是企业竞争力的重要来源。例如,在美国婴儿食品市场上,嘉宝公司已有近70年的历史。现在为孩子购买嘉宝婴儿食品的父母中,很多人小的时候就是嘉宝食品的使用者。为此,他们对嘉宝品牌具有很大的忠诚度。这说明嘉宝公司的产品声望、品牌形象、企业文化和专利技术等无形资源深受消费者认同,这些方面都构成了该公司的竞争优势来源。因此,构建企业持久竞争优势的重点应当放在无形资源而不是有形资源的获取上。

二、企业资源分析过程

企业资源分析旨在确定企业资源状态,企业在资源上表现出的优势和劣势,以及未来战略目标中存在的资源缺口等。企业资源分析的根本目的是为企业资源配置提供必要的依据,从而更好地发挥企业的竞争优势。企业的成功源于对资源的成功开发和利用,因而必须做好企业资源分析。

企业资源分析可以遵循以下步骤。

1. 分析现有资源

对现有资源进行分析是为了确定企业目前拥有的资源量和可能获得的资源量。分析中既包括对有形资源的分析,也包括对无形资源的分析。经过分析,列出企业目前拥有和可能获得的资源清单。

分析的内容包括:管理者和管理组织资源;企业员工资源;市场和营销资源;财务资源;生产资源;设备和设施资源;组织资源;企业形象资源;等等。在进行上述资源分析时,不仅需要分析企业目前已经拥有的资源,还要对经过努力可能获得的资源进行分析。

2. 分析资源的利用情况

分析资源的利用情况,原则上是运用产出与资源投入的比率来进行。具体可采用的一些财务指标,将在本章第二节企业能力分析中的财务能力分析中具体介绍。对其他职能活动还要采用其他一些指标,如对营销活动效率进行分析时,可使用销售额与广告费用的比率、与销售费用的比率、与销售人员工资的比率以及与销售场地面积的比率等。

分析资源利用情况还可以运用比较法,如将本企业资源实际利用情况分别与企业计划中设定的目标、与企业的历史最高水平、与企业所在产业的平均水平和最低水平、与竞争对手的情况进行比较。

3. 分析资源的应变力

资源应变力分析的目的是要确定一旦战略环境发生变化,企业资源对环境变化的适应程度,特别是对那些处于多变环境的企业来说,更应该做好资源的应变力分析,这是建立高度适应环境变化的资源基础的出发点。在具体分析时,要把分析重点放在那些对环境变化特别敏感的资源上。

4. 进行资源的平衡分析

进行资源的平衡分析应主要做好以下四个方面的平衡分析。

(1) 业务的平衡分析:即对企业各项业务的经营现状、发展趋势进行分析,以确定企业在各项业务上的资源分配是否合理。

(2) 现金平衡分析:分析内容主要是企业是否拥有必要的现金储备或拥有应付战略期内现金需要的资金来源。

(3) 高级管理者资源平衡分析:主要分析企业高级管理者资源的数量、质量、管理风格、管理模式等与制定、实施战略所需人力资源的适应程度。

(4) 战略平衡分析:主要分析企业现时拥有的资源和战略期内可能获得的资源,对企业战略目标、战略方向的保证程度,即要确定企业资源是否符合实现战略目标的要求。若不符合,缺口在哪里?缺口有多大?哪些缺口需要填补?提高企业未来的资源基础需要采取什么措施?

总之,通过上述步骤进行企业资源分析,关键是要确定企业的资源强势和弱势。资源强势指的是企业所特有的能提高企业竞争力的资源,是形成企业核心能力的重要基础。资源弱势指的是某种企业缺少或做得不好,使企业在竞争中处于劣势的资源,制约企业竞争优势的形成、限制企业的战略发展空间。

一个企业的资源强势是企业的竞争资产;而资源弱势则是企业的竞争负债。进行企业资源分析的主要目的不是列出企业资源的数量、种类和品质清单,而是分析和判断相对于竞争对手企业的资源强势和弱势所在,进而确定形成企业核心能力和竞争优势的战略性资源。围绕战略性资源进行持续投入,以增加竞争资产,减少竞争负债,全面提高企业的资源基础。

【案例解读 3-1】　　家电连锁业:极度扩张理论与现实的悖论(续)[①]

家电连锁业出现了机构发展严重不平衡、单店指标下降、增产不增收的怪现象。究其根源,同质化极度扩张带来管理人员匮乏、空降部队文化融合困难、心态浮躁、规模过大造成管理思维和模式跟不上、财务失控等问题,而差异化战略选择决定着未来的成败。

(一) 以快制胜:适度最重要

为什么会出现这种事与愿违的情况呢?为什么前期的成功模式传递不下去呢?是前期的模式不可复制,还是可复制程度低?抑或是复制过程中走了样,还是有其他因素?的确,成熟、严谨、可复制的经营模式和盈利模式是这类扩张的基础。如果这种模式不成熟、依靠人的因素过大,

---

[①] 刘平. 极度扩张:理论与现实的悖论[J]. 经营管理者, 2006 (4):54-55.

那么扩张越快,死得也越快。

然而,仅有这些是不够的。高速发展要有个限度,要与能掌握的资源力量和调控能力相匹配。超过了这个限度,问题就都来了。过快的速度要"爆胎",反而会慢,这就叫欲速则不达。慢固然不行,会贻误商机;但快就是制胜的根本法则吗?未必!快要恰到好处才行,要与自身的资源和能力相适应,可以略高一点,以增加挑战性,便于人的潜能的挖掘和发挥,但过快就会把弦崩断。各行各业的失败例子已经不少了,远的如亚细亚、红高粱,近的如盛兴超市、普马、托普,都是不量力而行的结果。

管理是一门掌握度的艺术和科学,适度是管理永恒的主题。以快制胜要适度。领先10步是先烈,领先5步是先驱,领先半步是成功。"跑马圈地"要适度,要量力而行,财务稳健最重要。速度、规模和效益是扩张需要综合考虑的三个要素:效益是企业追求的根本,速度是企业发展的快慢,规模是企业的实力。规模不一定都会产生效益,也可能带来负担。不断开设新机构、新店面可能带来销售收入,但不一定创造效益,也可能带来的是财务的负担和流血不止的创伤。

(二)极度扩张:失控在眼前

有效的扩张可以造就一代英杰,没有节制的扩张也可能是一场浩劫的开始。过快的扩张速度正在使企业面临巨大的不确定性。将价格战作为唯一的竞争策略,将落入零利润的零和博弈陷阱。一旦经营现金流出现问题,K-mart、普马的下场就随时可能出现。

极度扩张带来以下问题。

(1)管理人员数量跟不上发展的速度,出现拔苗助长的现象。

(2)大量外招的中高级管理人员、空降部队,文化融合困难,出现文化混沌。

(3)规模过大,管理思维和模式跟不上,出现管理失控。

(4)浮躁的心态,影响脚踏实地的作风;管理粗放,单店利润下降,导致绩效水平低下。

(5)财务失控。由于速度过快,扩张不是靠利润积累的支持,而是靠不断扩大的负债来支撑,财务失控在所难免。这样的扩张很容易出现现金流危机,稍有风吹草动,就会像多米诺骨牌一样引起连锁反应,老债主蜂拥而来讨债,企业又找不到新债主借钱,就只好关门大吉。这不是个案,反映的是经营理念和经营作风的问题。

这就是"跑马圈地"的恶果。这不是家电连锁企业的特有现象,还出现在诸如保险这个新的朝阳行业里。为了迎接和抵抗加入WTO后,对外资企业全面开放的竞争,中资保险公司从2002年起在全国"跑马圈地",大量开设分支机构,其结果是分支机构投入产出比大幅下降。如某保险公司投入产出比大于1的分公司由2003年的29家降到2005的5家。中支公司的运营效率也急剧下降。尽管中支公司的总体数量在增加,但投入产出比大于1的中支数目和比重却都在大幅减少,从2003年的90%以上下降到2004年的40%,2005年更是降到不足30%。这里面固然有整个行业调整转型影响的外因,但扩张过快、自身资源不足且过于分散、管理能力跟不上是根本,是内因。

"跑马圈地"误导了很多人,也坑害了许多企业,其基本特征是谁先占有就是谁的。现实的商业战场与当时的"跑马圈地"不同,不仅有进入成本,还有维持成本,更要命的是不是唯一所有者。不仅有现有的竞争者对抗,而且随时会有其他新的竞争对手进来竞争。逆水行舟,不进则退。庞大的分支机构不仅没有成为企业继续前进的动力和利润的发动机,而且成了流血不止的无底洞、吸血鬼,成为前进的绊脚石。

(三)战略选择:决定未来成败

像美国的 BestBuy 等国际家电零售巨头之所以获得高于国内家电零售企业的利润率,主要是通过非价格竞争等营销手段实现的。这些情况值得我国家电连锁企业深刻反思。其实,除了价格竞争外,还有强化供应链管理、增值服务体系、独特消费体验等差异化竞争手段。大中电器在北京尝试家电连锁走向异业融合,即把电器卖场与家居卖场、百货商场融合经营,不失为一次有益的尝试。但还远远不够。

仔细分析起来,竞争还远远没有到直接正面对抗这一步,无论是从机构数量上,还是占比上。以目前的机构数和占比(不足20%),如何布局才最科学?对大家最有利?是全国普撒"胡椒面"?还是重点布局?是必须马上直面对局?还是差异化布局,形成各自的局部优势?是否已经到了必须在一、二线城市直接对决的时刻?如果还没有到那个时刻,那南京"美苏"(国美与苏宁)对决的意义又何在?

其实,被忽略的三、四级市场倒是广阔天地、大有可为。例如,在 2005 年许多分支机构费用严重超标的情况下,某保险公司在西部欠发达地区成立仅一年的分公司的费用控制率低于70%,而且已经大幅超额完成了个人标保任务,比一些大省机构做得还好。

发展应讲究策略,尤其是在机构布局与拓展上。如何让有限的资源发挥出最大的效用,是应该重点关注的问题。应有主有次、有先有后、有取有舍,要有目的、有选择地建立几个根据地。切不可一刀切、全面铺开、全面推进。战线过长的结果,就是顾此失彼,就又能当救火队。因此,企业不必都挤在一、二线城市,也不必担心三、四线城市有没有市场,完全可以到中西部去发展,向三、四线城市延伸。一些家电制造厂商已经意识到了这一点。家电连锁企业如何开发三、四级市场倒是个应该研究的问题,是个挑战。谁能在三、四级市场中找到发展模式和盈利模式,谁将拥有未来发展的主动权。

第二节 企业能力分析

企业能力是指整合企业资源,使价值不断增加的技能。一般而言,资源本身并不能产生竞争能力和竞争优势,竞争能力和竞争优势源于对多种资源的特殊整合。例如,一支足球队可能会因为获得了最优秀的前锋而获益,但这种获益只有在其他队员与之配合默契、大家共同按一套正确的进攻战略来踢球,充分发挥出团队的竞争优势时才能实现。同理,企业的竞争优势源于企业的核心竞争力,核心竞争力又源于企业能力,而企业能力源于企业资源。换言之,企业可持续性的竞争优势是由企业在长期运营中,将具有战略价值的资源和能力进行特殊的整合、升华而形成的核心竞争力所产生的。这样一个整合过程正是企业素质的提升过程,也是一个以资源为基础的战略分析过程,如图 3-1 所示。

图 3-1 以资源为基础的战略分析

在识别、判定一个企业的核心竞争力之前,首先要弄清一个企业的基本能力状况。对企业基本能力状况的分析,可从企业生产经营所必需的各项功能的角度分别加以分析。下面就从企业财务能力、营销能力、生产管理能力、组织效能以及企业文化五个方面进行分析。

一、财务能力分析

要评估、判断一个企业的现实经营能力,首先必须对企业的财务状况进行客观公正的分析,因为企业的财务报表和资料记录了企业经营的整个过程和取得的绩效水平。分析企业财务状况广泛使用的方法是财务比率分析。

财务比率分析通常可以从两方面进行:一是计算本企业有关财务比率,并与同行业中的竞争对手进行比较或与同行业的平均财务比率进行比较,借以了解本企业同竞争对手或同行业一般水平相比的财务状况和经营成果;二是将计算得到的财务比率同本企业过去的财务比率和预测未来的财务比率相比较,借以测定企业财务状况和经营成果在一个较长时间内的变动趋势。

财务比率分析评价体系主要由五大类指标构成,即收益性、安全性、流动性、成长性和生产性指标,如表 3-2～3-6 所示。分别计算出五类指标并画出雷达图(见本章第四节),就能够清楚地揭示出企业的财务及经营状况的优势和劣势,这对于制定正确有效的企业战略具有十分重要的意义。

表 3-2 企业收益性指标

收益性指标	基本含义	计算公式
1. 资产报酬率	反映企业总资产的利用效果	(净收益+利息费用+所得税)/平均资产总额
2. 所有者权益报酬率	反映所有者权益的回报	税后净利润/所有者权益
3. 每股利润	反映股东权益的报酬	(净利润-优先股股利)/普通股发行在外平均股数

续表

收益性指标	基 本 含 义	计 算 公 式
4. 股利发放率	反映股东权益的报酬	每股股利/每股利润
5. 市盈率	反映股东权益的报酬	每股市价/每股利润
6. 销售利税率	反映销售收入的收益水平	利税总额/净销售收入
7. 销售毛利率	反映销售收入的收益水平	销售毛利/净销售收入
8. 销售净利率	反映销售收入的收益水平	净利润/净销售收入
9. 成本费用利润率	反映企业为取得利润所付代价	(净收益+利息费用+所得税)/成本费用总额

分析企业收益性指标的目的在于观察企业一定时期的收益及获利能力。

表 3-3 企业安全性指标

安全性指标	基 本 含 义	计 算 公 式
1. 流动比率	反映企业短期偿债能力和信用状况,标准 2∶1	流动资产/流动负债
2. 速动比率	反映企业立刻偿付流动负债的能力,标准 1∶1	速动资产/流动负债
3. 资产负债率	反映企业总资产中有多少是负债,标准<50%	负债总额/资产总额
4. 所有者(股东)权益比率	反映企业总资产中有多少是所有者权益	所有者权益/资产总额
5. 利息保障倍数	反映企业经营所得偿付借款利息的能力	税息前利润/利息费用

企业安全性指标反映企业经营的安全程度,也即资金调度的安全性,观察的是企业一定时期内的偿债能力。其中指标 1 和 2 反映企业的变现能力,比率高,保障大;然而过高,会造成浪费。

表 3-4 企业流动性指标

流动性指标	基 本 含 义	计 算 公 式
1. 存货周转率	反映存货的变化速度	销售成本/平均存货
2. 应收账款周转率	反映年度内应收账款转为现金的平均次数	销售收入/平均应收账款
3. 流动资产周转率	反映流动资产的使用效率	销售收入/平均流动资产总额
4. 固定资产周转率	反映固定资产的使用效率	销售收入/平均固定资产总额
5. 资产周转率	反映全部资产的使用效率	销售收入/平均资产总额

企业流动性指标反映资金周转状况,即资金活动的效率。其中,指标 3、4、5 比率越高,说明资产利用越好,获利能力越强;指标 1 越高,资金回收越快,效益越好;指标 2 越高,催收账款工作做得越好,坏账损失的可能性越小。

表 3-5 企业成长性指标

成长性指标	基 本 含 义	计 算 公 式
1. 销售收入增长率	反映销售收入变化趋势	本期销售收入/前期销售收入
2. 税前利润增长率	反映税前利润变化趋势	本期税前利润/前期税前利润
3. 固定资产增长率	反映固定资产变化趋势	本期固定资产/前期固定资产

续表

成长性指标	基 本 含 义	计 算 公 式
4．人员增长率	反映人员变化趋势	本期职工人数/前期职工人数
5．产品成本降低率	反映产品成本变化趋势	本期产品成本/前期产品成本

企业成长性指标反映一定时期经营能力的发展变化趋势。一个企业即使收益性高，但如果成长性不好也就表明其发展后劲不足，未来的盈利能力可能较差。因此，分析企业的成长性对战略的选择至关重要。

表 3-6 企业生产性指标

生产性指标	基 本 含 义	计 算 公 式
1．人均销售收入	反映企业人均销售能力	销售收入/平均职工人数
2．人均净利润	反映企业经营管理水平	净利润/平均职工人数
3．人均资产总额	反映企业生产经营能力	资产总额/平均职工人数
4．人均工资	反映企业经营成果分配状况	工资总额/平均职工人数

分析企业生产性指标的目的在于判断企业在一定时期内的生产经营能力、生产经营水平和生产成果的分配等。

二、营销能力分析

一个企业营销能力的强弱往往体现在其产品竞争能力、销售能力、新产品开发能力和市场决策能力等方面。因此，营销能力分析通常可以从这四个方面来展开。

1．产品竞争能力分析

产品竞争能力分析是对企业当前销售的各种产品的市场地位、成长性、收益性、竞争性和结构性等方面进行分析。

（1）市场占有率与市场覆盖率。市场占有率是产品市场地位的重要标志，也是企业最重要的战略目标之一。市场占有率越高，产品的知名度和影响力越大。其计算公式如下

$$市场占有率 = \frac{本企业产品销售量}{市场上同类产品销售量} \times 100\% \qquad (3-1)$$

市场覆盖率是与市场占有率相关的一个指标。它是本企业产品投放地区占应销售地区的百分比。其计算公式如下

$$市场覆盖率 = \frac{本企业产品投放地区数}{全市场应销售地区数} \times 100\% \qquad (3-2)$$

（2）销售增长率与市场扩大率。销售增长率和市场扩大率是衡量产品成长性的两个指标。其计算公式如下

$$销售增长率 = \frac{本年度销售量（额）}{上年度销售量（额）} \times 100\% \qquad (3-3)$$

$$市场扩大率 = \frac{本年度市场占有率}{上年度市场占有率} \times 100\% \qquad (3-4)$$

通常把企业最近几年的销售量或销售额按时间顺序画成曲线来观察其增减变化趋势。

（3）产品收益性分析。产品的收益性高低直接决定企业的效益，企业应确立以高收益产品为中心的产品组合。收益性分析的主要内容如下：① 进行销售额的 ABC 分析，以找出需深入调查的 A 类重点产品；② 进行边际利润分析，以明确各种产品的利润贡献度；③ 进行量本利分析，以查明经营安全率和确定目标销售量。

（4）产品竞争性分析。产品竞争性分析是分析企业的产品相对于竞争产品，在质量、外观、包装、商标、价格、服务等方面所具有的优越性。

（5）产品结构分析。产品结构又称产品组合。产品结构可分为宽度结构和深度结构。宽度结构是指产品的系列结构；深度结构是指同一系列的规格结构。产品结构分析的目的是发现优势产品和弱势产品，弄清产品结构不合理的地方，进而改进产品组合，为保持和提高产品竞争力奠定产品结构基础。具体可运用波士顿矩阵等方法进行分析。

2. 销售能力分析

销售活动能力分析是在产品竞争力分析的基础上，以重点发展产品或销路不畅产品为对象，对其销售组织、销售绩效、销售渠道、促销活动、销售计划等方面进行分析，以判断企业销售活动的能力、存在问题、问题成因，进而为制定战略提供依据。

（1）销售组织分析。销售组织分析主要包括销售组织机构分析、销售人员素质分析和销售管理资料分析等。

（2）销售绩效分析。销售绩效分析是从通过销售活动效率出发，发现销售管理的问题，为进一步深入研究提供线索。主要包括计划完成率分析、地区发展性分析、销售活动效率分析等。

（3）销售渠道分析。销售渠道分析是通过对与企业进行交易的中间商的评价，加强对中间商管理，分析存在问题。主要包括销售渠道结构分析、中间商评价、销售渠道管理分析等。

（4）促销活动分析。促销活动分析是对企业开展促销活动的方法、内容和效果进行评价，研究企业如何运用各种促销活动的组合，加强对市场的作用和影响，提高企业和产品的形象。

（5）销售计划分析。销售计划由销售预测、确定目标销售额、分解目标销售额和制订实施计划四个部分组成。销售计划分析着重分析销售计划编制的依据、编制方法的合理性、计划内容是否完善等。

3. 新产品开发能力分析

新产品开发能力分析是在现有产品的竞争性分析的基础上，着重从新产品开发计划、新产品开发组织、新产品开发过程、核心产品的开发效果四个方面进行分析，并将分析结果与主要竞争对手比较，进而判断企业此项能力的强弱，为企业战略的选择提供依据。

4. 市场决策能力分析

市场决策能力分析是以前述产品市场竞争力分析、销售活动能力分析、新产品开发能力分析的结果为依据，对照企业当前实施的经营方针和经营计划，来发现企业在市场决策中的不当之处，评估判断企业领导者的市场决策能力，并探讨企业中长期所应采取的经营战略，以提高企业领导者的决策能力和水平，使企业获得持续的成长和发展。

三、生产管理能力分析

企业的生产功能包括将投入品转变为产品或服务的所有活动。在绝大多数行业，企业生产经营的大部分成本发生于生产过程中，因此，生产管理能力的高低将决定公司战略的成败。而生产管理的首要任务就是开发和管理一个有效的生产体系。美国管理学者罗杰·施罗德（Roger Schroeder）认为，生产管理主要包括五种功能或决策领域：生产过程、生产能力、库存、劳动力和质量。因此，生产管理能力分析也应从这五个方面展开。

1. 生产过程分析

生产过程分析主要涉及整个生产系统的设计，具体分析内容包括技术的选择、设施的选择、工艺流程分析、设施布局、生产线平衡、生产控制和运输分析。

2. 生产能力分析

生产能力分析主要涉及确定企业的最佳生产能力，具体分析内容包括产量预测、设施和设备计划、生产计划、生产能力计划及排队分析。

3. 库存分析

库存分析主要分析原材料、在制品及产成品存量管理，具体包括订货的品种、时间、数量以及物料搬运。

4. 劳动力分析

劳动力分析主要分析对熟练及非熟练工人及管理人员的管理，具体分析内容包括岗位设计、绩效测定、丰富工作内容、工作标准和激励方法等。

5. 质量分析

质量分析主要分析质量控制、质量检验、质量保证和成本控制。

四、组织效能分析

企业能力产生于有形资源与无形资源长时间的相互作用。企业能力的基础是企业的人力资本，这是因为资源的开发、传递与信息交换只有通过"人"才能够实现。而人的活动离不开组织。

说到底，企业的一切活动都是组织的活动。组织是实现目标的工具，是进行有效管理的手段。分析组织效能、发现制约企业长远发展的组织管理问题并加以改进，则为企业战略的正确制定和成功实施奠定了坚实的组织基础。

进行组织效能分析，必须明确评价组织效能的一般标准。良好组织应符合以下基本原则：目标明确、组织有效、统一指挥、责权对等、分工合理、协作明确、信息通畅、有效沟通、管理幅度与管理层次有机结合、有利于人才成长和合理使用、有良好的组织氛围等，根据以上评价标准可从多角度进行组织效能分析。具体包括从分析组织任务分解入手,进而对组织任务分解的合理性做出判断;从分析岗位责任制、职责权限对等性入手发现改善的机会;从分析管理体制入手,对企业集权与分权的有效性进行分析;从分析组织结构入手,确定现有组织结构是否适应未来战略方向;从分析管理层次和管理幅度入手,分析新增或合并管理职能部门的可能性;从分析人员入手,看现职管理者的胜任程度和职位标准等是否应当修正。

五、企业文化分析

所谓企业文化,是指基于共同价值观之上,企业全体员工共同遵循的目标、行为规范和思维方式的总称。当今,企业文化的价值愈益为企业界所重视。人们从许多大企业成功的范例中发现,这些企业之所以能在快速发展中立于不败之地,是由于他们成功地创造了具有自身特色的企业文化。

哈佛学者约翰·科特和詹姆斯·赫斯科特在对数百家企业长期研究的基础上撰写了《企业文化和经营业绩》一书,得出如下研究结论:第一,企业文化对企业的长期经营业绩具有重大影响;第二,企业文化在下一个十年内很可能成为决定企业兴衰的关键因素;第三,影响企业长期发展的起负面作用的企业文化并不罕见,而且容易蔓延,即便在那些汇集了许多通情达理、知识程度高的人才的公司中也是如此;第四,企业文化尽管不易改变,但它们完全可能转化为有利于企业经营业绩增长的企业文化。

理论界的研究和企业界的实践均已证明,企业文化的力量既可能支持企业的战略管理,助其成功;也可能抵制它们,促其失败。因此,分析企业文化的现状,从中找出能够制约企业战略的关键要素,加以加强或改进,就成为企业战略管理者面临的重要挑战。一般认为可以从以下几个方面分析:企业文化现状、企业文化建设过程、企业文化特色、企业文化形成机制、企业文化与战略目标和内外部环境的一致性等。

> **企业资源与企业能力的关系:**
>
> 企业资源与企业能力是两个既相互联系又相互影响的交叉系统,企业提高竞争力就是要在顾客价值的导向下,构造合理的能力结构。综合以上分析,我们便可得出企业能力强势所在和弱势所在,进而准确锁定企业面临的战略问题。

第三节 企业核心能力分析

一个企业除非具备行业的一般能力,否则无法取得行业平均利润,求得生存。然而企业要更好地生存、做长寿企业,还必须在一般能力的基础上找到一根能撬动市场、赢得竞争的杠杆——核心能力。企业的核心能力是持久竞争优势的源泉。

进入 21 世纪以来,随着改革开放的不断深入,市场经济的逐渐成熟以及经济全球化的影响,企业竞争已经超越机会竞争而进入"实力竞争"的阶段。在此形势下,能否发现机会、抓住机会固然重要，但更重要的是能否在选定的业务领域建立持久的竞争优势。这不仅是中国企业面临的严峻问题，也是发达国家的企业面临的首要问题。

一、企业核心能力的概念

企业核心能力是普拉哈德和哈默 1990 年在《哈佛商业评论》上发表的《公司的核心能力》一文中所提出的，"核心能力是组织中的积累性学识，特别是关于如何协调不同的生产技能和有机结合多种技术流派的学识。"

而美国麦肯锡咨询公司对企业核心能力下的定义是：企业核心能力是某一组织内部一系列互补的技能和知识的组合，它具有使一项或多项关键业务达到行业一流水平的能力。

从本质上讲，核心能力就是企业发展独特技术、开发独特产品和创造独特营销手段的能力。它具有三个明显特征：能够为用户带来巨大的价值，能够支撑多种核心产品，竞争者难以复制或模仿。

与企业外部环境相比，企业内部环境对于企业的市场竞争优势具有决定性作用；企业内部能力、资源和知识积累，是企业获得超额收益和保持企业竞争优势的关键。但同时，企业是一个开放的系统，需要有来自外部的多种资源的投入。企业在实现目标和协调配置资源能力方面的重要差异，使一些企业可能通过运用与其他企业相似的资源获得独特的能力。

核心能力仅是企业竞争力的一个构成部分，是处于企业核心地位的、影响全局的竞争力。核心能力与竞争力不能混为一谈。有核心能力的企业，一般都有较强的竞争力；有竞争力的企业，不一定具有核心能力。因为竞争力是来自于企业某种资本的优势，而核心能力则是以多种资源为基础，在市场竞争中获得的一种资源整合能力，并在长期积累、不断演化中形成。

二、企业核心能力的判断标准

资源是能力的基础，能力是综合利用资源的市场表现，而核心能力则是一组特殊的能力，它是一组超越产业中所有竞争对手的能力。有研究者在总结他人成果的基础上，提出了核心能力的四项判断标准。这四项标准是：有价值、稀有性、难以模仿和不可替代。符合这四项标准的资源和能力，才能够形成核心能力，使组织获得持久的竞争优势。表 3-7 为四项判断标准及其说明。

表 3-7 判断核心能力的四项标准

判 断 标 准	说　　明
有价值的能力	是指为顾客创造顾客所重视的价值的能力，有助于企业把握机会、化解威胁
稀有的能力	是指现有和潜在竞争对手极少能拥有的独特的能力
难以模仿的能力	是指其他企业不能轻易模仿建立的能力 （1）体现历史性：独特而有价值的组织文化和品牌 （2）体现模糊性：竞争能力的成因和应用模糊化 （3）体现复杂社会性：管理者、供应商以及客户之间的人际关系、信任和友谊等
不可替代的能力	没有战略等价资源可替代

企业核心能力的四个方面对于判断和建设核心能力均具有重要意义。以上述四项标准为依据，判断组织中有哪些资源和能力符合要求，然后加以重点投资和不断强化，从而形成具有可持续性的竞争优势。

1. 有价值的能力

有助于组织在复杂、多变的外部环境中，把握机会、化解威胁、增加价值的能力，称为有价值的能力。有价值的能力对于企业制定和实施战略进而为特定的客户创造价值，具有积极的促进作用。例如，索尼公司曾利用它有价值的能力来设计、生产并销售微电子技术产品，如便携式的 CD 播放机和 8mm 的摄像机等，均占领了比较广泛的市场份额。索尼公司试图让客户通过电视、个人电脑或手机进入它的"数字世界"。

2. 稀有的能力

"稀有"意味着"罕见"，稀有能力是指只有极少数现在的或潜在的竞争对手才可能拥有的能力。在依据这一标准进行判断时，组织中的管理者和专门分析人员总是要试图弄清楚一个问题，即有多少竞争对手具有某种能力。有价值而普遍存在的资源和能力，最可能导致的结果是同等力度竞争。一个企业只有开发、创造出其他竞争对手没有的能力时，才可能获得强于其他竞争对手的比较优势。如戴尔公司采取直销商业模式，销售业务具有比竞争对手更高的效率，进而使业务增长率取得了同行业的领先水平，戴尔的直销模式可以看作是该组织的稀有能力。

3. 难以模仿的能力

无法参考他人经验在短时间内建立起来的能力，可认为是难以模仿的能力。之所以难以模仿，主要有以下三方面的原因。

（1）组织能力的发展具有历史性。一个组织在发展过程中，往往会选择独特的、反映自身历史路径的能力和资源不断放大和强化。

（2）组织的竞争能力和竞争优势的边界有模糊性。在这种情况下，竞争者一般难以明确一个组织是如何把竞争能力整合为竞争优势的。如此一来，竞争者就无法获得确切的信息，不清楚他们需要具备什么样的能力才能取得同对手一样的利益。

（3）组织能力具有复杂社会性。组织的能力是复杂社会现象的产物。在组织内部，管理者之间以及管理者与员工之间，在人际交往、信任等方面存在社会性复杂关系；在组织处理与供应商、客户和社区等主体之间关系的过程中，也需要采取社会性方式。

4. 不可替代的能力

不可替代的能力，是指无法找到战略等价资源替代的能力。总的来说，一种能力越难以被替代，它所产生的战略价值就越高。这种能力的不可见程度越高，就越难以找到可代替对象，越难以被竞争对手模仿从而获取价值。一个企业的专有技术、专用性人力资本以及融洽和谐的人际关系和交流制度等，都可以被看作是企业的不可替代的能力。

总之，同时符合以上四项标准的能力，是具有战略意义的能力，是核心能力的来源、竞争优势的基础。对于一个企业来说，只有当它所拥有的能力在无法被竞争对手抄袭、仿造的情况下，才有可能获得持久性的竞争优势。

企业可以在一段时间内，依赖有价值的、稀有的但可被模仿的能力形成竞争优势。在这种情况下，竞争优势保持时间的长短，主要取决于竞争对手模仿产品、服务和工艺的速度。只有将同时符合四项标准的资源和能力整合起来，企业才能获得足够强大的核心能力，在激烈的市场竞争中持久地保持竞争优势。

三、企业核心能力分析的内容

核心能力体现为一系列技能、技术、知识的综合体，要准确、全面地分析和评价一个企业的核心能力是比较困难的。一般而言，可以从以下几个方面对企业的核心能力进行分析。

1. 主营业务分析

主营业务分析即要分析企业是否有明确的主营业务，企业优势是否体现在主营业务上，该主营业务是否有稳定的市场前景，以及本企业在该领域中与竞争对手相比的竞争地位如何。一个企业若没有明确的主营业务，经营内容过于分散，则很难形成核心能力。

2. 核心产品分析

核心产品是核心能力与最终产品之间的有形联结，是决定最终产品价值的部件或组件。例如，本田公司的发动机、英特尔公司的微处理器都是核心产品。对核心产品的分析应具体分析企业是否有明确的核心产品、核心产品的销售现状、竞争地位、市场前景、产品的差异性和延展性等。

3. 核心能力分析

核心能力分析主要分析支持企业主营业务和核心产品的核心技术和专长是什么，是否得到了充分发挥，企业管理人员是否对此达成共识，这些核心技术和专长的价值性、独特性、难以模仿性和不可替代性如何，为企业带来了何种竞争优势，强度如何，等等。

四、企业核心能力的获得

企业核心能力的获得主要有以下三种方法。

（1）外部购买，即从其他企业或组织购入与核心能力有关并有利于其发展的技能与资源。它的实质是外部核心能力的内部化。具体方式有购买技术与专有知识、并购拥有这种核心技能的企业。

（2）组成战略联盟实现企业间资源共享，降低研发成本，相互获得彼此的特定技术、资源和技能，以实现核心能力的快速发展。但在结盟中企业还必须注意对自己核心技术的保护，以防培养出潜在的竞争对手。

（3）通过企业自身力量发展核心能力。依靠外部购买或成立战略联盟的方法来发展核心能力，或多或少地都存在着产生依赖性和核心技术外泄的问题。因而在这三种方法中，利用自身力量培育和发展核心能力应是主要方法，另外两种方法只应是辅助方法。

> 三种方法比较：
>
> 外部购买相对比较贵，但可以节省时间，风险在于项目的选择以及购买后的消化吸收；企业自己开发相对可以省钱，但需要的时间周期较长，风险在于能否把握住机会；组成战略联盟的关键在于能否找到真正合适的合作伙伴。

五、企业核心能力的培育

核心能力是企业的生命线，是企业运行发展的动力，是企业战略的核心部分。因此，要树立企业的竞争优势，首先要培养企业的核心能力。核心能力的培养是一个系统的组织过程，它涉及技术、管理、制度等多方面的因素。

培育、提升企业核心能力的关键是创新，包括技术创新、管理创新和制度创新三个方面，其中，技术创新是提升企业核心能力的重要途径；管理创新是强化企业核心能力的重要手段；制度创新是支撑企业核心能力的重要保障。这三个方面是相互依存、相互渗透、相互促进的。只有三者有机地结合，才能不断地提升企业核心能力，使企业获得持久的竞争优势。

1. 技术创新是提升企业核心能力的重要途径

技术创新是形成和提升企业核心能力的关键因素，离开技术创新，企业能力就无从说起。技术创新是一个过程，包括从新产品、新设想的产生，经过研究、开发、工程化、商业化生产，到市场应用的完整过程的一系列活动的总和。在这个过程中，不仅能够产生独特的企业技术能力，创造出具有产品优势的好产品、好服务，同时还能提高设计、生产、维护、营销人员的各种学习能力，形成独特的、他人无法模仿的无形资产。

进行技术创新，企业不一定会形成核心能力，但是不进行技术创新，企业就很难形成核心能力。技术创新是培育企业核心能力的关键，尤其是针对核心技术的创新。缺乏独占性技术和技术创新能力的企业，有可能在市场上做大，但在产业分工中却很难处于有利地位，也很难做强，更不可能获得持久的竞争优势。

2. 管理创新是强化企业核心能力的重要手段

技术和管理是现代企业发展的两大关键因素，技术创新包括从技术创造、技术开发，到技术学习、技术积累，再到技术扩散，都离不开管理，否则技术革新就失去了它生存的土壤。普拉哈拉德和哈默认为，企业的核心能力真正来源于管理能力。管理可以将技术和生产技能转变为企业快速适应变化的能力。由于技术日益复杂，市场竞争越来越激烈，要求管理不断变革、创新；企业核心能力的强化，更离不开管理创新。管理创新的目的是使管理过程流畅、高效，创造一种有利于提升企业核心能力的环境氛围。

此外，还要通过市场细分、资源重组、流程再造等方式更新企业经营战略，建立学习型组织，积极吸收现代管理思想，形成崇尚创新的企业文化，促进管理创新，从而强化企业核心能力。

3. 制度创新是支撑企业核心能力的重要保障

企业核心能力的培育，以及技术创新和管理创新，都是在某种制度环境中发生发展的，需要一定的制度保证。这些制度包括基础设施和建设环境、本地可获得的资源、地区专有制度以及本地可以利用的知识和技术。在这些制度中，经济、社会文化、政治、政府机构、教育体系等相互作用，构成了企业技术创新、管理创新乃至核心能力形成的基础环境。

要在一个企业中培育出核心能力并发展其成为企业的关键竞争优势，需要全体管理人员充分理解并积极参与。保持企业的核心能力，培养新的核心能力，将核心能力扩散也同等重要，同时这种保持应该是动态的，企业应该随时对自身的能力与外界环境进行比较和评估，以防止企业的核心能力下降和丧失。这就需要企业高层管理人员在企业的运营过程中时刻对核心能力进行监控，不断地加强优势，弥补劣势，以保持企业持久的核心能力。

第四节　内部环境分析方法

一、雷达图分析法

经营分析用的雷达图，从企业的生产性、安全性、收益性、成长性和流动性等五个方面，对企业财务状态和经营现状进行直观、形象的综合分析与评价。因其图形形状如雷达的放射波，而且雷达具有指引经营"航向"的作用，故而得名。

雷达图如图3-2所示。先画出三个同心圆，并将其等分成五个扇形区，分别表示生产性、安全性、收益性、流动性和成长性。通常，最小圆圈代表本行业平均水平的1/2或最低水平；中间圆圈代表同行业平均水平，又称标准线；最大圆圈代表同行业先进水平或平均水平的1.5倍。在五个扇形区中，从圆心开始，分别以放射线形式画出5～6条主要经营指标线，并标明指标名称及标度。然后，将企业同期的相应指标值用点标在图上，用线段依次连接相邻点，形成折线闭环，构成雷达图。

就各经营指标来看，当指标值处于标准线以内时，说明该指标低于同行业平均水平，需要加以改进；若接近最小圆或处于其内，说明该指标处于极差的状态，是企业经营的危险标志，应重点加以分析改进；若处于标准线外侧，说明该指标处于理想状态，是企业的优势，应采取措施，加以巩固和发扬。

二、内部战略要素评价矩阵

战略要素评价矩阵可以帮助企业经营战略决策者对企业内部各个职能领域的主要优势与劣势进行全面综合的评价。其具体分析方法和步骤与第二章第五节中的战略环境要素评价模型类似，具体如下。

（1）列出企业内部战略条件中的关键要素。通常以10～15个为宜。

（2）为每个关键战略要素确定一个权重以表明该要素对企业战略的相对重要程度。权重取值范围从0.0（表示不重要）到1.0（表示很重要）。各要素权重值之和应为1。

（3）按四分制给每一个要素打分，以表明这个要素是企业的主要劣势（1分）、一般劣势（2分）、一般优势（3分）、主要优势（4分）。

图 3-2 雷达图分析法①

（4）将每一要素的权重与分数相乘得到某一要素的加权分数。

（5）将每一要素的加权分数加起来，就可求得企业内部战略条件的优势与劣势情况的综合评价值。

注意：无论这个模型包括多少优势或劣势，企业的总加权分数最高是 4 分，最低是 1 分，衡量标准是 2.5 分。大于或等于 2.5 分，企业表现为有竞争力；小于 2.5 分，企业缺乏竞争力。

表 3-8 为某企业内部战略要素评价矩阵。从表中可以看出，该企业的主要优势在产品质量，评价值为 4，劣势在组织结构上，评价值为 1；从加权评价值来看，产品质量为 0.80，职工士气为 0.60，这两个关键战略要素对企业战略产生的影响最大；该企业的综合加权评价值为 2.40，说明该企业内部条件的综合地位处于行业平均水平（2.5）以下，应引起高度重视。

表 3-8 某企业内部战略要素评价矩阵

关键战略要素	权　重	评　价　值	加权评价值
职工士气	0.20	3	0.60
产品质量	0.20	4	0.80
营运资金	0.10	3	0.30
利润增长水平	0.15	2	0.30
技术开发人才	0.05	2	0.10

---

① 注：（一）收益性：1. 总资本利润率；2. 销售利润率；3. 成本利润率；4. 产值利润率；5. 资金利润率；（二）成长性：6. 销售额增长率；7. 产值增长率；8. 人员增长率；9. 总资本增长率；10. 利润增长率。（三）安全性：11. 利息负担率；12. 流动资金利用率；13. 固定资金利用率；14. 自有资金率；15. 固定资本比率。（四）流动性：16. 固定资金周转率；17. 应收账款周转率；18. 盘存资产周转率；19. 流动资金周转率；20. 总资本周转率。（五）生产性：21. 全员劳动生产率；22. 工资分配率；23. 劳动装备率；24. 人均利润；25. 人均销售收入。

关键战略要素	权 重	评 价 值	加权评价值
组织结构	0.30	1	0.30
综合加权评价值	1.00		2.40

 本章内容结构

本章与第二章为企业战略环境分析的两大部分：外部环境分析的要素及方法。内部环境分析的要素及方法。重点解决外部环境、内部条件和经营目标匹配问题（见表3-9）。

表3-9 企业战略环境分析的要素及方法

战略环境分析	要　素	方法与技术
外部分析	宏观环境、产业、对手、客户	PEST分析、波特五力模型、宏观战略环境要素评价模型、行业关键战略要素评价矩阵
内部分析	资源、能力、核心能力	雷达图、内部战略要素评价矩阵

 综合练习

一、名词解释

企业资源　企业能力　核心能力　市场占有率　市场覆盖率

二、判断题

1．有形资源看得见、摸得着，所以很重要；无形资源看不见、摸不着，所以没有有形资源重要。（　　）

2．分析企业收益性指标的目的在于观察企业一定时期的收益及获利能力。（　　）

3．流动比率、速动比率反映企业的变现能力，比率高，保障大；因此越高越好。（　　）

4．存货周转率越高，资金回收越快，效益越好。（　　）

5．一个企业即使收益性高，但如果成长性不好也就表明其发展后劲不足，未来的盈利能力可能较差。因此，企业的成长性很重要。（　　）

三、填空题

1．企业资源分析的四方面内容包括（　　）、（　　）、（　　）、（　　）。

2．资源平衡分析的四方面内容包括（　　）、（　　）、（　　）、（　　）。

3．企业能力分析的五大方面内容分别是（　　）、（　　）、（　　）、（　　）、（　　）。

4．核心能力判断的四项标准是（　　）、（　　）、（　　）、（　　）。

5．雷达图的五个扇形区分别表示（　　）、（　　）、（　　）、（　　）、（　　）。

四、简述题

1．简述企业资源与企业能力之间的关系。

2. 简述核心能力的特征有哪些，如何进行核心能力分析。

五、搜索思考（网上冲浪、网上调研、案头研究）

你如何看待目前流行的以快制胜的观念？

六、案例分析

1. 绘制某企业雷达图，以国美电器为例。
2. 国美电器自身的优劣势分析。

子项目 2　　　　知己——找出自身的优势与劣势

1. 项目任务

企业内部环境分析——找出自身的优势与劣势。

2. 项目指标

（1）从自身的众多优势中找出对自身发展最为有利的 3~5 个优势。

（2）在自身的众多劣势中找出对自身发展影响最大的 3~5 个劣势。

（3）形成符合本企业实际的内部分析结论与报告。

3. 子项目 2 的实施

任务 1：内部环境中存在的优势

（1）找出自身的所有优势。

（2）从自身全部优势中比较确定最有价值的 3~5 个优势。

任务 2：内部环境中存在的劣势

（1）找出自身的所有劣势。

（2）从自身全部劣势中比较确定影响最大的 3~5 个劣势。

任务 3：撰写内部分析报告

根据上述分析内容，撰写本企业内部分析报告。

4. 子项目 2 实施过程中可能出现的问题

（1）自身分析中的盲目自大。一是过分夸大自身的优势，盲目乐观；二是认为自身都是优势。当认为自身优势很多时，其实是分不清什么才是真正的优势，也就没有优势了。一般来说，通过认真地比较分析，能真正找出 3~5 个优势时，已经非常不错了。

（2）自身分析中的妄自菲薄。一是认为自己一无是处，没有任何优势，盲目悲观；二是认为自身都是劣势。当认为自身劣势很多时，其实也是分不清什么才是真正的劣势了。一般来说，通过认真地比较分析，能真正找出 3~5 个劣势，就很有针对性了。

（3）不能有效选择参照物。如从自身来看，你的唱歌比绘画好，那么你的优势是不是唱歌呢？其实未必。如果跟你的同班同学比，你的唱歌只处于中游，而你的绘画处于领先，那么你的优势是绘画，而不是唱歌。企业亦如此，分析自身的优势和劣势时，要以周围的竞争企业为参照物，而不是只跟自己比。

参考案例

美国克莱斯勒汽车公司内部分析结论

一、自身优势

1. 1985—1987年产品质量提高35%
2. 劳动成本比Ford、GM低
3. Gulfstream航空发动机处于领先地位
4. 盈亏平稳点从240万辆降至150万辆
5. 微面市场占有率达50%

二、自身不足

1. 兼并AMC使负债率达60%
2. 固定资产占42%
3. 合资企业比GM、Ford少
4. 生产厂只限于美国、加拿大、墨西哥

推荐阅读

1. 赵越春. 企业战略管理[M]. 3版. 北京：中国人民大学出版社，2019：第三章.
2. 杨锡怀，等. 企业战略管理[M]. 4版. 北京：高等教育出版社，2016：第三章.
3. 王方华. 企业战略管理[M]. 2版. 上海：复旦大学出版社，2006：第三章.
4. 刘平. 保险战争[M]. 北京：电子工业出版社，2009：第四和第八章.
5. 刘平，等. 创业学：理论与实践[M]. 3版. 北京：清华大学出版社，2016：第十章.
6. 关国亮. 新华方略[M]. 北京：人民出版社，2004.
7. 高红岩. 战略管理学[M]. 北京：清华大学出版社，2007：第三章.
8. 雷银生. 企业战略管理教程[M]. 2版. 北京：清华大学出版社，2010：第三章.

讨论案例3-1　　贝塔斯曼为何失利中国[①]

书友会一直被贝塔斯曼视为一种引以为傲的图书零售模式，即通过吸纳付费会员形成读书社区，再由编辑推荐书目的方式售卖图书。

在全球，贝塔斯曼已经吸纳了5 500万会员。1995年，德国贝塔斯曼集团旗下直销集团与上海新闻出版局直属的中国科技图书公司成立了合资公司，开始步入中国的图书市场。经过两年准备后推出了合资的书友会，正式将其书友会的图书零售模式引入中国。其在中国已有大约150万会员。

有数据显示，书友会有800多万名会员的信息，其中150多万会员平均购买5次以上，30

---

① 刘平. 贝塔斯曼：满身光环的失败者[J]. 销售与市场，2008（8）.

多万会员购买超过10次。贝塔斯曼直销集团曾在中国经营着贝塔斯曼书友会、贝塔斯曼地面直营书店业务和网上图书零售店——贝塔斯曼在线。

然而,由于长期亏损并且扭亏无望,贝塔斯曼决定割弃旗下直销集团的中国公司及其业务。随着直销集团在中国的消失,贝塔斯曼耕耘多年却未见收获的图书业务在中国画上了一个句号。尽管这是一个并不让人感到意外的结局。

从蓦然兴起到黯然离去,曾经红极一时的贝塔斯曼书友会在中国似乎一夜间就完成了由兴而衰的转变。目录行销、书友会和实体门店曾经是贝塔斯曼"三条腿走路"的特殊方式,如今这三个业务支柱全部轰然倒塌。

讨论题:

针对这一系列事件,许多报刊纷纷用"水土不服"来报道或说明贝塔斯曼(图书业务)全面撤出中国。那么,究竟何谓水土不服?水土不服背后真正的根源又是什么呢?贝塔斯曼——全球第四大传媒集团、世界500强企业究竟是如何折戟中国的,又给跨国企业挺进中国带来了哪些启示?

背景资料一 历史悠久的贝塔斯曼

德国贝塔斯曼集团创建于1835年,已有170多年的历史。目前,在全球58个国家,贝塔斯曼集团拥有300多家下属公司,业务内容涵盖信息、教育、娱乐。如图3-3所示,贝塔斯曼旗下有欧洲最大的电视广播集团RTL集团、全球最大的图书出版集团蓝登书屋(Random House)、贝塔斯曼音乐娱乐集团(BMG)、欧洲最大的杂志出版公司古纳亚尔(Gruner+Jahr)、贝塔斯曼斯普林格(Bertelsmann Springer)、阿瓦多集团(Arvato)、贝塔斯曼直接集团(DirectGroup Bertelsmann)。

图3-3 贝塔斯曼集团架构

背景资料二 贝塔斯曼中国体系

贝塔斯曼在中国开展图书零售业务主要有三大实体:一是1995年与中国科技图书公司合资成立的上海贝塔斯曼文化实业有限公司,这是贝塔斯曼书友会的运营实体,除了在国内开展图书邮购业务,在上海曾有8家实体会员店;二是2003年获得民营企业北京21世纪图书连锁公司40%股份的北京贝塔斯曼21世纪图书连锁有限公司,在全国曾拥有36家图书连锁店；三是 2005 年与辽宁出版集团合资成立的辽宁贝塔斯曼图书发行有限公司，从事图书批发业务。

背景资料三　　　　　　　　贝塔斯曼中国大事记

1995 年，贝塔斯曼进入中国，成立上海贝塔斯曼文化实业有限公司。

1997 年，推出中外合资的贝塔斯曼书友会。

2001 年，贝塔斯曼中国书友会成员达到 150 万。

2003 年，北京贝塔斯曼 21 世纪图书连锁有限公司成立。

2003—2004 年，贝塔斯曼中国书友会的营业额达到了 1.5 亿元人民币的巅峰状态。

2005 年，与辽宁出版集团合资成立了辽宁贝塔斯曼图书发行有限公司，拿到第一张在中国经营图书批发业务的外资牌照。

2006 年年中，贝塔斯曼以门店调整为由，接连关闭北京、杭州十多家连锁书店，转而以"店中店"的方式，与家乐福合作。

2008 年 6 月 13 日，贝塔斯曼宣布，7 月 31 日前关闭旗下在中国 18 个城市的 36 家零售门店。7 月 3 日，这家全球第四大传媒集团再发公告：曾在国内具有广泛影响力的贝塔斯曼中国书友会也将停止运营。至此，贝塔斯曼全面退出在华图书销售业务。

阅读材料 3-1　　　　　基础管理是缔造联想的基石[①]

我们的同行、合作者，我们的投资人以及经济学家都对这样一个问题感兴趣：联想是凭什么战胜强大的竞争对手的？联想的优势到底能够支持多久？

我想从根本上回答这个问题，就要谈一谈我对管理的理解。

我们可以把企业管理理解得更广义一些，看成是一座房子，分成三部分：一部分是屋顶，一部分是围墙，一部分是地基。

屋顶部分可以看作是企业运作层面的管理，如一个企业的采购、生产、销售、研发、服务等。

很多学者、投资界的分析员都想了解联想在这两方面是怎样做的。例如，联想产品有能力每年在全国 600 个中小城市开展示会，到底是怎样组织的？效果如何？联想在中国有几千家代理和专卖店，它是怎样管理销售渠道的？怎样建立服务网络的？成本如何？

又如，在中国由于文化基础、语言、习惯等问题，对 PC 应用的要求和西方是不同的。西方可以把 PC 作为一个规范的平台提供给家庭用户，用户自己去处理上网的问题，去配置应用软件。而在中国最好是提供买回家就能用的电脑。1999 年，我们开发了一种一键上网的电脑，不用装 MODEM，不用装软件，不用到电信局去办手续，买回家按一个键就可以上网，这种产品获得了极大的成功，大大扩大了我们的市场份额。虽然我们在核心技术上没有能力和西方大企业展开竞争，但是我们可以发展产品技术。产品技术就是把成熟的技术根据市场的需要组成产品。那么联想又是

[①] 柳传志. 基础管理是缔造联想的基础[EB/OL]. （2003-06-30）[2020-04-20]. http://www.class.com.cn/magz/newsdetail.cfm?iCntno=108.

如何了解客户需求形成产品技术的呢？像刚才谈到的一键上网的电脑等。

综上所述，凡是在这方面的工作，我们都可以认为是屋顶部分的管理，即运作管理中的内容。

第二部分是围墙部分，是指流程层面的管理，例如物流、资金流、信息流的管理，像 ERP、CRM 等。

联想在 1999 年到 2000 年花了 500 万美元、300 个人建成了自己的 ERP 系统，这使得联想的管理效率大为提高。以前每个月末，要由 100 个会计，努力工作一个月才可能得到这个月的经营情况，而且很难说是准确的。而现在只要两天的时间，CEO 就可以拿到经营结果了，CEO 在任何时间、任何地点都可以了解联想机构的经营记录。我们的库存周期由以前的 40 天压缩到 20 天，应收账款由 35 天压缩到 22 天，坏账损失率为万分之五。在 PC 行业越来越难做的时候，联想的净利润却由 1999 年的 2.76% 提高到 2001 年的 4.85%。

这些都是 ERP 系统的功劳，这属于围墙部分，即流程管理部分的内容。

而以上这些都不是我想讲的主要内容。

在上面描述的屋顶图中的第三部分，即地基部分，我称为企业的管理基础部分，亦即企业的基础管理，才是我想要谈的主要内容。

我所谈的基础管理又分为两个部分：第一部分是企业的机制、体制；第二部分是经营管理理念。

一、联想的机制、体制

一个企业应该有一个健全的法人治理结构。股东是谁，它有什么权责，董事会、管理层各有什么权责，应该清清楚楚，这些在西方企业中都是再明白不过的事情。然而在过去的中国，这是个很大的问题。一个没有进行现代企业制度改造的国有企业说不清主人是谁，说不清主人应该管什么。这样，它的管理层要么权力无边，要么经营的基本权力被主人收走，管理者根本无法管理。

我所在的联想，当年是中国科学院投资 20 万元兴办的，当然就是国有独资企业。庆幸的是，我的老板——中国科学院的院长很开明，在开办的时候他同意了我的三条要求：我有人事任命权、财务支配权和经营决策权，他们都不干预。这保证了我能开展正常的经营活动。

但只有经营权，而没有股份也是不行的。高科技企业都是在滚动中发展，我们是这样，美国的高科技企业也不例外，IBM、微软、英特尔、Cisco 都是一样。企业在由小变大的过程中要冒无数风险，如果企业壮大以后的丰硕果实和创始人毫无关系，我想任何人都不会冒这种风险，承受这种压力。而我们当时就只有承受风险的责任，而没有任何享受分配的权力。在中国，创业者不仅有商业风险，甚至还要承受政策风险。

什么是政策风险？我举一个例子。

1987 年，我们第一次实行承包制，销售经理和他的部门工作得很出色，到了年底超额完成任务，仅他一个人就要拿 6 000 元的奖金，这在当时是个很大的数字，我作为总经理一个月的工资才 100 元。问题在当时国家制定的税种里有一种奖金税，当奖金超过三个月的工资后要交 300% 的奖金作为税金。

我和副总经理一起开会研究怎么办，当时有三条路：

第一条，坚决兑现我们的承诺，发放奖金，也严格交税。这样做的结果是企业的财政能力无法承受，甚至交税会把企业交垮。

第二条，不兑现我们的承诺，和员工讲，没想到你们超额完成这么多任务，今年没有这么多钱发给你们，以后每年陆续发放，这会在员工中失信。

第三条，采取偷税的办法，用支票换现金，把奖金发了，但不记账。这样做当然是很不好的。但是很不幸的是我们就选择了第三条路。

结果第二年东窗事发，我们少交税的事情被查出来了，企业被罚了 9 万多元，我受到了警告。但只差一年，9 万元钱的分量就不那么重了。而就在这一年国家的税法改成了现在的所得税，废除了以前那种不合理的使企业完全无法发展的奖金税。

从这件事情上可以看到办企业是多么艰难。当时中国有很多民营企业都在偷逃税款，他们是为了自己的私利。而我是一个国有企业的经理，我要承担责任，却和我的利益毫无关系。由此可见，国有企业的经理怎么会有积极性呢？

对于联想，对于我个人，很幸运的是我的老板——中国科学院的院长和副院长们是很开明的人。他们考虑到这一点，因此，在 1993 年的时候，就和我讨论如何在联想实行股份制改造，如何使联想的创始人和管理层拥有股份的问题。然而，在当时中国有一个机构叫国有资产管理局，只有他们才能代表国家对企业进行股份制的改造。我的股东中国科学院没有这个权力，于是在 1993 年科学院就和我们制定了一个变通的办法，即股东给员工奖励 35% 的分红权，也就是说规定每年分配利润的 35% 是奖励给创业者和骨干员工的。

当时我和管理层一起做了一个分配方案，制定了分配的原则，创业骨干应该分多少，管理层应该分多少，员工应该分多少。这个方案被讨论通过了。今天看来我们做了一件非常重要而又聪明的事。因为当时大家分的是一张"空饼"，谁也不知道将来会有多大的利润可以分配，所以讨论分配原则的时候就容易通过，大家不会太计较。如果到了今天，已经形成了一张很大的饼，再来讨论方案那就会困难一百倍了。

但是从 1993 年开始，我们并没有把每年产生的利润真正分配到个人，主要原因还是我们不敢发太多的钱。一直到了 2001 年，在国家领导的支持下，我们才真正进行了股份制改造。具体做法是由会计师事务所把联想的资产做了估价，然后算出了 35% 的价值，再打个 7 折是对我们的优惠，由员工出钱把股权买下来。员工哪来的钱呢？就是从 1993 年开始应分未分的钱积攒起来的，就买下了这个股权。现在我们联想的创始人和骨干员工就有了 35% 的股份，真正实现了股份制的改造。

股份制改造有什么好处呢？我来说一个最直观的好处。

今天联想做得这么出色是因为管理层全是一群有能力、有创新精神的年轻人，而和我一起创业的老员工都退下来了。这些创业者跟着我，在创业期间吃尽了千辛万苦，只挣很少的工资。今天，企业做大了，我对他们说你们能力不够，回家去吧，我要换年轻人来工作，他们肯定不会同意的。就好像他们种下一棵橘子树，浇水施肥，到树长大了，结果实了，却要他们回家去，这是不可以的。现在进行了股份制改造，我们可以对他们说，我要请更好的园丁来工作，但到橘子熟了的时候，我们会把橘子送到你们的家里去，这样他们就很高兴。他们积极支持年轻人工作，年轻人有了广阔的舞台就做出了更精彩的表演。

1999 年，我感到我的体力远不如从前了。以前我每天工作到晚上八点以后，还要看专业书籍和杂志，因为 IT 这个行业发展得实在太快了。而现在我到了晚上八点就感到精疲力竭了。当我知道我的年轻助手每天到十点后才开始看专业杂志的时候，我就觉得我也应该从 CEO 的位子上退下来了。今天杨元庆接了我的班,我觉得他做得比我好,我由衷地感到高兴,因为企业的利益和我的利益是完全一致的。这就体现出有一个很好的机制和体制对企业是多么重要。

二、联想的经营管理理念

联想有一套管理理念,称之为管理三要素。这三要素是:建班子;定战略;带队伍。在联想,每个员工都知道这个管理三要素,而经理以上的员工都能把它运用到实践之中。

1. 建班子

为什么要建班子呢?有三条原因:一是为了提高管理者的威信。企业的经营决策是一个班子决定的,那么企业的 CEO 不管出差到哪里,这个决策依然会执行;如果这个决策只是一把手一个人的决定,那么当他不在时,他的下一级很可能不认真执行决定。很明显,有一个班子,一把手的威信是会提高的。二是为了群策群力,把几个聪明人集合在一起努力工作,效果当然会更好。三是为了对一把手的制约。不论多能干,甚至伟大的人都会犯错误,头脑都会膨胀。因此,一把手要被制约,被一个班子制约,被共同制定的规矩制约。这会使企业少犯错误。

建班子的主要问题是一把手如何自律和如何调动其他班子成员的积极性的问题。对班子成员的积极性的激励,除了物质激励以外,当然主要是精神激励,就是能给他们一个责权利一致的舞台。同时要有一套规范的议事决策秩序,使他们感觉到自己真正是企业的主人,而不是一把手想怎样做就怎样做。

建班子也有几个难题,其中一个是"班子的成员如果不再适合了,如何出局"的问题。我觉得主要是两点:一是企业选班子成员,即高层领导时,当然要德才并重,如果不行,则以重德为主。企业德的标准是能不能把企业的利益放在第一位。因为企业在发展,班子成员肯定是要更换的,如果班子的成员是品德不好的人,则会给企业带来无穷无尽的麻烦。所以以德为主给班子成员更换打下了基础。二是要把话放在桌面上说。当一把手认为某人有严重缺点时,要当面指出,希望他改正;如果以后再犯,要认真谈话并发出警告;到最后,当他实在改正不了再当面和他谈清要求他出局,这样他就不会有太大的震动。当然善后工作要做好。

联想把建班子放在一个非常重要的位置,认为班子不团结,工作效率不高,这个企业一定好不了。因此联想每年都要开骨干学习班,研讨建班子的问题。

2. 定战略

联想把制定战略分了五步:一是远景;二是设立中长期目标,例如三到五年的战略目标;三是制定达到这个目标的路线,具体讲就是做什么或不做什么;四是设立短期目标,当年的或当季的,然后分解为具体步骤;五是调整。

这些做法,说起来和教科书大同小异,但是制定得正确与否却决定了企业的生死存亡。

例如,在 1996 年联想制定的五条战略路线中,其中有一条是走贸工技的路线。在西方的高科技企业的发展过程中是先掌握一项技术,最后形成产品,然后再形成销售,这就是所谓的贸工技的路线。而在联想,由于成立时期我们完全不懂市场,不懂销售,也没有开发产品的启动资金,中国当时也没有风险投资公司,这就使我们先给外国企业做代理,学习和了解市场,而后才开发产品形成自己的品牌和技术。所以我们走的是贸工技的路线。

2000 年,我们制定战略时就请国际咨询顾问公司麦肯锡公司帮我们制定了 2000—2005 年的战略规划,现在正在执行中。

3. 带队伍

什么是带队伍呢?它和战略的关系像是"知"与"行"的关系。定战略是"知",知道我应该如何做;而带队伍是"行",只有一支好的队伍才能实现"知"。

带队伍的实质是三件事:一是让你的员工有工作的积极性,有激情;二是让你的员工有工作的能力;三是让他们能结合在一起高效率地工作。

带队伍的具体内容一是公司的组织结构,二是规章制度。这两点是为了保证员工能结合在一起高效率地工作。三是企业文化,四是激励方式。这两点是为了让员工有工作的积极性和热情。五是发现和培养骨干员工,特别是领导人物。这是为了提高员工的工作能力。

这五个方面都有很具体的内容,我就不详细讲了。这里只讲几个例子。

第一个例子,联想开会不允许迟到,迟到了要被罚站。这个起因是我们的创始人都是科研人员,都比较个性化,每次开会必然迟到,浪费很多时间。我们做了规定,不管什么原因,只要你没请假,就要罚站一分钟。这是很难过的一分钟,会议停顿下来,像默哀一样地度过一分钟。这个制度执行了十几年了,我自己也被罚过三次。十几年前我们公司才几百人,今天有一万多人却依然很好地执行着,说明这是多么不容易的事,而这件小事培养了整个公司说到做到的作风,制定了规划就要坚决执行的作风。

第二个例子,我们要求一般的员工要有"责任心",在联想任何人做事都要有"责任心";中层干部、经理级的员工则要求有"责任心"加"上进心",这就要有工作激情,要有创新精神。而高层骨干员工,不仅要有"责任心""上进心",还要有"事业心",也就是要把联想的事业作为自己的事业。为此,联想要给这些员工认股权证,让他们成为股东;要给他们更大的舞台和发展的机会;而这些员工必须要对联想的文化、事业真正认可,这样的人才能提拔到联想的核心层,才能成为核心班子的成员。在西方强调的是职业经理人的概念,职业经理以他的操守和能力为企业工作,而哪个企业对他更合适,如给的钱多,他就会到哪个企业去干。而具备了事业心的联想的高层骨干,则是把联想作为自己的生命。从联想建立到今天,联想平均每年流动人员10%,但成立18年,高层骨干几乎没有一个走的,这是联想能从几次危难中安然渡过的重要原因。

在2000年时,我把一家上市公司根据业务的需要分成两家,由两个有才干的年轻人领导。分拆工作进行得非常顺利,他们的表现都非常出色。

他们为什么会这样平稳地接班呢?因为我在当CEO时采用的工作方法分了三个阶段。在早期,在我的员工素质很低的时候,我采用指令式的领导。我的话是指令,他们坚决执行;后来干部的能力提高了,我采用的是指导式,我提出指导性意见,下级根据这个调整执行;再后来,我就采用了参与式的领导方式,把情况告诉他们,由他们制定战略方案,我只是参与而已。这样对他们自然是非常好的锻炼和培养。因此,当需要他们接班的时候,他们已经有了非常丰富的经验和能力。

建班子、定战略、带队伍这个管理三要素构成了我们的管理理念。

有了好的机制、体制,有了一套好的管理理念,这个企业就有了好的管理基础。凭借这个管理基础,联想才有了今天的规模。而我的理想则是凭借这个管理基础,把企业真正办成一个有规模的公司,为中国的企业界做出榜样。

第三篇

企业使命与战略选择

> 第四章 企业使命与战略目标
> 第五章 战略选择方法与评价

第四章　企业使命与战略目标

内容提要

通过对企业外部战略环境和内部战略条件的分析,我们已经基本上弄清了有利于企业发展的机会和潜在的威胁,以及企业自身的优势和劣势。在制定企业战略之前,我们尚需进一步明确企业使命、界定企业功能和制定企业战略目标,这是企业经营战略环境分析的最终目的和结果,也是企业战略制定的必要前提和步骤。

学习目标与重点

- ◇ 领会企业愿景与企业使命的含义及内容;
- ◇ 熟悉企业功能定位所要回答的三个问题;
- ◇ 掌握企业战略目标的含义及体系的构成。

关键术语

企业使命;企业功能;战略目标

引入案例　　　　联想,从中国品牌到国际品牌[①]

作为全球 PC 领导企业的新联想是一家极富创新性的国际化的科技公司,由联想及原 IBM 个人电脑事业部组成。作为全球个人电脑市场的领导企业,联想从事开发、制造并销售最可靠的、安全易用的技术产品及优质专业的服务,帮助全球客户和合作伙伴取得成功。

联想的总部设在美国罗利,在全球 66 个国家拥有分支机构,在 166 个国家开展业务,在全球拥有超过 25 000 名员工,年营业额达 146 亿美元,并建立了以中国北京、日本东京和美国罗利三大研发基地为支点的全球研发架构。

1. 联想的使命与价值观

(1) 企业定位。

➢ 联想从事开发、制造及销售最可靠的、安全易用的技术产品。

➢ 我们的成功源自于不懈地帮助客户提高生产力,提升生活品质。

(2) 使命:为客户利益而努力创新。

➢ 创造世界最优秀、最具创新性的产品。

[①] 从中国品牌到国际品牌[EB/OL].(2009-09-03)[2020-04-20]. http://finance.sina.com.cn/roll/20090903/23026704577.shtml.

- 像对待技术创新一样致力于成本创新。
- 让更多的人获得更新、更好的技术。
- 最低的总体拥有成本（TCO），更高的工作效率。

（3）核心价值观。
- 成就客户——我们致力于每位客户的满意和成功。
- 创业创新——我们追求对客户和公司都至关重要的创新，同时快速而高效地推动其实现。
- 诚信正直——我们秉持信任、诚实和富有责任感，无论是对内部还是外部。
- 多元共赢——我们倡导互相理解，珍视多元性，以全球视野看待我们的文化。

2. 新联想的梦幻组合

1981 年，IBM 设想在一个新的层面——个人层面上发展计算能力，以便将信息技术的潜能和生产力从大型机扩展到人们的家庭和工作中去。1981 年 8 月 12 日，IBM 正式发布了历史上第一台 PC，从此人类就进入了个人电脑时代。

1984 年，柳传志带领的 10 名中国计算机科技人员前瞻性地认识到了 PC 必将改变人们的工作和生活，怀揣 20 万元人民币的启动资金以及将研发成果转化为成功产品的坚定决心在北京一处租来的传达室中开始创业，年轻的公司命名为"联想"（Legend，英文含义为传奇）。

在公司发展过程中，联想勇于创新，实现了许多重大技术突破，包括研制成功可将英文操作系统翻译成中文的联想式汉卡，开发出可一键上网的个人电脑，并于 2003 年推出完全创新的关联应用技术，从而确立了联想在 3C 时代的重要地位。凭借这些技术领先的个人电脑产品，联想登上了中国 IT 业的顶峰，2006 年时联想已经连续十年占据中国市场份额第一的位置。

1994 年，联想在香港证券交易所成功上市；4 年后，联想生产了自有品牌的第一百万台个人电脑。2003 年，联想将其英文标识从"Legend"更换为"Lenovo"，其中"Le"取自原标识"Legend"，代表着秉承其一贯传统，新增加的"novo"取自拉丁词"新"，代表着联想的核心是创新精神。2004 年，联想公司正式从"Legend"更名为"Lenovo"。

联想在 2005 年 5 月完成对 IBM 个人电脑事业部的收购，新联想的梦幻组合由此形成。

3. 具有全球竞争力的 IT 巨人

联想的创新精神和 IBM 个人电脑事业部不断寻求突破的传统在今天的联想得到了延续，新联想是一个具有全球竞争力的 IT 巨人。

2010 年 11 月 10 日，联想集团公布截至 2010 年 9 月 30 日的第二季度业绩。联想有力执行既定战略，连续四个季度成为全球前四大电脑厂商中增长最快的厂商。凭借集团专注在各市场、产品及客户群的均衡发展，在中国、成熟市场和新兴市场的市场份额均见提升。联想在全球的市场份额达 10.4%，再创历史新高。同时，集团连续六个季度增长速度快于整体市场。

在第二季度，联想的全球个人电脑销量同比上升 33%，而同期整体市场销量增幅约为 9.7%。集团综合销售额同比增长 41%至 58 亿美元，毛利同比增长 37%至 5.93 亿美元，毛利率为 10.3%。第二季度的经营溢利为 1.08 亿美元（不包括重组费用 100 万美元），超 2009 年年同期经营溢利的两倍。联想第二季度的除税前溢利达 1.02 亿美元，较 2009 年同期上升 57%。股东应占溢利为 7 700 万美元，较 2009 年同期提升 45%。

"在这个季度,联想再次取得优秀的业绩,而突出的亮点是业务的均衡发展。一切如管理层制定的攻守战略一样,中国、成熟市场、新兴市场的业务都在均衡、高速、稳定地增长。此外,令董事会满意的还有三点:第一是管理层决心加大对研发和品牌的投入,富有远见。第二是对领导班子的团结、正确、高效的工作表示满意。第三是联想的说到做到、尽心尽力、以人为本的企业文化已在公司员工中深深地扎根。"联想集团董事局主席柳传志表示,"一个公司如果有稳固的领导团队,有制定正确战略的方法,并且有强大的企业文化,它将会是一家基业长青的公司。联想正朝着这个方向前进。"

"凭借正确的战略和有效的执行,我们不仅保持中国业务的强劲增长和良好盈利水平,而且使新兴市场成为新的增长引擎,成熟市场成为利润引擎,推动公司获得全面、均衡的增长。"联想集团首席执行官杨元庆表示,"未来,我们将继续加强在创新、业务模式和品牌等方面的竞争力建设,我们有信心通过对既定战略的有力执行,继续保持高于市场的增长速度。"

4. 锐意创新、追求卓越

联想集团是一家极富创新性的高科技公司,秉承自主创新与追求卓越的传统,联想持续不断地在用户关键应用领域进行技术研发投入。联想将最新的研发成果从实验室带到市场,转化为生产力并改善人们的工作和生活。联想集团建立了以中国北京、日本东京和美国罗利三大研发基地为支点的全球研发架构;在中国,联想还拥有北京、深圳、上海和成都四大研发机构。

联想为全球PC技术的进步做出了重要贡献。联想集团拥有包括众多世界级技术专家在内的一流研发人才,他们曾赢得了数百项技术和设计奖项,并拥有2 000多项专利,开创了诸多业界第一。联想研发团队的最终目标是改善个人电脑拥有者的整体体验,同时降低总体拥有成本。

凭借其领先的技术、易用的功能、个性化的设计以及多元化的解决方案而广受中国用户欢迎,联想已连续10年保持中国排名第一。联想还拥有针对中国市场的丰富的产品线,包括移动手持设备、服务器、外设和数码产品等。

5. 全球公民与奥运合作伙伴

联想承诺成为一名负责和积极的企业公民,不断改善经营,为社会发展做出贡献。联想坚信企业是社会的一个重要部分,并致力于与员工和当地社会一道改善人们工作和生活的质量。

2003年,在中国"非典"肆虐的巅峰时期,联想捐款支持预防这一疾病,此外,联想员工也踊跃捐款。2005年,联想向南亚海啸受灾国捐款。

联想还积极支持中国的体育和健身事业。1999年,联想赞助了中国国家女子足球队,两年后,又赞助北京成功申办2008年奥运会。2004年,联想签约成为第一家源自中国的国际奥委会全球合作伙伴。

在2005—2008年,联想集团为2006年都灵冬季奥运会和2008年北京奥运会以及世界200多个国家和地区的奥委会及奥运代表团独家提供台式电脑、笔记本、服务器、桌面打印机等计算技术设备以及资金和技术上的支持。

2006年2月,都灵第20届冬季奥运会上,联想提供了近5 000台台式电脑、600多台笔记本、近400台服务器、1 600台桌面打印机以及技术支持和服务。历经17天冬奥会赛程、两次大型预演、16次测试比赛、100余项模拟检测,联想始终表现如一。尤其是在冬奥会赛事进行当中,联想所提供的所有 IT 产品无一例外地实现了"零故障"运行,赢得了国际奥委会和都灵奥组委的高度信赖和评价。

2007 年 6 月 12 日,联想向北京奥组委正式交付 3 547 台设备,连同之前交付的 4 691 台设备,联想总计已交付 8 238 台设备。这些联想产品支持了包括青岛国际帆船赛在内的全部"好运北京体育赛事"。2008 年 2 月,联想还会向奥组委第四次交付为北京奥运服务的 7 000 台设备,最终将提供 15 000 余台高品质的计算技术设备。届时,500 名高素质的联想工程师还将与其他合作伙伴一起,为北京奥运会提供坚强的信息保障。

2011 年起,联想成为全球第二大个人电脑生产商。2013 年营业额达到 340 亿美元,2013 年世界 500 强排在第 329 位。2014 年 1 月底,联想先后收购 IBM 的 System X 等服务器资产以及 Blade Network Technology 等系统网络资产和摩托罗拉的移动智能手机业务。

企业制定战略的首要任务是要明确关于企业未来的蓝图,即关于企业通过努力所要达到的未来状态是什么。与未来发展方向定位密切相关的核心要素包括企业愿景、企业使命、企业目标体系三个方面。

第一节 企业愿景与使命

企业的存在是为了在宏观经济环境中实现某种特殊的社会目的或满足某种特殊的社会需要。每个企业从其建立开始,就应该承担相应的责任并履行相应的使命。企业战略制定的第一步就是确定企业愿景和使命。一方面,企业愿景与使命的定位是在对企业内、外部环境分析的基础上完成的;另一方面,企业愿景与使命的定位也为企业内、外部环境分析界定了范围。

一、企业愿景的含义

企业愿景是指企业所描述的关于未来成就的理想化定位和生动性蓝图。它是一个梦想,可以通过长期的努力最终变成现实;它是一种信念,可以强化和改善人们对企业的承诺和责任感;它是一种期待,可以促使员工去获得一种值得努力付出的满意结果。

企业愿景可以被视为进行企业战略设计时最为基本的概念,是开展战略管理活动的逻辑起点。在理解企业愿景这一概念时,要注意两点:一是以企业自身的发展方向为出发点;二是个人愿景与企业愿景的统一。

企业愿景具有以下作用。

(1) 激励性。企业愿景是组织对未来的一种甜蜜的梦想。

(2) 挑战性。企业愿景是组织对未来状态渴望的一种心智图像。

(3) 引导性。企业战略的制定、企业战略目标体系的分解、企业经营业务的确定都应当始终不离开企业愿景所指引的努力方向。

如美国运通(American Express)的愿景是成为全球最受人尊敬的服务品牌;通用汽车(GM)的愿景是成为客户满意的行业领先者;中国移动的愿景是成为卓越品质的创造者。

二、企业使命的含义

企业使命是指企业生产经营的总方向、总目的、总特征和总体指导思想。它反映了企业的价值观和企业力求为自己树立的形象,揭示了本企业与其他企业在目标上的差异,界定了企业的主要产品和服务范围,以及企业试图去满足的顾客需求。

一般来说,绝大多数企业的使命是高度概括和抽象的,企业使命不是企业经营活动具体结果的表述,而是为企业开展各项活动提供了一种方向、原则和哲学。

过于明确的企业使命会限制在企业功能和战略目标制定过程中的创造性;宽泛的企业使命会给企业管理者留有战略调整的余地,从而使企业在适应内、外部环境变化中有更大的弹性。狭隘的描述以产品为导向,正确的描述应以市场为导向,着眼于满足市场的某种需求。

例如,高新技术产业领域的公司定义其使命:以产品为导向,定义为"生产计算机";以市场为导向,则定义为"向顾客提供最先进的办公设备,满足顾客提高办公效率的需要"。

前一表述清楚地确定了企业的基本业务领域,即公司生存的目的,但同时也限制了企业的活动范围,甚至可能剥夺了企业的发展机会。因为任何产品和技术都存在一定的市场生命周期,都会随着时间的推移而进入衰退阶段,而市场需求却是持久的。

后一表述相对比较模糊,但为企业经营行动指明了方向,就不会在未来计算机惨遭淘汰之时失去方向,失去经营领域的连续性。

在《营销近视》一文中,西奥多·莱维特提出了下述观点:企业的市场定位比企业的产品定位更为重要。企业经营必须看成是一个顾客满足过程,而不是一个产品生产过程。产品是短暂的,而基本需要和顾客群则是永恒的。马车公司在汽车问世后不久就会被淘汰,但是同样一个公司,如果它明确规定公司的使命是提供交通工具,它就会从马车生产转入汽车生产。

> **企业愿景与企业使命的关系:**
>
> 从广义上分析,企业愿景和企业使命可以认为具有相同的内涵,两者是等同的,所以,现实中经常被混用。但是,从狭义上分析,企业愿景侧重于从企业自身的角度来描绘组织未来的形象定位;而企业使命则更侧重于从市场上消费者的角度来阐述企业战略性定位,是指企业区别于其他类型组织而存在的原因或目的,是企业在经济社会中所应担当的角色和责任。如世界金融集团(WFG)的愿景:引领金融革命;使命:为家庭创造财富。

三、企业使命定位的内容

尽管企业使命定义在长短、内容、格式等方面,可以随着企业内外部环境要素的变化而有所不同,且就企业的特定环境而言,理论上也不存在唯一最佳的使命定义,但是,通过对企业使命实际表述实例的分析,还是可以找到一些企业使命表述最基本的要素,这些基本要素往往为绝大多数企业所共同关注,并在使命表述中给予高度重视。

企业使命的定位主要包括以下三个方面的内容。

1. 企业生存目的定位

管理学大师彼得·德鲁克认为,企业存在的主要目的是创造顾客,只有顾客才能赋予企业存在的意义。顾客是企业生存的基础和理由。因此，决定企业经营什么的应该是顾客，顾客愿意购买产品或服务才能使资源变为财富，将物变成产品。虽然顾客购买的是实实在在的产品，但顾客认为有价值的从来不是产品，而是一种效用，是一种产品或服务给他带来的满足程度。

根据这一原理，在确定企业生存目的时，就应该说明企业应该满足顾客哪些需求，而不是说明企业要生产哪种产品。如美国电话电报公司（AT&T）将公司使命定义为"提供沟通工具和服务"而不是"生产电话"；开利公司（Carrie）的企业目的是"为创造舒适的家庭环境"而不是"生产空调器"；哥伦比亚电影公司（Columbia Pictures）则"旨在提供娱乐活动"而不是"经营电影业"。

以满足顾客需要作为企业生存的基础，还会促使企业不断开发新技术和新产品，使企业在创新中不断得到发展。

2. 企业经营哲学定位

企业经营哲学是对企业经营活动本质认识的高度概括，是包括企业的基础价值观、一致认可的行为准则及共同信仰等在内的管理哲学。

企业经营哲学主要通过企业对外部环境和内部环境的态度来体现，对外包括企业在处理与顾客、社区、政府等关系的指导思想；对内包括企业在处理与员工、股东、债权人等关系时的基本观念。例如，IBM 公司的经营哲学是"一是尊重每一个人；二是为顾客提供尽可能好的服务；三是寻求最优秀、最出色的成绩。"对 IBM 公司的发展历史有所了解的人都一致认为，IBM 这些经营哲学所起的作用，远远大于技术发明、市场营销技巧、财务管理能力等因素的影响。

一般地，企业的经营哲学由于受文化的影响具有较大的共性；同时，不同国家的企业在管理理念上表现出明显的差别。

3. 企业形象定位

企业形象是企业以及产品服务、经济效益和社会效益给社会公众和企业员工所留下的印象，或者说是社会公众和员工对企业的整体看法和评价。良好的企业形象意味着企业在社会公众心目中留下了长期的信誉，是吸引现在和将来顾客的重要因素。

因此，企业在设计自己的使命和指导方针时，应把社会信誉和形象置于首位。在塑造企业形象时，由于行业不同，影响企业形象的主要因素也不同，因此，要特别注意根据企业所处的行业特征来开展形象工程。如在食品业，良好的企业形象在于"清洁卫生、安全、有信任感"；在精密仪器业，顾客可能对"可靠性、精密度、时代感、新产品开发研究能力、企业发展前景"等方面的形象比较关注。

企业使命与战略的关系：

企业在制定其战略时，必须在分析研究企业及其环境的基础上进一步明确自己的使命。这不仅因为它关系着企业能否生存和发展，而且在整个企业战略的制定、实施和控制过程中有着重要作用。

（1）企业使命为企业发展指明方向。

（2）企业使命是企业战略制定的前提。

（3）企业使命是企业战略的行动基础。

四、企业使命定位应考虑的因素

决定企业使命的因素如图 4-1 所示,左右内外部要求者的要求与愿望的既可能是企业生存和发展的支持力量,也可能是企业生存和发展的制约力量。同时企业使命也受内外部条件的支持与限制。

一般而言,好的企业使命要求企业在进行使命定位时考虑以下六个主要因素。

1. 外部环境要素

外部环境是企业生存和发展的基本条件。外部环境发生某些变化时,企业使命也应做相应改变。特别是对这些变化可能带来的威胁和机遇,企业更要善于和及时做出反应。

图 4-1 决定企业使命的因素

2. 企业领导者的偏好

企业主要的领导者都有着自己的人生观和价值观,对某些问题有着自己独特的偏好。如追求产品的创新、注重产品的品质和顾客服务等,这些偏好对企业使命的确定有很大影响。

3. 企业的历史发展

每个企业都有自己的发展历史,既有企业的辉煌业绩,也有它的经验教训。现实和未来是相互连接的,不了解过去,就无法规划未来。

4. 企业资源

企业资源是企业实现其使命的物质基础,它主要包括人力资源、金融资源、物质资源、信息资源和关系资源等。

5. 企业的核心能力

企业使命应尽可能反映它特有的能力及其自身竞争优势,从而指导企业获取较高的市场定位。

6. 其他与企业相关的利益主体的要求与期望

第二节　企业功能的定位

企业功能是对企业的性质、企业在社会中的作用和地位更为具体的说明。企业不了解自己是什么、代表着什么、自己的基本概念、价值观、政策和信念，就不能合理地改变自己。对企业功能的界定，是企业高层管理者的首要责任。具体地说，就是要分析、回答三个问题：我们的企业是什么？我们的企业将会是什么？我们的企业应该是什么？

一、企业是什么

对"企业是什么"的界定，主要是为企业选择经营事业，反映了战略决策者对未来环境变化的判断和对企业未来发展的期望。分析"企业是什么"的基本方法是分析企业的产品或服务、市场、技术以及企业的自我认知。

一方面，产品、市场与技术共同决定着企业目前与未来的经营活动范围与能力，是企业功能定位中不可缺少的组成部分；另一方面，企业认知主要用来反映企业对于自身实力与竞争优势的认识。

1. 产品与服务

产品是企业生存目的的主要表现形式，也是形成企业活动类型的基本因素。一方面，企业经营成败的关键在于产品在市场上的销路及收益；另一方面，对企业生产的基本产品或提供的主要服务的描述是引导顾客识别企业的重要因素。

对产品的描述是从产品的具体划分种类开始，如企业产品可以划分为最终消费品和中间产品两大类，最终消费品又可分为一般消费品和耐用消费品两类，耐用消费品又可具体划分为家用电器、家具等。

注意：对基本产品或服务的描述一般具体到品种，过于宽泛的描述会使公众无法确认企业的产品；而过于详细的描述则可能成为产品说明书。

2. 市场

市场是企业生存的基础和前提。市场经济的严酷性在于被顾客抛弃的产品必将消失在市场上。对市场的描述主要是说明企业的产品是满足哪些市场消费的需要，即企业的目标市场定位。

3. 技术

企业的技术及其水平状况的定位，将反映企业所提供的产品或服务的水平和质量，有助于明确企业的技术竞争力。如某公司对其技术描述为：本公司是在我国唯一研究、生产、经营各种信用卡及信用卡专用设备的企业；担负着印制各种有价证券的重要任务，属于技术密集型企业；拥有世界当代最先进的制版与印刷设备；技术力量和生产能力均居世界先进水平。

4. 自我认知

除分析以上产品、市场和技术外，分析"企业是什么"的另一重要内容是确定自己在行业和市场上的位置,从而与外部环境进行有机的协调。良好的自我认知来自于战略环境分析的结论和建议,即把外部环境的各种要素划分为机会和威胁,将内部战略条件的各种要素表述为优势和劣势,从而正确认识自己的位置。

【专论摘要4-1】　　　　　　　　德鲁克谈企业功能

彼得·德鲁克认为"顾客规定企业"。一个企业不是由公司的名称、制度或各项程序来规定的,而是由顾客购买一项商品或服务时所满足的需要来规定的。因此,确定企业功能必须从顾客和市场出发,分析以下三个方面。

(1) 谁是企业的顾客。顾客不仅指一种产品或服务的最终使用者,而且包括与最终使用者有关的间接用户。如某一卫浴洁具制造企业过去认为自己的顾客仅仅是住房者,后来企业把小区房地产商也确定为自己的顾客,结果销量大大增加。

(2) 顾客在哪里。对这一问题的答案是分析"企业是什么"的重要部分。一个企业不了解自己的顾客在哪里,就会盲目地行动,尤其是企业的原有顾客发生转移时,如果企业反应缓慢,就可能失去自己的服务对象。总之,企业必须明确其顾客在哪里。

(3) 顾客买什么。从表面上看,企业向不同顾客提供相同的产品或服务,但实际上不同顾客所需要的可能是根本不相同的东西。每一顾客对企业有不同的认知、期望和价值观,这是因为顾客所购买的从来不是产品本身,而是一种需要的满足。如同样是买鞋:对普通工薪阶层的消费者来说,是想拥有一双合脚、舒适、耐用的鞋子;而对于伊美尔达·马科斯来说,一双鞋子的价值可能是为了出席某一次宴会所需的高级款式、时髦带给她的满足。又如都是买汽车,有的人作为交通工具买桑塔纳,有的人则是为了取得声望和地位买奔驰。

资料来源:王方华. 企业战略管理[M]. 2版. 上海:复旦大学出版社,2006:177-178.

二、企业将会是什么

一个企业的使命和功能很少有维持三十年不变的,一般只能维持十年。因此,在提出"企业是什么"这一问题时,还有必要问一问"企业将会成为什么样子"。出发点仍然是市场及其潜力和趋势,其目的在于使企业适应预期的变化。

这就需要对市场的发展趋势及市场潜力作进一步分析;需要对由于经济发展或竞争推动造成市场结构的变换进行预测;需要对改变顾客购买习惯的革新进行判别;需要对没有被现有产品或服务充分满足的需要进行界定。

将以上这些预测、判断运用到企业战略思维、企业目标、战略规划中去,使企业顺应环境的变化,从而得到进一步发展。

三、企业应该是什么

对于这一问题的回答主要是确定企业在行业中的地位和在社会中的形象,反映了战略管理者的价值观。为了实现企业的使命和功能,对"企业应该是什么"的深入分析,其目的在于了解有些什么机会或可以创造些什么机会,以便把企业改造成为一个不同的企业。表4-1为"企业应该是什么"的分析内容。

表 4-1 "企业应该是什么"的分析内容

分 析 内 容	解 释 说 明
社会、经济和市场的各种变化为企业提供的新机会	人口结构的变化、自然寿命的延长提供了为老年人市场服务的各种机会
本企业及企业外部的改革、创新为企业提供的新机会	高新技术的出现推动了经济的发展,出现了许多生产和生活的新需要,这些新的机会都可能引起企业从事的事业及其性质的变化
根据企业发展阶段设立的目标、市场环境,调整企业业务与资源配置	与有计划地决定做哪些不同的新事业同样重要的是,有计划地淘汰那些不再适合于企业的使命和功能、不再能有效满足客户需要的事业,否则企业的资源会在维护这些过时的事业中浪费

以下例子对"企业是什么、将会是什么、应该是什么"作了具体说明,是分析企业功能的极好例证。

【个案研究 4-1】 可口可乐公司对"我们的事业"的报告

到 20 世纪 90 年代,在世界上每一个对我们经济上适合的国家里,我们将继续保持或成为软饮料业的统治力量,我们将继续重视世界范围内的产品质量,以及在不断扩大的市场上提高市场占有率。食品事业部的产品也将继续成为食品市场,特别是美国市场中的先驱。葡萄酒系列产品将继续经营,迅速发展,特别注意资产收益的优化。

在美国,我们还将在包装消费品行业方面变得更加强大。我们也不排除为这方面的顾客提供适当的服务。很可能我们将从事现在尚未涉及的行业。然而,我们不会远离我们的主要优势:顾客对我们产品完美无缺的印象;名列前茅的、独特的联营系统;对世界各地工商界情况的详细了解和良好的关系。

在选择新的经营领域时,我们希望所进入的每一个市场必须有足够的、内在的增长潜力,保证这种进入有光辉的前景。我们并不希望在新领域内的停滞市场中为提高市场占有率而继续奋斗。总的来说,工业品市场不属于我们的经营范围。最后,我们将孜孜不倦地去调查那些补充我们产品线和与顾客印象相匹配的各种服务。

资料来源:王方华. 企业战略管理[M]. 2 版. 上海:复旦大学出版社,2006:182.

第三节 企业战略目标体系

企业要制定正确的企业战略,仅仅有明确的企业使命和功能定位还不够,还必须把这些共同的愿景和良好的构想转化成各种战略目标。企业使命比较抽象,战略目标则比较具体,它是企业使命的具体化。

一、企业战略目标的含义

战略目标是企业战略构成的基本内容,它所表明的是企业在实现其使命过程中要达到的具体结果，其时限通常为5年及以上。前面所讨论的企业使命和功能是对企业总体任务的综合表述，一般没有具体的数量特征及时间限定；而战略目标则不同，它是为企业在一段时间内所需实现的各项活动进行数量评价。

一般来讲，企业的目标由三部分组成：企业预期实现的指标；企业实现指标的时间表；衡量实现目标的指标。从管理的角度讲，要使目标更为实用，企业应该尽可能周密慎重地选择每个组成部分，并且详尽地加以说明。

目标可以是定性的，也可以是定量的，如企业获利能力目标、生产率目标或竞争地位目标等。正确的战略目标对企业的行为具有重大的指导作用：它是企业制定战略的基本依据和出发点，战略目标明确了企业的努力方向，体现了企业的具体期望，表明了企业的行动纲领；它是企业战略实施的指导原则，战略目标必须能使企业中的各项资源和力量集中起来，减少企业内部的冲突，提高管理效率和经济效益；它是企业战略控制的评价标准，战略目标必须是具体的和可衡量的，以便对目标是否最终实现进行比较客观的评价考核。

因此，制定企业战略目标，是制定企业战略的前提和关键。如果一个企业没有合适的战略目标，则势必使企业经营战略活动陷入盲目的境地。

二、企业战略目标的特征

一个好的企业战略目标应具有以下特征。

1. 可接受性

企业战略的实施和评价主要是通过企业内部人员和外部公众来完成的，因此，战略目标首先必须能被他们理解并符合他们的利益。但是，往往不同利益的集团有着互不相同，而且经常是冲突的目标。

例如，在企业中，股东追求利润最大化，员工需要工资和有利的工作条件，管理人员希望拥有权力和威望，顾客渴望获得高质量的产品，政府则要求企业尽可能多地纳税，企业必须力图满足所有公众的要求，以使他们能继续与组织合作。

一般地，能反映企业使命和功能的战略目标易于为企业成员所接受。另外，战略目标的表述必须明确，有实际含义，不易产生误解，易于被企业成员理解的目标也易于接受。

2. 可检验性

为了对企业管理活动的结果给予准确衡量，战略目标应该是具体的、可检验的。目标必须明确，具体地说明将在何时达到何种结果。

目标的定量化是使目标具有可检验性的最有效的方法。如"极大地提高企业销售利润率"的目标就不如"到2015年，产品的销售额达到2亿元，毛利率40%，税前净利为23%，税后利润为1 500万元，五年内使销售利润率每年提高1%"的目标恰当。又如企业生产目标不应是"尽可能多地生产产品，减少废品"，而应是"2012年产品产量为4万个，废品率降至2%"。

事实上，还有许多目标难以数量化。时间跨度越长、战略层次越高的目标越具有模糊性，此时，应当用定性化的术语来表述其达到的程度，要求一方面明确战略目标实现的时间，另一方面须详细说明工作的特点。

完成战略目标的各阶段都有明确的时间要求和定性或定量的规定,这样战略目标才会变得具体而有意义。一般地说,企业的战略目标一经制定,应该保持相对稳定。同时要求战略目标应保持一定的弹性以对客观环境的变化做出反应。

3. 可实现性

首先,在制定企业战略目标时,必须在全面分析企业的内部条件的优势和劣势以及外部环境的机遇和威胁的基础上,判断企业经过努力后所能达到的程度。既不能脱离实际将目标定得过高,也不可妄自菲薄把目标定得过低。过高的目标会挫伤员工的积极性、浪费企业资源,过低的目标容易被员工所忽视,错过市场机会。一句话,战略目标必须适中、可行。

其次,战略目标必须是可分解的,即必须能够转化为具体的小目标和具体的工作安排,从而帮助管理者有效地从事计划、组织、激励和控制工作。企业战略目标是一个总体的概念,必须按层次或时间阶段进行分解(使每一目标只包含单一明确的主题),使其将应完成的任务、应拥有的权利和承担的责任,具体分配给企业的各部门、各战略单位乃至个人身上。

4. 可挑战性

目标本身是一种激励力量,特别是当企业目标充分体现了企业成员的共同利益,使战略大目标和个人小目标很好地结合在一起时,就会极大地激发组织成员的工作热情和献身精神。

一方面,企业战略目标的表述必须具有激发全体员工积极性和发挥潜力的强大动力,即目标具有感召力和鼓舞作用;另一方面,战略目标必须具有挑战性,但又是经过努力可以达到的。因而员工对目标的实现充满信心和希望,愿意为之贡献自己的全部力量。

三、企业战略目标的内容

由于战略目标是企业使命和功能的具体化,一方面有关企业生存的各个部门都需要有目标,从不同侧面反映了企业的自我定位和发展方向;另一方面,目标还取决于个别企业的不同战略。因此,企业的战略目标是多元化的,既包括经济性目标,也包括非经济性目标;既包括定量目标,也包括定性目标。

1. 利润目标

利润目标是企业的基本目标。企业作为一个经济性实体,必须获得经济效益才能够生存和发展。常用的利润目标用利润额、销售利润率、资本利润率、投资收益率、每股平均收益率等表示。如5年内税后投资收益率增加到15%。

2. 市场目标

市场是企业竞争的战场,市场目标是企业竞争的重要目标。常用的指标有市场占有率、市场覆盖率、销售额、销售量、新市场的开放和传统市场的渗透等。如明年销售量达到100万台。

3. 产品目标

产品是企业赖以生存的基础,产品的水平、档次、质量等反映了企业的实力。产品目标通常用产量、质量、品种、规格、优质品率、产品线或产品销售额和盈利能力、新产品开发周期等来表示。如5年后淘汰利润率最低的产品。

4. 竞争与发展目标

竞争目标表现为企业在行业中的竞争地位、企业的技术水平、产品质量名次、企业在消费者心目中的形象等。发展目标表现为企业规模的扩大、资产总量的提高、技术设备的更新、劳动生产率的提高、新产品和新事业的发展等。

5. 资金目标

资金目标可用资本构成、新增普通股、现金流量、流动资本、回收期、资本利润率、投资收益率、每股平均收益率等来表示。如3年内流动资金增加到1 000万元。

6. 生产目标

生产目标可用工作面积、固定费用或生产量表示，如5年内生产能力提高20%。生产率目标可用投入产出比率或单位产品成本表示，如5年内工人的日产量提高10%。

7. 研究与开发目标

研究与开发目标可用花费的货币量或完成项目、新产品开发数量、新产品开发周期等表示。如10年内陆续投资1亿元开发一种新型汽车。

8. 组织目标

用将实行的变革或承担的项目表示。如3年内建立一种分权制的组织机构。

9. 人力资源和员工福利目标

人力资源和员工福利目标有工资水平的提高、福利设施的增加、住房条件和教育条件的改善，以及缺勤率、迟到率、人员流动率、培训人数或将实施的培训计划数等。如3年内以每人不超过8000元的费用对200个员工实行40小时的培训计划。

10. 社会责任目标

社会责任目标反映了企业对社会贡献的程度，包括合理利用自然资源，降低能源消耗，保护生态环境，积极参与社会活动，支持社会和地区的文化、体育、教育、慈善事业的发展等。如6年内对希望工程捐助增加200万元。

【专论摘要4-2】　　　　　　　　德鲁克谈企业战略目标的内容

（1）市场方面的目标：应表明本公司希望达到的市场占有率或在竞争中占据的地位。

（2）技术改进和发展方面的目标：对改进和发展新产品，提供新型服务内容的认知或其措施。

（3）提高生产力方面的目标：有效地衡量原材料的利用，最大限度提高产品的数量和质量。

（4）物质和金融资源方面的目标：获得物质和金融资源的渠道及其有效利用。

（5）利润方面的目标：用一个或几个经济指标表明希望达到的利润率。

（6）人力资源方面的目标：人力资源的获得、培训和发展，管理人员的培养及其个人才能的发挥。

（7）员工积极性发挥方面的目标：对员工的激励、报酬等措施。

（8）社会责任方面的目标：注意公司对社会产生的影响。

资料来源：彼得·德鲁克. 管理实践[M]. 纽约：哈普尔兄弟公司，1954.

【专论摘要 4-3】　　　　　　格罗斯谈企业战略目标的内容

（1）利益的满足：组织的存在用以满足相关的人和组织的利益、需要、愿望和要求。
（2）劳务或商品的产出：组织产出的产品包括劳务（有形的或无形的）或商品，其质量和数量都可以用货币或物质单位表示出来。
（3）效率或获利的可能性：即投入—产出目标，包括效率、生产效率。
（4）组织、生存能力的投资：生存能力包括存在和发展能力，有赖于投入数量和投资转换过程。
（5）资源的调动：从环境中获得稀有资源。
（6）对法规的遵守。
（7）合理性：即令人满意的行为方式，包括技术合理性和管理合理性。

资料来源：B. M. 格罗斯. 组织及其管理[M]. 纽约：自由出版社，1988.

四、企业战略目标体系的构成及表示

建立企业目标体系是企业战略管理的一个重要环节。从影响程度和时间表来看，企业的目标体系可以分为战略目标、长期目标和年度目标三个层次。战略目标是指企业在其战略管理过程中要实现和改善长期市场地位和竞争能力，取得满意的战略绩效的目标。长期目标是指企业为提高自己长期业务地位而制定的目标，计划期一般为 5 年。年度目标是指实施企业长期目标的年度作业目标。

企业所制定的各项战略行动及其结果，是通过战略目标表述的。由于企业内不同利益团体的存在，目标之间不可避免地会出现冲突和矛盾。如企业生产部门的产量目标和销售部门的销量目标之间可能存在冲突；企业降低成本、增加利润的经济目标和依法纳税、保护环境的社会责任目标之间可能存在冲突等。

因此，制定战略目标的有效方法是构造战略目标体系，使战略目标之间相互联合、相互制约，从而使战略目标体系整体优化，反映企业战略的整体要求。

战略目标体系通常用树形图来表示。从图 4-2 中可以看出，企业战略目标体系一般由企业总体战略目标和主要的职能性战略目标所组成。在企业使命和企业功能定位的基础上制定企业总体战略目标，为保证总目标的实现，管理者必须将其层层分解，规定保证性职能战略目标；也就是说，总体战略目标是主目标，职能性战略目标是保证性的目标。

图 4-2　企业战略目标体系

在企业使命和企业功能定位的基础上,企业战略目标一般按四大内容展开:市场目标、创新目标、盈利目标和社会目标,如图 4-3 所示。并且每个目标又可做如下分解。

图 4-3　企业战略目标的核心结构表示

1. 市场目标

一个企业制定战略目标的最重要的决策是企业在市场上的相对地位,常常反映了企业的竞争地位。企业所预期达到的市场地位应该是最优的市场份额,这就要求企业对顾客、对市场目标、对产品或服务、对销售渠道等进行仔细的分析。

(1) 产品目标:包括产品组合、产品线、产品销量和销售额等。

(2) 渠道目标:包括纵向渠道目标(渠道的层次或级数)以及横向渠道目标(同一级渠道成员的数量和质量目标)。

(3) 沟通目标:包括广告、营业推广等活动的预算及预期效果。

2. 创新目标

在环境变化加剧、市场竞争激烈的社会中,创新受到重视是必然的。每一个企业中,基本上存在三种创新:制度创新、技术创新和管理创新。为了树立创新目标,战略者一方面必须预计达到市场目标所需的各项创新,另一方面,必须对技术进步在企业的各个领域和各项活动中引起的发展做出评价。

(1) 制度创新目标:生产的不断发展引起新的组织形式的出现。制度创新目标即对企业资源配置方式的改变与创新,从而使企业适应不断变化的环境和市场。

(2) 技术创新目标:这一目标将导致新的生产方式的引入,既包括原材料、能源、设备、产品等有形的创新目标,也包括工艺程序设计、操作方法改进等无形的创新目标。制定技术创新目标将推动企业乃至整个经济广泛和深刻的发展。

(3) 管理创新目标:管理创新涉及经营思路、组织结构、管理风格和手段、管理模式等多方面的内容。管理创新的主要目标是试图设计一套规则和程序以降低交易费用,这一目标的建立是企业不断发展的动力。

3. 盈利目标

盈利目标是企业的一个基本目标,企业必须获得经济效益。作为企业生存和发展的必要条件与限制因素的利润,既是对企业经营结果的检验,又是企业风险的报酬,也是企业乃至社会发展的资金来源。盈利目标的达成取决于企业的资源配置效率及利用效率，包括生产资源、人力资源、资本资源等的投入产出目标。

（1）生产资源目标：通常情况下，企业通过改进投入与产出的关系就可以获利。一方面，提高每个投入单位的产量；另一方面，在单位产量不变的情况下，成本的降低也同样意味着利润的增加。

（2）人力资源目标：人力资源素质的提高能使企业生产率得以提高，同时还能减少由于人员流动造成的成本开支。因此，企业的战略目标中应包括人力资源素质提高、建立良好的人际关系等目标。

（3）资本资源目标：达成企业盈利目标同样还需要在资金的来源及其运用方面制定各种目标，一方面，确定合理的资本结构并尽量减少资本成本；另一方面，通过资金、资产的运作来获得利润。

4. 社会目标

现代企业愈加认识到自己对用户及社会的责任，一方面，企业必须对本组织所造成的社会影响负责；另一方面，企业还必须承担解决社会问题的部分责任。企业日益关心并注意树立良好的公众形象，既为自己的产品或服务争取信誉，又促进组织本身获得认同。企业的社会目标反映企业对社会的贡献程度，如环境保护、节约能源、参与社会活动、支持社会福利事业和社区建设活动时等。

（1）公共关系目标：这一目标着眼于企业形象、企业文化的建设，通常以公众满意度和社会知名度作为保证、支持性目标。

（2）社会责任目标：常常是指企业在处理和解决社会问题时应该或可能做些什么，如在对待环境保护、节约能源、参与社会活动、支持社会福利事业和地区建设活动时等。

（3）政府关系目标：企业作为纳税人支持着政府机构的运作；同时，政府对企业的制约和指导作用也是显而易见的。往往这一目标的达成可能为企业赢得无形的竞争优势。

在实际中，由于企业的行业性质不同、企业发展阶段不同，战略目标体系中的重点目标也大相径庭。同一层次的战略目标之间必然有先导目标。

五、企业战略目标的制定原则

在制定企业战略目标时，应遵循以下基本原则。

1. 关键性原则

这一原则要求企业确定的战略目标必须突出有关企业经营成败的关键问题、有关企业全局的问题，切不可把次要的目标作为企业的战略目标，以免滥用企业资源而因小失大。

2. 平衡性原则

在制定战略目标时，企业需要注意以下三种平衡。

（1）不同利益之间的平衡：扩大市场和销售额的目标与提高投资利润率的目标往往是矛盾的，即因扩大销售而牺牲了利润，或因提高利润而影响了销路，企业必须把两者摆在适当地位求得平衡。

（2）近期需要和远期需要之间的平衡：只顾近期需要，不顾长远需要，企业难以在未来继续生存；相反，如果只顾远期需要而不兼顾近期需要，企业也将难以为继。

（3）总体战略目标与职能战略目标之间的平衡。

3. 权变性原则

由于客观环境变换的不确定性、预测的不准确性，企业在制定战略目标时，应制定多种方案。一般情况下，企业应针对宏观经济繁荣、稳定、萧条三种情况分别制定企业战略目标，分析其可能性及利弊得失，从而选择一种而将另外两种作为备用；或者制定一些特殊的应急措施，如原材料价格猛涨等情况下对战略目标进行适当性调整。

例如，一个快速发展的食品公司的发展目标是在4年内扩建6个商店，相应的权变方案是：如果情况比预料的要好的话，新扩建的商店就可达到10个；如果经济萧条的话，公司不但无法扩展，而且有可能关闭4~10个商店。

六、企业战略目标的制定过程

一般来说，制定战略目标需要经历调查研究、拟定目标、评价论证和确定目标四个阶段或步骤。

1. 调查研究

为了制定战略目标，企业必须对企业环境、自身资源与能力等进行充分的调查与分析，对机会与威胁、优势与劣势、现在与未来加以对比，弄清楚它们之间的关系，这样可以为确定战略目标奠定比较可靠的基础。

调查研究既要全面进行，又要突出重点。为确定战略目标而进行的调查研究不同于其他类型的调查研究，它的侧重点是企业外部环境的关系和对未来变化的研究和预测。

2. 拟定目标

经过细致周密的调查研究，管理人员便可以着手拟定战略目标了。拟定战略目标一般要经历两个环节：拟定目标方向和拟定目标水平。

首先，企业在既定的战略经营领域内，依据对外部环境、需要和资源的综合考虑，确定出目标方向；其次，通过对现有能力与手段等多方面的估量，对沿着战略方向展开的活动所要达到的水平做出初步的规定，这便形成了可供决策选择的目标方案。

在拟定战略目标的过程中，企业管理者要注意充分发挥参谋智囊人员和专家的作用，要根据实际需要与可能，尽可能多地提出一些目标方案，以便于对比选优。

3. 评价论证

战略目标拟定出来以后，企业就要组织多方面的专家和有关人员对提出的目标方案进行评价和论证。① 判断目标方向是否正确；② 评估战略目标是否可行；③ 论证所拟定的目标的完善化程度，如目标是否明确、目标的内容是否协调一致。

4. 确定目标

在确定目标时,企业要注意从以下三个方面权衡目标方案:① 目标方向的正确程度;② 可望实现的程度;③ 期望效益的大小。对这三个方面综合考虑后,企业就可以选择出满意的战略目标。

【知识链接4-1】　　　　　环境、战略、能力三者的关系

环境、战略与能力三者之间存在一种相互匹配的关系。

从环境与战略的关系来看,不同的外部环境需要有不同的战略来匹配。这样,环境便成为企业制定战略的出发点、依据和限制的条件。当环境发生变化时,为了适应这种变化,企业必须改变战略,制定出适应新环境的新战略。

从能力与战略的关系来看,能力也是企业战略制定的出发点、依据和限制条件,因为企业的能力或条件是支持战略的基础,任何能够适应环境的战略,如果没有执行或实施战略的企业能力,也只能是空中楼阁式的战略目标。战略变了,企业的能力也必须随之变化,以使企业的能力能够符合战略的要求,保证战略的实施。

 本章内容结构

综合练习

一、名词解释

企业愿景　　企业使命　　企业功能　　企业战略目标

二、判断题

1. 企业的目标体系可以分为战略目标、长期目标和年度目标三个层次。　　　(　　)
2. 企业使命与企业愿景是一回事。　　　　　　　　　　　　　　　　　　(　　)
3. 所有人都在选择,不做选择也是选择。　　　　　　　　　　　　　　　(　　)

三、填空题

1. 企业使命的定位主要包括以下三个方面的内容：（　　　　）、（　　　　）、（　　　　）。
2. 一般来讲，企业功能定位所要回答的三个问题是：（　　　　）、（　　　　）、（　　　　）。
3. 一般来讲，企业的目标由三个部分组成：（　　　　）、（　　　　）、（　　　　）。

四、简述题

1. 简述企业使命与企业战略之间的关系。
2. 简述企业战略目标体系包括哪些主要内容。
3. 简述战略、环境与能力之间的关系。

五、搜索思考（网上冲浪、网上调研、案头研究）

企业愿景与企业使命的区别与联系。

六、案例分析

1. 我国家电连锁企业战略选择的优缺点分析及建议。
2. 结合第五章、第六章和第七章的内容，设计我国家电连锁企业发展战略，以国美电器为例。

 子项目3　　　　　　　定位——确定企业使命与战略目标

1. 项目任务

确定企业使命与战略目标。

2. 项目指标

（1）明确企业的愿景、宗旨使命和价值观。
（2）在企业使命、价值观的指引下，确定企业的战略目标。
（3）形成具有该企业特色的分析结论与报告。

3. 子项目3的实施

任务1：明确企业的愿景、宗旨使命和价值观

一、企业的愿景

二、企业的宗旨使命

三、企业的价值观

任务2：确定企业的战略目标

在企业使命和价值观的指引下，运用适当的战略选择方法与工具，结合子项目1和子项目2的内外部分析结论，并参考第六章"企业总体战略"和第七章"企业竞争战略"，确定企业的战略目标体系（定性与定量相结合）。

任务3：撰写企业使命与战略目标报告

根据上述分析内容，撰写本企业使命与战略目标报告。

4. 子项目 3 实施过程中可能出现的问题

（1）如何确定适度的企业使命。企业使命过于狭隘会限制企业的发展；反之，企业使命过于宽泛，容易使企业分散注意力，迷失方向。贾跃亭一手打造的基于视频产业、内容产业和智能终端的"平台+内容+终端+应用"的乐视完整生态系统（七大生态：手机生态、内容生态、大屏生态、体育生态、汽车生态、互联网金融生态、互联网及云生态），就是由于摊子铺得太大而一夕崩塌！由天堂坠入地狱。2017 年，"白马王子"孙宏斌投入 165 亿元也没能拯救乐视网这一最有价值的生态。

（2）如何确定合适的战略目标。过低的目标缺乏激励性，不能把人的潜能充分调动和发挥出来；然而过高的目标，也会让人觉得不真实，失去激励作用。注意：第四篇战略选择模式，既服务于企业战略规划里的战略选择与战略目标，又服务于主要任务（战略任务），企业总体战略的选择和企业竞争战略的选择关乎企业战略选择与战略目标，企业总体战略的实现途径和企业竞争战略的实现途径的确定关乎企业的战略任务。

（3）不能把内外部分析结论有机结合使用。如何在企业使命和价值观的指引下，有效地结合内外部分析结论，得出适合于本企业的战略目标，请认真参阅第五章表 5-3 所示的 SWOT 分析矩阵应用示例：Chrysler 的 SWOT 矩阵。该矩阵将美国克莱斯勒汽车公司外部分析结论(第二章)与内部分析结论(第三章)有机结合在一起，做出了富有价值的战略选择。

推荐阅读

1. 王方华. 企业战略管理[M]. 2 版. 上海：复旦大学出版社，2006：第四章.
2. 陈惠湘. 联想为什么[M]. 北京：北京大学出版社，1997.
3. 陈忠卫. 战略管理[M]. 4 版. 大连：东北财经大学出版社，2015：第二章.
4. 赵越春. 企业战略管理[M]. 北京：中国人民大学出版社，2008：第四章.
5. 杨锡怀，等. 企业战略管理[M]. 4 版. 北京：高等教育出版社，2016：第四章.
6. 刘平. 用友 ERP 企业经营沙盘模拟实训手册[M]. 5 版. 大连：东北财经大学出版社，2017.
7. 刘庆元. 企业战略管理[M]. 2 版. 北京：中国广播电视大学出版社，2006：第四章.

阅读材料 4-1　　社会责任与企业公民行为[①]

进入 21 世纪以来，社会责任与企业公民意识受到了企业界的普遍关注。很长时期以来，企业高层管理者普遍持有的看法是：关注社会责任对企业成长不利，会牺牲企业的经济效益。所以，企业界更愿意投身于见效快、经济效益明显的活动，而不愿意切实履行社会责任，不愿意自觉地践行企业公民的行为。

但是，伴随着人们生活水平的提高，消费者需求的性质在迅速发生改变，"和谐社会"成为人类共同的理想追求，企业更应当将社会责任、企业公民等意识纳入企业愿景和使命中，进而制定出具有

---

① 陈忠卫. 战略管理[M]. 大连：东北财经大学出版社，2007：33-35.

长期利益追求的战略方案。

国内著名的战略管理专家项保华教授把战略管理过程分解为三个阶段：战略形成、战略实施和战略评价（见图4-4）。其可以进一步分解为五项基本活动：构想战略愿景和使命、设定目标、形成战略、实施战略、评价战略。我们最终发现：企业的社会责任，乃至能够体现企业社会责任感的战略决策者的直觉和偏好将影响战略管理的全过程。

社会责任源于对社会环境的关注和变化了的社会契约关系，尤其是利益相关者关系管理的实践又不断地使企业家切身地感受到社会责任与经济效益并不永远是矛盾关系。企业主动地承担责任，完全可以有效地提高对社会的回应能力和绩效，处理得好，还可以带来丰厚的经济效益，从而共同造就出一个更令人满意的和谐社会。

1. 社会责任的层次性

完整的社会责任应当区分为四个不同的层次（见图4-5）：经济责任、法律责任、道德责任和慈善事业责任。它们四者之间既有区别，也有联系，并不是相互完全独立的，其中经济责任与慈善事业责任的冲突最为明显，集中体现为"关注利润"与"关心社会"之间的冲突。具体说明如下。

图4-4　企业的社会责任对战略管理过程的影响①　　图4-5　社会责任的层次性

（1）经济责任：这是社会对企业的要求，它要求企业能够把收入最大化和成本最小化作为基本目标，通过明智的战略规划来实现营利性目标。

（2）法律责任：这也是社会对企业的要求，它要求所有的企业能够共同遵守法律和规章制度，切实履行所有的契约责任。企业之间的不诚信或者不遵守法律，极易产生类似"三角债"、盗版横行之类的商业氛围，进而形成有法不依的局面，阻碍良好的商业竞争环境的形成。

（3）道德责任：这是社会对企业的希望，虽然在商业竞争领域可能存在法律不健全之处，但如果所有的企业能够坚持道德底线，避免不良现象的出现，商业竞争环境就能够得到净化和优化。这种道德责任包含了一系列的惯例、准则，反映了利益相关者的愿望，体现了公正、正义的概念。

（4）慈善事业责任：这也是社会对企业的希望，甚至远远超出了社会对企业的期待。慈善事业纯粹是企业的一种自愿选择，既不是法律上的规定，也不是道义上的要求，它彻底体现了企业也是社

---

① 项保华．战略管理——艺术与实务[M]．北京：华夏出版社，2001：46．

会进步中重要的一分子。

2. 企业公民行为

企业是社会财富的创造者,但往往也是直接和间接浪费资源、损害环境的责任单位。为了在全社会倡导企业成为一个负责任的主体,人们又在坚持社会责任这一核心理念基础上,提出了企业公民的评价标准。

企业公民(Corporate Citizen)是指一个公司将社会基本价值与日常商业实践、运作和政策相整合的行为方式。一个企业公民认为公司的成功与社会的健康和福利密切相关,因此,它会全面考虑公司对所有利益相关者的影响,包括雇员、客户、社区、供应商和自然环境等。

作为一种新的指导理念,企业公民将为成功企业提出不同的定义和新的标准,国内媒体21世纪报从2004年起在中国率先推出了"中国最佳企业公民行为"的评选,越来越多的企业家和公众也开始接受这一理念。

目前所确立的关于企业公民行为的参选范畴确定为以下六个方面。

(1)公司治理和道德价值:主要包括遵守中国法律、法规的情况,防范腐败贿赂等交易中的道德行为准则问题,以及对公司小股东权益的保护。

(2)员工权益保护:主要包括员工安全计划、就业机会均等、反对歧视、生育福利保障、薪酬公平等。

(3)环境保护:减少污染物排放,废物回收再利用,使用清洁能源,减少能源消耗,共同应对气候变化和保护生物多样性等。

(4)社会公益事业:主要包括员工志愿者活动、慈善事业捐助、社会灾害事件捐助、奖学金计划、企业发起设立公益基金会等。

(5)供应链伙伴关系:主要包括为供应链中上、下游企业提供公平的交易机会。

(6)消费者权益保护:主要包括企业内部执行较外部标准更为严格的质量监控方法,对顾客满意度的评估和对顾客投诉的积极应对,对存在质量缺陷的产品主动召回并给予顾客补偿等。

阅读材料4-2　　　　海尔战略 VS TCL 思维[①]

无论从知名度、规模,还是制度建设方面,海尔与TCL都堪称中国家电业最成功的企业。将这两家企业的战略选择放到一起,加以对比和研究,能够为更多的企业寻找适合自己的发展道路提供借鉴。

1. 多元化

- 海尔——从白色家电进军黑色家电
- TCL——从黑色家电向白色家电、通信进军

中国家电业经过20多年的发展,许多企业在单项业务发展上已经相对成熟,其成长和扩张弹性已经非常小,成长环境也随着市场的相对饱和而越发艰难,这个时候企业转向多元化发展似乎是水到

---

① 叶秉喜,庞亚辉. 海尔战略 VS TCL 思维[N]. 中国经营报,2003-04-07.

渠成的必然选择，一是可以规避单业竞争带来的风险；二是可以使网络和产品形成互补，使效用发挥到最大。海尔和TCL是从单一产业向多元化转型中相对成功的企业，其既有相似点又有不同点。

张瑞敏曾经谈到海尔的发展战略，大致可以分为三个阶段：第一阶段是1984—1991年的名牌发展战略，只做冰箱一种产品，7年时间通过做冰箱，逐渐建立起品牌的声誉与信用；第二阶段是1992—1998年的多元化产品战略，按照"东方亮了再亮西方"的原则，从冰箱，到空调、冷柜、洗衣机、彩色电视机，每一到两年做好一种产品，7年来重要家电产品线已接近完整；第三阶段是从1999年迄今为止的国际化战略发展阶段，即海尔到海外去发展。如今海尔已涉足几乎所有的家电制造行业，并进入了相对陌生的手机制造业和金融、保险甚至医药行业。海尔2002宣称总销售收入723亿元。

TCL的多元化也可分为三个阶段：第一阶段是20世纪80年代到90年代中期的原始积累，最初做电话机并成功地通过资本重组并购杀入彩电业，塑造出其品牌形象；第二阶段从1996—2000年的多元化扩张阶段，利用其在彩电行业的品牌积累，从彩电切入刚刚兴起的手机、通信、电工、PC领域；第三阶段，抓住国内产业的整合和国际产业转移的趋势，利用OEM等形式进军白色家电，打造新的利润增长点。TCL2001年宣称实现销售额200亿元。

不管是海尔还是TCL的多元化，如果按照西方的经济学理论框架来看的话，都有许多可圈可点之处，同时也存在相当多的弊端。海尔的多元化已经进入了单业经营到多业经营的最高程度了，但也存在相当大的陷阱。某著名咨询师曾分析指出：未来海尔的多元化出路应该将相关业务纳入三个层面进行协调平衡，进而将其纳入管道式管理：① 提供利润的核心业务（如冰箱、电视、空调、洗衣机）；② 充满机会的新兴业务（计算机、手机、家庭整体厨房）；③ 创造未来的种子项目（生物制药等）。如果海尔持续的增长有赖于在战略上对这三个层面进行合理协调的话，那么海尔就需要建立相应的机制来完成从第一个层面到第二个层面的战略转移，并注意从研发和人才资源上保持对第三个层面业务的培育。然而，从目前的程度来看，海尔在第二和第三层面上遇到了相当大的困难；海尔计算机、海尔手机相对陷入了困境，海尔生物制药基本宣告失败，近期又宣布退出刚刚进入的鞍山证券等金融业务领域。

海尔在转型上遇阻有如下几个原因。

① 转型跨度太大。家电第一品牌的印象使人们难以与制药、金融等联系起来，得不到公众的认可。

② 网络无法共享。海尔手机、计算机无法与原有冰箱、洗衣机以及空调、彩电共享，使资源不能集中，分散了精力。

③ 专业人才的缺乏。原有家电人才虽然在固有领域精干，但用在医药、金融方面则可能是门外汉。据说，海尔当初介入鞍山证券时就存在懂行人才极度匮乏的情况，事事都需张瑞敏亲自过问拍板。

从目前的程度来分析，TCL的多元化之路仅仅停留在多元化的第三个层面。TCL的多元化扩张与海尔恰恰相反，它是从黑色家电向白色家电、通信进军，而海尔则是从白色家电进军黑色家电。TCL的多元化优势也非常明显：第一，新增加了其利润增长点，即新业务对核心业务做出了贡献；第二，完成从单一品牌形象向多元化品牌形象的转化，增加了其品牌的内涵，从一种传统的制造商向有高科技含量的品牌形象的转换；第三，企业进一步战略重组和引进国际战略投资伙伴的成功。然而，TCL的多元化弊端也很明显，如其彩电和PC的营销模式和营销渠道不一样。TCL刚进军PC领域的时候，曾经以为渠道共享将是未来的优势，然而事实证明其是错误的。TCL的冰箱与洗衣机等都是OEM的产品，然而这些OEM部分的产品质量与取材标准将是非常难以控制的，价格更不能依自己的意愿降低，产品质量不能完全保证，长此以往必然影响品牌知名度和美誉度的提升。TCL冰箱和洗衣机在市场上基本上是以低价位出现的，市场表现非常一般，消费者的口碑并不是很好。

2. 国际化

- 海尔——先难后易，城市包围农村
- TCL——先易后难，农村包围城市

中国家电业的国际化之路，目前已经有两种模式凸现出来：一种是以海尔为代表的"先难后易"式，属于"城市包围农村"战略；另一种则是以TCL为代表的"先易后难"式，是"农村包围城市"战略。

海尔是国内最早开始国际化的企业之一，也是在国际上影响力最大的中国家电企业。海尔一开始即把目标对准了美国、意大利等欧美发达国家，试图以美国、意大利等发达国家成熟的市场经济、激烈的竞争来锻炼自己并得到成长，并希冀这些高难度市场的成功能够带动其他发展中国家的市场的成功。海尔的国际化策略对它的品牌形象影响是显而易见的。海尔模式客观上要求企业必须具备强大的品牌影响力和产品创新力，因为只有品牌和产品才是支撑市场的最锐利武器。另外，发达国家的消费者往往是品牌意识非常强的群体，新品牌进入之初很难被消费者认可与接受，这就决定了发达国家市场开发需要一个漫长的周期，客观上要求企业必须具备雄厚的资金实力，要能承受得起暂时的挫折乃至一定时间内的亏损。

有证券分析人士对海尔国际市场的资本研究后发现，海尔在国际市场上的现金流可能是负数，这也就更加确认了对于一个采用"先难后易"模式进入国际化的企业来说，它必须承受得起"阵痛"。美国的《商业周刊》曾刊文《海尔的艰难国际化之旅》，对海尔在美国和其他发达国家市场上的艰难探索进行了分析，得出了以下两个结论：① 海尔较索尼、松下、惠而浦、GE等国际品牌来说，有一定的差距，目前仅仅是占据了发达国家的低端市场的一部分份额；② 海尔的研发还有一定距离，这些国家的市场是一种成熟的市场，对于市场的细分需求是很关键的，这要求企业不断推出满足个性化需求的产品和个性化的市场群体。

对于中国的大多数企业来说，采用海尔模式，投入巨大风险也相对较大。因为美国、意大利、英国等国家是当今世界上最发达的国家，其技术力与产品力都远远超过中国这样的发展中国家。一个相对落后的发展中国家向最发达国家输出技术与产品，其难度之大可想而知。事实也是这样，中国企业真正在美国市场取得成功的还不多。当然，换个角度来说，像海尔这样的中国企业进入美国这样的市场也有其便利的一面：这些国家的市场秩序非常成熟，非市场因素对企业的干扰很少，只要企业具备真正的实力，这样的市场开发起来反而相对容易一些。

TCL模式与海尔模式恰恰相反，是典型的"先易后难"模式。TCL先从与中国文化背景比较相近的东南亚国家着手，如越南、菲律宾等，然后一步一步向发达国家扩张和渗透。TCL彩电经过3年的拼搏，在越南市场已经做到第二位，仅次于索尼。在菲律宾市场，TCL彩电成长也很快。联系TCL收购德国彩电企业施耐德一事，表明TCL向更大范围扩张已经初显端倪。

像TCL这样模式的企业在国内家电业比较多，如海信、荣事达等。这种模式的风险相对来说比较小，而益处显而易见：第一，释放了其强大的产能过剩的压力，更加突出规模经济，弥补国内市场的相对需求不足。第二，中国企业国际化最大的障碍，是缺乏国际化人才以及对国际贸易规则的了解。这种方式能够使中国企业积累国际化经验，储备在全球经营的国际化人才，熟知国际化规则等。第三，进退方便。避免其大规模的投资和企业资源的浪费。从目前TCL的情况来看，效果比较理想。2001年，TCL出口创汇达到7.16亿美元，2002年前7个月达到5.69亿美元，成为国内国际化效益最显著的企业。这种模式有点像爬楼梯，一步一步往上攀，越攀越高。

但是，这种模式也存在着较大的弊端：第一，对于第三世界国家和东南亚国家来说，日本产品占据着其高端市场，国内企业只能占据中、低端市场，而这些国家里中、低端市场的利润空间非常低，在一段时间里，甚至是赔本赚吆喝。第二，由于进入的是发展中国家，对这些有望进入国际品牌的企业的品牌形象来说，有一定弱化影响。不管是这些市场的不发达还是在这些市场所占据的位置来说，不利于其今后进入欧、美等发达国家。

仔细研究这两种国际化之路，结合世界制造业产业转移的战略特点可以看出：像索尼、松下、惠而浦等企业和海尔的国际化模式很类似，都是先入主发达国家市场，而一些处于成长性的企业则和TCL的模式很类似。也就是说，海尔模式更适合成为世界跨国公司的战略，而TCL模式则更适合于准备打持久战的企业。

通过比较海尔和TCL几种主要战略的选择，说明企业的成功之路是可以多种多样的，同时企业的成功模式在某些方面具有可借鉴性和可复制性。对于一个追求股东利益最大化的企业来说，具体在何时、何地采取什么样的发展战略，不但取决于企业的自身状况，更取决于企业在历史中所处的特定环境，即经济学家常说的"路径依赖"，同时还部分地取决于企业家的战略远见。

阅读材料4-3　　联想是如何决定收购IBM PC的[①]

2005年5月1日，联想正式宣布完成收购IBM全球PC业务后，就陷入了质疑和期待的目光中，联想上下也陷入了沉默。直到8月9日，联想公布了一份不错的成绩单：将IBM PC首次计入公司业绩后，联想集团2005财年第一季度实现净利润3.57亿港元，同比增长6%，集团营业额比2004年同期增长234%，达196亿港元。联想人悬了几个月的心才安然回落。

20多天之后，在清华大学举办的首届亚太管理学院联合会年会上，柳传志首次披露联想收购IBM PC的决策内幕，"我们做这个事情（收购IBM的PC部门）绝不是为让世界轰动。企业是我们的命，我们要靠它吃饭，所以会把很多问题想得清楚又清楚。"

1. 利益权衡

2004年12月8日，联想宣布并购IBM PC事业部，这件事引起了全球相当大的关注和反响，当时，对并购不看好的占绝大多数。中国的IT界、经济界的朋友对联想的勇气给予了足够的肯定，但是对于结果基本持怀疑态度。

联想不少骨干员工分散在世界各地有名的商学院学习，我问他们，你们的教授怎么看这件事？他们回答，多数都是不看好。我很理解这样的答案，因为在全球并购中成功的也就占25%~35%，更何

[①] 吴威. 柳传志首次披露内幕：联想如何决定收购 IBM PC[EB/OL]. （2005-09-10）[2020-04-20]. https://it.sohu.com/20050910/n240367722.shtml.

况一个来自中国这样的第三世界国家的企业去并购代表美国精神的IBM。

我又问这些员工，你们MBA班的，教授们不看好这次并购的理由是什么？听了很多答案之后，我就放心多了，基本上他们所有的担心都没有超过当初我们思考的范围。

第一个问题就是IBM为什么要出卖这块业务。

20世纪80年代以前，IBM是个软硬件全都自己设计和制造的企业。到了20世纪90年代，IBM开始调整战略，逐渐想把自己变成一个软件服务型企业。因此IBM连续出售了他们的生产制造部门，包括大容量硬盘、打印机等几大块业务。

1984年我开始办企业的时候，IBM的营业额就是800多亿美元，到了现在IBM的营业额是900多亿美元，但是他们的毛利润率、净利润率都有了非常大的提高，这就是IBM在20世纪90年代初改革的结果。而IBM卖出的几部分硬件业务，之后的业绩也都很好，真正实现了双赢。因此这次出售PC业务，是IBM原定战略的继续。

第二个问题是，为什么IBM本身亏损的PC业务卖到我们这里就可以盈利。

尽管是亏损，但是IBM PC业务的毛利实际是相当高的，达到24%，联想本身的毛利才是14%。但是，联想在14%的毛利之中实现了5%的净利，而IBM 24%的毛利却是亏损。原因非常简单，就是IBM PC部门的费用成本太高，而有些费用是IBM PC部分处在IBM整个体系中所无法避免的。如IBM总部的摊销。IBM总部要花钱，按照各个事业部的营业额大小摊销，IBM PC部分营业额有100多亿美元，占了IBM全部营业额的九分之一左右。于是就按九分之一做摊销。PC部分的毛利24%比其他同行要高，但是和IBM其他的诸如软件服务等事业部来比就低很多，禁不住大幅度的费用摊销。

联想认为，制造业本身就是一个毛巾拧水的行业，钱要一点一滴地通过管理挤出来。而IBM公司提倡的是高投入、高产出。在调查的时候，我们就发现他们从生产、研发到服务每个环节都有大幅度降低成本的可能。另外，采购也会产生巨大效益。

把这几项综合起来，我们认为，双方合作以后，仅仅从节流角度讲就会产生大幅的效益。所以从长远来看，收购IBM PC不是亏损不亏损的问题，而是盈利规模多大的问题。

当时我在决定做不做这件事的时候，再三要求我们的顾问和管理班子一定要保守再保守，评估的每个数字绝不可以有任何浮夸。从现在的业绩看来，他们的估计是过于保守了。

2. 风险规避

除了并购的好处，我们最关心的还是并购以后的风险。

第一个风险是市场风险。新公司成立后原来的客户是否承认你的产品，以前买IBM产品的客户是否会流失？我们采取了下面这些措施：一是产品品牌不变，按照协议，并购五年之内IBM的品牌归我们使用，ThinkPad这个品牌永远归联想使用；二是和客户打交道的业务人员不变化；三是我们专门把总部设在纽约，说明这是一家真正的国际公司。本来我们是考虑设两个总部，一个在美国，一个在中国，后来考虑市场反应，就只在纽约设一个总部。收购之后，新联想派出2 000多名销售人员做市场工作，IBM也调动了一些人和这2000人一起做大客户工作。事实证明这个措施是有力的，把风险控制住了。

第二个风险是员工流失的风险。现在看来，IBM PC的员工几乎没有流失。主要原因是我们做了两方面的工作：一是对IBM的高层骨干员工讲述新公司的愿景。原来IBM PC部门并不占主导地位，公司的战略是控制发展，所以骨干员工的能力得不到充分的发展。而这家新公司主要做的就是 PC，他们的能力有充分的发展空间。另外新联想的文化将完全是一个国际企业的文化，而不是他们认为的固执的中国公司，这家公司会让高层骨干员工感到非常愉快。二是人员待遇不变，而且部分高层骨干还比原来的待遇有大幅增长。这项措施实施之后，使得军心安定。

第三个风险也是最大的风险，就是业务怎么整合，人员、文化怎么磨合。商学院的老师给学生讲课的时候谈到这个案例时更多的担心都在这方面。

我们是怎么考虑的呢？首先，当我作为联想集团董事局的主席真正下决心批准方案向前推进的时候，主要是了解了这个基本情况以后才做的：在调查和深入谈判之后，我们发现双方的工作语言是共同的，管理模式基本是同一个层次。他们做的事我们全懂，我们做的事他们也全懂，这就给我们奠定了业务整合的基础。如果联想之前没有经过 ERP 的业务整合，没有一系列重大的改革措施，还是一个比较老旧的企业，那不管我们怎么努力双方是没法磨合的。

其次，双方的业务是互补的，减少了碰撞的机会。这点非常重要，大家知道 HP 和康柏整合，非常大的困难是如何协调双方有冲突的业务。两家原本都在欧洲市场做业务，合并之后欧洲原有市场人员马上要裁掉一半，如何进行是个很大的麻烦。但这个问题在联想和 IBM 就不存在。IBM PC 部门的发展受到总部的战略限制，总部的战略是发展软件和服务业，要 PC 为这个战略服务，因此它的 PC 只卖给大客户。这和联想的发展战略正好是互补的，联想在中国消费类市场绝对占第一位。IBM 的主要客户在欧美，联想的主要客户在中国，从这个角度讲是互补的。另外，IBM 最擅长的是高档笔记本，联想最擅长的是台式机。这样总体看来，双方从业务关系上也是互补居多。

再次，联想以前的 CEO 杨元庆在合并以后将要担当主席，由 IBM 原有人员选拔一名做 CEO。习惯了做 CEO 的杨元庆是否习惯做主席是我们要考虑的问题之一。杨元庆有很多优点，做事情的感觉非常好，但人比较固执，他能否和新 CEO 很好地配合？现在两个人配合得非常好。两个人提出三个词作为合作的指导思想：坦诚、尊重、妥协。双方都有各自的习惯，坦诚地亮出各自的观点，总要有一方妥协。前几个月妥协起了非常好的作用，如果一开始大家产生碰撞，别人就会认为不是工作上的碰撞，而是中国人和美国人的碰撞，这样就会引起队伍分化。

整合以后到现在已有四个月了，整合以后第一季度的业绩已在香港股市有所公布，业绩大大出于投资人的意料。到目前为止，这个并购案基本是按照预定步骤来实现的。总结我们的经验，就是预先想清楚事情再动手。并购前要把并购目的、战略步骤、出了问题如何应对等一步步一层层地想清楚。尽管不可能想得和实际完全一样，但是差不了太多。如果真的动起手来，情况就会好很多。

思考题：
1. 联想为什么要收购 IBM PC 业务？其战略目标是什么？
2. 根据一波三折的整合过程，你认为该项收购的最大风险是什么？
3. 你认为在联想收购 IBM PC 后的整合过程中，有哪些成功的经验和失败的教训？

第五章　战略选择方法与评价

内容提要

本章重点介绍了企业战略方案评价与选择的基本方法：SWOT 模型分析法、波士顿矩阵分析法、GE 矩阵分析法等。通过本章的学习，读者可以运用 SWOT 模型、波士顿矩阵、GE 矩阵等工具分析与评估企业的具体战略，以便为企业选择合适的战略提供科学的方法论依据。

学习目标与重点

◇ 熟练掌握 SWOT 分析法；
◇ 掌握波士顿矩阵分析法；
◇ 掌握 GE 矩阵分析法；
◇ 了解影响战略选择的因素。

关键术语

SWOT 分析；波士顿矩阵；GE 矩阵

引入案例　　　　新华 VS 友邦，条条大路通罗马[①]——
重视战略制定的方法论

"战略没有好坏，只有适合不适合。适合自己的战略就是最好的战略。"　　——题记

正确的战略引导企业走向成功，错误的战略引导企业走向毁灭。正确的战略来自于使用正确的战略制定方法论，这往往是许多企业所忽视的。许多企业重视战略，但不重视战略制定的过程和方法，使得公司战略很好看，却不符合公司的内外部环境情况，犹如空中楼阁、水中捞月。

（一）新华 VS 友邦：现状对比描述

新华人寿是近年快速发展起来的中资保险公司，成立于 1996 年，目前已在全国发展到有 34 家分公司、近 180 家中心支公司，基本完成了全国性机构布局。最新数据显示，2006 年新华人寿保费收入增长到 266.57 亿元，个人业务代理人队伍达 12 万之众，总资产突破了 800 亿元，在最近揭晓的中国企业 500 强中排在 141 位，是我国第四大中资寿险公司。

友邦，这个中国保险市场上唯一的外商独资保险公司，1992 年重返中国上海成立分公司，目前在沿海和经济发达地区有 8 家分公司，主要集中在以上海为中心的长三角、以广州为中心的

---

① 刘平. 新华 VS 友邦：条条大路通罗马[J]. 中外管理，2006（5）：49-50.

珠三角和北京。其业务主要集中在个人营销业务。友邦目前在4个省和直辖市的个人营销业务规模可以和新华、泰康全国个人业务相媲美，虽然其个人业务开展时间早于新华和泰康，但毕竟是用局部与新华和泰康的全国相比，其个人业务的竞争力可想而知。友邦也是外资梯队（含中外合资）寿险公司的领头羊。

新华与友邦保费收入变化趋势如图5-1所示。

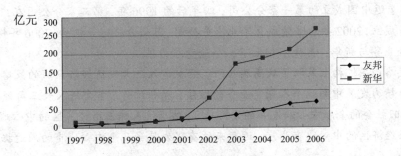

图5-1　新华与友邦历年保费收入变化趋势

从图5-1我们可以看出，新华人寿从2001年进入转折期，受机构扩张和银行代理业务的拉动，发展速度骤然加快，保费收入急剧增加，进入了中大型寿险公司的行列。2002年和2003年是新华人寿快速扩张的典型阶段；2004年和2005年随着全国性的行业业务结构调整和产品转型，也进入到了一个发展相对平缓的调整时期；2006年又进入到了一轮新的快速发展阶段。而友邦保险的业务发展（主要是个险业务）一直很稳健，发展势头非常好。随着机构发展限制被打开，将进入更加快速的发展通道。

（二）低成本快速扩张VS发达地区中心突破：战略比较分析

新华人寿近年来采用的是低成本快速扩张的发展模式（"大众化"形象）。在我国保险业早期严格控制成立新主体和机构发展的环境下，新华人寿自1996年成立一直就只有北京总部，直到2000年才又开设了3家分公司，2001年又开设了6家分公司和7家中心支公司。2001年我国加入WTO为保险业加快发展、做大做强带来了历史性发展机遇。2002年新华人寿成立了19家分公司和46家中心支公司，全国性布局真正展开并初步实现。

新华人寿于2001年在外方股东苏黎世的帮助下，运用战略规划模型和SWOT分析方法确定了五年发展规划（"一五"规划）。其要点是建立以寿险为核心的金融保险集团，寿险市场份额达到5%；并确立了重点发展个人业务、快速发展银行代理业务、有序发展团体业务的策略，走的是以快制胜、低成本快速扩张的发展道路，三条业务渠道齐头并进。目前已基本实现了这一目标，市场份额已经提前超过了5%。随着新华金融控股公司和资产管理公司获批建立，以及财产险公司、健康险公司、年金险公司的筹建，新华金融保险集团也已见雏形。

新华战略规划的另一个重点就是在五年发展规划的基础上，每年制定三年滚动计划以适应环境的变化和计划的进展。每年十月召开公司高层战略研讨会，对一年来内外部环境的变化和趋势进行分析，确定新的三年发展滚动计划。如2003年10月召开的战略研讨会，因内外部环境出现的较大变化，提高了市场份额占比目标并对业务策略进行了调整。调整后的业务策略为：重点发展个人业务、适度发展银行代理业务、有效发展团体业务。对业务结构和产品结构进行调整转型，对规模和效益做出综合平衡的要求。新华人寿的这个发展和转变是符合当时的国情和自身的情况及其变化的。

友邦采取的是发达地区中心突破的发展模式("专业化"形象)。个险业务一枝独秀,银行代理业务刚刚开始,占比很小,团体业务尚未开展。在每个进入地区都是挑战者,直至领导者(在每个市场至少都是前三名,注意,这都是一些竞争激烈的大市场)。1992年,友邦上海分公司成立,是友邦重返中国成立的第一家分公司;四年后的1996年,第二家分公司在广州成立;2000年深圳分公司成立,2002年后陆续成立了北京分公司、苏州分公司等机构。2006年保费收入69.46亿元,其个险业务与新华、泰康不相上下,个险竞争力很强。

友邦的战略:在机构上采取了从高端入手、分批进入三大发达经济区域的策略;在业务策略上采取了集中精力发展中高端个人期交业务的做法,精耕细作。首先进入长三角经济区的中心城市上海(也是旧社会的金融中心和友邦的发源地),然后进入珠三角经济区的中心城市广州,2002年进入环渤海经济区的中心城市北京。近年来才有限发展了几个中心城市的周边据点,毫无疑问也是发达市场。

友邦当年的战略选择同样符合当时的环境和自身的优势。友邦当时面临三大主要障碍:一是经营地域受限。当时由于政策原因,友邦不能像中资寿险公司那样随心所欲地在各地设立分支机构。随着2005年年底中国加入WTO后保险业三年过渡期的结束,此限制也终结。友邦将可向全国发展机构。二是经营领域受限。同样是由于政策的原因,友邦不能开展团体业务;只能从事个人业务。如此会对业务规模带来一定的影响。三是本地化人才短缺。由于中国寿险业还处于发展的初级阶段,本地无法提供友邦需要的专业化、有国际眼光和经验的经营管理人才。当然友邦也有四个显著优势:一是成熟的经营运作管理模式和有效的执行力;二是有利于开发中高端客户的个人业务营销模式;三是雄厚的资本实力和国际化市场经验,避免因短期效益而忽视长期利益;四是强大的精算和产品设计开发能力,既可有力地支持市场需要,又能有效地控制风险。结合外部的机会与威胁和内部的优势与劣势就形成了友邦前期的发展战略。

(三)机构均衡发展VS营销模式通用性:未来面对的课题

新华与友邦下一步发展各自面临的不同问题需要在未来发展战略中予以解决。新华面临机构均衡发展、提高个人业务竞争力的问题。近年来机构快速扩张带来的问题是机构发展的不均衡,同期成立的泰康也遇到了同样的问题。这主要是由于干部储备严重不足,管理跨度和深度增加过快,分公司过分依赖一把手的好坏,总公司管天下的经验和能力亟待加强等,这也是超常规发展的必然。这既是挑战,也是机遇。其个人业务发展模式在东部中心城市虽然缺乏竞争优势,但在中西部地区却有市场;其机构布局也已完成,如果问题解决得好,就会发挥协同的效应,产生倍增的效果,使之再上一个新台阶,进入新的发展阶段。新华高层显然已经意识到了这一点,提出了建立强大的总公司,总公司要抓经营,分公司要抓管理,通过标准化行动、体系化联动、系统化推动来提高公司整体运作水平和个人业务的竞争力。

友邦面临其营销模式在中小城市和欠发达地区市场的适应性问题和机构延伸、多渠道发展等问题。友邦从发达国家和地区带进的成熟的营销模式走的是中高端客户路线,在我国东部沿海发达地区有其明显的优势,但在中西部欠发达地区的粗放市场还面临着一定的考验。尽管如此,友邦虽然受业务渠道单一、分支机构过少的制约，影响到总体业务规模和效益规模，但其现有机构整体的良好运营情况及在重点经济区域中心城市的明显优势，为下一步机构扩展奠定了坚实的基础。不出意外的话，友邦会成为中国寿险市场很有竞争力和影响力的一支生力军。

案例点评：

  掌握正确的战略制定方法论很重要。每个企业面对不同的内外部环境，即或在同一市场（如都在中国市场）、同一行业（如寿险行业）所处的外部环境也可能不同，如友邦等外资、中外合资寿险公司碰到的机构扩张的障碍、业务渠道的限制等，新华等中资寿险公司就没有。反之，在内部能力上友邦拥有的资本、高阶人才、管理和成熟营销模式等优势，新华、泰康就显欠缺。然而，二者都运用了战略管理模型和 SWOT 分析等科学分析方法，对外部的机会与威胁、内部的优势与劣势进行了充分的分析，并且结合起来去分析（这一点非常重要），得出了符合各自特点与能力的战略去实施，因而在中国寿险市场目前都取得了初步的成功。这是值得认真学习和借鉴的。

  一个企业可供选择的战略方案可能有若干个。那么，在这些方案中究竟选择哪一种战略或战略组合呢？这就需要进行战略的评价与选择。战略评价与选择的常用方法有 SWOT 模型分析法、波士顿矩阵分析法、GE 矩阵分析法、战略选择矩阵、战略聚类模型等。其中 SWOT 分析、战略选择矩阵、战略聚类模型的基本思路是：比较企业经营的内外部因素，确定企业的优势和劣势、机会和威胁，从而根据具体情况选择战略。

第一节 SWOT 分析

  SWOT 分析思想最早由安索夫于 1956 年提出，目前已经发展成为一个用于战略分析的非常重要的实用方法，应用很普遍。这个方法的使用前提条件是企业对一个（或几个）业务已经有了初步的选择意向，SWOT 分析的目的是进一步考察这个（些）业务领域是否适合企业进入，企业据此是否能够建立持久竞争优势。

一、SWOT 分析的基本思路

  SWOT 分析是一种综合考虑企业内部条件和外部环境的各种因素，进行系统评价，从而选择最佳经营战略的方法，其中的 S 是指企业的优势（Strength），W 是指企业的劣势（Weakness），O 是指企业外部环境的机会（Opportunity），T 是指企业外部环境的威胁（Threat）。

  SWOT 分析方法的基本思路如图 5-2 所示。首先要进行企业外部环境分析和企业内部环境分析，然后将企业的优势和劣势与环境中的机会和威胁进行配对分析，形成依托环境的战略设想，并进行持久竞争优势检查，最后形成企业战略。

  该分析法的基本要点就在于企业战略的制定必须使其内部条件分析中的优势和劣势与外部环境分析中的机会和威胁相适应，并且要对企业的综合情况进行客观公正的分析。

图 5-2 SWOT 分析的基本思路

SWOT 分析的完成应该是在下列一些问题得到解答之后。

（1）在企业现有的内外部环境下，企业如何最优地运用自己的资源，在分配企业资源时哪些机会应该拥有最高优先权？

（2）为了更好地对新出现的行业和竞争环境做出反应，必须对公司的资源采取哪些调整行动？

（3）是否存在需要弥补的资源缺口？公司需要从哪些方面加强其资源？

（4）要建立公司未来的资源必须采取哪些行动？

表 5-1 为 SWOT 分析中通常需要考虑的内外部环境因素。

表 5-1 SWOT 分析要素

内部环境因素		外部环境因素	
潜在内部优势（S）	潜在内部劣势（W）	潜在外部机会（O）	潜在外部威胁（T）
产权、竞争、成本优势	竞争劣势	纵向一体化	市场增长较慢
特殊能力	设备老化	市场增长迅速	竞争压力增大
产品创新	产品线太窄	可以增加互补产品	不利的政府政策
规模经济性	技术开发水平滞后	能争取到新的用户群	新的竞争者进入行业
良好的财务资源	营销水平低于竞争者	进入新市场的可能	替代产品销售额上升
高素质的管理人员	管理不善	有能力进入更好的企业集团	用户讨价还价能力增强
公认的行业领先者	不明原因的利润率下降	扩展产品线满足用户需要	用户需要与爱好转变
买方的良好印象	资金拮据		通货膨胀递增
适应力强的经营战略	成本过高		

二、SWOT 分析矩阵

从表现形式上来看，SWOT 分析采用矩阵结构，如表 5-2 所示。

表 5-2 SWOT 分析矩阵

外部环境 \ 内部环境	优势（S） 列出主要优势	劣势（W） 列出主要劣势
机会（O） 列出主要机会	（SO 战略/增长战略） 发挥优势利用机会	（WO 战略/转型战略） 利用机会弥补劣势
威胁（T） 列出主要威胁	（ST 战略/多样化战略） 利用优势避免威胁	（WT 战略/防御战略） 避免劣势应对威胁

具体运用方法和步骤如下。

（1）进行企业外部环境分析，列出对于企业来说外部环境中存在的主要发展机会和威胁。主要机会与主要威胁一般各 3~5 项。

（2）进行企业内部环境分析，列出企业目前所具有的主要优势和劣势。主要优势与主要劣势一般也是各 3~5 项。

（3）绘制 SWOT 矩阵。

（4）对 SO、WO、ST、WT 策略进行甄别和选择，确定企业目前应该采取的战略和策略。

① SO 战略（优势—机会组合）。SO 战略就是依靠内部优势去抓住外部机会的战略。如一个资源雄厚的企业（具有内部优势）发现某一国际市场未饱和（存在外部机会），那么它就应该采取 SO 战略去开拓这一市场。

② WO 战略（劣势—机会组合）。WO 战略就是利用外部机会来弥补企业内部劣势的战略。例如，当市场上对于某项业务的需要快速增长的时候（外部机会），企业自身却缺乏这一方面的资源（内部劣势），企业就应该抓紧时机采取转型战略，购买相关设备、技术，雇用技术人员或者干脆购并一个相关企业，以抓住这个机会。

③ ST 战略（优势—威胁组合）。ST 战略就是利用企业的优势去避免或减轻外部威胁的打击。如一个企业的销售渠道很多（内在优势），但是由于种种限制又不允许它经营其他商品（外在威胁），那么企业就应该采取多样化战略，在产品的多样化以及其他方面多下一点功夫。

④ WT 战略（劣势—威胁组合）。企业应尽量避免处于这种状态。然而，一旦企业处于这样的位置，在制定战略时就要减小威胁和弱点对企业的影响。WT 战略就是减少内部弱点的同时避免外部威胁的战略。例如，一个资金紧缺（内在劣势）而市场对其产品的认知度又不高（外在威胁）的企业，就应该采取防御战略，放弃或收缩该产品。

【个案研究 5-1】　　　　　　　Chrysler 的 SWOT 分析

表 5-3 为一个 SWOT 分析矩阵的应用实例，即美国克莱斯勒汽车公司（Chrysler）的 SWOT 分析矩阵，其据此做出了五项战略选择。

表 5-3 SWOT 分析矩阵应用示例：Chrysler 的 SWOT 矩阵

内部环境 \ 外部环境	优势（S） 1. 1985—1987 年产品质量提高 35% 2. 劳动成本比 Ford、GM 低 3. Gulfstream 航空发动机处于领先地位 4. 盈亏平稳点从 240 万辆降至 150 万辆 5. 微面市场占有率达 50%	劣势（W） 1. 兼并 AMC 使负债率达 60% 2. 固定资产占 42% 3. 合资企业比 GM、Ford 少 4. 生产厂只限于美国、加拿大、墨西哥
机会（O） 1. 美元贬值 2. 航空/航天工业年增长 20% 3. 公司收入年增长 5% 4. 银行利率下降 5. GM 新车计划遇到问题	SO 战略 1. 兼并一个航空企业 　　（S3, O2） 2. 增加微面出口 50% 　　（S1, S5, O1）	WO 战略 1. 建立航空/航天合资企业 　　（W3, O2） 2. 在西欧建生产厂 　　（W4, O2）
威胁（T） 1. 进口汽车增加 2. 石油涨价 3. Ford 新建了先进生产线	ST 战略 增加广告投入 50% 　　（S1, S5, T1, T3）	WT 战略

注：列出主要的优势与劣势、机会与威胁，一般每项列出 3~5 个关键因素即可，多了反而淹没了重点，失去了意义。

战略选择一：利用优势 3（Gulfstream 航空发动机处于领先地位）把握机会 2（航空/航天工业年增长 20%），兼并一个航空企业。

战略选择二：利用优势 1（1985—1987 年产品质量提高 35%）和优势 5（微面市场占有率达 50%，二者说明其微面有竞争优势）把握机会 1（美元贬值，利于出口），增加微面出口 50%。

战略选择三：利用机会 2 来弥补劣势 3（合资企业比 GM、Ford 少）建立航空/航天合资企业。

战略选择四：利用机会 2 来弥补劣势 4（生产厂只限于美国、加拿大、墨西哥）在西欧建生产厂。结合战略三和战略四，即为在西欧建立航空/航天合资厂。

战略选择五：利用优势 1 和优势 5 来化解威胁 1（进口汽车增加）和威胁 3（Ford 新建了先进生产线来抢占市场），增加广告投入 50%来维持和巩固市场地位。

三、SWOT 模型分析

上面介绍了 SWOT 分析方法，现在进一步介绍 SWOT 模型分析。SWOT 模型分析的做法是：依据企业的方针列出对企业发展有重大影响的内部和外部环境因素；继而确定标准，对这些因素进行评价，判断优劣势的大小和外部环境的好坏，最终形成 SWOT 分析表。在此基础上，可以根据企业的得分来判定企业属于何种类型，如图 5-3 所示。

（1）若企业处于第 I 象限，外部有众多机会，又具有强大的内部优势，宜采用发展型战略和进攻型策略。

（2）若企业处于第 II 象限，外部有机会，但内部条件不佳，应抵制或回避诱惑，采取措施扭转内部劣势，可先采用稳定战略后再采用发展战略。

(3) 若企业处于第 III 象限，外部有威胁，内部状况又不佳，应设法避开威胁，消除劣势，可采用紧缩型战略。

(4) 若企业处于第 IV 象限，拥有内部优势，而外部存在威胁，宜固守、巩固原有地位或采用多元化经营战略分散风险，寻求新的机会。

图 5-3　SWOT 战略选择图

【专论摘要 5-1】　　　　　　对 SWOT 分析的评价①

1. 价值与长处

传统的 SWOT 分析模型广为人知，也是最常用的态势分析手段。近年来，SWOT 分析模型得到普遍应用。因为它可以使组织获得竞争优势，而且也可使个人和团队获得竞争优势。

SWOT 分析模型的最大长处是应用范围广泛。它可以用来分析不同的单元，如管理者和决策者、团队、项目、产品/服务、组织的各项职能（即财务、市场推广、产品和销售）、业务单位、公司、集团和产品市场等。它对营利组织和非营利组织都能起到同样好的作用。

在战略管理课程教学中，SWOT 分析模型还是最常用的教学分析工具。而且，它可以迅速地对影响组织与外部环境之间互相适应的关键因素进行排序。

SWOT 分析模型并不要求大量的财务（或计算）资源，只需要一些必需的数据，就可以迅速而部分有效地完成 SWOT 分析。当面对复杂的情况仅有有限的时间时，没有必要试图分析所有的战略议题。相反，战略研究人员应该用他们有限的精力去研究对状况最有影响的问题，并利用组织的资源和能力有效地处理这些问题。SWOT 为研究者提供了一个有效地研究这些问题的框架。

SWOT 分析模型不仅有助于分析企业环境，而且能够促使组织全盘考虑组织的战略，以适应组织所处的不断变化的竞争环境。另外，SWOT 分析模型还可以用来有效地评估组织的核心能力、竞争力和资源。

2. 不足与局限

---

① 赵越春. 企业战略管理[M]. 北京：中国人民大学出版社，2008：70-71.

SWOT分析模型只是一个纯粹的描述性模型，因为它并不能给研究者提供明确的、格式化的战略建议。并且，SWOT分析模型不会给决策者一个明确的答案。相反，它只是一种处理信息和应对可能发生事件（无论好坏）的方法，是组织制定经营战略和运营计划的基础。SWOT分析模型仅能为研究者提供一些普遍的、不言而喻的建议，如让企业回避威胁；把企业的优势和机会结合起来，通过剥离或改进等手段来改善自己的劣势等。

SWOT分析模型的简单易懂掩盖了它具有大量和复杂性的一面。研究者在进行状况分析的过程中，根本的焦点是收集和解释大量有关环境因素的数据，然后决定如何做出反应。解释其实是呈现判断的一种形式，会因人而异。举例来讲，一个管理者视一个环境因素（如降低国家间的贸易壁垒）为一个开拓市场的机会；相反，另外一个管理者则认为这是一个威胁，因为它加剧了竞争。

SWOT分析模型的反对者认为：对一个处境艰难的组织来讲，SWOT在制定出组织可以遵循的行动方案方面的能力有限。由于每项业务的复杂程度不同，SWOT提出的建议必须经过校准。此外，如果组织仅试图执行那些强化企业的优势并改善劣势的战略时，组织就有可能错过许多诱人的机会，因为这些机会只有在组织情况变糟时才会出现。其他一些批评者指出：SWOT分析模型只强调数据的质，而忽略了数据的量；强调事后而不是事前；在区分优势、劣势、机会和威胁时过于简化。最后，由于没有经过测试和检验，研究者会对组织的劣势估计不足，对优势估计过高，经常盲目乐观。

为了克服这些不足之处，研究者必须紧密联系实际，而且不能被组织的主流思想所左右。由于存在管理盲点，SWOT分析模型经常失效。因此，公正的外行加入分析小组可以确保偏差降低到最低程度。

确保分析模型应用成功的因素是，在分析的过程中应严谨、准确和有创造性。以下是几个容易遗漏的注意事项。

（1）用于管理战略的数据和信息的审查标准一定要简洁。

（2）在分析时，长长的列表表明缺乏优先次序。

（3）对SWOT各个因素的简短而模棱两可的描述，表明没有考虑战略的含义。

第二节 波士顿矩阵（BCG矩阵）

波士顿矩阵是在20世纪60年代后期由美国波士顿咨询公司（Boston Consulting Group，BCG）提出的进行战略评价的方法，也称BCG矩阵，主要用于对各经营业务单位（SBU）的战略方案进行分析、选择。

一、波士顿矩阵的基本结构

该方法把一个公司各种战略业务单元所处的地方，画在一张具有四个区域的坐标图上。如图5-4所示，图中横坐标表示某项业务的相对市场占有率，代表公司在该项业务上拥有的实力；纵坐标表示该项业务的市场增长率，代表该项业务的市场吸引力；每个圆圈面积的大小表明该项业务销售收入的多少。其中的市场增长率是根据历史资料计算的，即

$$市场增长率（当期）= \frac{（当期总销售额 - 上期总销售额）}{上期总销售额 \times 100\%} \quad (5-1)$$

在比较前后两期的销售额时，应消除价格变动因素。高增长和低增长的分界线，可根据具体情况相机选择。如果公司所经营的多种业务属于同一行业，则可以把行业的平均增长率作为界限；如果公司经营的各种业务很分散，缺乏共性，则可以把国民生产总值（或全国、全省、市的工业总产值）增长率作为分界线；也可以把各项业务的加权平均增长率作为分界线；也有公司把目标增长率作为分界线，以此来区别那些拉高或拉低了全公司增长率的业务。图 5-4 中的分界线定在 10% 的增长率。

图 5-4 波士顿矩阵

相对市场占有率代表了企业某项业务的实力，是以倍数而不是以百分数表示的。之所以不用市场占有率来表示，是由于各行业的集中程度不同，直接以市场占有率表示企业某项业务在同行业中的地位是不确切的。例如，10% 的市场占有率在一个高度分散的行业中可能处于一个相当强的地位。相对市场占有率的计算公式如下

$$相对市场占有率 = \frac{本公司某项业务本期销售额}{最强的竞争对手该业务本期销售额} \quad (5-2)$$

相对的市场占有率等于 2，意味着本企业某项业务的销售额是最强的竞争对手的两倍，而等于 0.5，则表示只有竞争对手的一半。图 5-4 中的分界线定在 1.5 倍。

在波士顿矩阵中的第三个参数是各项业务的销售收入。它以圆圈的面积来表示，说明该业务在公司所有业务中的相对地位和对公司的贡献，可以用来说明各项业务对公司贡献的指标不只是销售额，其他指标如利润额等也可以起类似的作用。之所以采用销售额指标，是因为它容易取得而且很少出差错。

本公司和竞争对手的准确销售额数据往往是现成的，而要取得竞争对手真实的利润资料却是相当困难的，即使是本公司的利润中也往往包含一些在各经营业务间费用分摊的合理性问题，从而容易导致比较中的偏差。

二、波士顿矩阵在企业战略分析中的运用

1. 幼童类（问题类）

位于矩阵右上角的业务，具有较高的市场增长率和较低的相对市场占有率。这类业务由于市场增长迅速而具有吸引力，但在市场上的地位还比较低，因而是一项待开发的业务。

2. 明星类

处于矩阵左上角的业务，具有较高的市场增长率和较高的相对市场占有率。由于它们所处的地位优越，所以能回收大量资金。但企业如果要在迅速增长的市场中保持其优势，也需要对其投入大量资金。

3. 金牛类

处于矩阵左下角的业务，具有较低的市场增长率和较高的相对市场占有率。因此，这类业务能回收的资金大于再投资的需要，是企业资金的主要来源。

4. 瘦狗类

位于矩阵右下角的业务，具有较低的市场增长率和较低的相对市场占有率。他们既没有吸引力也处于软弱的市场地位。所以，如果没有短期内发生转机的迹象，合乎逻辑的决策是尽量利用，只回收而不投资或转让。

对于企业来说，通过波士顿矩阵分析可采取的经营组合战略概括如下：首要目标是维护"金牛"的地位，但要防止常见的对其追加过多投资的做法。金牛类业务所得的资金应优先于维护和改进那些无法自给自足的明星类业务的地位。剩余的资金可用于扶持一部分筛选的问题类业务使之转变成明星类业务。多数公司将会发现，若选择同时扩大全部问题类业务的市场占有率的战略，他们的现金收入是不够用的。因此应放弃那些不予投资的问题类业务。

应用 BCG 矩阵的战略选择如表 5-4 所示。

表 5-4　应用 BCG 矩阵的战略选择

业务类型	战略选择	经营单位营利性	所需投资	现金流量
明星	维护或扩大市场占有率	高	多	几乎为零或微小负值
金牛	维护或收获战略	高	少	极大剩余
幼童	扩大市场占有率	低或为负值	非常多	负值
	或放弃或收获战略	低或为负值	不投资	剩余
瘦狗	放弃或清算战略	低或为负值	不投资	剩余

第三节　GE 矩阵（九宫格）

早在 20 世纪 70 年代初期，美国通用电气公司（GE）在应用波士顿矩阵分析公司的业务结构时就发现，除市场增长率和相对市场占有率以外，还有许多在分析中不容忽视的重要因素。因此，它提出了另一种现今得到广泛应用的业务结构分析方法，即行业吸引力—竞争能力矩阵，也称 GE 矩阵，俗称九宫格。

一、GE 矩阵的基本结构

GE 矩阵实质上就是把外部环境因素和企业内部实力归结在一个矩阵内,并以此进行经营战略的评价分析,如图 5-5 所示。

	竞争能力		
行业吸引力	强	中	弱
高	领先地位扩张	不断进化扩张	资金源泉维持
中	发展领先地位扩张	密切关注维持	分期撤退回收
低	加速发展或放弃维持	分期撤退回收	不再投资回收

图 5-5 GE 矩阵

其中,行业吸引力取决于外部环境因素,也就是与各项业务有关的不可控制的外部因素,如市场容量、市场增长率、行业竞争结构、进入壁垒、行业盈利能力等。它通常分为高、中、低三个档次。由于外部环境因素众多,企业往往需要识别哪些是关键因素,并以此来评价行业吸引力。

竞争能力取决于企业内部的各项因素,如市场占有率、制造和营销力量、研究与开发力量、财力、质量和管理素质等。它通常分为强、中、弱三个档次。由于内部环境因素众多,企业同样需要识别哪些是关键因素,并以此与主要竞争对手相比较,以评价企业的实力。

行业吸引力的三个等级与竞争能力的三个等级构成一个具有九象限的矩阵,故又称九宫格。企业中的每一经营单位都可放置于矩阵中的某一位置。但总体而言,企业内所有经营单位可归结为三类,即扩张类、维持类、回收类对不同类型的经营单位应采取不同的战略。

1. 扩张类

这类经营单位具有较强的竞争地位,同时这类行业也很有发展前途。因此,对于这一类经营单位,企业应采取扩张战略,即通过多投资以促进其快速发展,从而巩固经营单位在行业中的地位。扩张类经营单位所在的象限也称为"绿灯区"。

2. 维持类

这类经营单位的竞争地位和行业前景都处于中间状态,企业应采取维持战略,即通过市场细分、选择性投资、纵向一体化等努力维护现有市场地位。维持类经营单位所在的象限也称为"黄灯区"。

3. 回收类

这类经营单位的行业吸引力和竞争力都很低,应采取回收战略,即有计划地降低市场占有率，以回收资金，如提高产品价格、降低库存水平、减少营销费用、减少研究开发费用等。对一些目前还有利润的经营单位，采取逐步回收资金的抽资转向战略；对一些不盈利而又占用资金的经营单位则采取放弃战略。回收类经营单位所在的象限也称为"红灯区"。

二、GE 矩阵在企业战略分析中的应用

在使用 GE 矩阵时，要确定出每个经营单位在矩阵中的位置，必须将行业吸引力和竞争能力中的每个因素进行定量化。

1. 确定对每个因素的度量方法

一般来说，在对影响行业吸引力和竞争能力的每个因素进行度量时，可选择具有五个等级的里克特（Likert）等级度量法，如表 5-5 所示。然后对每一等级赋予一定的分值。如果某一因素很不吸引人，可以给予 1 分的值；而对很吸引人的因素赋值 5 分。

表 5-5 里克特等级及赋值

等 级	很不吸引人	有些不吸引人	一般	有些吸引人	很吸引人
赋 值	1	2	3	4	5

2. 计算行业吸引力与竞争能力的等级值

首先从影响行业吸引力与经营单位竞争能力的众多因素中找出一些关键环境因素；然后根据每个关键因素的相对重要程度给出各自的权数，各个权数之和等于 1；再对每个因素按第一步确定的度量方法，即里克特等级度量法予以分别评分；最后用权数乘以等级值就得出每个因素的加权值，把所有关键因素的加权值加总，即得到各个因素的总加权值。各个因素的总加权值即代表了行业吸引力与经营单位竞争能力的等级值。表 5-6 和表 5-7 是两个具体的例子。

表 5-6 行业吸引力的等级值

评价因素	权 数	评 分	加 权 值
税收	0.05	4	0.20
汇率	0.08	2	0.16
零件供应	0.10	5	0.50
工资水平	0.10	1	0.10
技术	0.10	5	0.50
人员来源	0.10	4	0.40
市场容量	0.15	4	0.60
市场增长率	0.12	4	0.48
行业盈利能力	0.20	3	0.60
合计	1.00		3.54

表 5-7 竞争能力的等级值

评价因素	权 数	评 分	加 权 值
研究与开发	0.10	1	0.10

生产	0.05	3	0.15
营销	0.30	3	0.90
财务	0.10	4	0.40
分配	0.05	2	0.10
管理能力	0.15	5	0.75
利润率	0.25	4	1.00
合计	1.00		3.40

3. 确定各个经营单位的位置

为了简便起见，这里假定行业吸引力或竞争能力的强、中、弱三个等级的分界点为 3.0 和 1.5，即分值在 1.5 以下者为弱，1.5~3.0 者为中，高于 3.0 者为强。以上述例子来说明，行业吸引力总分为 3.54，竞争能力总分为 3.40，则经营单位处于矩阵图的左上方，是一个比较理想的企业，如图 5-6 所示。

图 5-6 经营单位所处位置

如果企业有很多个经营单位，则分别对各个经营单位的行业吸引力和竞争能力进行评分，如表 5-8 所示。

表 5-8 多个经营单位的总分值

经营单位	行业吸引力	竞争能力
A	3.38	3.40
B	1.05	2.50
C	2.45	0.75
D	3.50	2.20
E	2.35	3.60
F	1.10	0.75

然后根据各经营单位对应的分值确定出每个经营单位在矩阵图中的位置，如图 5-7 所示。

图 5-7 经营单位所处位置

4. 确定各个经营单位的战略

根据不同经营单位在矩阵中所处的位置，应用 GE 矩阵的战略建议，对不同位置上的经营单位采取不同的战略。

第四节 战略方案的评价及选择

一、战略方案的评价及选择过程

企业经营战略方案评价的目的在于确定各个战略方案的有效性。要分析由战略研究设计人员提出的若干战略方案对企业及所属事业部的未来经营将会带来什么影响，比较各方案优劣、风险及效果，其评价及选择过程分为以下几个阶段。

(1) 分析各战略方案是否与国际环境、宏观环境及行业环境未来发展趋势相适应。

(2) 各种经营战略方案的有效性如何，能否达到企业战略的目标，差距何在。

(3) 各种经营战略方案对企业资源的要求。分析现有企业资源能否满足各战略方案的需求，即分析企业资源现状、资源结构和资金利用情况（按人员结构、资金结构、技术装备结构、劳动生产率、资金周转率、资金利润率、设备利用率等方面进行分析）。

(4) 各种经营战略方案对企业组织与管理等方面的要求。分析企业现在的组织效能与管理状况（即对企业管理体制、管理方式、经营机制、领导体制、决策方式、职能部门设置与工作方式、总公司与分公司及子公司的关系等问题进行分析），企业现有组织与管理状况能否满足各战略方案的要求，从组织与管理上应做哪些调整才能保证战略的实施。

(5) 各种经营战略方案内部一致性分析，即分析每个经营战略方案对企业内部的研究开发、生产发展、市场营销、人力资源、财务资金等各方面要求是否协调一致，有无相互矛盾。

(6) 在每种经营战略方案中各战略阶段划分是否恰当，企业在各阶段中承受能力如何。

(7) 比较各种战略方案的优缺点、风险及效果，提出战略性的补充措施。

(8) 预估在企业战略实施中将会遇到的困难和阻力，以及克服困难的可能性。

二、影响战略选择的因素

战略选择不是凭空想象或凭决策者个人的好恶和情感而生成的，它受到许多因素的制约，其中影响战略选择的关键性因素是：企业过去的战略、高层管理者对风险的态度、企业内部的人事和权力因素、企业文化、企业对外部环境的依赖程度、时间因素、竞争对手的反应等。

1. 企业过去的战略

无论企业是否自觉地制定和实施发展战略，企业战略都客观存在并指导着实践。对大多数企业而言，过去的战略通常都是新战略选择的主要影响因素，过去的战略是新战略的起点，新战略是过去战略的延续。

在特殊环境中，只有极少数企业否定原有战略（其原因是原有战略选择是错误的、不合时宜的）而选择一种全新的战略。但它必须满足两个基本前提：一是要有充足数量和较高质量的资源（物质、技术、人才、管理和信息）支持新战略的实施；二是组织结构调整和人事变动必须符合新战略的要求。只有这样，新的管理层才能减少过去战略的限制，真正排除原有战略的影响，推进新战略的实施。

2. 高层管理者对风险的态度

战略选择的风险来自诸多方面，如技术领先与产品创新、产品系列化、多元化经营、收购与兼并、进入国际市场、生产能力扩张、组织结构调整等。没有一种战略选择可以消除战略实施过程中固有的风险。

战略选择中的风险因素不可避免，关键在于决策者对风险所持的态度。一般来说，面对风险大体有两类态度：一类是乐于承担风险，他们往往在更多的、更广泛的战略方案中做出选择，表现出更强劲的进取精神；另一类是尽可能回避风险，他们往往倚重过去成功的战略，不到万不得已的情况下很难做出创新性的选择，这种稳健性的态度往往将战略选择局限在较狭窄的空间内。

3. 企业内部的人事和权力因素

权力是存在于企业内部人们之间的一种相互关系，凭借这种关系，某一类人可以对另一类人施加影响，使之做一些没有这种关系就无法做到的事情。许多事例说明，企业的战略选择更多的是由权力来决定，而非由理性分析决定。

最高管理阶层的权力及地位，使其成为影响企业文化和战略选择的强有力因素。在许多企业，权力主要掌握在最高负责人手里，在战略选择中常常是他们说了算，在他们权欲很大时尤其如此。当企业拥有最高权威力量的领导人赞成某种战略方案时，这一战略方案一般会成为该公司的最终选择。

还有另一种权力来源，人们称之为联盟，在大型组织中，下属单位和个人（特别是主要管理人员）往往因利益关系而结成联盟，以加强他们在主要战略问题上的决策地位，往往是企业中最有力的联盟，对战略选择起决定性的作用。

在决策的各个阶段都有相应的政治行为在施加影响，不同的联盟有其不同的利益和目标，不应简单地把它看成坏事。政治行为在组织决策中是不可避免的，应将其纳入战略管理之中，个人、下属和联盟之间的正式与非正式谈判和讨价还价，是组织协调的必要机制。确认和接受这一点，在选择未来战略中就能强化向心力，选择出更切实际的战略。

因此，战略的选择往往是一个协商的过程，是企业内部各方面人事关系及权力平衡的结果，而并不是一个系统分析的过程。

4. 企业文化

企业文化作为企业的价值观、经营宗旨和行为准则，在很大程度上决定企业的运行模式，也决定运行是否成功。战略选择一般要适应企业文化。如果选择的战略方案与企业文化格格不入，除非管理者有能力变革企业文化，缩小战略方案与企业文化之间的差距，否则，它一定会失败。

5. 企业对外部环境的依赖程度

全局性战略意味着企业在更大的外部环境中的行为，企业必然要面对所有者、供应商、顾客、政府、竞争者及其联盟等外部因素，这些环境因素从外部制约着企业的战略选择。如果企业高度依赖于其中一个或多个因素，其战略方案的选择就不能不迁就这些因素。企业对外部环境依赖性越大，其战略选择余地及灵活性就越小。例如，一个企业主要生产另一个企业配套的协作件，则其经营战略就不得不适应该协作单位的要求。

6. 时间因素

时间因素主要从以下几个方面影响战略的选择。

（1）有些战略决策必须在某个时限前做出，在时间紧迫、来不及做全面仔细的评价分析的情况下，决策者往往着重考虑采用这种战略方案产生的后果，而较少考虑接受这种战略方案带来的效益，这时往往不得已而选择防御性战略。

（2）战略选择也有一个时机问题，一个很好的战略如果出台时机不当也会给企业带来麻烦，甚至是灾难性后果。

（3）不同的战略产生的效果所需时间是不同的，如果管理人员关心的是最近两三年内的企业经营问题，他们通常不会选择五年以后才产生效果的经营战略，即战略所需的时间长度同管理部门考虑的前景时间是关联的，企业管理者着眼于长远前景，则他们就会选择较长时间跨度的战略。

7. 竞争对手的反应

企业高层领导在做出战略选择时会全面考虑竞争对手将会对不同的战略做出哪些不同的反应。如果选择是一种进攻型战略，对竞争对手形成挑战的态度，则很可能会引起竞争对手的强烈反击，企业领导必须考虑这种反应，估计竞争对手的反击能量，以及对战略能否取得成功的可能影响。

除上述七项因素外，企业在最后做出战略选择时，应采取权变的态度。如果企业的基本假设条件发生变化，企业就会调整或修改选定的战略。因此对于企业没有选择的战略方案不应废弃而应存档，在今后的战略调整或修改过程中或许具有一定的参考价值和选择余地。

【个案研究 5-2】　　　　　　日本明星精密机械公司的战略选择

日本明星精密机械公司在 1950 年创业之初，根据日本当时的现状，为使企业能够遵循正确的发展方向，确定了以下三条基本方针。

（1）选择不依赖自然资源或不使用自然资源的事业，因为日本自然资源缺乏，石油、钢铁等供给相对困难。

（2）选择生产运输成本低的产品，因为当时日本静冈县仅有生产木器家具和食品罐头的加工企业，产品体积大、运输成本高、生产利润空间小。

（3）选择不使用人力的事业，因为当时日本工业刚刚恢复，职工工资还很低，受美国自由化的影响，常常由工会组织罢工，对生产造成很大的影响。

基于以上原则，要选择原材料比率低、运输成本低而附加值高的产业，自然就集中到了精密机械行业，但这一行业往往需要大量的人工劳动，所以该公司提出彻底机械化、自动化的战略方针。他们从瑞士引进最新型的自动车床，建立了以生产手表产品零部件为主的精密零件生产体制，为公司后来的成长、发展奠定了基础。

资料来源：王方华. 企业战略管理[M]. 2版. 上海：复旦大学出版社，2006：179.

本章内容结构

综合练习

一、名词解释

SWOT 分析　　波士顿矩阵　　GE 矩阵

二、简述题

1．简述波士顿矩阵的基本结构。
2．简述 GE 矩阵的基本结构。
3．简述影响战略选择的主要因素。
4．简述 SWOT 分析的基本思路。
5．简述 SWOT 分析矩阵的具体运用和步骤。

三、案例分析

国美电器的 SWOT 分析。

实训练习　　　　　　　　为自己做 SWOT 分析

一、实训项目

每个学生设计并分析自己的 SWOT 矩阵。

二、实训目的

通过每个学生为自己做 SWOT 分析考查学生对 SWOT 分析方法的掌握程度，并提升学生运用此方法解决实际问题的能力。

三、实训要求

1. 在学习并掌握本章 SWOT 分析实例（克莱斯勒的 SWOT 矩阵）的基础上，为自己做一个 SWOT 矩阵。
2. 认真分析外部机遇与威胁、自身优势与劣势，特别是对自身的分析。
3. 按 SWOT 分析的流程步骤进行。

四、成绩评定

1. 流程形式占 50%，考察对 SWOT 分析方法流程、规范的理解和运用。
2. 内容占 50%，考察分析实际问题的运用能力。

推荐阅读

1. 赵越春. 企业战略管理[M]. 3 版. 北京：中国人民大学出版社，2019：第四和第七章.
2. 杨锡怀，等. 企业战略管理[M]. 4 版. 北京：高等教育出版社，2016：第八章.
3. 王方华. 企业战略管理[M]. 2 版. 上海：复旦大学出版社，2006：第三和第五章.
4. 刘平. 保险战争[M]. 北京：电子工业出版社，2009：第二和第六章.
5. 高红岩. 战略管理学[M]. 北京：清华大学出版社，2007：第三和第七章.
6. 雷银生. 企业战略管理教程[M]. 2 版. 北京：清华大学出版社，2010：第三和第九章.

阅读材料 5-1　　　　　　　　贝塔斯曼中国之必然[①]

概括起来，一个过时的运营模式，一个不能紧跟时代的战略方向，13 年从终点又回到了起点。贝塔斯曼中国有五错：

（一）成功的亢奋导致的僵化教条

1995 年，贝塔斯曼集团开始进军中国市场，而在此之前它就已经是世界四大传媒巨头之一。它的旗下不仅有大名鼎鼎的兰登书屋，还有欧洲最大的电视广播集团 RTL。当年在进入中国市场之初，

[①] 刘平. 贝塔斯曼：满身光环的失败者[J]. 销售与市场，2008（8）.

贝塔斯曼选择了复制自己横扫欧洲的成功经营模式——贝塔斯曼书友会。

在德国，书友会不仅受到那些爱听德国民乐、持传统思想的空巢老人的欢迎，对于任何一个年龄层的家庭成员都有足够的吸引力。贝塔斯曼的很多会员甚至不愿去实体书店买书，书友会几乎就是他们购书的唯一渠道。贝塔斯曼书友会是全世界几大图书企业之一，但它进入不同的国家之后，会在经营形式上作相应的调整，但这样的调整却一直没有在中国出现，只是照搬了德国书友会的形式。

习惯了免费入会的中国会员对20元的入会费，以及每季度都得买一本书等"游戏规则"表示反感，认为这项规定多少带有强迫购物的感觉。书友会显然忽视了中国会员的经济问题，也没考虑到在某个季度内，会员可能的确没有喜欢的书。如果会员在一个季度内没有买书，贝塔斯曼就会向会员发出"警告"，然后向读者推荐一本书友会"精心挑选"的图书。会员如果坚持不消费，将会被取消会员身份。这样一种强制消费形式的协议，最终只会导致更多会员主动"消失"。尽管后来书友会取消了一些硬性规定，但已为之晚矣。

不仅如此，贝塔斯曼书友会的运作模式还套用了其在海外的做法：针对作家，买断版权，承诺大发行量，这和国内普遍与作家谈版税、谈起印量的做法迥异，但往往是做出承诺后卖不完。以4.5折甚至更低的价格、几万册包销的形式，买断某本书在新华书店以外的销售权，然后通过邮册直投和网站推荐，却不一定都能卖出，而销售做不好，流动资金就会被严重占用。另一方面，高价抢来的书和低价选来的书是否合读者的意，也常常是个问题。贝塔斯曼的固执还来自于对实体书店的巨额投入，据说这是来自法国的成功经验。

贝塔斯曼在中国开设实体书店以经营失败告终，折射出当前国内传统形式的实体书店普遍遭遇的困境。在欧洲，去书店买书、看书已经成为人们的生活习惯。高书价、低房租也成为书店遍地开花的有利条件。门店在法国之所以取得成功，是法国的书籍定价高，利润丰厚，而中国一本书大多20~30元，门店地租昂贵。即使贝塔斯曼专门聘请了一位国际知名快餐公司经营者做门店，仍然无力回天。

用过去成功的方法做未来的事情，这是多数企业的自然选择。然而，不能因地制宜进行创新，迟早陷入危机，这是必然！在美国本土相对于麦当劳处于劣势的肯德基，在中国却遥遥领先于麦当劳，值得学习和借鉴。肯德基在中国胜出的关键是清晰的客户定位、恰当的营销策略和产品的本地化创新。

麦当劳在美国本土市场占据明显优势，而单就中国市场肯德基却优势尽占。形成如此鲜明反差的真正原因是肯德基充分适应了中国市场的客户需求，其核心是准确的客户定位和策略。麦当劳在美国提供的是5美元左右的标准快餐，男女老少都当普通快餐对待，消费人群众多。如此直接搬入中国，自然"水土不服"。一是各类中式快餐众多、就餐方便；二是麦当劳20~30元人民币的消费在中国已超出普通快餐的水平，如此，消费人群骤减。肯德基却顺应中国国情，为中国消费者而改变，提供"快乐活泼、青春时尚"的餐饮服务和文化（摆脱了快餐的定位），吸引并锁定了孩子及父母、青年及学生、年轻恋人等此类消费力强的人群反复消费，其在中国的成功自然也就不言而喻了。

（二）墨守成规，缺乏前瞻性的眼光贻误商机

在波特五力竞争模型中，最容易被忽略的竞争力量就是替代技术、产品和服务，而威胁最大也

正是这股力量，这是一种彻底的、颠覆性的力量。在数字时代迷失的不只是贝塔斯曼，还有柯达（胶卷）等众多明星企业。贝塔斯曼中国13年的最大败笔就是没有全力进军网上书店，他们的"BOL"（贝塔斯曼在线）很早就建立，但是却并没有全力进军这一业务。贝塔斯曼图书业务在中国失败的直接推手正是目前逐渐升温的电子商务热潮，当国外的电子商务稍显颓势的时候，中国的电子商务才刚刚进入高潮。

贝塔斯曼在中国曾经试图建立一个类似亚马逊的网络图书销售商城，但是在2002年，贝塔斯曼又改变了市场策略（与集团高层权力斗争有关，极富先见之明的米德尔霍夫在2002年被贝塔斯曼集团创始人摩恩家族掌控的董事会解除了董事长和CEO的职务），放缓了原本已经具有势头的BOL在线商城的建设。贝塔斯曼的迟缓和犹豫使其成了"起大早赶晚集"的注解者。

无论在中国国内，还是在美国图书市场，亚马逊网上书店凭借着互联网的崛起一跃成为全球最大的书店。网上购书平台减少了库存压力，也不受店面限制，随时备有十几万种图书可供挑选，选择余地更大，而且折扣更低。从商业模式上说，互联网以其跨越空间、快捷访问、海量数据的特点，早已覆盖了目录销售的所有优势，却没有书友会招募和维护会员的成本。从那时起，贝塔斯曼书友会目录行销的模式已经埋下了失败的种子。

与此同时，本土的当当、卓越等大型网络书店迅速崛起，这些最初"国产"的网站多多少少借鉴了贝塔斯曼的经营模式，但很快找准了吸引读者的"命门"，例如，种类繁多的产品、快速投递、购书100元免运费等措施，使得贝塔斯曼书友会遭到了严峻挑战。由于大手笔的投入导致书籍价格偏高，许多书友会的会员选择了在贝塔斯曼邮册上选书、然后到便宜的网站上购买的方法，这也令贝塔斯曼书友会难以为继。

不仅如此，直接照搬在法国取得成功的直营店做法的弊端也很快显现出来。网络书店迅猛发展，不断蚕食着实体书店的市场份额，把实体书店的利润空间挤压得十分厉害。"当亚马逊和当当采取低价策略的时候，贝塔斯曼在干什么？居然在发展门店，一门心思把钱砸给房地产商和租赁商，这还不算人力成本。"有业内人士对贝塔斯曼书友会市场应对缓慢表示不理解。

"依靠目录卖书实际上就是一种赌博。"当当网联合总裁李国庆说，印刷成本、投递成本会随发行量攀升，如果目录上的书选不好就完全失去了机会。能上目录的书数目毕竟有限，无法满足广泛读者群的需求，这就限制了整体销量，也无法形成规模效益；而网站上位置资源无限，所有书都能展示，成本也低。目录行销已无法满足数以万计图书零售的需要，特别是在图书电子商务兴起的当今社会；目录行销比较适合产品种类有限且可反复消费的商品销售，北京红孩子母婴用品公司成功的目录直销也从侧面验证了这一点。

（三）财务失控，营运成本居高不下

标准外企的管理实际上让贝塔斯曼书友会和直营店喘不过气来。图书销售是一个微利行业，"几千万图书销售额居然需要700多员工，这在业内遭到耻笑。"曾任贝塔斯曼亚洲出版公司总编辑、贝塔斯曼书友会总编辑的黄育海如此说。"外企"的名号让它运营成本远远高于本土民营书店，入不敷出也在情理之中。而"空降"管理层动辄百万年薪，这在其他图书销售企业是难以想象的。

2001年，贝塔斯曼书友会业务在华达到顶峰，活跃会员有150万之巨，年销售额超过1.5亿元人民币。但这些让德国总部心动的数字背后的代价则是高昂的宣传、广告费用。有数据显示，仅会员直销目录每月花费就达 300 万元人民币，《读者》10 年间从贝塔斯曼获取的广告费用更是天价。仅这两项支出就几乎可以吃掉书友会图书销售所得的微薄"利润"。这样一种不计代价的宣传方式，在许多企业看来是自杀式的。

13 年从未盈利过的长期亏损，致使贝塔斯曼中国资金紧张，拖欠书款，终成恶性循环。结账慢，说明资金周转不灵；拖欠款，则拿不到出版社的新书、好书，这又致使销售形势进一步恶化。高营运成本又使得留给读者的折扣非常有限，当书友会折扣优势不在，物流体系明显滞后于当当、卓越之时，书友会的销售额从 1.5 亿元最高值缩水到几千万元的水平就可想而知了。所谓 150 万会员，大部分已经处于沉睡状态，仅 30 万会员购书超过 10 次。贝塔斯曼全国图书连锁店及书友会陷入这样的恶性循环，也直接导致了其步入经营困境并最终撤出中国。

有雄厚的资本实力既是好事，却也未必。贝塔斯曼 13 年的"挥金如土"，既体现了贝塔斯曼的实力，也看出了贝塔斯曼的"耐心与决心"，然而，这种执着和挥洒却抵不过"名不见经传""以小博大"的当当和卓越，让我们对"富不过三代"的古训又有了新的体验和认识。

（四）淡漠本土化，盲目迷信外籍高管

为拓展中国市场，贝塔斯曼曾将在德国、法国和美国取得了巨大成功的管理者们调到中国，希望中国业务有起色。可惜，贝塔斯曼唯一没做的事就是为中国市场找个中国管理者。"虽然贝塔斯曼在中国的员工 99%都是中国人，但是 CEO 从来都是外国人，和当地的文化融合就有冲突。即使招募中国管理人员，贝塔斯曼也更看重员工的海归经历和 MBA 管理经验，反而忽略了图书本身的文化特点。"

13 年间，贝塔斯曼换了很多任中国区老板，一个老板来了热衷开门店，又来一个老板感兴趣增发目录，再来一个老板迷信打广告……但却始终没有出现过一位中国本土的 CEO。

法国老板认为，在法国取得成功的门店模式也一定会在中国取得成功，于是广开门店，但门店与书友会直销又形成了竞争关系；美国老板则喜欢把会员再次细分，分成依据爱好不同的书友俱乐部；德国老板则喜欢传统的经营方式，不喜欢做改变。对于在中国的宣传推广，历任老板也是各行一套，尝试了各种所谓成功的方法。

"他们一开始到中国都信心百倍，将自己成功经验复制过来，但一年后就发现这些法宝并不适用中国。"一位从贝塔斯曼离职者说。德国总部始终坚持认为书友会模式没有问题，不肯在中国做出一些必要改变。这样很多人开始绝望，陆续离开，有的就到了竞争对手公司。

这其实体现的是一种盲目的傲慢与自信，迷信德国、法国和美国成功的管理者，而对熟悉国情的本土高级管理人员却熟视无睹。李国庆说："贝塔斯曼最大的问题就在于管理者水土不服。"黄育海也认为，管理者是贝塔斯曼失败的最大原因。事实胜于雄辩，当当和卓越的杰出表现，充分证明了本土高管人员的才华与能力。

不仅如此，管理体系的紊乱也影响甚大。按照贝塔斯曼集团传统，贝塔斯曼各子公司拥有各自的管理系统，中国区也是如此。各行其是、相互矛盾的混乱状态相应产生。如市场部会把最好的书拿去招收会员，因为考核他的只有会员数量；销售部的人就抱怨好书都白送了，读者没什么可挑了。

上海大学的学生孙良就是这种混乱状态的"受害者"。他说，有一次收到了一张贝塔斯曼的宣传单，内容是只要购买一定金额的图书就可以参加去香港旅游的抽奖。他不知道这是不是邮购目录部门主办的活动,就将询问电话打进了会员连锁店,连锁店却表示没有这项活动。此类混乱不堪的管理让很多人因此对贝塔斯曼失去了信任,退出了书友会。

(五)忽视跨国经营政策藩篱的作用

贝塔斯曼在中国几乎遭遇了一个跨国公司在开拓新市场所能遇到的各种问题。最直接的影响是来自政策层面的制约。当时中国政府明文规定禁止外商独资在华开展图书出版业务,中国加入WTO以后,政策虽有所松动,但也只有符合法律规定的各种合作形式可以采用。贝塔斯曼不知道自己什么时候才能像在德国或在美国那样成为一个出版公司,而不仅仅是一个在工商局注册的、与国内出版公司合作的"上海贝塔斯曼文化实业有限公司"。没有出版权,就要始终受制于人。尽管在之后的数年间,贝塔斯曼以各种合作方式插手了图书产业链的每个环节,但是它始终受合作伙伴和政策的牵制,无法发力。

2003年,贝塔斯曼获得民营企业北京21世纪图书连锁公司40%的股份,成立首家中外合资的全国性连锁书店,以此突破中国限制外资从事图书零售的规定。当本土图书实体店生存都面临危机之时,舶来的贝塔斯曼也没有高妙之举,更何况位于上海福州路的贝塔斯曼21世纪书店所售图书种类不过万余种,仅和小型书店持平。

在关闭了十多家连锁书店之后,在出版业务方面,贝塔斯曼也遭遇挫折。拥有兰登书屋的贝塔斯曼一直等待着中国政府开放出版市场,但德国人的耐心已经忍受到了极点。贝塔斯曼自己也不知道什么时候才能在中国成为一家真正的出版公司,而不是"上海贝塔斯曼文化实业有限公司",或者没有什么发言权的合资公司。从销售、物流到出版,贝塔斯曼以各种方式渗透到图书产业各个环节,但始终受制于政策。

这些都是跨国企业必须面对且要有效解决的重要问题,需要有打持久战的心理准备并妥善安排财务计划,也许目前就是"黎明前最黑暗的时刻",渡过了就是胜利者,反之,就成了彻底的失败者。贝塔斯曼在中国创造了许多第一,却也成了带着众多光环的失败者。适度是管理永恒的主题,以快制胜要适度。"领先10步是先烈,领先5步是先驱,领先半步是成功。""跑马圈地"要适度,要量力而行,财务稳健最重要。速度、规模和效益是扩张需要综合考虑的三个要素。

(六)结束语

贝塔斯曼在中国营业13年未能盈利,不仅有战略选择和销售模式的问题,也有管理和心态的问题。例如,书友会没有考虑中国读者的消费习惯,它要收取一定的会员费,但在中国,大家更习惯免费。最初,每个会员都有每个季度买书的义务,否则半年后会被取消会员资格,甚至会因为没有履行会员义务而收到律师函,这都让书友会的信誉受到影响。忽视了网上书店的兴起对传统模式的影响和冲击。另外,作为一家外企,它的运营成本居高不下。当然,几年来高管频繁更换,更令公司的经营雪上加霜。贝塔斯曼书友会及连锁书店的倒闭,对国内外企业的最大警示就是要有因地制宜、因时制宜、因人制宜、因己制宜的战略选择和策略安排,做到真正的知己知彼,培育出自己的核心竞争力,在激烈的竞争中形成自己的特色和优势市场。企业制胜不仅需要可靠的盈利模式,更需要有效的管理,适应市场变化、注重成本控制、本土化运行等,这在任何企业都是值得借鉴的。

阅读材料 5-2　　　　快乐购的全媒体销售模式[①]

成立于 2005 年的快乐购，目前已拥有的渠道有电视台、电台、网站、手机，还有一档借助湖南卫视平台的时尚节目。如今每年销售额已经突破数十亿元的快乐购，既销售柴米油盐，也卖保险、汽车……这样一种销售模式，也被称为"空中百货"。

与线下卖场沃尔玛有别的是，快乐购塑造的是一个突破了物理空间的超级卖场——通过电视、互联网、手机等多种媒介作为销售通路，以其特有的零售理念，把产品送到消费者手里。

简单来说，快乐购模式的核心概念是一个电视网的模式。一套节目制作后，在全国不同的地理区域同时落地，一套物流体系，一套传统采购。如今，快乐购已经衍生出第二套节目，主要锁定湖南本土消费市场，并计划将汽车、房产、大型家电等大宗商品纳入营销领域；而此外，快乐购还联合电视台（湖南时尚频道）、电台（FM88.6）、网络（hi886.cn 快乐团购网）以及快乐购地面实体连锁店，组成"四网合一"模式的全媒体购物平台。

创新、诚信和传播快乐，则是这家媒体零售公司的理念。

很长的一段时间里，国内电视购物市场良莠不齐，一些电视购物公司包下了电视频道里的"垃圾时段"，销售"高新奇"的产品。由于过度宣传，消费者因此购买了不少不实产品。在这样的环境下，虽然背后依靠着湖南广电这样的全国性品牌，但快乐购仍然希望以品牌突围，获得消费者的信任以及市场的认同。

创业初期，快乐购依靠着集团亿元的投资，开始搭建运营体系。其用较为经济的价格租用集团的演播厅，以集团的信誉获得了一批供应商的信任。据报道，快乐购开通后的首个直播时段，销售件数就达到 1 380 件，销售额 114 万元。此后，快乐购的电视落地覆盖了全国 17 个省、直辖市，拥有 300 万会员，就销售额而言，其四年来总的增长率达到 587%。

在此期间，快乐购也实现了从地方到全国的拓展。据悉，创办初期，快乐购的市场主要面向湖南省内，依托着湖南卫视这个品牌进行拓展，推广活动也都与湖南卫视的资源进行结合。但要成为全国性的品牌，必须在更多的频道落地，以及配套相应的物流供应体系。

对此，快乐购公关总监姜茜表示："在初期，快乐购先是定下全国连锁的模式，这个模式最初制订的时候有一套完善的后台支撑系统。电视信号覆盖落地后，物流马上就要跟上，在没有达到物流服务条件的基础上，连锁店是不会开业的。我们还有一个整套的家庭购物系统，它给我们后台的支撑从接听电话、完成购物、送货到收款，这是我们的核心竞争力，避免服务质量均衡不一的情况出现。"

2009 年，快乐购还推出了快乐购的商品 QC 手册和企业责任发展报告。QC 手册包含所有快乐购的商品、进入这个平台时的检测标准和顾客退换货时的退换标准，为行业制订了可以参照的标准。

此前，为了让消费者更信任快乐购，公司还策划了大量的文化活动。如举办郎朗的音乐会，与消费者进行"零距离接触"的活动。公司还不定期地邀请消费者到现场参观，从节目制作到后台的客服支持服务，从供应商管理到物流供应链的运营，快乐购都希望通过一个开放的氛围，让消费者对电视购物企业的运作有更多了解。

[①] 王小诺．我是你的快乐购[N]．21 世纪经济报道，2010-11-15．

不懈的努力也获得了投资机构的认同。2010年3月,弘毅投资携手中信产业基金、红杉资本与快乐购签署战略协议,以3.3亿元注资快乐购,快乐购正式步入快速发展新阶段。与此同时,快乐购也在加快建立线下实体服务店的网络,两套节目也已成功开播。在持续的品牌营销下,快乐购继续突围。

据了解,快乐购目前已实现66亿元的销售总规模,其最终目标是成为全球媒体集团和时尚产业集团。快乐购董事长总经理陈刚也表示,快乐购将在未来2~3年实现百亿元的销售目标,而这个零售的生长平台,也将随着规模的迅速发展,变得更加枝繁叶茂。

点评[①]

案例中,快乐购的迅速成功首先应归结为它的商业模式创新的成功。正如著名管理学大师彼得·德鲁克所说:"当今企业之间的竞争,不是产品之间的竞争,而是商业模式之间的竞争。"在20世纪50年代,新的商业模式是由麦当劳(McDonald's)和丰田汽车(Toyota)创造的;60年代的创新者则是沃尔玛(Walmart);到了70年代,新的商业模式则出现在联邦快递(FedEx);80年代是Intel和DELL;90年代则是西南航空(Southwest Airlines)、eBay、Amazon.com和星巴克咖啡(Starbucks)。21世纪商业模式创新的代表则是Google、阿里巴巴。

每一次商业模式的革命都能给公司带来一定时间内的竞争优势。但是随着时间的改变,公司必须不断地重新思考它的商业模式设计。随着消费者价值取向的转变和周围环境的变化,公司必须不断改变它们的商业模式。一个公司的成败与否最终取决于它的商业模式设计是否符合消费者的优先需要。总之,商业模式是公司战略意图得以实现的价值创造系统。

讨论题:

1. 快乐购商业模式的主要特征是什么?
2. 快乐购商业模式存在哪些风险?
3. 试举出五种你熟悉的成功商业模式,并分析其主要特点。
4. 如何寻找和创造新的商业模式?

[①] 王昶. 战略管理:理论与方法[M]. 北京:清华大学出版社,2010:259.

第四篇

战略选择模式

- 第六章 企业总体战略
- 第七章 企业竞争战略

第六章 企业总体战略

内容提要

本章主要介绍稳定型战略、发展型战略和紧缩型战略三种基本战略态势的含义、特点、类型、适用性等,并重点介绍企业发展型战略的实现方式。通过本章的学习,读者应能够根据企业的实际情况进行分析,从而选择合适的公司战略。

学习目标与重点

- 了解稳定型战略、发展型战略和紧缩型战略的含义;
- 熟悉三种基本战略各自的适用性、利弊及类型;
- 掌握发展型战略的实现方式;
- 领会发展型战略中的一体化战略和多样化战略的区别;
- 了解战略态势选择的误区。

关键术语

战略态势;稳定型战略;发展型战略;紧缩型战略;战略组合

引入案例　　　　　波导,手机黑马何去何从[①]

凭着李玟妩媚的眼神和"手机中的战斗机",波导迅速完成了品牌的原始积累。然而,高处不胜寒,此时的波导正面临"外忧"与"内患"的双面夹击。

近日,波导发布其2006年财报,2006年手机销量为1 375万台,其中出口571万台,内销804万台。国内市场占有率约为8%,与2003年约15%的占有率折了几乎一半。销售额高达67亿元,净利润却仅为3 058万元。每卖一台手机,净利润仅有2元左右。

其实,2005年波导即出现了上市以来的首次亏损,净亏损高达4.7亿元,净利润同比下降327%,每股亏损1.23元;与2003年高峰时约3.8亿元的利润相比,简直是天壤之别。是什么原因导致波导的冰火两重天?其中又有哪些偶然与必然?

1. 波导的崛起

波导最早是从寻呼机起家的。但手机的兴起却使寻呼机产业成为一个快速萎缩的行业。波导面临着残酷的生存问题。因此,在1999年国产手机匆匆上马的潮流中,波导选择了"跟风"。

[①] 刘平. 波导,手机黑马何去何从[J]. 经理人, 2007 (6).

通过与萨基姆的合作,波导完成了从寻呼机制造商向 GSM 手机制造商的战略转型。概括起来,波导成功转型和迅速崛起的六大法宝为:技术借力、侧翼攻击、自主通路、规模经济、差异化传播和价格战。

(1) 借助外力,做自己做不了的。做手机,波导没有先进的技术,也不可能从最基础做起,于是,选择与为法国幻影战斗机提供射频通信技术的萨基姆公司进行合作。正是当时的借力之举,成就了今天的波导。

(2) 避实击虚,从低端切入市场。在产品与目标消费群定位上,波导避开洋品牌重兵布阵的一、二线城市和中高端市场,走三、四级市场路线,切入竞争的"最薄弱环节",用中低价机迅速在手机市场的底端获得突破。

(3) 自建渠道,想打哪就打哪。为配合专攻中小城市、内地城市及小城镇的策略,波导耗资近 4 亿元自建"中华手机第一网"。鼎盛时,波导共有 41 家分公司、410 多个办事处和 5 000 多人的销售队伍。

(4) 接连破关,规模经营显成效。业内普遍认为 100 万台是生死线,300 万台是发展关。波导起步当年就逼近 100 万台;2001 年直冲 300 万台。不断扩大的规模,缓解了由于毛利率下降带来的业绩压力。

(5) 与众不同,促成突围成功。在传播方面,从自身技术特点出发,全力打造"战斗机"的手机品牌形象。这种在当时看来有点另类、过于尖利火爆的非常规打法,却让波导从众多品牌中脱颖而出。

(6) 该割肉时,动作又快又狠。目前手机品牌很多,稍不留神,产品就积压了。手机的价格一旦跌下去,没有再涨上去的。所以,当同类产品开始放水时,波导总是动作更快更狠,该甩货时决不吝惜。

2. 波导的困境

在经历了多年的高速增长后,2004 年成了国产手机的寒冬。面对产业环境的变化、国际化的冲动、多元化的盲动、自主渠道的羁绊使波导陷入困境。

2003 年,爆炸式增长使国产手机的市场份额一度冲破 60%。于是,被胜利冲昏了头脑的国产手机厂商高估了 2004 年的市场前景,纷纷提高预期产量。然而,事实却超出了他们的意料。

(1) 如何应对产业环境的变化。国产手机曾经依靠发达的销售网络、对本土文化的了解与低成本优势,在 2001—2003 年收复了被国外厂商占领的大半失地。但是步入 2004 年,先是关键原材料短缺,后是银根紧缩,更重要的是看透了国产手机进攻套路的国外厂商拉开了"以其人之道还治其人之身"的反攻序幕。

先是渠道下沉。在继续保留全国总代理的同时,国外厂商在三、四级城市建立自己的销售渠道,加强对国美等全国连锁卖场的直供,弥补渠道的短板。然后是凭借强大的品牌号召力,推出中低价机型。之前国产手机反攻成功,有一个重要的原因是性价比高。"高端赚利润,低端赚市场",成了国外厂商的重要策略。

易美关门、熊猫和中科健出局、南方高科崩盘接踵而至。由于销售不畅,波导的现金流十分紧张。2004 年半年财报显示现金流为-2 亿元,到 9 月就增为-5 亿元。

一面是残酷厮杀,另一面却是虎视眈眈。面对这种情况,国家发展改革委员会发出手机行业投资预警,称我国手机生产厂家的产能已近 3 亿台;若再进入一批新厂家,产能将达 5 亿台,约占全球需求量的 80%,过剩严重。

产能过剩和产业环境剧变使得国际化和多元化成了国产手机厂商自救的"必然出路"。然而,事实的结果却让我们不容乐观。

(2)真到了必须走出去的时候吗?在国际品牌步步紧逼下,国产手机一面节节后退,一面自然想到了海外市场。在地市级城市感受到强大压力后,波导提出了"扎根县城,抢滩乡镇"的口号;然而,随着国际品牌向农村市场的全面推进,国产手机已经退无可退。这说明我们还缺乏真正的核心竞争力。这时去开拓海外市场自然也是不容乐观。据了解,波导 2006 年的出口计划是 800 万台,而实际仅完成了 571 万台。

在国内打不赢,到国外就能打赢吗?逃避不是办法,狭路相逢勇者胜,集中精力在国内打赢才是正途,像海尔一样在国内取得真正优势后才能挟威风与实力有效挺进海外市场。如果是因为国内市场的压力去做海外市场,当作挽救业绩的救命稻草来做是非常危险的,是典型的丢掉西瓜捡芝麻的做法。要知道国内市场才是根。

(3)多元化是明智之举还是盲动?前期成功的狂热和行业竞争的激化促使许多厂商转战多元化之路,夏新、南方高科、侨兴先后宣布实施多元化战略。一面是城内企业想到城外淘金,一面却是众多城外厂家想进城内掘宝。那么,究竟孰是孰非?

2004 年,波导科技宣告退出汽车业,令轰轰烈烈的手机企业多元化浪潮受挫。手机行业产能过剩,并不应该成为促使每个企业多元化的必然因素。如果是去开发一片新的"蓝海"倒值得期许。如果是跳进一个新的产能过剩的"红海",铩羽而归似在必然。因为同样的资源在一个已经熟悉且有一定基础的行业都无把握最终取胜,那么兵分两路,分出相当一部分资源跳进一个既没有丝毫根基,也毫无优势的行业,其前景也就可想而知了。而剩下的资源也更难保证在原有行业中取胜了。

如果要进行这种多元化,有以下几个必备的条件。

① 在原行业已经真正站稳了脚跟,胜券在握。
② 在原行业已经遭遇发展的"天花板"。
③ 在原行业继续投入已经变得不经济。
④ 有足够的剩余资源(人、财、物、技术等)去开拓新行业。

要么是在原行业已经无法站稳脚跟,获胜已经无望,不得不进行产业转移;要么是这个行业已经处于萎缩阶段,需要另谋它途。

波导的多元化既不是前者,也不是后者。波导连续几年的第一,其实很脆弱。只是大,还不强,也不稳,还没有形成真正的核心竞争力,很容易被击溃。然而,波导肯定也不是无望取胜的残兵败将。再者,就整个行业而言,手机行业这块大饼随着国家政策的放开正吸引越来越多投资者加入,如长虹、中兴、华为等。因此,在这敏感而关键的时刻,重点应放在强化根基,集中精力继续做大做强,而不是分散精力搞多元化。

(4)成就波导的渠道真的有竞争优势吗?1999 年,国产手机刚刚破茧,不论是知名度还是资本实力都微不足道,难以吸引中邮普泰等国内大型手机代理公司的关注。被逼无奈,国产手机纷纷走上了自建渠道的销售模式，波导也不例外。在早期，这种逼出来的营销模式反而契合了波导手机中低端的产品定位并迅速开启了市场。

但这种自建营销渠道、依靠人海战术打市场的模式很难回避高成本的问题。在手机高利润的情况下，还能维持。但是随着手机利润直线下降，维持成本陡然增大。销售摊子铺得过大，人浮于事、铺张浪费的情况十分普遍。此外，庞大的售后服务队伍和费用更令波导头疼。曾经让波导引以为自豪的渠道，已经成为发展的绊脚石。

3. 波导的出路——固本革新、双翼翱翔

走出困境，出路有很多方面，关键有以下三方面。

（1）继续扩大规模，降低成本，强化本土市场的竞争力，集中精力赢得低端市场的竞争，这是核心基础。虽然整个行业产能严重过剩，但有成本优势的企业一定可以存活下来；而扩大产能、形成规模效益是降低成本的有效途径，行业内兼并值得重点考虑。

（2）变革渠道，提升效率、减少支出，形成竞争优势是关键。或者是在渠道精简消肿的同时，增加有竞争力的"弹药"，让钝化的渠道重新焕发生机活力；或者是把销售体系剥离出来，变成一个中立性质的国包公司，经营所有的手机品牌，发挥渠道价值。

（3）用开拓海外市场和多元化的雄心壮志向不同经营模式的手机高端市场挺进。这是可以借力，至少是部分借力的聪明之举。当然，要避免用自己熟悉的低端策略和手段来做高端市场；而是要用真正适合高端市场的方法来做高端市场。

正如第一章所述，企业战略结构分为总体战略、竞争战略和职能战略三个层次。本章介绍总体战略的典型模式，第七章介绍竞争战略的典型模式。总体战略的典型模式主要有稳定型战略、发展型战略和防御型战略。

第一节 稳定型战略

稳定型战略是指限于经营环境和内部条件，企业在一定时期所期望达到的经营状况基本保持在战略起点的范围和水平上的战略。稳定型战略具有以下特征。

（1）企业对过去的经营业绩表示满意，继续寻求与过去相同或相似的经营目标。

（2）企业在其经营领域内所达到的产销规模和市场地位都大致不变，或以较小的幅度增长或减少。

（3）公司继续以基本相同的产品或服务来满足它的顾客。

需要注意的是，稳定型战略不是不发展、不增长，而是稳定地、非快速地发展。

一、企业采用稳定型战略的原因

企业采用稳定型战略的原因是多种多样的，主要原因有以下几种情况。

（1）管理层可能不希望承担较大幅度地改变现行战略所带来的风险。因为当改革需要新的技能时，它会对使用以前所学技能的人员形成威胁。此外，成功企业的管理者通常认为，过去行之有效的战略将来仍会有效,因此无须改变现行战略。

(2) 战略的改变需要资源配置的改变。已经建立起来的公司要改变资源配置模式是很困难的,通常需要很长时间。

(3) 发展太快可能导致公司的经营规模超出其管理资源,进而很快发生低效率的情况。

(4) 公司的力量可能跟不上或不了解可能影响其产品和市场的变化。

二、稳定型战略的适用性

采用稳定型战略的企业,一般处于市场需求及行业结构稳定或者较小动荡的外部环境中,因而企业所面临的竞争挑战和发展机会都相对较少。但是,有些企业在市场需求以较大幅度增长,或是外部环境提供了较多发展机遇时也会采用稳定型战略。这些企业一般来说,是由于资源状况不足以使其抓住新的发展机会而不得不采用相对保守的稳定型战略。

稳定型战略适用于那些对环境变化预测比较准确而又经营相当成功的企业。采用这种战略的企业不需要改变自己的宗旨、目标,只需要按一定比例提高其销售、利润等目标即可。在这种战略下,企业只需要集中资源于原有的经营范围和产品,并通过改进其各部门和员工的表现来保持和增加其竞争优势。在公用事业、运输等部门的企业和国有大型商业银行,许多都采取稳定型战略。

三、稳定型战略的利与弊

1. 稳定型战略的优点

稳定型战略对于那些处于稳定增长中的行业或稳定环境中的企业来说,是一种有效的战略。其优点有以下几方面。

(1) 稳定型战略的风险比较小,企业基本维持原有的产品、市场领域,避免由于开发新产品、新市场所必需的巨大资金投入,避免由于开发失败和激烈竞争给企业带来巨大风险。

(2) 采用稳定型战略的公司能够保持战略的连续性,不会由于战略的突然改变而引起公司在资源分配、组织机构、管理技能等方面的变动,保持企业经营规模、经营资源、生产能力的平衡协调。

(3) 防止由于发展过快、过急造成的失衡状态。在行业发展迅速时,许多企业无法清醒地看到潜伏的危险而盲目发展,结果造成资源的大量浪费。我国许多彩电、空调和手机企业就犯过这种毛病,造成了设备闲置、效益不佳的结局。

(4) 能够给企业一个较好的休整期,使企业积聚更多的"能量",以便为今后的发展做好准备。从这点上说,适时的稳定型战略是将来的增长型战略的一个必要的酝酿阶段。

2. 稳定型战略的缺点

稳定型战略也存在一定的风险,主要有以下几方面。

(1) 稳定型战略是以外部环境不会发生大的变动、市场需求和竞争格局基本稳定为前提条件的,如果这种前提条件不存在或者被打破,企业战略目标、外部环境、企业实力三者之间就会失去平衡,将会使企业陷入困境。

(2) 由于公司只求稳定地发展,可能会丧失外部环境提供的一些可以快速发展的机会。如果竞争对手利用这些机会加速发展的话,则会使企业处于非常不利的竞争地位。

(3) 采用稳定型战略可能会导致管理者墨守成规、因循守旧、不求变革的懒惰行为。稳定型战略容易使企业减弱风险意识,甚至会形成惧怕风险、回避风险的企业文化,降低企业对风险的敏感性和适应性。

第二节 发展型战略 I:战略类型

发展型战略亦称增长战略。企业增长战略要求企业在现有的战略基础水平上向更高一级的方向发展。采用发展型战略的企业表现出如下特征。

(1) 企业不一定比整个经济发展得更快,但确实要比产品销售的市场发展得快。

(2) 企业试图延缓甚至消除其行业中价格竞争的危险。

(3) 企业定期地开发新产品、新市场、新工艺及老产品的新用途。

(4) 企业总是获得高于行业平均水平的利润率。

(5) 企业不是去适应外界的变化,它们试图通过创新和创造以前未存在的新的需求,来使外界适应它们自己。

一个企业为什么决定寻求发展战略?一个重要的原因是最高层经理或最高领导班子所持有的价值观。许多高层经理人员将发展等同于他们个人的有效性和事业的成功。也就是说,他们所管企业的发展就足以表明了他们作为经理人员的有效性和功绩。此外,在股份有限公司中,许多高层领导人通常都拥有作为其一部分报酬的股权。如果企业的发展能导致企业股价的升高,则他们会从自己的资本增值中直接受益。

但是,积极发展战略也有其风险。德鲁克曾警告说,发展就是一种冒险。公司变得越来越大不一定是好事,短期内过快的发展可能导致效率下降,从长期来看这可能是非常有害的。因此在追寻积极发展战略之前,管理者应当问自己三个问题:公司的财力资源是否充足?如果公司由于某种原因短暂地停止执行其战略,其竞争地位是否还能维持?政府的法规是否允许公司遵循这一战略?

下面介绍发展战略的不同类型,包括产品—市场战略、一体化战略和多元化战略。

一、产品—市场战略

产品—市场战略是最基本的发展战略。产品(现有产品、未来产品)与市场(现有市场、未来市场)的不同组合形成了不同的发展战略,如表 6-1 所示。

表 6-1 产品—市场战略矩阵表

产品 市场	现有产品	未来产品
现有市场	市场渗透战略	产品开发战略
未来市场	市场开发战略	全方位创新战略

1. 市场渗透战略

市场渗透战略是通过目前的产品在目前的市场上提高市场份额来达到企业成长的目的。企业应该系统地考虑市场、产品及营销组合的策略以促进市场渗透,从而在现有市场上赢得更多的顾客。

企业可采取下述措施来扩大销售量。

(1) 扩大产品购买者的数量。如努力发掘潜在的顾客,把竞争者的顾客吸引过来,使之购买本企业的产品等。

(2) 扩大产品购买者的使用频率。如增加使用次数,增加使用量,增加产品的新用途等。

(3) 改进产品特征,使其能吸引新用户和增加原有用户的使用量。常用的方法有提高产品质量、增加产品的特点、改进产品的式样和包装等。

此外,在销售价格、销售渠道、促销手段、销售服务等营销组合方面,也应加以改进,以扩大现有产品的销售量。

2. 产品开发战略

这种战略是指企业针对现有市场,通过新技术的运用,不断开发适销对路的新产品,以满足客户不断增长的需要,从而保持企业成长的态势。这是企业成长发展的重要途径。

3. 市场开发战略

这种战略是指企业采用种种措施,把原有产品投放到新市场上去,以扩大销售。它是通过发展现有产品的新顾客层或开拓新的地域市场,从而扩大产品销售量的战略。例如,将产品投放到其他城市,或将产品(如家电、化妆品等)由大城市向中小城市、乡镇、农村等推广。

4. 全方位创新战略

这种战略是市场开发战略和产品开发战略的组合,是指企业向一个新兴市场推出别的企业从没生产过的全新产品。

运用这一战略时,有的企业的战略属于技术推动型,有的企业的战略属于市场推动型,实际上应该将两种类型结合起来而成为机会推动型发展战略。美国 3M 公司就曾成功地运用了这一战略,其成功主要有两方面的原因:第一,3M 公司将技术开发导向与市场未来发展方向紧密联系起来;第二,3M 公司拥有若干代处于生命周期不同阶段的新技术,因此不必将最新技术产品直接投放市场,而是等待新产品进入市场最佳时间的到来。

另外,一些软件企业,如微软、金蝶、用友等企业和新浪、搜狐等网络企业,它们实行的是典型的全方位创新战略。

二、一体化战略

一体化是指将独立的若干部分加在一起或者结合在一起成为一个整体。当企业实力有所增强,市场占有率越来越大时,企业就需要考虑如何扩展企业、向何方向发展的问题,于是一体化战略便应运而生。一体化战略包括纵向一体化战略和横向一体化战略。

1. 纵向一体化战略

纵向一体化战略又叫垂直一体化战略，是企业在两个可能的方向上扩展现有经营业务的一种发展战略，具体包括后向一体化战略和前向一体化战略。

（1）后向一体化战略。后向一体化战略是指企业自己供应或生产现有产品（服务）所需要的全部或部分原材料或半成品。如钢铁公司自己拥有矿山和炼焦设施；纺织厂自己纺纱、洗纱等。

后向一体化战略可以保证产品或劳务所需的全部或部分原材料的供应，加强对所需原材料的质量控制，降低成本，提高保证供应的程度。

企业一般在下列情况下采用后向一体化战略。

① 企业现在的原材料供应商要价太高，供货不稳定，或者在质量方面不能满足生产的需要。

② 原材料供应厂家少，而同行业的竞争者很多。

③ 企业所处的行业增长速度快，发展潜力大，如果不采用后向一体化会影响企业的发展。

④ 企业的资金和人力资源丰富。

⑤ 稳定原材料的供应和价格对企业十分重要。

⑥ 企业希望迅速和长期拥有某种资源。

⑦ 购入材料或半成品的运输成本太高。

⑧ 直接生产自己所需的原材料可以节约大量资金。

宝钢谋求购买秘鲁铁矿石生产企业就是后向一体化战略。

（2）前向一体化战略。前向一体化战略是企业自行对本企业的产品做进一步的深加工，或对资源进行综合利用，或公司建立自己的销售组织来销售本公司的产品或服务的战略。如钢铁企业自己轧制各种型材，并将型材制成各种不同的最终产品，即是前向一体化。

前向一体化可以获得由于提高加工深度使产品获得较丰富的利润。目的是为了促进和控制产品的需求，搞好产品营销，从而达到扩大市场的目的，它是一种进攻型战略。

企业一般在下列情况下采用前向一体化战略。

① 企业现有的代理商费用高或不可靠，或者不能满足企业产品销售的需要。

② 企业现有的代理商能力不够，使企业与那些已采用前向一体化的企业相比处于劣势地位。

③ 企业所处的行业正在增长，而且预计将会有长期稳定的增长。

④ 企业财力和人力十分充足。

⑤ 通过前向一体化可以增加企业对市场需求进行预测的准确性，使企业的生产更加有计划。

⑥ 如果现在的代理商和零售商的利润很高，企业可以通过前向一体化战略来增加利润收入或降低产品零售价格。

（3）纵向一体化的利弊分析。采用纵向一体化的好处表现在以下几方面。

① 后向一体化战略可使企业能对所用原材料的成本、可获得性以及质量等具有更大的控制权。

② 如果一个企业的原材料供应商能获得较大利润时，通过后向一体化企业可将成本转化为利润。

③ 前向一体化战略可使企业能够控制销售和分配渠道，这有助于消除库存积压和生产下降的局面。

④ 当企业产品或服务的经销商具有很大毛利时,通过前向一体化战略企业可增加自己的利润。

⑤ 采用纵向一体化战略,通过建立全国性的市场营销组织机构以及建造大型的生产厂而从规模经济中获益。因为规模经济会导致较低的总成本,从而增加了利润。

⑥ 一些企业采用前向或后向一体化战略来扩大他们在某一特定市场或行业中的规模和势力,从而达到某种程度的垄断控制。

在一定的情况下,纵向一体化战略是一种恰当和合理的战略。然而,纵向一体化战略也存在着风险,主要表现在以下几方面。

① 由于纵向一体化使企业规模变大,要想脱离这些行业就非常困难。此外,由于规模大,要使企业的效益有明显的改善,就需要大量投资于新的经营业务。

② 由于公司纵向规模的发展,不仅需要较多的投资,而且要求公司掌握多方面的技术,从而带来管理上的复杂化。

③ 由于前向、后向产品的相互关联和相互牵制,不利于新技术和新产品的开发。

④ 可能产生生产过程中各个阶段的生产能力不平衡问题。因为各个生产阶段的最经济的生产批量或生产能力可能大不相同,从而导致有些阶段能力不足而有些阶段能力过剩。

2. 横向一体化战略

横向一体化战略也叫水平一体化战略,是指为了扩大生产规模、降低成本、巩固企业的市场地位、提高企业竞争优势、增强企业实力而与同行业企业进行联合的一种战略,例如鞍钢与本钢联合组建鞍本钢铁集团。

横向一体化战略一般是企业在竞争比较激烈的情况下进行的一种战略选择。这种战略选择既可能发生在行业成熟化的阶段中,成为增加竞争实力的重要手段;也可以发生在行业成熟之后,成为避免过度竞争和提高效率的手段。

企业一般在下列情况下采用横向一体化战略。

(1) 企业希望在某一地区或市场中减少竞争,获得某种程度的垄断。

(2) 企业在迅速增长的行业中竞争。

(3) 需要扩大规模经济效益来获得竞争优势。

(4) 企业的资本和人力资源丰富。

(5) 企业需要从购买对象身上得到某种特别资源。

采用横向一体化战略的好处是:能够吞并或减少竞争对手;能够形成更大的竞争力量去与竞争对手抗衡;能够取得规模经济效益;能够取得被吞并企业的技术及管理等方面的经验。

横向一体化战略的缺点主要是:企业要承担在更大规模上从事某种经营业务的风险;由于企业过于庞大而会出现机构臃肿、效率低下的情况。

三、多元化战略

多元化战略可以分为相关多元化战略和非相关多元化战略。

1. 相关多元化战略

相关多元化战略,也称相关多样化战略,是指公司增加或生产与现有产品或服务相类似的新产品或服务。只有新增加的产品或服务能够利用企业在技术、产品线、销售分配渠道或顾客基础等方面所具有的特殊知识和经验时,才可将这种战略视为相关多样化。

相关多元化战略包括横向多元化和多项多元化。横向多元化是指以现有的产品市场为中心,向水平方向扩展事业领域,也称为水平多元化或专业多元化。多项多元化是指与现有产品、市场领域有关系,但通过开发完全异质的产品、市场来使事业领域多元化。

(1) 适用条件。当企业面临下述情况时可以采用这种战略。

① 企业所处的行业增长缓慢或停止增长。
② 增加相关的新产品可以带动现有产品的销售。
③ 新的相关产品可以按较高的价格出售。
④ 新的相关产品的季节性特征与现有产品的季节性相反或互补。
⑤ 企业现有产品处于产品生命周期的衰退期。
⑥ 企业有很强的管理队伍。
⑦ 增加新的相关产品会给企业带来某种综合经济效益。

(2) 相关多元化战略的优缺点。相关多样化战略的优点是:可以充分利用生产技术、原材料、生产设备的类似性,获得生产技术上的协同效果,风险比较小,易于取得成功。采用这种发展战略,公司既可保持它的经营业务在生产技术上的统一性,同时又能将经营风险分散到多种产品上去。许多成功的企业通常都采用相关多样化战略。

但是,值得指出的是,该战略也有缺点:当公司由于采用相关多样化战略使得规模发展得越来越大时,往往无力同时兼顾许多方面。

2. 非相关多元化战略

非相关多元化战略,也称非相关多样化、复合多元化战略,是指企业从事于与现有的事业领域没有明显关系的产品、市场中寻求成长机会的策略,即企业所开拓的新事业与原有的产品、市场毫无相关之处,所需的技术、经营方法、销售渠道必须重新取得。

如美国通用汽车公司除主要从事汽车产品生产以外,还生产电冰箱、洗衣机、飞机发动机、潜水艇、洲际导弹等。这种战略通常适合于规模庞大、资金雄厚、市场开拓能力强的大型企业。在当今的大型企业中,实行非相关多样化经营已经成为一种发展趋势。

(1) 适用条件。

非相关多样化战略的适用条件如下。

① 企业所处的行业处于衰退期,或原有的产品市场需求增长处于长期停滞甚至下降趋势。
② 企业面对着很有吸引力的机会。
③ 企业具有进入新行业的资本、人才及能力,如有较强的开发能力、销售能力、生产能力等,使得它具备开拓新领域的实力。

(2) 非相关多元化战略的优缺点。

非相关多样化战略的优点表现在以下几方面。

① 企业向不同行业渗透和向不同的市场提供产品和服务，可以分散企业经营的风险，增加利润，使企业更加稳定地发展。

② 可对企业内的各个经营单位进行平衡。在某些经营单位处于发展或暂时困难之时，公司可从其他经营单位获得财力上的支持。这样有利于发挥企业的优势，综合利用各种资源，提高经济效益。

③ 企业向具有更优经济特征的行业转移，可以增强企业的灵活性。有利于企业迅速地利用各种市场机会，逐步向具有更大市场潜力的行业转移，从而提高企业的应变能力。

非相关多样化战略的缺点表现在以下几方面。

① 带来企业规模的膨胀，以及由此带来管理上的复杂化，加大了管理的难度。如果公司管理者对新扩充的管理业务一点也不熟悉的话，则后果更糟。

② 实施非相关多样化战略需要大量的投资，因此，要求公司具备较强的资金筹措能力。

③ 有时过于强调多样化而导致企业可能在各类市场中都没有取得领先地位，当外界环境发生剧烈变化时，企业会常受到来自各方面的压力，导致巨大的损失。

因此，公司在选择非相关多样化战略时，要谨慎从事，切记不要为多样化而多样化。

第三节　发展型战略 II：实现方式

企业在实施发展战略时，可选择下列三种方式或途径：公司内部发展、合并及并购、合资经营。

一、公司内部发展

所谓公司内部发展，就是在企业内部依靠其自身的人力、财力和物力来实现企业的发展战略。

1. 内部发展的优点

（1）风险相对较小。内部发展使企业可以根据目前自身的资源及能力，做出能够适应不断变化的外部环境的发展决策，从而降低风险。特别是在某一产业生命周期的早期阶段，内部发展不仅是最好的选择，而且可能是唯一的选择。

（2）资源共享性强。一般来说，将公司的无形资源移植到新的业务之中不是件容易的事情，但内部发展却是实现这种转移的一种比较容易的方式。当公司想要充分利用的资源是组织能力或无形资源时，内部发展是一条首选的发展路线。

（3）积累学习能力。通过内部发展，企业可以获得发展过程的外部收益，包括随着业务的发展而积累的学习能力和知识。并且，随着时间的推移，这种隐形的技术诀窍很可能成为企业独立形成的有价值的资源，并为企业进一步扩张提供指导。

（4）鼓励内部企业家精神。管理层通过内部发展使公司增长，实际上也是发出了将致力于公司资源的开发与充分利用的信号，这有助于培养一种有利于弘扬内部企业家精神的公司文化。

2. 内部发展的缺点

内部发展也存在一定的缺陷，主要有以下几方面。

（1）内部发展是一个较缓慢的过程，企业的发展速度容易受到限制。

（2）企业在市场拓展方面进展较慢，使企业的交易成本大大提高。

（3）在内部发展过程中，可能会错过好的市场机会。

二、合并及并购

实施发展战略，常采用的方式是合并和并购。

1. 合并

这里的合并主要是指新设合并，或称为联合，是指两个或两个以上公司通过合并同时消亡，在新的基础上形成一个新的公司，新公司接管原来几个公司的全部资产、业务和债务，新组建董事会和管理机构。近年来，世界上许多企业发生新设合并，如美国两大飞机制造商波音和麦道公司合并，成为规模震撼全球的民用、军用飞机和太空系统制造商。

合并对企业稳步发展有以下几方面的好处。

（1）有利于企业的生存和壮大，避免由于激烈的市场竞争带来的两败俱伤，合并提高了企业的竞争能力，增强了抵御风险的能力。

（2）有利于企业垄断市场能力的加强。企业的大型化有利于企业进一步拓宽市场，保证原合并企业所占有的市场份额、减少企业由于争夺市场带来的竞争杀价而造成的损失。

（3）有利于提高企业的利润。企业合并后，使企业的经营网点增大，减少了增加员工和设立办事机构、办公设施而带来的费用增加，从而节约费用。

（4）有利于强化经营，吸收相互的先进管理经验，弥补管理的不足。

（5）有利于企业的科技进步，使企业间的技术得到更好的发挥。

2. 并购

（1）并购的类型。并购主要包括兼并和收购。兼并与收购本属不同的概念。由于兼并和收购都是企业产权交易，它们的动因极为相近，运作方式有时也很难区分，因此，人们常常将兼并和收购统称并购。

① 兼并。兼并是指一个企业通过有偿转移和资本集中等途径，把别的企业并入本企业系统，使被兼并企业失去法人资格或改变法人实体地位的经济活动。

通过兼并，被兼并企业全部或部分资产的产权归属发生变动，被兼并企业的全部或主要生产要素（如厂房、设备、资金、存储原材料、库存品等）发生整体流动，实行有偿转移。

兼并可以是横向的兼并，即兼并生产或销售同类产品的企业，如1995年，中国一汽按控股方式兼并了沈阳金杯汽车股份有限公司；兼并也可以是产销不同阶段的企业之间的兼并，即纵向兼并，如以织布为主的企业可以将纺纱、印染企业兼并为一个纺织集团公司；兼并也可以是多元化的，即兼并和本企业原有的经营业务不相同的企业，如1999年杜邦公司兼并了世界最大的种子公司——美国先锋种子公司。

② 收购。收购是指一家企业购买另一家企业的股权达到一定的控股程度，将其吸收为本公司的附属单位或事业部。

（2）并购的利弊分析。从并购方的角度看，通过并购有利于获得被并购方的产品、市场和技术，可以缩短企业发展所需的时间，在短期内获得新事业、新产品，有利于本企业资源在更大范围内的使用，取得规模经济效益。

日本自第二次世界大战后到 20 世纪 80 年代共引进 25 770 项先进技术，耗费 100 亿美元，但如果自行研制，则至少要花费 1 800 亿美元～2 000 亿美元。这种做法不仅节省了费用，更主要的是节省了时间。

从被并购方来看，有利于被并购企业获得新资本的投入，使被并购企业走出困境，重新发展。例如，黑龙江牡丹江电视机厂长期以来亏损严重，深圳康佳集团通过控股方式兼并该厂后，注入资本、技术、管理和人员，使该厂很快成为东北地区的明星企业。对于并购企业来说，被兼并或被收购总比破产要好，原有的资源可以得到重新配置。

但是，并购也有不足的地方，兼并或收购后的企业实体一般比较庞大，管理难度加大，需要在沟通和协作上加大力度，尤其被收购公司与原公司在企业文化、经营风格等方面存在较大的差异时，则管理往往较为困难。另外，在兼并或收购时，代价较为昂贵，企业往往会将多余的资产一并购入，耗费不必要的成本，造成浪费。

（3）并购的动因。企业采取并购战略有多种原因，具体如下。

① 加强市场力量。并购的一个主要原因就是取得较大的市场力量。许多企业拥有较强的能力，但缺乏进一步扩展市场力量的某些资源和能力。在此情况下，通过并购同行业的企业和相关行业的企业，可以迅速达到加强市场力量的目的。

② 克服进入行业的壁垒。进入壁垒是指为了进入某一领域所要克服的困难。例如，在一个已经有很多较大的竞争者的市场上，很难再建立一家新企业。如果想进入这样的市场，新进入者为了取得规模经济并达到以竞争价格销售产品，就必须在生产设施、广告和促销活动方面进行大量的投资；为了达到足够的市场覆盖度，还要求企业拥有高效率的销售体系和销售网络；如果消费者已经对某一品牌形成忠诚，这时市场进入就更为困难。

这时通过并购市场上现有企业而进入特定市场就成为一个最佳选择。虽然并购可能投入很大但并购企业可以立即进入特定市场，并且可以获得具有一定顾客忠诚度的现成的企业及其产品。实际上进入的壁垒越高，就越应当考虑运用并购手段进入特定市场。

③ 降低成本、风险和提高速度。通常，在企业内部开发新产品和建立新企业需要大量的投资和相当长的时间。并购过程中由于可以对目标企业以往的经营业绩进行评估，并根据这些业绩预测未来的收入或成本，所以风险的不确定性要比内部开发小得多。因此，一些企业就把并购看作是速度快、成本低、风险小的市场进入方式。

④ 多样化经营。实现多样化经营战略最常用的方法之一就是进行并购。当企业要开发与现有业务完全不同的新产品以及进入一个全新的市场，管理者就会感到很困难。因此，多样化经营很少是通过内部化来实现，尤其是跨行业的非相关多样化，一般通过并购来实现。

⑤ 避免竞争。许多企业通过并购来降低在某一市场上的竞争，或是在更大范围内增强竞争的力量。

三、合资经营

实施公司发展战略的另一种方式是合资经营。所谓合资经营,是指一个独立的公司实体为两个或两个以上的母公司联合所有。合资经营可以出现在一个国家之内的几个企业之间,也可以发生在不同国度的企业之间。

一般来说,进行合资经营的主要原因有以下几条。

(1)许多国家对在其国内做生意的外商实行正式的或非正式的限制。为了对付这种限制,外国公司就会与本地企业成立合资企业,进行合资经营。

(2)在许多行业中存在着与经营规模相连的优势,规模经济存在于制造、销售、研究与开发等环节。合资经营就可以使企业从这些规模经济中获益。

(3)在某些项目中,由于存在巨大的风险,因此,许多公司认为在这些情况下进行合资经营可以共同承担风险。

(4)一个企业可能得不到一定的资源和市场,在这种情况下,通过合资经营就可拥有这些资源和市场。如当一个企业想在国外销售其产品,可以与国外伙伴合资,使企业利用当地的分销渠道系统,获得关于当地企业经营习惯、风土人情和社会结构等方面的知识。

第四节 防御型战略

防御型战略也称紧缩型战略,是指企业从目前的战略经营领域和基础水平收缩和撤退的一种经营战略。与稳定型战略和发展型战略相比,紧缩型战略是一种消极的发展战略。

一般来讲,企业实施紧缩战略只是短期的,其根本目的是使企业躲过风暴后转向其他的战略选择。有时,只有采取收缩和撤退的措施,才能抵御竞争对手的进攻,避开环境的威胁和迅速地实行自身资源的最优配置。

紧缩型战略具有以下特征。

(1)对现有的产品和市场领域实行收缩、调整和撤退的策略,如放弃某些市场。

(2)对企业资源的运用采取较为严格的控制和尽量缩减各项费用支出。

(3)紧缩型战略具有短期性。与稳定型战略和发展型战略相比,紧缩型战略具有明显的过渡性。

紧缩型战略通常包括收获战略、调整战略、放弃战略和清算战略。

一、收获战略

收获战略,也称抽资转向战略,是指减少公司在某一特定领域内的投资。这个特定领域可以是一个战略经营单位、产品线,或是特定的产品或牌号。采用这种战略的目的是削减费用支出和改善公司总的现金流量。

然后,把通过这种战略获得的资金投入到公司更需要资金的新的或发展中的领域。执行这一战略时,这个特定领域的销售额和市场占有率一般会下降,但这种损失可以由削减费用额去补偿。

在下列情况下，公司可采取收获战略。

（1）企业的某些领域正处于稳定或日益衰退的市场中。

（2）企业某领域的市场占有率小，且扩大市场占有率的费用又太高；或者市场占有率虽然很高，但要维持则需花费越来越多的费用。

（3）企业的某一领域不能带来满意的利润，甚至还带来亏损。

（4）如减少投资，销售额下降的幅度不会太大。

（5）企业如减少该领域的投资，则能更好地利用资源。

（6）企业的某领域不是公司经营中的主要部分。

二、调整战略

调整战略的目的是企图扭转公司财务状况欠佳的局面，提高运营效率，使公司能渡过危机，希望情况将发生变化，那时再采取新的战略。

公司财务状况出现下滑的一些主要原因可能是：工资和原材料成本升高；暂时的需求下降或经济衰退；增大的竞争压力；或是由于管理问题。可针对不同的原因采取不同的对策。在实施调整战略时，可采取下面的一些措施和行动。

（1）更换高层和较低层的管理人员。

（2）削减资本支出。

（3）实行决策集中化以控制成本。

（4）减少新人员的录用。

（5）减少广告和促销支出。

（6）一般性的削减支出，包括解雇一些人员。

（7）强调成本控制和预算。

（8）出售一些资产。

（9）加强库存控制。

（10）催收应收账款。

三、放弃战略

当收获战略或调整战略失效时，通常选择放弃战略。所谓放弃战略，是指卖掉公司的一个主要部门，它可能是一个战略经营单位、一条生产线，或者一个事业部。实施放弃战略对任何公司的管理者来说都是一个困难的决策。阻止公司采取这一战略的障碍来自以下三个方面。

（1）结构上的障碍。一项业务的技术以及固定资产和流动资本的特点阻止放弃。

（2）内部依存关系上的障碍。公司中各种经营单位之间的联系可能阻止放弃某一特定的经营单位。

（3）管理方面的障碍。公司决策过程的某些方面阻止放弃一个不盈利的业务。这些方面包括：放弃对管理者的荣耀是一种打击；放弃在外界看来是失败的象征；放弃威胁管理人员的前途；放弃与社会目标相冲突；对管理人员的激励体制与放弃某一业务背道而驰。

四、清算战略

这种战略是通过拍卖资产或停止全部经营业务来结束公司的存在。对任何公司的管理者来说,清算是最无吸引力的战略,只有当其他所有的战略全部失灵后才加以采用。然而,及早地进行清算较之追求无法挽回的事业对企业来说可能是较适宜的战略。

【知识链接 6-1】　　　　　战略组合与混合型战略

企业为了实现不同的战略目标,可以选择前述总体战略中的一种单独使用,也可以将其中几种战略组合起来使用。混合型战略就是三种总体战略态势中不同战略的组合,并使之成为一个有机的整体,也称战略组合。战略组合有以下类型。

1. 按构成分

(1) 同一类型战略组合。所谓同一类型战略组合,是指企业采取稳定型、增长型或紧缩型战略中的一种战略态势作为主要战略方案,但具体的战略业务单位是由不同类型的同一战略态势来指导。如增长型战略中就有产品—市场战略、一体化战略和多元化战略等不同类型。

(2) 不同类型战略组合。所谓不同类型战略组合,是指企业采用稳定型、增长型和紧缩型战略中两种以上战略态势的组合。与同一类型战略组合相比,其管理上相对更为复杂,因为它要求最高管理层能很好地协调和沟通企业内部各战略业务单位之间的关系。事实上,任何一个被要求采用紧缩战略的业务单位管理者多少都会产生抵抗心理。

例如,总公司决定对 A 事业部实行紧缩战略,而对 B 事业部实行增长战略,则 A 部门的经理人员往往会对 B 部门人员产生抵触和矛盾情绪,因为紧缩战略不仅可能带来业绩不佳和收入增长无望,更有可能对自己管理能力的名誉产生不利影响,使自己在企业家市场上的价值贬值。

2. 按组合的顺序分

(1) 同时性战略组合。这是指不同类型的战略被同时在不同战略业务单位执行而组合在一起的战略组合。如对一个部门采取放弃或清算战略,同时对另一部门实行增长战略。又如在某些领域或产品中实行抽资转向战略的同时在其他领域或产品中实行增长战略。

(2) 顺序性战略组合。这是指按照战略方案实施的先后顺序,顺次运用各种相关战略。如在一定时期内采取发展战略,然后再实行稳定型战略;或者先使用调整战略,待企业条件有了改善之后再采取发展战略等。另一种顺序性组合的典型范例是依据产品的生命周期来采取不同的战略。

第五节　战略选择实践

由于企业环境的复杂性,实现企业战略目标途径的多样性以及企业内部组织结构的不同性,在实际的战略选择中,企业多侧重于运用战略组合来实现自己的战略目标。

一、实践中的战略选择

在实际中企业最常采用什么样的战略?

格鲁克(W. Glueck)对《财富》杂志登载的 358 家公司在 45 年中所做的战略选择进行过研究,发现各公司采用各种战略的频率如下:发展型战略,54.4%;组合型战略,28.7%;稳定型战略,9.2%;防御型战略,7.5%。

格鲁克还对不同经济周期(复苏、繁荣、衰退、萧条)企业所采用的上述几种战略进行了分析,发现以下几点。

(1)防御型战略是最不受欢迎的战略。在萧条时期,被采用的次数与发展战略大致相当;在繁荣时期是发展战略的四分之一;在衰退和复苏时期,分别是发展战略的二分之一和三分之一。

(2)稳定型战略是第二不受欢迎的战略。在萧条和繁荣时期,采用它的企业只是采用发展战略的一半;在复苏时期,是发展战略的三分之二。

(3)组合型战略在繁荣时期是最受欢迎的战略,占发展战略企业的三分之一;而在其他时期则不常被采用。

(4)发展型战略在繁荣时期也是最常采用的战略,占总数的一半以上。但在衰退和复苏时期,采用的频次大致相当;而在萧条时期,只占总数的三分之一。

战略类型的选择也随行业类型而有所不同。发展型战略在复合的行业中采用最多,而在工业品行业中采用率最低。组合战略的情况与发展战略相类似。对于稳定型战略,最常采用的行业是建筑、采掘业和石油业,最少采用的是复合行业、消费品行业和工业品行业。

二、战略态势选择的误区

在实际管理实践中,战略管理者往往容易犯一些共同的毛病,造成战略态势选择的失误。这些战略态势选择的误区有其背后客观的原因,这就要求战略管理者在决策时要特别小心。

1. 盲目跟随他人

企业没有仔细分析企业特有的内外部环境条件和自身的资源能力情况,而是盲目地追随市场领导者或目前流行的战略态势,从而造成失误。往往发生在市场前景乐观、经济景气时期,诱人的外部环境使大多数企业采取发展型战略,结果一哄而上,供大于求。

2. 过度分散投资领域

并不是投资领域越分散就越能体现企业的实力。事实上,多元化会使企业资源分散和管理经验变得欠缺,从而使该企业在各业务领域内的竞争实力受到影响。

一些企业,甚至包括一些上市公司的管理者认为,投资于许多行业和业务领域,既能降低经营风险,又能显示出企业实力。因此,他们只要有机会就倾向于实行各种多元化经营战略。受这一错误观念的影响,这些企业在一些自身毫无经验的行业吃了大亏。

联想集团的"三不做"[①]：

柳传志曾经谈到："什么事不能干呢？没钱赚的事不能干；有钱赚但投不起钱的事不能干；有钱赚也投得起钱但是没有可靠的人去做，这样的事业不能干。"

3. 排斥紧缩型战略

管理人员排斥紧缩型战略是因为实行紧缩即意味着管理人员的失败，而大多数人则不愿意看到自己的失败。

而另一类管理人员却是因为缺乏全局观念而排斥紧缩型战略，他们一方面没有认识到有许多成本具有沉没成本特性，一旦投入就无法弥补，因而不如及早放弃；另一方面他们没有意识到企业有更好的业务机遇，完全可以将运作不良的业务资源转移过来，从而实现资源的最优配置。

4. 战略规划与执行的非系统性

战略规划在时间连续性与未来环境适应性方面不够系统，克服这一缺点的方法就是努力培养一种尊重既定战略、科学客观地执行战略的企业文化。只有这样，才能使企业战略发挥其应有的指导企业长期、全局的经营业务的作用。

本章内容结构

[①] 陈惠湘. 联想为什么[M]. 北京：北京大学出版社，1997：16.

综合练习

一、名词解释

战略态势　稳定型战略　发展型战略　紧缩型战略　战略组合　一体化战略　多元化战略

二、判断题

1．稳定型战略是以低于行业平均水平的速度发展。　　　　　　　　　　　（　　）
2．两位数字以上的增长就是发展型战略。　　　　　　　　　　　　　　　（　　）
3．企业发展越快越好。　　　　　　　　　　　　　　　　　　　　　　　（　　）

三、多项选择题

1．以下（　　）战略属于发展型战略。
　　A．一体化战略　　　　　　　　　　　B．多元化战略
　　C．收获战略　　　　　　　　　　　　D．产品—市场战略
2．以下（　　）战略属于紧缩型战略。
　　A．一体化战略　　B．放弃战略　　C．收获战略　　D．调整战略
3．以下（　　）战略属于产品—市场战略。
　　A．市场渗透战略　　B．市场开发战略　　C．调整战略　　D．清算战略

四、简述题

1．简述产品—市场战略。
2．简述一体化战略的主要类型及各自特点。
3．简述多元化战略的主要类型及各自特点。

五、搜索思考（网上冲浪、网上调研、案头研究）

1．每年的铁矿石谈判与宝钢寻求购买秘鲁铁矿石生产企业之间的关系。
2．多元化可以产生"东方不亮西方亮"的效果，你怎么看？
3．发展型战略的实现方式及其各自特点。

六、案例分析

1．鞍钢为何要与本钢合组鞍本钢铁集团？目前情况如何？
2．新长安汽车集团组建的意义和价值。
3．国美电器的总体战略分析及未来之路。

 子项目 4　　　路径之选——确定企业的总体战略

1．项目任务

企业发展路径选择——确定企业的总体战略及实现途径。

2. 项目指标

（1）从企业的三种基本战略态势中选择适合本企业的总体战略。

（2）确定实现上述总体战略的具体途径、实现方式和主要任务。

（3）形成符合该企业发展实际的企业总体战略分析结论与报告。

3. 子项目4的实施

任务1：选择适合本企业的总体战略

依据企业战略目标的需要，从企业的三种基本战略态势中选择适合本企业的总体战略。此部分内容支撑企业战略规划里的战略选择与战略目标的内容。

任务2：确定总体战略实现途径和主要任务

在企业使命和价值观的指引下，结合内外部分析结论，确定实现上述总体战略的具体途径、实现方式和主要任务。此部分内容为确定企业战略规划里的战略任务（主要任务）的内容。

任务3：撰写企业总体战略分析报告

根据上述分析内容，参考附录A中大数据产业发展规划里的"三、指导思想和发展目标"以及"四、重点任务和重大工程"的相关内容撰写本企业总体战略分析结论与报告。

4. 子项目4实施过程中可能出现的问题

（1）多元化迷途。很多企业不大，但业务领域很多，美其名曰"东方不亮西方亮""鸡蛋不能放在一个篮子里"。然而，现实是每个业务领域规模都不大，甚至很小，没有形成规模效益，又不舍得放弃。我们在开篇就说到，需要战略的根本原因就是资源有限，战略的核心作用就是让有限的资源发挥出最大的效用，因此，有所为有所不为就是必然的选择。

（2）如何选择适合的战略。对于学生目前可能接触到的企业，多数情况是会选择发展型战略。但是具体采用什么样的发展型战略适合以及如何结合内外部环境分析结论选择合适的实现方式是一个挑战。结合书中的丰富案例和阅读材料，认真思考，细心体会。

（3）主要任务过多。人们时常会认为哪项工作都重要，哪项都不舍得丢，都要列入关键任务，其实关键任务过多就不是关键任务了。关键任务一定是那些对战略目标实现影响最大的因素，一般5~6项就够了。大数据产业发展规划也只确定了7项重点任务和8大专项工程。

推荐阅读

1. 杨锡怀，等. 企业战略管理[M]. 4版. 北京：高等教育出版社，2016：第五章.
2. 赵越春. 企业战略管理[M]. 3版. 北京：中国人民大学出版社，2019：第五章.
3. 王方华. 企业战略管理[M]. 2版. 上海：复旦大学出版社，2006：第五章.
4. 刘平. 保险战争[M]. 北京：电子工业出版社，2009：第二章和第七章.
5. 施振荣. 再造宏碁：开创、成长与挑战[M]. 北京：中信出版社，2005：第七章.
6. 凌志军. 联想风云[M]. 北京：中信出版社，2005.
7. 雷银生. 企业战略管理教程[M]. 2版. 北京：清华大学出版社，2010：第五章.
8. 高红岩. 战略管理学[M]. 北京：清华大学出版社，2007：第四章.

讨论案例　　"走出去"真的准备好了吗①——冲击国际龙头的代价与反思

2007年4月4日，TCL集团发布关于业绩预告的补充公告称，由于TCL多媒体重组及收缩欧洲业务的整体成本超过预期，且在新兴市场的表现未达到预期，导致亏损大幅增加，拖累了集团年度业绩。2006年年报披露以后，TCL股票将被实施退市风险警示的特别处理。

此前，在2006年10月，TCL多媒体以及TCL集团相继发布公告称：TTE、TCL、汤姆逊以及TCL多媒体四家公司就TTE欧洲业务达成协议：结束TTE在欧洲的业务，并开始实施新的重组方案。这也就意味着自2004年并购汤姆逊以来，对于国际化一直不言放弃的李东生首次用实际行动调转了船头，选择了退出。

近年来，"走出去"的声浪日渐高涨；然而，在喧闹背后不利的消息却接踵而至。长虹借力美国Apex公司走入美国市场铩羽而归，明基以小吞大西门子手机后不到一年就不得不壮士断臂，TCL在连吞汤姆逊彩电和阿尔卡特手机业务后消化不良、陷入泥潭……

虽然如此，前仆后继者仍大有人在。日前，CEC又接盘了飞利浦的全球手机业务。走出去是我国企业大到一定程度、冲击国际行业龙头的必然选择，然而盲目跟风必遭商战"滑铁卢"。透过失利现象，解剖失败根源，研讨并购的挑战，则显得尤为重要。

如能从中真正汲取失利的教训，做到未雨绸缪、防患于未然，这些昂贵的学费就没有白交。如此，TCL并购困局案就值得我们深入研究了。

一、"鲤鱼跃龙门，不易"

李东生曾言，"并购比其他模式进入国际化的整合成本更小，比自己独立做至少提前5～6年。这个选择是正确的。"然而，并购也最容易成为流血不止的包袱，远有宏碁集团早期国际化收购康点和高图斯的旧挫，近有泛宏碁系的明基并购西门子手机的新败。TCL并购的前途又会如何呢？

2004年1月，TCL集团成功完成吸收合并TCL通信和新股发行，并在深交所挂牌上市。整体上市的成功为TCL集团的长远发展奠定了坚实的基础，也打开了TCL全球化的雄心。当月，TCL集团与法国汤姆逊公司在法国总理府签署合并重组彩电业务的协议，双方携手缔造了全球规模最大的彩电企业TTE。仅仅4个月后，TCL集团又与法国阿尔卡特公司签订了合作备忘录；10月，TCL通信与阿尔卡特组成了合营公司T&A。

两项并购使TCL在彩电及手机两个主流产业进入了欧美主流市场。TCL从一个区域性企业一跃而成一家跨国大公司。然而，速成的跨国公司却让TCL感受到了沉重的压力。两起并购组成的合资公司TTE（原汤姆逊部分）和T&A（原阿尔卡特部分）在2004年的亏损分别达到1.43亿元和2.83亿元。

TCL集团在年报中称，原汤姆逊欧美业务及阿尔卡特手机业务存在较大亏损，以及TCL移动手机业务的大幅下滑，影响集团整体净利润大幅下滑。为何两项并购刚刚完成就出现了如此严重的亏损呢？

---

① 刘平. "走出去"真的准备好了吗[J]. 中国审计报财经周刊，2007（6）.

1. 盲目并购种祸根

在并购阿尔卡特手机业务时，TCL 移动的管理层简单地认为，阿尔卡特手机公司不到 1 000 人，而且没有工厂，只有研发和营销体系，因此就自己设计了收购方案，而没有请专业咨询公司。并购前看似省了几百万欧元的咨询费，并购后却付出了百倍的代价，亏损远甚于 TTE。省小钱却交了大学费。

无独有偶，2005 年 10 月，西门子将其手机业务以倒贴的形式——自掏腰包填补 5 亿欧元债务，并向明基提供 2.5 亿欧元的现金和服务，同时以 5 000 万欧元购入明基股份，"下嫁"于明基。然而，从明基正式合并西门子手机业务以来短短的三个季度，明基的运营亏损累计达到 128 亿元新台币。与此同时，明基的股价从 35 元一路滑到 17 元，总市值整整蒸发了一半。

2. 业绩巨亏频换人

盲目并购带来了经营困难，经营困难造成了人员巨变，人员巨变又进一步加深了经营困难。短短的时间里，TTE 最高领导由赵忠尧、胡秋生及至李东生暂代亲征，反映出国际化领军人物的匮乏。同样，TCL 移动和 T&A 的领导也由万明坚到袁信成、刘飞、郭爱平。

高管跳槽或变动带动了一批中高层干部离职和变动，空降新人带来新的思维与政策，加剧了新旧政策的尖锐冲突，在此动荡的形势下迫使大批人员离职也就不足为奇了。如此，对恶化的经营形势无异于雪上加霜。

3. 运营成本居高不下

李东生曾毫不讳言，在合资公司的亏损原因中，经营成本高昂是一大问题。平安证券研究员邵青表示，2004 年合资项目营业费用和管理费用增加情况为：8～9 月每月为 9.61 亿元，10～12 月每月为 9.33 亿元。

邵青认为，阿尔卡特急于出手的原因虽然是手机业务亏损，而根本原因其实是在高昂的人力成本费用。欧洲劳工福利制度很完善，要解雇一个人会付出想象不到的成本。过去 TCL 彩电在收购德国施耐德公司时就吃过人力成本的亏，这次又低估了这几百人的影响。

在合并阿尔卡特手机业务后，阿尔卡特 600 多人的研发、销售团队加入合资公司。在管理费用方面，一个员工的人力成本相当于 TCL 20 个员工，如此合计相当于 TCL 10 000 多人的成本，这在一共只有 1 000 多人的合资公司中，的确是一笔不小的数目。虽然两家合资公司一度为 TCL 带来了规模扩张，但问题在于，如何有效控制成本并同时拓展到全球。

4. 劳工问题避无可避

在 TTE 的波兰工厂，工人不能随意调换岗位，他们的薪水、职责、工作向谁报告等在入职时就通过合同固定好。人员的调动或辞退会使 TCL 面临巨额的补偿费用。而在国内，领导进行员工岗位调动被视为天经地义。在墨西哥工厂，当地工人的工资是周发。周五发完工资，下周一就发现一些工人离职了。等到周三，这些辞职的人又回来要求工作，因为经过狂欢之后，他们的钱花光了。

裁员就更加不同了。欧洲强大的工会组织和保护员工方面的完善法律，将使裁员付出沉重代价。在欧洲裁员要在半年以前打招呼，要把裁员从头到尾梳理得特别清楚才能开始行动。一位员工的遣散费要 150 万欧元之巨。明基在赔进了数亿欧元之后，2006 年 9 月 28 日，明基宣布，将不再继续投资其德国手机子公司,并将向当地法院申请无力清偿保护。即使如此,还要面对德国工会方面将要提起的相关诉讼。

5. 花开两朵,结果不一

TCL 与联想的国际化之路,花开两朵,而结果不一。联想并购 IBM PC 业务初见成效;而 TCL 对汤姆逊彩电和阿尔卡特手机并购则遭遇挫折。柳传志说:"做以前一定要想清楚。"这是源于柳传志对经验的认真总结。李东生说:"重要的是自己要把事情想明白。"这是来自李东生对教训的深刻反思。

2005 年 700 亿元、2010 元年 1 500 亿元的战略目标使得 TCL 不得不加快并购的步伐。而步伐过快急于求成使 TCL 陷入两面作战。短短的 4 个月里,TCL "连下两城",可谓风光无限。然而,具体一运作却发现力有不殆,远非想象的那么简单。

6. 高估自己、盲目自信

TCL 移动在 2001 年借"宝石手机"迅速蹿起,在 2002 年曾创造高达 12 亿元的净利润,成为手机行业的耀眼明星、TCL 集团的支柱产业,万明坚也一跃而成 TCL 集团执行董事、高级副总裁。成功的亢奋使人容易高估自己、低估困难,盲目自信与乐观。

毛主席说得好,"要在战略上藐视敌人,在战术上重视敌人。"显然 TCL 忽视了这一点,不仅在战略上藐视敌人,在战术上也没有重视敌人,陷入困境也就不足为奇了。

对并购困局,李东生曾这样反思:"跨国并购前期的调研和分析非常重要,要对可能发生的风险有足够估计,不要急于求成。对自身能力要有客观评估,不要做自己力所不能及的项目。因此,需要借助有经验的咨询机构,虽然有相应的支出,但能够大大降低风险。"这一反思就是针对并购阿尔卡特手机业务而言的。

而在 IBM 手上亏损的 PC 业务,为什么联想并购后能盈利?其实,并购的最终决定是在算完账之后做出的——并购能够为企业创造新的利润来源。联想专门请了在 IT 方面有丰富经验的麦肯锡公司做咨询顾问。

分析表明,IBM 的 PC 业务毛利率高达 24%,联想的毛利率只有 14%,但由于 IBM 成本高,24%的毛利率没钱赚,而联想控制成本的能力很强,所以结合在一起是优势互补。IBM 的高成本中,一是体系性的成本高,PC 部分要分担总部很大的费用,而联想没有这部分费用;二是管理费用过高,IBM 组装一台 PC 机要 24 美元,联想只要 4 美元;IBM 的 PC 业务每年交给总部的信息管理费是 2 亿美元,这部分压缩空间也很大;还有,IBM 1 000 多万台和联想 400 多万台的销量加在一起,采购上也极具优势。算出利润后,联想并未掉以轻心,而是仔细研究并购过程中的潜在风险,做到未雨绸缪。

7. 对产业环境的误判

在经历了数年的快速发展后,中国手机行业的增长在 2004 年放缓,而产能的大规模扩张导致供应过剩。不仅并购的阿尔卡特手机业务巨幅亏损,TCL 移动本身的手机业务也大幅下滑。

宏碁合并高图斯也有产业环境变化的问题。高图斯的原有产品优势在高端工作站,然而随着 PC 机功能的迅速增强,对工作站的冲击是巨大的,在宏碁刚刚合并高图斯后,高图斯的产品优势尽失。高图斯成了宏碁背负的流血不止的包袱,远远超过合并时的付出和预期。

二、第三条路

相对于联想的首战告捷和 TCL 的浴血奋战，明基的壮士断臂不失为基于现实的第三种选择。抬头需要实力，低头需要勇气。明基西门子一年不到就"婚变"，李焜耀丢车保帅的确是需要些勇气的。

对于明基的决定，施振荣强调，做生意就是这样，不打输不起的仗，所以看情况不好中止是明智之举。而对于失败的原因，施振荣认为，首先是没有足够考虑到跨国文化的冲击；其次，西门子手机部门比明基手机部门大很多，业务上的以小吃大给明基整体带来很大风险；再次，就是明基对西门子的原有亏损及竞争力快速下降的关键因素没有足够掌握，导致新产品推出、成本降低、管理优化等各方面的速度都不够快。

三、走出国门的几道坎

"电子产业竞争已步入大者恒大阶段，并购成为企业壮大自我的主要手段。"北京零点咨询有限公司董事长袁岳如是说。然而，如何才能做到有效实施并购呢？

国际化的战略方向是没有错的，但步伐和节奏非常重要。李东生曾坦言，当时估计到的困难几乎无一例外地发生了，当时没有估计到的困难也发生了，而我们期待的整合效应并没有出现，企业还是按原来的习惯运作，TCL 基本处于失控状态。

所以，对国际化困难要估计得更充分些，国际化的步伐和节奏要把握得更好一些。按照柳传志的话说，就是做以前一定要想清楚。走出国门首先就要面临以下四大挑战。

挑战一，国际化人才短缺。我们缺少懂得海外并购的人才，缺少懂得海外消费者市场的领军人物。TCL 的临阵磨枪也进一步验证了这一点。2005 年年中，TCL 派出 40 位高管前往欧洲一家知名的商学院进行为期半个月的职业化管理培训。然而，这种临阵磨枪的突击培训真的能解决问题吗？又到底能解决多大问题呢？

挑战二，海外战略联盟的缺失和海外并购经验的缺乏。我国企业由于没有长期合作的海外收购战略联盟，以及缺少海外并购的经验，大大影响了我国企业海外并购的成功率。

挑战三，缺乏海外成本与风险管理意识。海外的放账与库存管理难度和特殊性要远远大于国内。海外资产管理易放难收，远距离管理极易失控。

挑战四，跨文化整合。一位 T&A 前高层人士说，"在 T&A，TCL 派出了 CEO，下面两个总监由阿尔卡特派出。由于文化和管理的差异，TCL 在管理原阿尔卡特员工时还需要两个总监的协助，这样，一个公司出现中西两种风格的管理，显得非常混乱。"中国文化与海外文化有很大的区别，企业国际化必须面对不同文化的挑战。海外并购要成功必须与当地文化融合，取得当地人的支持。

讨论题：

1. 中国企业如何面对国际化的诱惑？
2. 企业国际化面临哪些挑战？
3. 企业实行国际化战略前应先做好哪些功课？

> 阅读材料 6-1　　　　　腾讯多元化之险[①]

凭借即时通信工具QQ起家的腾讯6岁了，它潜行已久的多元化战略直到最近才在业界公开。人们在一夜之间发现马化腾的"野心"原来是如此之大：全力排挤MSN、叫板丁磊和陈天桥、暗战eBay和淘宝、觊觎百度试水搜索、兴建门户追赶新浪。

全面开战的腾讯能获得胜利吗？其实，腾讯根本不用冒多元化战略的风险，应当踏踏实实立足于现有的战略定位，深入挖掘核心业务的潜力，从而构建核心竞争力。

2005年9月12日，腾讯发布了专门为QQ用户设计开发的CC电子商务拍卖网——拍拍网。从目前提供的业务类型来看，腾讯基本上提供了互联网所有热门的业务，其业务线从核心的即时通信到传统的门户网站，还包括良好现金流的网络游戏和互动语音，以及时髦的博客和在线电视。马化腾毫不隐瞒其"野心"。

多元化竞争风险高

马化腾现在的竞争对手已不仅仅是微软的MSN Messenger等即时通信，而是各个领域的专业公司。在电信增值业务领域，由于监管和竞争等原因，腾讯需要考虑各种竞争风险因素。例如，由于腾讯提供的"161移动聊天"大大依赖于运营商的关系，在2008年初被取消分成后，腾讯估计每月净利润减少400万元。2009年上半年腾讯净利润增长30.04%，主要原因是腾讯采用了一定的会计技巧，把一大笔应收款记录在本季度。

腾讯1999年"偶然"推出即时通信应用（当时其名称是OICQ，后因知识产权问题而主动改为QQ）时，以其兄弟ICQ为标杆成为其早期的运营战略。当时中国互联网业还没经历美国互联网业的疯狂，美国互联网业已迅速进入冷冻期，腾讯连把自己卖给一个"大"互联网企业的机会都没有——中国当时根本没有大的互联网企业，而国外互联网企业在国内受到严格监管。

拜移动通信产业发展所赐，也得益于身处中国南部富饶的广东省，腾讯利用广东高度发达的移动通信技术，提供"无线QQ"，并凭借良好的收费机制而日进斗金。但从2004年起，电信运营商针对无线增值业务领域出现的各种不规范行为，开始推出各种监管机制，各大互联网企业的无线增值业务大受影响，腾讯也不例外。

从外部看来，腾讯可能是在2003年中国互联网开始转暖时思考如何开拓其他业务类型。由于网络游戏的营利性较好，腾讯首先进入了网游领域，稍后又进入了门户网站领域——这是腾讯有意识打造平台战略的标志。腾讯的多元化战略真正开始"发烧"，首推C2C网站。这是马化腾押的一个非常大的"宝"。此时，马化腾已不掩盖其野心，他要进入所有赚钱的领域——博客、IPTV等。

冲刺纳市的梦想驱动

腾讯之所以想进入热门领域，其最大驱动力可能是纳斯达克。不过，马化腾进入这些领域时，可能不知不觉迈进了多元化的"陷阱"，这使得腾讯的核心业务IM（即时通信）变成了"IM"（Impossible Mission，不可完成的任务）。

由于面临监管等多方面的原因，腾讯一度没有直接面对媒体的习惯。但自从盛大和百度成功在纳斯达克上市后，如何利用媒体树立良好形象已成为腾讯的首要任务之一。香港资本市场对中国互联网

[①] 腾讯多元化之险，全面开战不如退而深耕良田．http://news.Ppzw.com/Article_Print_22221.html．

的冷落，可能会促使腾讯寻求美国资本市场的帮助。

从媒体报道来看，马化腾是一个内敛的人，不太喜欢张扬。但是，面对盛大和百度先后在纳斯达克获得巨额融资，马化腾不得不挑战自我的胭腆。

从腾讯最近两年的业务收入结构趋势可以看出，互联网增值业务和移动与电信增值业务是其重要的"现金牛"。尽管移动与电信增值业务受到监管和竞争的影响，但未来的潜力应该是巨大的。

C2C 不能拯救腾讯

从目前在纳斯达克上市的中国互联网企业来看，符合美国投资者思路的股票较受追捧。号称"中国 Google"的百度已被证明其潜力远远被高估，其股票承销商摩根士丹利也表示百度股票至少被高估了几倍。从这个层面上来看，仅仅模仿美国互联网的商业模式，不一定能保证其发展顺利。

C2C 是一个最具美国特色的业务类型，考虑到中国互联网用户基数庞大，受到不少投资人的追捧，但其潜在的风险不得不让我们深思。

如果腾讯只是想借助纳斯达克的概念实现上市梦想，C2C 可能会助其一臂之力，但长期来看其并不能让经营者真正获益，这也许只是让前期投资者顺利退市的一个方法。

另外，如果不出意外，美国投资者肯定会在百度的投资中吸取深刻教训。因为依赖本地搜索打出好牌的 Google 已让百度深刻认识到什么叫技术实力和创新，缺乏技术积累和创新战略的百度并不能像微软那样轻松采用跟随战略而推出本地地图搜索业务。

马化腾也许认识到了这一点，所以在推出 C2C 网站的同时，表明绝对不会去打价格战——当然，利润并不丰厚的腾讯也可能没足够实力打价格战。C2C 网站目前在中国看来是一个烧钱的业务，只是中国互联网不断升温掩盖了该业务的实质。

在中国经营互联网业务，不仅是业务和服务需要本地化，竞争战略也需要本地化。进入能构建竞争优势和核心竞争力的领域，这就是本地化的竞争战略。

缺少话语权的乙方

摩根士丹利发布的分析报告《中国互联网》指出，中国的无线增值业务将是所有最具潜力的领域中最具增长空间的。"无线增值业务是被忽视的机会，虽然存在一些监管方面的忧虑，但进入门槛在提高，而且这一领域正在复苏。"

近几年不愉快的经历显然让马化腾备受挫折。在和中国的电信运营商合作的过程中，不管腾讯如何强大，它毕竟是没有太多话语权的"乙方"。搜狐也曾面对这种尴尬，张朝阳在接受了中国移动的罚款后，不得不表示"将不断与中国移动进行沟通"。

马化腾需要看到的是，目前进入中国移动增值业务领域的公司越来越多，专业化程度也越来越高。正如中国移动一位高管所描述的，任何互联网的东西，只要和移动通信挂上钩，就可以获得利润。事实上，腾讯也是在 2000 年提供"无线 QQ"后才不断获得利润的。

目前，除了电子商务领域，中国互联网企业能获得利润的商业模式屈指可数，搜索引擎可能是一个。即便是前些年盛行的收费电子邮箱，也由于 Google 推出好用且免费的千兆级电子邮箱，收费的 CN 和 63 被迫转型，微软也不得不硬着头皮把 Hotmail "免费"下去。

C2C 在美国获得了较深入的发展，但在中国，首先获得发展的是 B2B。这不能不说是中国国情所造成的。中国缺乏良好的信用环境，中国人的消费者习惯也大大限制了在线交易的可能。一般情况下,中国人深受"假货"和"欺骗"的影响,对于不能亲自使用的产品,绝对不敢贸然掏钱。这也许部分解释了 C2C 在国内迟迟发展不起来的缘故。

无线增值业务被低估

有着垄断巨头占据的无线增值业务领域则与众不同。电信运营商具有维护诚信的义务,依附于该领域的各种商业模式能得到消费者的认可。但由于无线增值业务发展初期任其自流,导致了一些不愉快的事情发生,这使得一些获得既得利益的企业一时不能转换思路,以"脚"来投票,这本身是不理智的行为。

虽然腾讯没放弃无线增值业务领域,但它明显已不把该领域作为其核心战略型业务。不过,正如摩根士丹利的分析报告所说,谁能把握无线增值业务这个被忽视的机会,谁就将会给中国互联网企业一次力量对比重组的机会。

讨论题:
1. 结合腾讯近年来的实际发展情况,对文中观点进行分析。
2. 分析腾讯近年来在战略实施与控制过程中的得与失。
3. 如何看待 2010 年 11 月腾讯与 360 之间发生的事件?

阅读材料 6-2　　国际化经营战略简介

自从 20 世纪 50 年代以来,世界经济发展的一个显著特点是各国企业经营活动的国际化。人们熟知的一些公司,如埃克森石油公司、国际商用机器公司、大众汽车公司、丰田汽车公司、松下电器公司、帝国化学工业公司、柯达公司等,都从早期的产品出口而转向国际范围内的生产经营活动。企业活动的国际化是国际经济发展的必然趋势。

自我国经济对外开放以来,越来越多的企业进行着国际化的经营,他们在促进国家产品或服务出口和国民经济向国际经济迈进的过程中起着日益突出的作用。然而,经营活动国际化的企业面对着一个比国内市场竞争更为激烈且远为复杂的国际市场。国际化的企业在制定战略计划和战略措施的过程中,不仅要认识自身的战略优势和劣势,还应充分了解国际环境的特点,只有这样才能立于不败之地。

企业进入国际市场的典型模式有以下几种。

1. 贸易出口模式

贸易出口模式分为间接出口模式和直接出口模式。间接出口模式是指企业生产出来的产品,由外贸部门及其对外贸易专业公司办理出口业务。这是一种开拓海外市场、扩大国际市场份额的最简单的方式。直接出口模式是指生产企业把产品直接卖给国外的客户。

2. 股权模式

股权模式分为独资经营模式和合资经营模式。独资经营模式是指国际化经营的企业单独在国外投资建立企业,独立经营、自担风险、自负盈亏。合资经营模式是指两个或两个以上国家的企业共同出资、共同经营、共担风险、共负盈亏。

在合资经营中,有三个问题特别重要:第一,在选择合资伙伴时,会出现两个不同国家的文化差异问题。第二，对合资企业的控制问题。合资企业所在国政府可能对来自他国的企业所拥有的控制程度有法律上的限制。第三，对合资企业的管理问题。一种管理方式是合资企业中的所有关键职位人员都限于企业所在地的公民；另一种管理方式是由母公司派出经理人员。

3. 非股权模式

非股权模式包括许可证贸易、管理合同、工程承包、特许经营等。

许可证贸易是指跨国公司在规定的期间将自己的工业产权（专利权、注册商标等）转让给国外企业，而许可证接受者须向提供许可证者支付一定的报酬和专利权使用费。

管理合同，又称经营合同，是指跨国公司通过签订合同，派遣管理人员在东道国的企业担任管理职务，负责经营管理方面的日常事务。工程承包是跨国公司，特别是建筑行业跨国公司进入国际市场的主要方式。

特许经营是商业和服务行业中跨国公司经常采用的一种方式。这是由特许授予人准许被授予人使用他的企业商号、注册商标、经营管理制度与推销方法等从事企业经营活动。被授予人则给特许授予人一定回报。

第七章 企业竞争战略

内容提要

竞争战略所涉及的问题是在给定的业务或行业内,经营单位如何竞争取胜的问题,即在什么基础上取得竞争优势。本章首先讨论了三种基本竞争战略,在此基础上分析了不同产业结构下和不同市场竞争地位下经营单位的竞争战略。

学习目标与重点

- 重点掌握三种基本竞争战略的内涵;
- 了解四种不同产业结构下的竞争战略;
- 掌握四种不同市场竞争地位下的竞争战略。

关键术语

竞争优势;产业结构;市场地位;低成本;差异化;专业化

引入案例　　　　中国首富王传福[①]——比亚迪的低成本策略

2009胡润百富榜9月28日公布,王传福以财富350亿元成为中国首富;张茵家族以财富330亿元排名第二。

出身于贫寒人家,学生时代的苦读为王传福后来的发展奠定了坚实的专业基础。虽然他并没有成为当年想做的科学家,但他把科研与生产和市场联系了起来,成为一名工程师类型的企业家。

王传福最初的发展与资本市场完全不搭界,1995年开始创业时,甚至完全找不到资金来源,最终只能靠亲情为纽带,从表哥那里得来了启动资金。而表哥对他的劝告也是出自亲情——"为何放着好好的国家工作不做,非要走风险巨大的创业之路?"

王传福用的仍然是他所专注的电池来回答:"我是研究电池出身的,也有电池企业的管理经验,我相信自己能做好,你也知道我的能力。至于市场,你可以不相信我的眼光,但你一定要相信电池行业的潜力。"

1995年,电池的市场竞争已非常残酷,日本在充电电池市场稳占头魁,采用的是投资较大的自动化生产线。为了在竞争中杀出一条路,王传福用足了中国制造的优势,也就是充足而低廉的劳动力成本。

传统上人们都认为,自动化程度越高,越能提高生产效率,成本越低。王传福却反向行之,自

[①] 张静. "中国制造"的中国首富王传福[J]. 瞭望东方周刊, 2009-11-17[2020-04-20]. http://news.sohu.com/20091117/n268279952.shtml.

已动手装配关键设备,然后把生产线分解成若干个人工完成的工序,尽可能地用人工代替机器。与日本产品再竞争时,成本优势就显现出来,当时一个锂离子电池国外卖10美元,比亚迪只卖3美元。

此后的几年中,王传福靠低价竞争抢占了全球镍镉电池市场近40%的份额,比亚迪取代了日本企业,成为国际镍镉电池界的"大哥大",也为比亚迪占领70%以上的手机电池市场打下了基础。

"低价"常被解读为"毫无技术含量",其实,这是一种误解。在高科技领域,低价仍然是重要的竞争优势。为了加强成本优势,王传福并非华而不实地购买所谓的国际领先水平的生产线,而是更多地参与在研发生产的第一线,自主研制开发。

本身就是做研发出身,再来管理一家研发地位举足轻重的企业,王传福得心应手:"我们过去只懂管工人,不懂怎么把工程师组织起来。中国制造今后的优势还很大,关键是利用好中国的高级人才和低级人才,让其淋漓尽致地发挥才能。对工人,高压、高薪的结合可以对效率起到立竿见影的作用,但对于知识结构高、价值观和自尊心都很强的工程师这一套是不管用的。只有通过建立文化认同感,让他们追随你的理念。"

案例点评:

王传福的逆向思维值得我们关注,这与宏碁集团的创始人施振荣的观点如出一辙。"太阳底下没有新鲜事,排列组合就是创新。"像爱迪生发明电灯、瓦特发明蒸汽机这样具有划时代意义的原创,毕竟不多,然而,创新却可以无时无刻地充实在我们的身边。王传福就成功地践行了这一点。

企业的竞争战略是实现业务战略目标的手段。通过实施竞争战略可以形成业务的相对优势,从而实现企业战略管理的目标。竞争优势说明了企业所寻求的、表明企业某一产品与市场组合的特殊属性,凭借这种属性可以给企业带来强有力的竞争地位。一个企业想要获得竞争优势,或寻求兼并,谋求在新行业或原行业中获得重要地位;或企业设置并保持防止竞争对手进入的障碍和壁垒;或进行产品技术开发,产生具有突破性的产品,以替代旧产品。

第一节 基本竞争战略

美国哈佛商学院著名战略管理学家麦克尔·波特(Michael E.Porter)教授于1980年在《竞争战略》一书中提出三种基本竞争战略,即成本领先、别具一格和集中一点。图7-1列示了波特的竞争优势实证研究成果。这三种典型的基本竞争战略模式因为能使企业形成超出对手的相对竞争优势而长期为企业所采用。

图7-1 波特竞争优势模型

一、成本领先战略（低成本战略）

1. 成本领先战略的含义

成本领先战略也称低成本战略。成本领先战略的核心就是在追求产量规模经济效益的基础上，通过降低产品的全部成本，用低于竞争对手的成本优势战胜竞争对手的一种战略。

沃尔玛为什么能成为500强之首？人们找到的理由中有规模经营、成本管理、人力资源、科技应用和价格策略等许许多多的原因。但其实沃尔玛的全部文化可以简单地概括为一个字——廉。要做到这个廉，说难也很难，说简单也简单，说白了就是要变换一种核算方式。

"尽可能少的成本付出"与"减少支出、降低成本"在概念上是有区别的。"尽可能少的成本付出"，不等同于节省或减少成本支出，它是运用成本效益观念来指导新产品的设计及老产品的改进工作。

在对市场需求进行调查分析的基础上，如果能够认识到在产品原有功能的基础上新增某一功能，会使产品的市场占有率大幅度提高，那么，尽管为实现产品的新增功能会相应地增加一部分成本，但只要这部分成本的增加能提高企业产品在市场中的竞争力，最终为企业带来更大的经济效益，这种成本增加就是符合成本效益观念的。

【个案研究7-1】 一分钱优势，赢来做不完的订单[①]——

聪明地抠成本，低价≠微利

日本人喜欢发明小玩意儿。卡拉OK就是始于日本，然后才风靡全球的。打火机也是日本人发明的，并很快流行全世界。然而没过多久，由于广东生产打火机的价格优势，逼得日本人主动放弃一次性打火机的生产。从此，日本市场上的一次性打火机都是"中国广东制造"。

进入2000年时，湖南邵东人在一次性打火机方面已走过学习、模仿阶段。接下来邵东打火机凭着5厘钱、1分钱的优势，在极短的两个月内，居然将广东打火机出口市场从老大的位置掀落下来。

从2001年7月开始，邵东人始终把利润控制在5厘到1分钱之间——这个利润，广东做不到。广东要赚钱，唯有再抬高1分钱的价格，可这样外商又不买账了。在这种前提下，外商不得不与邵东人打交道。

一个打火机的利润只有5厘钱、1分钱，真的能制造"暴利"吗？当然能！这就是聚少成多的简单道理。2000年，邵东打火机出口总数仅为6 000万支。2002年，仅一家叫茂盛的小工厂的出口量就已高达9 000万支，利润为90万元。14家出口企业中最大的出口量突破2亿支，利润为200万元。

5厘钱、1分钱打天下的首要原则就是抠成本，根据自身的实际运作成本来抠，而不是盲目地缩减工人、工序。邵东人又是如何计算"微利创暴利"这笔账的呢？主要一点是邵东有得天独厚的生产条件——地租便宜、劳力集中，邵东仅占邵阳市1/16的面积，却有115万人口——是邵阳市人口的1/7。显然，劳动力密集的邵东最合适"玩弄"打火机产业。

这种自然环境无疑制造了"一分钱优势"，即体现了劳动力资源优势。举个例子，夏天是打火机

[①] 辛保平. 老板是怎样炼成的[M]. 北京：清华大学出版社，2005.

生产的淡季，邵东可以让部分员工回家务农，也可以让部分员工"补休"，而广东却做不到这些。所以，广东打火机出口市场被邵东所取代，就不足为奇了。

其实，从成本中可以挖出暴利，很多人已经明白了这个道理，但是能够做到的人很少。什么是成本控制？仅仅是"降能节耗，减员增效"吗？如今，将成本控制简单地理解为"避免费用的发生或减少费用的支出"的观点普遍流行在许多企业之中。这些企业满足于降低消耗和裁减冗员，甚至尽力降低第一线工人的工资，认为成本已得到了控制。然而，问题也随之凸显出来：如果一个企业已经将员工的数量削减到了底线，那么，这是否意味着该企业已经没有了进一步降低成本的空间呢？如果一个企业依靠削减员工待遇实现了成本的下降，但却由此引发了员工的不满和人事上的动荡，那么，利与弊又该如何权衡呢？

如果一个企业在产品的研发与生产上紧缩银根，导致在新产品的开发与产品的品质上停滞不前，那么，企业岂不是成了"掰棒子的狗熊"，握住了成本却又丢掉了另一个企业的核心竞争力吗？因此，有专家指出，这种"以成本论成本"的成本控制观已经落伍，企业需要重新定义成本控制的概念。

2. 成本领先战略模式解读

成本领先战略在 20 世纪 70 年代由于经验曲线概念的流行而得到日益普遍的应用，即通过采用一系列针对本战略的具体政策在产业中赢得总成本领先。成本领先要求积极地建立起达到有效规模的生产设施，在经验基础上全力以赴降低成本，抓紧成本与管理费用的控制，以及最大限度地减少研究开发、服务、推销、广告等方面的成本费用。

为了达到这些目标，有必要在管理方面对成本给予高度重视。尽管质量、服务以及其他方面也不容忽视，但贯穿于整个战略中的主题是使成本低于竞争对手。成本领先战略不把主要精力和资源用于产品差别化上，因此这样会增加成本。

成本领先者只提供标准产品，而不率先推出新产品。如在彩电行业，成本领先者不会率先推出数字电视，除非这种电视已成为市场中的主流产品。成本领先者通常不采用针对每个细分市场提供不同产品的做法，而是选择一个规模较大的市场提供较为单一的产品。因为这样可以获得大量生产和大量销售的好处。

尽管可能存在着强大的竞争作用力，但低成本运作的公司可以获得高于产业平均水平的收益。其成本优势可以使公司在与竞争对手的竞争中受到保护，因为它的低成本意味着当别的公司在竞争过程中已失去利润时，这个公司仍然可以获取利润。低成本地位有利于公司在强大的买方威胁中保卫自己，因为买方公司的能力最多只能将价格压到效率居于其次的竞争对手的水平。

低成本也构成对强大供方威胁的防卫，因为低成本在对付卖方产品涨价中具有较高的灵活性。导致低成本地位的诸因素通常也以规模经济或成本优势的形式建立起进入壁垒。最后，低成本地位通常使公司与替代品竞争时所处的地位比产业中其他竞争者有利。这样，低成本可以在全部五类竞争作用力的威胁中保护自己，原因是讨价还价使利润蒙受损失的过程，只能持续到效率居于其次的竞争对手也难以为继时为止，而且在竞争压力下效率较低的竞争对手会先遇上麻烦。

赢得总成本最低的地位通常要求具备较高的相对市场份额或其他优势，诸如良好的原材料供应等。或许也可能要求产品的设计要便于制造生产，保持一个较宽的相关产品系列以分散成本，以及为建立起批量而对所有主要客户群进行服务。

由此，实行低成本战略就有可能要有很高的购买先进设备的前期投资，激进的定价和承受初始亏损以攫取市场份额。高市场份额又可进而引起采购经济性而使成本进一步降低。一旦赢得了成本领先地位，所获得的较高的利润又可对新设备、现代化设施进行再投资以维持成本上的领先地位。这种再投资往往是保持低成本地位的先决条件。

二、别具一格战略（差异化战略）

1. 别具一格战略的含义

别具一格战略也称差异化战略、差别化战略，是指企业向市场提供与众不同的产品或服务，用以满足顾客特殊的需要，从而形成竞争优势的一种战略。差异化战略的根本是通过提高顾客效用来提高顾客价值。因为降低成本终归是有限度的，但是差异化价值会随着品牌的深入人心而不断增大。

一般来说，在消费品领域的市场竞争总是十分激烈，以降价让利为主的价格战是竞争性行业商家普遍运用的竞争手段。但成功的企业总是能在这种情况下通过产品和市场创新、管理和组织创新，找到提高而不是降低价格、增加而不是减少利润、引导而不是误导市场，带领同行把竞争的注意力转向新产品开发而不是降价的发展之路。差异化战略是对这些活动的高度总结和概括。

面对国外跨国公司纷纷逐鹿中国市场的强大实力，和国内大企业纵横捭阖的咄咄气势，脆弱的中国中小企业在这险峻的市场夹缝中如何积极寻找自己生存和发展之路，已成为企业一直在探讨研究的重大课题。广告策划人叶茂中出的主意是：中小企业不要到大池塘里冒着吃不到东西的危险，而是应到大鱼不去的小池塘里去找足以饱腹的食物。这个主意其实就是差异化战略。

所谓差异化战略，就是企业经过调研向市场提供的独特经营方式，它具有个性化的优良品质和较强的利益内涵，是在竞争激烈的市场经济中，在产品同质化越来越普遍的情况下，向市场展示并获得市场认可的别具一格的经营战略。

在如今的市场上，几乎没有一种产品没有自己的竞争对手，今天有一种产品在市场上畅销，明天就有同类产品出现在市场上与你对抗、与你竞争，构成产品同质性的较量。在这种情况下，中小企业应该努力研发和展示具有自己独特文化内涵和使用功能的产品，从产品的设计、制造、包装以及附加功能上寻找与同质产品的区别点，形成自己的产品优势，为自己的特定顾客提供特定的产品品种，表现出中小企业在发展中的差异化战略和特殊的智慧。山东临沂朱老大集团董事长朱呈的差异化思路就值得借鉴。

【个案研究 7-2】　　　　　　　　从朱呈的糖葫芦看产品差异化[①]

朱呈曾是一家国企的普通女工人，1997 年下岗后，她在困惑中试探着自己的出路。在任何人都不以为然的一串小小糖葫芦上，她演绎了一个令人心动、令人惊讶的故事。短短 4 年，朱呈由一个普通下岗女工变成了拥有几千万资产且颇有名望的女老板。

为彻底摒弃一般冰糖葫芦的质感，朱呈把山楂果的核挖掉，采用巧克力、果酱、豆沙等原料做成夹心的糖葫芦，口感极佳，还可以通过塑封、冷冻的办法在夏季出售，具有雪糕所不能达到的特殊口

[①] 姜巍. 差异化之路：中国中小企业的选择[EB/OL]. (2003-08-14)[2020-04-20] http://www.emkt.com.cn/article/117/11770.html.

感,投入市场后出奇地受到人们的喜爱。朱呈抓住机遇、扩大规模、迅速发展,先后在浙江、陕西、山东、河南等地创建了加工分厂,使糖葫芦的每年销售量达几千万支之多。很快发展起来的朱呈建起了大酒楼,而去那里就餐的顾客都可以免费享受到赠送的冰糖葫芦,而这样的赠送又反映出了朱呈的差异化经营特色。

差异化战略又可分为产品质量差异化、产品功能差异化、销售服务差异化、产品创新差异化、产品品牌差异化等。

差异化战略,就是你无我有、你有我精的特色经营,是经过细分后市场制胜的奇策。其实市场的差异化无处不在,只要细心观察就会发现有很多商机。上海鳞次栉比的大商场、大卖场和星罗棋布的小商店,让人有一种透不过气的压抑感,然而,谁也没有想到,一家特殊的女性专卖店却很快吸引了人们的眼球,而且很快风靡了大上海。

【个案研究7-3】　　　　　　　　　　**三小伙开女性专卖店**①

这家女性专卖店的特殊性就在于经营者是三个风华正茂的小伙子,叫人即刻产生另类的感觉。谁不想看看由三个小伙子开的女性专卖店是个什么样子?这是其一。其二,这个女性店里的用品,大多是质地与款式均为上乘的高档货。

他们曾经对不少商场的女性专卖柜进行过多次的调研和"蹲点"观察,发现那些收入颇丰的男子们偏偏喜欢购买那些高档的女性用品,而且不讲价,买了就走。这种情形又使他们发现,许多男子不管是作为礼品还是作为一种特殊的纪念,都想把这些高档、高雅、柔靓、能够一展女性风姿的女性用品送给自己心爱的女人。但由于受中国传统观念的影响,这些人感觉男人做这些事情有碍于脸面,并不愿意在这样的柜台前多有停留,即使要买某种东西,往往也需鼓着很大的勇气。

如果买东西时后边再跟上一位絮絮叨叨的女服务员,那就更让人尴尬。基于这种现象,三位男子决定开一家女性专卖店。结果不出所料,开业后前来购物的男子非常多,而且也用不着那么拘谨了。生意由此而火爆异常。

这家专为男士消费者开设的女性专卖店,之所以大行其道,就是实施了差异化销售战略,这种战略强调的就是"鹤立鸡群""与众不同"的销售风格。菲利普·科特勒对这种成功营销的解释是:特色化、独一无二的营销方式。

企业的差异化经营还表现在诸多方面,例如,以对环境进行解剖和细分的环境设计差异化;对资金的不同需求所产生的资金来源差异化;根据不同的销售现场进行的销售方式差异化;针对不同产品而采取的营销模式的差异化、组织形式差异化、运行机制差异化;等等。只要有一种事物的存在,就可以找出事物的多个侧面,以及事物与事物之间的不同性,这就要求创业者有敏锐的市场眼光、灵活机动的应变能力,从差异中寻找出创新契机,从可持续发展中把握自己的准确定位。

2. 别具一格战略模式解读

别具一格战略(差异化战略)是将公司提供的产品或服务标新立异,形成一些在全产业范围

---

① 刘平. 创业学:理论与实践[M]. 北京:清华大学出版社,2009:198.

内具有独特性的东西。实现差异化战略可以有许多方式：设计、品牌形象、技术特点、外观特点、客户服务、经销网络及其他方面的独特性。最理想的情况是公司使自己在几个方面都标新立异。当然，差异化战略并不意味着公司可以忽略成本，但此时低成本不是公司的首要战略目标。

如果差异化战略可以实现，它就成为在产业中赢得超常收益的可行战略，因为它能建立起对付五种竞争作用力的防御地位，虽然其形式与成本领先不同。差异化战略利用客户对品牌的忠诚以及由此产生对价格敏感性下降使公司得以避开竞争。

它也可使利润增加而不必追求低成本。客户的忠诚以及某一竞争对手要战胜这种"独特性"需付出的努力就构成了进入壁垒。产品差异化带来较高的收益，可以用来对付供方压力，同时缓解买方压力，当客户缺乏选择余地时其价格敏感性也就不高。最后，采取差异化战略而赢得客户忠诚的公司，在面对替代品威胁时，其所处地位比其他竞争对手也更为有利。

实现产品差异化有时会与争取占领更大的市场份额相矛盾。它往往要求公司对于这一战略的排他性有思想准备，即这一战略与提高市场份额两者不可兼得。较为普遍的情况是：如果建立差异化的活动总是成本高昂，如广泛的研究、产品设计、高质量的材料或周密的客户服务等，那么实现产品差异化将意味着以放弃低成本地位为代价。然而，即便全产业范围内的客户都了解公司的独特优点，也并不是所有顾客都愿意或有能力支付公司所要求的较高价格。

三、集中一点战略（专业化战略）

1. 集中一点战略的含义

集中一点战略，也即专业化战略，是主攻某个特定的客户群、某产品系列的一个细分区段或某一个地区市场。专业化战略是围绕一个特定的目标进行密集性的市场经营活动，要能够提供比竞争对手更为有效的产品或服务。

正如差异化战略一样，专业化战略可以具有许多形式。虽然低成本与产品差别化都是要在全产业范围内实现其目标，专业化的整体却是围绕着很好地为某一特定目标服务这一中心建立的，它所制定的每一项职能性方针都要考虑这一目标。

这一战略的前提是：公司能够以更高的效率、更好的效果为某一狭窄的战略对象服务，从而超过在更广阔范围内的竞争对手。结果是，公司或者通过较好地满足特定对象的需要实现了差异化，或者在为这一对象服务时实现了低成本，或者两者兼得。尽管从整个市场的角度看，专业化战略未能取得低成本或差异化优势，但它的确在其狭窄的市场目标中获得了一种或两种优势地位。

企业一旦选定了目标市场，就可以通过产品差异化或低成本的方法形成专业化战略。从这个意义上说，采用集中一点战略的企业就是特殊的差异化企业或特殊的成本领先企业。

低成本、差异化和专业化三种基本竞争战略之间的关系与区别如图7-2所示。

专业化战略常常意味着对获取的整个市场份额的限制。专业化战略必然包含着利润与销售量之间互为代价的关系。正如差异化战略那样，专业化战略可能会也可能不会以总成本优势作为代价。

2. 集中一点战略模式解读

专业化的意思就是专精一门，也就是俗话说的"一招鲜，吃遍天"。在这样一个诱惑多多的年代，要静下心来，专精一门是不容易的，要不然就不会有几年来"多元化"在国内企业界的甚嚣尘上了。

图 7-2　三种基本竞争战略的关系与区别

例如，你也许认为指甲钳太"小器"了，指甲钳是很小，但你想过没有，只要有 1/5 的中国人使用你生产的指甲钳，你的利润会有多大？要是全世界 1/5 的人都用你生产的指甲钳呢？如果这样的利润空间还不算大的话，你不妨再想想，普通档次的指甲钳利润空间的确有限，但是如果是高档产品呢？如果是专业化生产的全套指甲修护工具呢？

梁伯强就是紧紧抓住指甲钳这个主业不放，在指甲钳上做精做强，所以他顺利进入了利润区。借助"非常小器"的指甲钳，使得圣雅伦牌成了中国第一、世界第三的指甲钳品牌，梁伯强也成为亿万富翁。

【个案研究7-4】　　　　　　　　非常小器·圣雅伦[①]

1998 年 4 月，梁伯强从茶几上用来包东西的旧报纸上读到一则名为《话说指甲钳》的文章，文中提到朱镕基总理以指甲钳为例，要求轻工企业努力提高产品质量、开发新产品。他便产生了一个念头：做一个响当当的中国指甲钳品牌。

很快他便赶去广州"555"国营指甲钳厂，但该厂已经停产。后来他又去了天津、北京、上海和苏州的 4 家具有代表性的国营指甲钳厂，这些工厂全都已经关门大吉。国企不行固然可惜，但也给民营企业腾出了市场。于是，梁伯强开始学技术，把目标锁定在韩国著名的"777"牌指甲钳上。

梁伯强从韩国订了 30 万元货，然后组织人员研究"777"的技术，再把买来的指甲钳卖出去，研究人员一遇到什么不懂的地方，梁伯强就飞去韩国。由于梁伯强是以中国经销商的身份前去考察的，韩国人不仅详细解释了梁伯强提出的问题，还亲自带他去厂区参观。这样梁伯强仔细了解了他们的自动化生产技术和设备。

一年里，梁伯强飞了 20 多次韩国，买进了 1 000 多万元的货。这段时间，他的研究人员基本上把"777"的技术学到了，通过做"777"经销商，他也逐渐铺开了自己的销售网络，不久，他的第一

---

① 金陵. 朱镕基一句话，"让"他赚了一个亿[EB/OL]. （2006-03-10）[2020-04-20]. news. sohu. com/20060310/ n242230490. Shtml.

批名为"圣雅伦"牌的指甲钳新鲜出炉。

梁伯强不惜重金请来各方专家,数次拿着精心改良的样品飞赴沈阳五金制品检测中心接受检测。2000年6月,"圣雅伦"得到了全国五金制品协会有史以来颁发的第一张"指甲钳质量检测合格证书"。

当然,真正成就了"非常小器"在中国指甲钳制造业专家地位的,并非是这一纸证书。做品牌必须增加产品的附加值,梁伯强就在产品的细节和文化含量上下功夫,强调产品的个性化和环保概念,仅仅一个小小指甲钳,就开发出了200多个品种。这奠定了"圣雅伦"在指甲钳的专业地位。梁伯强始终遵循着专业化模式发展,不但让"圣雅伦"成为全世界的名牌,最关键的是让小器终成大器,凭借小小指甲钳获得了巨大的财富。

专业化为什么可以成为企业的竞争优势?一个最简单的解释是,因为它精,所以它深,深就提高了门槛,别人不容易进来竞争,而专业化的生产,其组织形式比复合式生产要简单得多,管理也相对容易。在市场营销方式上,一旦市场打开,后期几乎不需要有更多的投入。成本降低的另一面,就是利润的大幅度提高。

而在通常情况下,专业化生产一般最后都会形成独占性生产,至多是几个行业寡头同台竞争,行业间比较容易协调,从业者较易形成相互保护默契,有利于保持较高的行业平均利润。这是一个封闭或半封闭式市场,不像开放市场上的产品,一旦见到有利可图,大家便蜂拥而入,利润迅速摊薄,成本迅速攀升,本来有利可图的产品很快变成鸡肋,人人都觉得食之无味,同时又觉得弃之可惜。

经测算,普通产品的生产者,如果其利润是15%,那么,一个专业化生产的产品,它的边际利润通常可以达到60%~70%。当一个企业进行专业化生产时,其多数成本都用在解决方案的开发和创意阶段,一旦方案成立,就可不断复制,并依照自己的意愿,确定一个较高的市场价格,因为你是唯一的或少数能提供该解决方案(或产品)的人,所以,市场对你的高定价根本无力反对。专业化生产的另一个方式是,以简单化带动大规模,迅速降低行业平均利润,使小规模生产者根本无利可图,从而不敢也不愿与你进行同台竞争。格兰仕用的就是这种办法。

梁伯强采用的方法则是使产品个性化。在德国的来根州,梁伯强见过世界上最好的指甲钳,就是德国"双立人"指甲钳,但就是这样一家企业也只把指甲钳当作一个附属产品生产。"双立人"的主业是做厨房用品。日本的绿钟、玉立等品牌,也是依附在卡通产品上,进行代理生产。这几个著名指甲钳品牌的利润率都远超过梁伯强的"非常小器",但它们所赚取的是依附性利润,即依附于其他产品,借助其他产品而产生的利润,而并非指甲钳本身所产生的利润。这是一种很好的生产形式,也是一种有效的利润生产方式,但它们都称不上是专业化生产。

梁伯强是专业化生产,因为他只生产指甲钳一项,所有利润都来源于指甲钳。所以他有兴趣研究男人的指甲是什么样,女人的指甲又是什么样,小孩的指甲是什么样,老人的指甲又是什么样,脚指甲和手指甲有什么不同,并针对不同人群设计专门性产品。例如,专门针对婴儿的指甲钳,指甲钳面是平的,比成人的要短一半,这样的设计充分考虑到婴儿指甲的特点,避免因器具原因对婴儿造成伤害。产品一经推出就成为妈妈们的爱物。

从产品研发到生产组织,再到市场营销,因为面对的都是同一产品,只是外形的变化,实质完全一样,所以,同一过程可以反复重现,不断复制,基本不会增加什么新的成本。相反,随着各个环节熟练程度的加深,成本反而会悄悄下降。这就是专业化生产的优势,简单而优雅。

专业化利润的另一个来源是专家,不仅有研发方面的专家,还有生产和组织管理方面的专家、市场营销方面的专家。专业化生产,反复重复的过程,有利于迅速培养专精于一个环节的专业人员。这里所说的专家与人们通常意义上所理解的专家有所不同,但这是一种更能产生和带来利润的专家。一般来说,这种专家型员工会比普通员工给企业多带来10%~15%的利润,这是专业化生产独有的好处。

三种基本竞争战略选择的原则:

一个经营单位应如何选择适合自身的竞争战略?总的来说,企业选择竞争战略时应考虑以下因素。

1. 所面临的生产力与科技发展水平

在一个高度发达的经济系统里,一方面由于企业之间的激烈竞争,另一方面由于居民收入随着生产力发展而迅速提高,成本领先战略在很大程度上失去了意义,此时差异化战略更有效。相反,在经济较落后的情况下,应重视成本领先战略以刺激需求。

2. 自身的生产与营销能力

一般来说,规模较小的企业生产与营销能力较弱,应选择集中化(专业化)的竞争战略,以便集中企业有限的优势力量于某一特定市场。如果企业的生产能力较强而营销能力较弱,则可以考虑运用低成本战略;相反,如果企业营销能力较强而生产能力较弱,则可以考虑运用差异化战略。如果企业的生产与营销能力都很强,则可考虑在生产上采取成本领先战略,而在销售上采取差异化战略。

3. 产品的生命周期阶段

通常在产品的投入期或成长期,为了抢占市场防止潜在加入者的进入,企业可以采取低成本战略,以刺激需求,使企业处于低成本、高市场占有率、高收益的良性循环中。而到了产品的成熟期与衰退期,其消费需求呈多样化、复杂化与个性化,这时企业应采取差异化或集中化战略。

4. 产品类别

不同的产品需求对价格、质量、服务等方面有不同的敏感性。一般来说,基本品很多都是标准品,如钢材、标准机械等,在保证基本质量的前提下,价格将成为竞争中最重要的因素,因此企业应采取低成本战略。但对基本品中的专用机械类,则非常强调售后服务,应采取差异化战略。

消费品是非专家购买,绝大多数消费者都是依靠广告宣传、产品包装及价格等来确定是否购买,所以对生产消费品的企业,应尽量使产品在服务和市场营销管理方面差异化。

而对于日用品,由于人们每天都消费,反复少量购买,应采取低成本战略。耐用消费品则不同,是一次性购买、长时间使用,其质量与售后服务非常重要,应采取差异化战略。

【知识链接7-1】　　　　　　竞合战略简介

迈克尔·波特教授归纳的低成本、差异化、专业化三种基本竞争战略,多年来一直是研究企业竞争战略的最主要框架。然而在现实中，企业是否有竞争没有合作？大量事实证明，企业在实际市场竞争中，既展开必要的竞争，又进行必要的合作。

所谓竞合战略，泛指通过与其他企业合作来获得企业竞争优势或战略价值的战略。自亚当·斯密以来由西方文化所主导的经济学和工商管理门类的理论，都是以"竞争"为主线，强调竞争忽视合作。

沿袭至今，则形成了众所周知的恶性竞争观，即商场如战场，战胜竞争对手，掠夺市场份额，将对手置之死地而后快。人们相信自己的成功只能建立在竞争对手的失败上，所谓"只有吹熄了别人的蜡烛，自己的灯才亮"，竞争就是你死我活，只会出现"输—赢"这一种结果。

为此，企业不惜打价格战，不惜假冒伪劣，不惜采用各种违法手段进行不公平竞争，结果深陷于恶性竞争的泥潭，不仅浪费了资源、两败俱伤，而且过度竞争使企业利润严重下滑，甚至趋向于零。

1994年以来，理查德·达文尼（Richard D'Aveni）等人先后提出了超竞争环境的概念，认为当今超竞争环境下，企业间竞争呈现动态性、快速多变性、竞争对手间的战略互动性和竞争内容的全方位性等新特点。

为了纠正人们的错误竞争观及其导致的不良后果，为了帮助企业应对当前日益严峻的超竞争环境，竞合战略学说应运而生。美国战略管理学者为此还专门构造了一个新词"Co-opetition"，将"合作（Cooperation）"与"竞争（Competition）"合而为一，意为"竞合"，即竞争性合作。用其倡导者布拉顿伯格（Adam M.Brandenburger）教授与纳尔巴夫（Barry J.Nalebuff）教授的话说，是"合作把饼做大，竞争把饼分掉"。竞合战略旨在通过"合作—竞争"的方式实现竞争各方的"双赢"或"多赢"。

持这种观点的学者认为，商场不是战场，市场竞争不一定非要你死我活，一个企业惊人业绩的取得，并不一定非以其他企业的惨痛失败为代价，商家可以多赢。因为竞争双方既有相互对立的一面，又有相互依赖的一面，若能找出双方利益共同点，并为实现共同利益而结成合作伙伴关系，携手把蛋糕做大，就能实现双赢。

当然，商场上竞争是不可避免的，关键是要避免恶性竞争，因为恶性竞争会导致两败俱伤，只有良性竞争才能推动双方前进。从本质上说，商场是一种竞争与合作的混合体，既存在利益分割矛盾，又存在共创市场的互惠可能。

于是，学者们把合作与竞争这对矛盾统一在竞合战略学说之中，认为企业的竞争战略需要同时反映出竞争的艺术与合作的艺术，仅有其一，在超竞争的环境下绝难取胜。这也符合公元前大秦帝国崛起时采用的合纵连横的战略思想。

第二节 不同产业结构下的竞争战略

本节主要讨论在新兴产业、成熟产业、衰退产业和分散型产业中的竞争战略。

一、新兴产业中的竞争战略

新兴产业是新形成的或重新形成的产业。其形成的原因往往是技术创新、相对成本关系的变化、新的消费需求的出现，或经济与社会的变化使某种新产品或新的服务有了商业机会。新兴产业在任何时候总是被不断地创造出来，如20世纪70年代以来在世界范围内形成如下新兴产业：个人计算机、电子通信、生物工程、新材料、新能源、互联网等。

1. 新兴产业中企业所面临的风险

当某个新兴产业出现后，如果不能确切地判断市场环境如何，竞争达到一个什么样的程度，尤其是对产业发展和市场响应的趋势出现判断上的失误，那很有可能导致战略上的失败。新兴产业中企业发展所面临的战略风险主要包括技术风险、市场风险和成本风险。

（1）技术风险。新兴产业由于生产技术还不成熟或没有定型，还有待于市场进一步的检验。产品是否真正符合市场需求，技术是否真正成熟，还没有最终确定。这表明新兴产业在某种意义上是一个高风险的产业。在产业向成熟型演变时，若某个企业采用的技术不是最终的产业标准技术，那么该企业会因为得不到上下游产业和用户的支持而陷入困境。

【个案研究7-5】   下一代DVD的标准之争①

下一代的DVD标准之争正在索尼领衔的蓝光DVD阵营和东芝领衔的HD DVD阵营之间展开，最终获胜者将有望垄断DVD行业。

蓝光DVD和HD DVD格式都支持超大容量，可以为用户提供高清晰度影像和声音。但是，它们却互不兼容。到目前为止，在好莱坞的7家主要电影公司中，有5家支持由索尼开发的蓝光DVD技术，只有两家支持东芝开发的HD DVD技术。

另外，几家大型零售商也站在了蓝光DVD阵营一边，其中包括Target和Blockbuster。美国最大的电器销售连锁店百思买（BestBuy）在2008年2月初表示，虽然将继续提供HD DVD产品，但该公司将推荐用户购买蓝光DVD产品；几乎同时，美国第一大零售商沃尔玛也宣布，已经决定在其4 000家美国连锁店只销售蓝光DVD和硬件，而不再提供HD DVD产品；美国电影租赁服务提供商Netflix也宣布放弃HD DVD，转而支持蓝光DVD；甚至东芝的合作伙伴微软也在2008年1月宣布考虑是否在Xbox 360游戏机中支持蓝光技术。

接连失去电影公司、零售商和合作伙伴的支持，对HD DVD阵营而言是一个致命的打击。2008年2月19日，东芝终于宣布终止HD DVD相关产品的生产及销售。这意味着索尼领衔的蓝光DVD阵营在下一代DVD标准大战中全面胜出。

（2）市场风险。企业在新兴产业中首先要做的事就是开拓市场、创造需求、引导消费，因为这个市场中的客户大都是第一次购买。此时，企业对客户的需求行为、决策过程、价格敏感性、偏好等是极难把握的。新兴产业的市场特点是：初始市场的萧条并不意味着这一行业无发展前途，而初始市场的火爆说不定却是昙花一现。

在现实生活中，后一种情况更是常见。这是因为在大量的首次购买行为发生后，许多顾客发现其产品或服务不如它所宣传的那样好，给他们带来的价值有限，必然弃之如敝屣，结果火爆市场的泡沫一下子就破灭了。

例如，当互联网产业出现后，2000年前后涌现出了大量的互联网企业，凡是沾互联网边的

---

① 赵越春. 企业战略管理[M]. 北京：中国人民大学出版社，2008：15.

企业股价都一飞冲天，随着互联网泡沫的破裂而又变得一文不值。由于这些企业过于乐观地估计了市场对互联网的热烈响应，在确定产品、市场营销和提供服务方面出现失误，所以多数互联网企业都失败了。如我国互联网市场最早的开拓者——张树新创立的瀛海威，就是这场互联网热潮中的失败者。

（3）成本风险。在新兴产业中，企业小批量生产新产品会造成企业最初的较高成本。此后，随着工厂设计和销售额的大幅度增加，固定成本会得到有效的补偿，使初期的较高成本迅速下降。生产成本的迅速下降意味着新兴产业的利润要比成熟产业的利润高出许多，但是也会出现相反的结果。

若企业在新兴产业中的前期投入很大，而其产品或服务在开拓市场空间上做得不成功，就会面临壁垒高的困境，这又迫使企业不惜一切地来增加投入以改进产品或服务，或者增加广告投入以期影响客户的购买行为。这样做的结果必然导致其成本急剧上升，产业利润率反而要低于成熟产业的利润率。

上面提到的瀛海威曾经融到 6 000 万元的巨额风险投资，但是由于对产业形势判断失误，没有把握好投资节奏，市场开拓不成功，决策失误而招致失败，成为融到巨资却没有坚持到胜利来临的悲剧，而同期由王志东创立的四通利方最终成为大家所熟知的新浪网。

2. 新兴产业中企业发展所面临的障碍

新兴产业中企业发展主要面临上下游关系不匹配；缺乏产品或技术标准，产品质量不稳定；消费者的等待观望；在金融界的形象和信誉度尚未建立；有关政府部门能否批准等障碍。

（1）上下游关系不匹配。新兴产业经常面临由于缺乏适当基础而引发的问题，如批发渠道不畅、服务设施不配套、雇员训练机制不健全、互补产品不齐全等。

一个新兴产业的发展往往要求开辟新的原材料供应来源，或现存的供应商扩大规模以增加供应，或要求供应商更改原材料或零部件以满足产业的需求。在这一过程中，严重的原材料和零部件短缺是很常见的。面对新兴产业发展的需要和不能适应的供给，在早期阶段，重要原材料的价格会大幅度上涨。

（2）缺乏产品或技术标准，产品质量不稳定。在新兴产业中由于产品和技术很高的不确定性，所以对产品和技术没有统一标准，这种情况加剧了原材料供应和互补产品的问题，并可能阻碍产品成本下降。由于缺乏标准和技术不确定等，在新兴产业中产品质量经常反复不定。即使仅仅由于在少数几个企业中出现这一问题，但不稳定的产品质量将给产业形象造成不利的影响。

（3）消费者的等待观望。在新型产业中经常遇到顾客困惑的问题，这种困惑来源于众多产品技术种类以及竞争者们互相冲突或相反的宣传。全部这些现象是技术的不确定的表现，或者由于产业竞争企业缺乏在技术标准和意见等方面的一致性。这种混乱可能增加购买者的购买风险感并限制产业的销售。

此外，如果购买者发现第二代或第三代技术非常可能使现在的产品过时，购买者将等待技术的进步和成本的下降趋于平缓，则一个新兴产业的发展将受到阻碍。这种情况曾在数字手表和计算机等产业中出现过。

（4）在金融界的形象和信誉度尚未建立。新产业具有很高的不确定性，顾客困惑、质量不稳定等，新兴产业在金融界的形象和信誉可能较差。这种情况不仅影响企业获得低成本资金的能力，并且影响到购买者的贷款能力。这也是风险投资应运而生并大行其道的原因。

（5）有关政府部门能否批准。新兴产业在获得有关规章制度管理部门的承认和批准方面经常遇到困难。如果新兴产业的要求与规章制度与现有的条款和方式大不相同时，情况更是如此。但是从另一方面讲，政府政策可以使一个新兴产业在一夜之间走上正轨。

3. 新兴产业中的竞争战略选择

在新兴产业中，就像存在产品和技术的不确定性一样，竞争活动的法则也是非常不确定的，这就给新兴产业中的企业展开竞争提供了最大的战略自由度。一般来说，在新兴产业竞争需考虑以下战略选择。

（1）尽快使产业结构成型。在新兴产业中压倒一切的战略问题是企业要尽快使产业结构成型，成为一个技术标准确定、市场容量稳定的产业。通过这一选择，企业可以试图在生产方针、营销方法和价格策略等方面建立运行法则。在产业的内在经济性和资源的限制范围内，企业应以某种方式寻求确立产业法则，以使企业本身在长期内获得最有利的竞争地位。

在产业新兴阶段，企业自身的成功在某种程度上依赖于产业中的其他企业。因此，早期进入新兴产业的企业，相互之间的竞争不是主要的，而是共同开拓市场，制定产业标准，协调产品价格，树立行业形象，赢得客户信任，用最快的速度使产业成型。

对于实力雄厚的企业来说，应为在黑暗中摸索的其他企业设置质量标准，以及与其他企业一道在顾客、供应商、政府和金融机构面前结成统一战线，以应对产业外来的压力。同时，企业应充分利用自身的优势，争取在产品、技术、营销及定价方面建立一套有利于自身发展的竞争规则，为企业的发展打下一个良好的基础，争取变成有分量的角色，甚至是领导者，以使企业本身在长期内获得最有利的竞争地位。

（2）把握进入时机。在新兴产业中进行竞争的一个重要战略选择是选择正确的进入时间。早期进入新兴产业涉及较高的风险，但可能在另一方面涉及较低的进入障碍，并可获得较高的利益。

在下列情况下早期进入新兴产业是有利的：企业形象和名望对顾客至关重要，企业可因作为先驱者而发展和提高声望；当经验曲线对一个产业至关重要时，早期进入可以使企业较早地开始学习；顾客忠诚非常重要，所以那些首先对顾客销售的企业将获益；通过早期进入投资于原材料供应、零配件供应和批发渠道等，可以取得成本优势。

在下列情况下早期进入是非常危险的：产业早期竞争市场与产业发展后的市场有很大的不同，早期进入企业因此而建立错误的技能，以后面临很高的转换成本；开辟市场代价高昂，其中包括对顾客的宣传教育、法规批准、技术首创等，而开辟市场的利益并不能为本企业所专有；早期与小的、新的企业竞争代价高昂，但以后这些小企业将被更难对付的竞争者所取代；技术变化将使早期投资的设施变得陈旧，并使晚期进入的企业获得新产品，得到生产过程的益处。

（3）设置产业障碍。

精明的先驱者在站稳脚跟后，就会设置进入壁垒，提高滞后进入者进入的机会成本，延缓其进入的时间甚至有效阻隔潜在进入者。首先，先驱者会增加晚期进入壁垒的强度，提高整体的产业结构性壁垒，如增加规模经济的要求，提高业务单元的关联度；封锁销售渠道，同时提供优质服务；等等。

其次，产业先驱者要学会降低产业进入的诱惑力。新兴产业的一个显著特点就是高利润的发展潜力，故虽然风险大，仍有不少后进入者参与进来。当新兴产业刚具雏形、风险下降时，潜在进入者的进入冲动尤其大。这时，产业先驱者不要局限于眼前利益，要设法采取一些措施降低产业的吸引度，以免招来强大的竞争对手。如降低利润目标，有意让利于消费者和供应商；加强研发投入，与其他企业建立战略伙伴关系，构建防御联盟；等等。

产业先驱者在预感到有潜在进入者要进入时，可抢先一步进行扼制，来阻止其进入行为或降低其进入的威胁。企业可以采取以攻为守的策略，击退后进入者蚕食产品市场的计划。

二、成熟产业中的竞争战略

作为产业生命周期的一个重要阶段，一个产业必然要经历从高速发展的成长期进入到有节制发展的成熟期。当产业处于高速成长期时，产业内企业采用有缺陷的竞争战略似乎不是很有影响，因为在产业蓬勃发展的背景下，企业面临很好的经营环境。即使并不是全部企业都可以存活下来，但生存下来的企业一般都能获得理想的经营成果。

然而，产业的成熟使企业在竞争战略上的缺陷很快暴露出来。激烈的竞争迫使企业不得不重新修正其竞争战略，这是一件企业生死攸关的大事。成熟行业具有以下特征。

（1）产业增长速度减慢。
（2）价格和服务竞争趋于激烈。
（3）盈利能力下降。
（4）兼并和收购开始增加。
（5）企业面临全新的调整。

因此，要求企业在竞争战略上要适应这种变化。

1. 成熟产业中的企业竞争战略选择

（1）调整产品结构。在以价格为主要竞争手段、以市场份额为目标的成熟行业里，原有的产品结构必须调整。在产业处于增长时期，广泛的产品系列和经常开发新产品是可行的战略选择，但是在成熟期，这种战略不再可行，成本竞争和为市场占有率进行的竞争最为激烈，为此就需要进行产品结构分析，从产品系列中淘汰那些无利的产品，将企业的注意力集中于那些利润较高的、用户急需的产品或项目。

（2）正确定价。在成熟的产业市场里，竞争对手之间运用价格竞争是最常见的。在产业增长期，定价通常是以平均价格或以一个产品系列为基础。但在产品成熟期，由于产品价格竞争的加剧，要求企业日益加强对单个产品的成本进行衡量并制定出相应的价格。在产业成熟期，需求主要来自重复购买者，企业或许会发现对价格略加调整就可能大幅度增加利润。这时，产品调价对企业销售额和利润的影响相当大。

（3）加强成本控制。在成熟的产业中，准确地分摊销售成本可能发现大幅度增加利润的机会。更重要的是，细致的成本分析还可以识别出那些还未明显显示出其重要性的产品和顾客。如果某些产品需要付出更多的销售努力，就应该反映在销售的追加成本和产品价格上。如果对应的需求无法承受高价，那么还是把这些产品淘汰为好。

（4）改革工艺和革新制造方法。在产业成熟期，工艺革新的相对重要性得到提高，同样重要的是将资金投在设计制造和交货系统，以实现低成本制造和控制。日本企业很重视这一点，如零库存管理、六西格玛质量控制、精细化生产等。

（5）选择适当的客户。在成熟产业中，获得新顾客通常意味着为扩大市场份额而与其他企业进行激烈的竞争，最终结果的代价是昂贵的。企业扩大销售额比较容易的办法就是使现有顾客增加使用量，可采取的办法包括提供边缘设备和服务、提高产品等级、扩展产品系列等。这种战略可使企业迈出原产业而进入相关产业，并且与发展新顾客相比，代价通常较低。

（6）购买廉价资产进行低成本扩张。当产业进入成熟时期，会出现一批经营不好或处境艰难的企业，此时如果本企业竞争地位较强，可以很低的价格购买艰难企业的资产，实现低成本的扩张，并在技术变化幅度不大的情况下创造成本领先的地位，进一步增强企业的竞争力。

（7）开发国际市场。当国内市场趋于饱和时，企业可以选择进入国际环境中进行竞争。因为该产业在国内进入成熟期，而在其他国家该产业也可能刚刚进入新兴期或增长期，竞争者较少，企业可以获得比较优势。

（8）退出或多元化。当企业感到继续留在成熟的产业中已经仅有微利或无利可图时，可以考虑退出该产业，如转让、被兼并等，也可采用多元化经营战略，即在努力避开产业内的激烈竞争但不脱离本产业经营的同时，进入到其他领域进行经营。

2. 成熟产业中企业应注意的问题

（1）对企业自身的形象和产业状况存在错误的假设。处于成熟产业中的企业往往自我感觉良好，陶醉于产业处于增长期时企业所取得的经营业绩中，甚至它们并未觉察到产业已经进入了成熟期，而此时实际上顾客以及竞争者的反应都发生了根本性的变化。企业仍以过去的对产业、竞争者、顾客以及供应商的假设来开展经营，必然使企业陷入困境。

（2）防止盲目投资。成熟产业造成利润维持一定水平或上升需要很长时间，对于在成熟的市场上投入资金建立市场份额可能是极为不利的，因此成熟的产业可能是资金的陷阱，特别当一个企业的市场地位并非强大，但企图在成熟的市场上建立很大的市场份额时更是如此。

（3）为了短期利益而轻而易举地放弃市场份额。有些企业为了节省开支，轻易地放弃市场份额或放弃市场活动、研究开发活动和其他需要的投资，以图保持目前的利润，这种做法将严重地损伤企业将来的市场地位。企业应当认识到，如果规模经济在成熟时期至关重要，则在成熟期的过渡调整阶段一个低利润时期是不可避免的，不愿接受较低利润是严重目光短浅的表现。

（4）对产业实践中的变化做出不合理的反应。在成熟产业中，市场技术、生产方法和批发商合同的性质等的变化是不可避免的，它们可能对产业长期潜力极端重要，但有些企业面对这种情况经常出现抵制。这种抵制行为可能使一个企业严重落后于向新竞争环境调整的步伐，陷于被动地位。

（5）忽视竞争者的价格竞争和市场行为。坚持以"高质量"为借口，而不去适应竞争者进攻性的价格和市场行为。高质量可能是企业的重要力量，但在一个成熟的产业中，质量差异有受侵蚀的趋向。即使质量差异还存在，顾客也可能趋向于以更低的价格替换质量因素。

因此，企业必须意识到，在产业成熟期，他们不必拥有最高的产品质量或他们的质量没必要过高。企业还应认识到，产业成熟期中价格竞争是不可避免的。一个企业采取进攻姿态制定价格政策有可能获得市场份额，这对其长期建立低成本地位是重要的。

（6）过于强调开发新产品，而不是改进和进取性地推销现存产品。虽然一个产业在早期和增长阶段的成功依赖于研究与开发新产品，但进入成熟期后意味着开发新产品越来越不容易。企业正确的策略是改变专注于开发新产品的做法，更多地注重在生产工艺上进行改革，以产品标准化代替求新。

（7）企业应避免过多地使用过剩生产能力。由于对生产能力超需求的投入，或成熟时期竞争引起的工厂现代化，相当多的企业可能拥有过剩生产能力。这种过剩生产能力的存在给企业经营者造成使用压力，他们常会想到充分利用这些过剩的生产能力，结果可能使企业陷入被动。可行的做法是采取集中化战略，努力消减或出售过剩的生产能力，但很明显，过剩能力不应售给任何可能应用于同一产业的经营者。

三、衰退产业中的竞争战略

从战略分析的角度讲，衰退产业是指在相当长的一段时间内，产业中产品的销售量持续下降的产业。这种不景气不是由于经营周期或者一些短期例外事件所造成的，而主要是由于技术革新创造了替代产品，或通过显著的成本与质量的变化而产生了替代产品；或者由于社会或其他原因改变了买主的需求和偏好，使得顾客对某种产品的需求下降。

1. 衰退产业中的企业竞争战略选择

在衰退产业中，企业对于战略的选择总是围绕着收获、减少投资或终止投资等衰退战略来开展的，因而存在着一个战略选择方案的范围。尽管并不是所有的战略选择方案对某一特定产业都适宜，但企业可以实行其中的某一个战略，或者在某些情况下连续地采用某几种。下面是企业可供选择的一些衰退战略。

（1）领先战略。领先战略是指利用一个衰退产业的优势，企业通过面对面的竞争，成为产业中保留下来的少数企业之一，甚至是保留下来的唯一企业。这样的企业或剩余企业拥有达到平均水平以上的利润潜力，形成一个较优越的市场地位，以此来保持自己的地位或实行收获战略。

实行领先战略的一般措施是：在定价、进入市场以及其他为建立市场面而采取积极的竞争行动上进行投资，并且使本产业的其他企业能迅速退出一部分生产能力；购买竞争者的一部分生产能力，购买市场份额，降低竞争者的退出障碍；采取其他方式降低竞争者的退出障碍，如让他们为自己的产品生产零部件，接管长期合同，生产具有私人标记的产品等。

为继续保留在衰退产业中，通过公开的声明和企业自己的行为，表明商业上的约定；通过竞争行动向竞争者清楚地表明自己的雄厚实力，消除竞争者试图将企业排挤出本产业的想法；搜寻和公布可降低今后衰退的不确定性的可靠信息，以减少竞争者过高地估计产业的真实前景，以及他们想继续保留在衰退产业中的可能性；通过助长在新产品开发或改进生产工艺方面再投资的需要，提高对保留在衰退产业中的其他竞争者的赌注。

（2）坚壁战略。这个战略的目的是鉴别出衰退产业中那些能保持稳定的需求或者需求下降很慢，而且还具有获取高收益特点的某一部分市场。企业在这部分市场上进行投资，建立起自己的市场地位。为了降低竞争者的退出障碍或降低这部分市场的不确定性，企业可以采取在领先战略中所列举出的一些措施。最终企业或者转向执行收获战略，或者转向放弃战略。

（3）收获战略。本书第六章第四节已对收获战略做过阐述，这种战略的目的是减少或取消新的投资，减少设备维修，甚至削减广告和研究与开发，以及为提高价格或在今后的销售中获利于以往的信誉而最大限度地利用企业现存的一切实力。一些普通的收获战略方法有：减少样品数量；减少使用的销售渠道；放弃小的客户；减少由于销售而引起的各种服务等。

在衰退产业中企业要注意，并非所有的业务都能获利，实施收获战略有一些先决条件，这些条件是：企业具有能够生存的实力；在衰退阶段，一个产业不至于衰退到更加激烈的竞争中。若企业不拥有相当的实力，企业的产品价格将升高，产品质量将降低，广告宣传将停止，其他措施将会引起大幅度的销售量下降。

在衰退阶段，如果产业结构导致竞争反复无常，竞争者就可能会利用企业投资不足的弱点夺取市场或迫使价格下降，由此消除了企业通过收获所拥有的低成本的优势。同样，由于一些企业具有一些降低投资的选择，使企业不易收获。

收获战略的一些措施的基本特点是：一些措施是顾客可见的行动，如价格上涨、广告宣传减少等；而另一些措施是顾客不可见的行动，如推迟设备维修、降低边际利润等。一项忠告是：不具有相当实力的企业对任何不可见的收获行动都必须加以限制，这些不可见的行动是否可获得大幅度的现金回流依赖于这项事业本身的特性。

（4）快速放弃战略。这种战略的依据是，在衰退阶段的早期出售这项业务，企业能够从此业务中得到最高卖价。这是因为出售这项业务越早，资本市场，如国外市场，需求没有饱和的可能性就越大，企业能从这项业务的出售中实现最高的价值。因此，在某些情况下，在衰退前或在成熟阶段即放弃一项业务可能是很吸引人的。一旦衰退趋势明朗，产业内部和外部的资产买主就将处于一个非常有利的讨价还价地位，那时再卖掉资产为时已晚。当然，早期出售资产企业也要承担对今后需求预测不准确而造成的风险。

2. 选择衰退战略的条件

在衰退产业中，企业选择一项衰退战略至少考虑两个因素：一是衰退产业的结构，如需求或剩余需求的特征、退出障碍情况、竞争格局等；二是企业自身所具有的相对竞争实力。图7-3表明了一个企业在不同条件下的衰退战略选择方案。

当一个产业的结构有益于一个适宜的衰退阶段时，如具有较低的需求不确定性、较低的退出障碍等，具有一定实力的企业应当选择领先战略，或者选择坚壁战略，以保护市场中的一个合适位置。

通过面对面的竞争，在竞争中失败的竞争者将退出产业，具有一定实力的企业建立起自己的领先地位，一旦形成这种地位，产业的结构即产生对企业的报偿。当企业不具有某种实力时，它就不可能获得领先地位或保护自己的合适位置，但企业可以利用有利的产业结构进行收获。根据收获进行的可能性和产品销售机会，企业也可选择尽早放弃这项业务。

	企业竞争实力强	企业竞争实力弱
有利的产业结构	领先或坚壁	收获或迅速放弃
不利的产业结构	坚壁或收获	迅速放弃

图 7-3　企业选择衰退战略的因素

由于较高的需求不确定性、较高的退出障碍，或者存在导致后期竞争反复无常的因素，即当产业结构对于衰退不利时，为取得领先地位进行投资已不可能产生效果。如果企业具有相对较强的竞争实力，通常可采取收获战略或坚壁战略。如果企业不拥有某些特殊实力，企业应以它的退出障碍允许的速度退出。

在衰退产业中，企业及早选择一项衰退战略或及早投入其他战略有许多益处。及早置身于领先地位可以提供必要的市场信号来鼓励竞争者退出该产业，并且提供必要的时间优势来取得领先地位。及早放弃一项业务的益处也已经讨论过了。相反，拖延一项衰退战略的选择既不可能取得领先地位或保持一部分市场，也不可能收获一个产业，最终的选择是被迫放弃。

在衰退产业中，战略选择的关键部分，特别是积极的战略选择是找到鼓励特殊竞争者退出产业的方法。一些方法已经在领先战略中讨论过。有时在一个积极的衰退战略产生效果之前，一个市场占有率较高的竞争者的退出是必要的。在这种情况下，企业可以通过收获战略耐心等待，直到主要竞争者决定退出。如果主要竞争者决定退出，企业可以进行投资，以取得领先地位或加强企业现在的市场地位；如果主要竞争者继续保留在这一行业中，企业可继续收获，或者采取迅速放弃的战略。

四、分散型产业中的竞争战略

所谓分散型产业，是指在这种产业环境中有许多企业在进行竞争，没有任何一个企业占有显著的市场份额，也没有任何一个企业能对整个产业的结果具有重大的影响，即不存在能左右整个产业活动的市场领袖。

一般来说，分散型产业由许多中小企业构成。分散型产业存在于许多经济领域中，其基本的存在领域包括服务业（餐饮业、洗衣业、照相业、理发业等）、零售业、批发业、木料加工和金属组装业、农产品、风险型企业等。

1. 造成分散型产业的经济原因

一般来说，造成一个产业分散的经济原因主要包括以下一些因素。

（1）进入障碍低。产业的进入障碍较低或障碍不多，企业就比较容易进入这个产业。结果，大量的中小公司涌入该产业，成为产业中的竞争主导力量。

（2）缺乏规模经济。有的产业生产过程比较简单，难以实行有效的机械化和规范化。在这类企业中，尽管生产规模会不断扩大，其单位成本并不会下降，或者下降幅度很小。

（3）市场需求多样化。在某些产业中，顾客的偏好是分散的，顾客希望产品有不同式样，不愿接受更标准的产品，也准备或能够为这种需求付出代价。因此，对某一特殊产品式样的需求很小，这种数量不足以支持某种程度的生产、批发或市场策略，从而难以使大企业发挥优势。

（4）服务是经营关键。当服务成为经营关键时，小企业就会变得更有效。人员的服务质量和顾客的感觉因人而异。一般来讲，当企业规模达到某一界限时，所提供的服务质量就要下降。这一因素在某些产业，如美容、理发和咨询等中造成产业的分散。

（5）需要就近监督。当产业运行的就近监督和控制成为企业成功的基本条件时，小企业具有更大的优越性。在某些产业中，特别是娱乐、饭店等，更需要大量的就近监督。

（6）高度的产品市场区分。如果产品为适应市场而进行的区分程度很高且以形象为基础，就可造成对企业规模的过分限制，使小型低效的企业能够生存下去。

2. 分散产业中的竞争战略选择

在许多情况下，产业分散确实是由于产业不可克服的经济原因造成的。在分散型产业中不仅存在许多竞争者，企业也处于对供应商和销售商不利的地位。因为每一个产业最终是不同的，所以没有一种通用的最有效的方法在分散型产业中进行竞争。但是仍存在以下几种可能的战略方法去对付分散结构，企业可视具体情况而采用。

（1）分权体制与连锁加盟。在分散型产业中，一种重要的竞争战略选择是建立严格管理下的分权体制，即与其在一个或几个地点增加经营规模，不如保持个别经营的小规模并尽可能地使他们保持自治。例如，在食品零售业、餐饮业中，企业可以在不同地区建立许多连锁加盟店，并保持他们的自治，如麦当劳、肯德基。同时通过报酬制度和利润分配制度保持集中的控制，并由企业加强相互间的协调。

（2）增减附加价值。许多分散产业生产的产品或服务按市场进行区分是非常困难的，企业间的产品系列很接近。在这种情况下，一种有效的战略是给经营的产品或服务增加附加价值。如在营销中提供更多的服务，从事产品的最后加工，或在产品销售给顾客之前对零部件进行分装或装配等，以此增加产品或服务的针对性和适应性，产生更高的附加价值。

（3）产品类型或产品部门专门化。如果造成产业分散的原因是由于产品系列中存在多种不同产品时，则集中力量专门生产其中少数有特色的产品是一种有效的战略选择。它类似于一般竞争战略中的集中化战略，可以使企业通过使其产品达到足够大的规模来增加与供应商讨价还价的力量。

（4）顾客类型专门化。如果因为分散结构而造成激烈竞争，企业可以从对产业中一部分特殊顾客服务的专门化中收益，可能这些顾客因购买量小或规模小而造成很低的讨价还价能力，或这些顾客因需要企业随基本产品或服务提供附加价值而对价格不敏感。

（5）订货类型专门化。在分散产业中，企业可集中于某一订货类型来应付竞争。一种办法是仅服务于顾客要求立即交货并对价格不甚敏感的小订单；或企业仅接受习惯的订单，以获得顾客对价格的不敏感性并建立起转换成本。

（6）集中于某一地理区域。在不存在全国性的规模经济的情况下，企业却可以由于覆盖某一地区而得到重要的经济性，其方法是集中设备、注重市场营销活动、使用唯一的批发商等。

（7）提供简朴实惠的商品。在行业分散、竞争激烈、利润率不高的情况下，一种简单而有效的战略是提供廉价的简装商品、无牌号商品以及开包散装商品等。为此，企业应尽量降低管理费用，雇用技术熟练程度低的雇员，严格成本控制。这种战略使企业在价格竞争中处于最有利的地位，并能得到高于平均水平的利润。

第三节 不同市场竞争地位下的竞争战略

各个企业作为市场活动的参与者，其实力和资源会有不同程度的差异，因而各自占据不同的竞争位置，主要包括市场领导者、市场挑战者、市场追随者及市场补缺者四种类型。企业必须认清自己在本行业竞争中的真实位置，以此为基础来制定有效的竞争战略。

一、市场领导者战略

所谓市场领导者，是指在同行业中居于领导地位的企业。它在相关产品的市场上占有最大的市场份额，并在新产品开发、价格变动、分销渠道及促进等方面支配和领导着其他企业，如通用汽车（汽车业）、微软公司（电脑软件）等。这些市场领导者既受到其他企业的尊重，同时也往往成为竞争者的众矢之的，因此，市场领导者必须选择正确的竞争战略才能巩固其领导地位。通常，领导者应采取下列三种战略。

1. 扩大市场需求总量

当一种产品的市场需求总量扩大时，受益最大的是处于领先地位的企业。市场领导者可以从以下三个方面扩大市场需求量。

（1）发掘新的使用者。例如，一位香水制造商的做法是设法说服不用香水的妇女使用香水（市场渗透战略）；说服男士使用香水（市场开发战略）；向其他国家推销香水（地理扩展战略）。

（2）开辟产品的新用途。例如，杜邦公司开发的尼龙产品，最初是用于降落伞的合成纤维；然后是用于女袜的纤维；接着又成为男女衬衫的主要原料；再后来又成为汽车轮胎、沙发椅套和地毯的原料。每项新用途的开发都成功地扩大了市场需求。

（3）增加消费量。设法促使顾客增加产品使用量亦可有效扩大需求。例如，宝洁公司劝告消费者在使用它的产品——海飞丝香波时，每次将使用量增加一倍效果更佳；日本铃木公司将"味素"的小瓶盖打了许多小孔，既方便于消费者，又使之在不知不觉中增加了消费量。

2. 保护市场份额

市场领导者在扩大市场需求总量的同时，还必须时刻防备竞争者的挑战，保卫自己的市场领地。通常用于保护市场份额的主要战略有以下几种。

（1）创新战略，即在新产品开发、分销渠道、促销及顾客服务等方面不断创新，以满足顾客新的需求。

（2）防御战略，即采取一些防御措施，防止竞争对手进入自己的市场。具体有以下六种防御战略可供市场领导者选择。

① 阵地防御，即保卫自己目前的市场和产品，如申请专利加大进入壁垒。阵地防御属于静态防御，是防御的基本形式，但不能作为唯一形式。

② 侧翼防御。领导者在进行阵地防御的同时还应特别注意其侧翼薄弱环节，适当建立一些侧翼或其前哨阵地作为防御的犄角，以防其他企业乘虚而入。

③ 以攻为守。这是一种"先发制人"式的防御。这种战略主张预防胜于治疗，且事半功倍。具体做法是：当竞争者的市场占有率达到某一危险高度时就主动对其发动攻击，如促销战、价格战、服务战、产品升级战、企业形象战等。

④ 反击防御。当市场领导者遭到对手发动降价、促销、投放新产品等市场攻势时，不能只是被动迎战而应主动反攻入侵者的主要市场阵地，以迫使其撤回力量守卫本土。

⑤ 运动防御，即不仅要防御好目前的市场阵地而且还要扩展到新的市场领域，获得所谓的"战略深度"，并将这些新的市场领域作为未来防御和进攻的中心，从而增加防御和进攻战略选择的灵活性。向新的市场领域扩展的主要方式是通过市场扩大化和经营多元化来实现。

⑥ 收缩防御。当市场领导者认识到它已无力防守住所有阵地时，最适宜的行动是有计划地收缩其战线进行战略撤退，放弃一些比较弱的领域以便集中力量于较强领域，以保存并巩固企业在市场上的竞争实力。

3. 提高市场占有率

市场领导者也可以通过进一步增加其市场份额来巩固其领先地位。在许多市场，份额上的一个百分点就价值几千万美元。美国咖啡市场份额的一个百分点值 4 800 万美元，而饮料市场则为 1.2 亿美元。PIMS 研究项目发现，盈利率随市场份额线性上升。这一研究结果已导致许多公司把扩大市场份额作为其战略目标。

例如，通用电气公司（GE）要求其在每一个行业市场中都成为第一或第二，否则就退出，并因此放弃了它的计算机业务和空调业务。但是也有人对 PIMS 的研究结论提出质疑，认为提高市场份额未必能自动增加盈利，这个主要取决于企业提高市场份额所采取的战略，因此，企业应考虑以下三个因素。

（1）引起反垄断的可能性。许多国家有反垄断法，当企业的市场占有率超过一定的限度时，就有可能受到指控和制裁。

（2）为提高市场份额所付出的成本。当企业的市场份额越过某个临界值后继续扩张就会使盈利受到损失。所以由于各种成本的存在，追求太高的市场份额有时得不偿失，放弃一些疲软市场上的份额可能会获得更高的效益。

（3）所采用的营销组合战略。有些营销策略对提高市场份额很有效，却不一定能增加收益。只有在两种情况下高市场份额才能带来高盈利：一是单位成本随市场份额的增加而减少；二是提供优质产品所获得的溢价大大超过为提高质量投入的成本。

总之，市场领导者必须善于扩大市场需求总量，保卫自己的市场阵地，防御挑战者的进攻，并在保证收益增加的前提下，提高市场占有率。这样才能持久地占据市场领先地位。

二、市场挑战者战略

市场挑战者是指那些在行业中居于第二、第三或更靠后位置的企业。市场挑战者欲向领导者或其他竞争者挑战，首先必须确定自己的战略目标和挑战对象，然后选择适当的进攻战略。

1. 确定挑战目标和挑战对象

大多数挑战者的战略目标是扩大市场份额。无论是要击败对手取而代之还是削弱其市场份额，都要正确确定挑战对象。通常一个挑战者可以从以下三种类型的企业中选择一种进行攻击。

（1）攻击市场领导者。这一战略具有高风险，同时也具有潜在的高回报。挑战者需要仔细调查研究，找出领先企业的弱点、盲点和失误作为自己的进攻目标。

（2）攻击与自己实力相当，但目前经营不善、财力拮据的企业。

（3）攻击目前经营困难、资金不足的地方小企业。可以考虑吞并这些小企业，扩大自己的规模和势力。

2. 选择进攻战略

可供挑战者选择的进攻战略主要有以下五种。

（1）正面进攻，即集中全力向对手发动正面进攻。它是向对手的实力挑战而不是向它的弱点攻击，因而挑战者必须在产品、广告、价格等主要方面超过对手，否则不采取此种战略。正面进攻的胜负取决于双方力量的对比。

（2）侧翼进攻，即采取"避实就虚"的战略原则，集中优势力量攻击对手的弱点，有时亦可采取"声东击西"战略，佯攻正面实际攻击侧翼。侧翼攻击可以从两个战略角度展开：一是地理攻击，即寻找对手经营不善、力量薄弱的地区发动进攻；二是细分性进攻，即寻找竞争者尚未为之服务的市场缺口并迅速填补这个缺口，将其发展成为强大的细分市场。

（3）包围进攻，即一种全方位、大规模的进攻战略。若挑战者拥有优于对手的资源，并确信围堵计划的完成足以打垮对手时，可采用此战略。包围进攻强调从几条战线上同时发起攻击，使对手首尾难顾，从而速战速决。

（4）迂回进攻，即尽量避免正面冲突，在对方没有防备或不可能防备的地方发动进攻。具体有三种进攻方法：多元化经营无关联的产品；以现有产品进入新市场，实行市场多元化；跳跃式进入新技术领域以取代现有产品，建立自己的优势领域。

（5）游击进攻，主要适用于规模较小、力量较弱的企业，其无力发动正面进攻或有效的侧翼进攻，因而向较大对手市场的某些角落发动游击式攻势，以骚扰对手使之疲于应付、士气低落，并最终使自己在市场上站稳脚跟。

以上简述了市场挑战者的五种进攻战略，一个挑战者不可能同时运用五种战略，但也很难单靠某一种战略取得成功，通常是设计出一套组合战略，即整体战略，以改善自己的市场地位。

三、市场追随者战略

市场追随者与挑战者一样，在同行业居于第二、第三甚至更靠后的位置，所不同的是，它不进行挑战而是跟随在市场领导者后面自觉维持共处的局面。这种"自觉共处"状态在资本密集且产品同质的行业（钢铁、化工等）中是很普遍的现象。

由于产品差异性很小，价格敏感度高，价格战势必导致两败俱伤，因此大多数企业追随市场领导者，以期"和平共处"。但是追随者往往是挑战者进攻的对象，因此，追随者必须选择一种不会引起竞争者报复的追随战略。以下几种追随者战略可供选择。

1. 紧密追随

全面模仿领导者的产品、包装、分销和广告等。他们并不进行任何创新，只是寄生性地利用市场领导者的投资而生存，更有甚者甚至模仿领导者生产"赝品"，沦为"伪造者"。

2. 距离追随

这种追随是在主要方面，如目标市场、产品创新等方面追随领导者，但仍与领导者保持若干差异，力图给目标市场带来某些新的利益。

3. 选择追随

这种追随者接受领导者的产品，但主动改变或改进它们，以形成自己的特色，从而选择与领导者不同的细分市场。许多选择追随者将来有可能成为挑战者。

【个案研究 7-6】　　　　　　姜贵琴的成功跟随[①]

1995年，山东省一中型城市的姜贵琴到城里的亲戚家小住几日。一天，姜贵琴看到副食店中卖酱鸭翅的柜台前竟然排着长长的队伍。亲戚说，这个副食店中的酱鸭翅就是姜贵琴所在的郊区县里一个小工厂生产的。因为酱烧得十分入味，所以在城里特别受欢迎。一连几天，姜贵琴每每经过这家副食店，就会看到那条排队的长龙，而且经常是晚到的人买不到。

姜贵琴看着别人像开印钞机一样赚钱，很羡慕。她也想照着做。但是，她很清楚虽然自己能吃苦、肯学习，可最大的弱点是对市场一窍不通，而且市场敏感度差，又没有过丁点经营管理的体验。这些都是做生意忌讳的事。她希望在动手之前先搞明白，怎么做才能让自己获取利润。

于是，她就找到了这个小厂子，软磨硬泡、托人送礼进了厂子，当了一个车间工人。姜贵琴一共工作了两个月，白天将小厂的货源、制作工艺、酱料的调配、送货渠道摸得一清二楚，晚上回家再偷偷试着制作。终于等她将自己的酱鸭翅调弄得差不多了，请来品尝的人都说好后，她马上辞职回家，开始着手准备自己生产。

这家厂子不是做得很好吗？不是已经在城里打出名气了吗？不是已经有了现成的模式了吗？干脆在创业时全部向小厂看齐。小厂从哪里进鸭翅，她就去哪里进，这样可以保证原料品质和小厂一致；小厂生产的酱鸭翅味道是什么样，她也向着靠拢，这样可以缩短消费者认知的过程；小厂在城里的哪个街道铺货，她就尽量选同一个街道的另一家副食店，这样可以省下自己开拓市场的成本。唯一不同的是她总比这个小厂晚一个小时送货，这么做的目的是为了告诉这个小厂，自己仅仅是一个无关紧要的尾随者，小厂不会因此而对自己加以防范，甚至采取破坏性举动。

跟进的结果使她的创业过程特别省心、顺利。由于很多人想买而买不到，所以姜贵琴这种跟着铺

[①] 程欣乔. 八种创业赢利模式[J]. 科学投资，2004（6）.

货的方式正好让她捡了一个漏，省下了她开拓市场的成本。最关键的是，那家小厂厂长知道后，根本没放在心上，还和姜贵琴开玩笑说："您就跟着吧，我们吃肉，也不能拦着你喝碗汤啊。"

看到对方根本没把自己的小作坊放在眼里，姜贵琴心里踏实了。开始时，她每天只送一家，后来慢慢发展到 5 家、10 家，不到一年的时间，只要是这个小厂在城里选的销售点，走不出二三百米就一定可以找到姜贵琴的酱鸭翅售卖点。仅仅一年时间，姜贵琴靠跟在小厂后面卖酱鸭翅赚了 17 万元。

后来，那家小厂又开始增加一些类似酱烧鸭掌、酱烧鸭头等其他产品。姜贵琴并没有马上跟进。她知道跟在后面的人最大的优势就是在后面能清楚地看到前面所发生的事情，以及这些事情所带来的后果。而且既然是跟，那就不能心急，等等看，人家什么好卖，再决定跟什么。所以，她交代送货的伙计，让他们每天送完货后不要马上返回，一定要等到小厂的售卖点商品卖完后才许回来，晚上再统一向她汇报"侦察"的结果。

例如，哪些售卖点是最先上新产品的、哪些新产品畅销、哪些新产品不太受欢迎。姜贵琴将伙计们的反馈一一记在小本子上。等到小厂的新产品销售半个月之后，姜贵琴才考虑是否要增加新品种、先增加哪些品种、增加的品种先送到哪个售卖点。就这样不紧不慢地跟在小厂的后面，姜贵琴轻轻松松地发着自己的财。

到 1997 年时，姜贵琴最初依靠一口锅开出的酱食小作坊已经发展得与那家小厂不相上下。她开始小规模地着手拓展那家小厂以前没有铺货的街道和社区。此时她也已经研究出了一种新鲜的酱料，生产的鸭翅味道更香浓。但是，她并不急于将这种鸭翅推向市场。她一边等待时机，一边继续研制着新品种。

1998 年春节前，姜贵琴的资金积累已近 50 万元，新厂房也已经竣工，而姜贵琴对市场销售渠道、销售环境等更是烂熟于心。她准备发力，一举超过那家小厂。

农村很多小厂在春节期间都给工人放假，停止生产，姜贵琴则将厂里的工人组织到一起让他们加班，每天多付 3 倍的工资，当天的加班费当天就结清，年三十加班每人再另发 500 元奖金。

同时，姜贵琴又将那家小厂放假回家的工人招来了 15 个，承诺在放假的这段时间里，每天的工资是那家小厂的 2 倍。从阴历腊月二十到正月十八，姜贵琴将产量提高到平日的 5 倍，产品品种由 5 种增加到了 11 种，其中不但有老品种，还新增了她自己研制的新品种。同时将送货的时间进行了调整，不但每天下午的送货时间提前了整整两个小时，而且还专门增加了一次上午的送货。

春节期间是副食消费的旺季，大家无事在家，亲朋好友难免要喝点酒助兴，而姜贵琴生产的酱货成了最好的下酒菜。春节前后短短一个月，姜贵琴工厂的利润相当于平时的 6 倍还多。

春节过后，市场依然红火。姜贵琴工厂每天保持的送货品种至少在 11 种以上，并且不断有新的品种推出。每天上、下午各送一次货的制度也得以保留，从此，消费者随时都可以享受到姜贵琴厂生产的新鲜食品。那家小厂等春节后再恢复生产时，发现顾客都跑到姜贵琴那边去了。

如今，姜贵琴当初紧跟的那家小厂，早已不是姜贵琴的对手。现在姜贵琴盯上了城里的一家酱食连锁店。她悄悄地跟到后面，慢慢地积蓄力量，等待时机成熟时一举超越。

课堂讨论：

1. 跟随战略的优势在哪里？应如何跟随？
2. 竞争对手是否在变？应如何选择竞争对手？
3. 姜贵琴的跟随有哪些特点？她为什么要这样做？

四、市场补缺者战略

所谓市场补缺者，是指精心服务于市场的某些细小部分，通过专业经营来占据有利的市场位置的企业。每个行业都有些小型或微型企业，它们关注市场上被大企业忽略或放弃的某些细小市场，通过为之提供专业化服务来获取最大限度的收益，在大企业的夹缝中求得生存和发展。这种战略不仅对小企业有意义，而且对那些无法在产业中达到杰出地位的大企业的小部门也有意义，它们也常设法寻找一些安全又能获利的补缺市场为之服务。

一般而言，一个理想的补缺市场具有下述特征：有足够的规模和购买力，能够盈利；有成长的潜力；被大的竞争者所忽视；企业拥有有效服务该市场所需的资源和能力；企业既有的信誉足以对抗竞争者。补缺战略成功的关键是专业化，企业必须选择一种能扬长避短的专业化模式。具体的专业化模式有以下几种。

（1）最终用户专业化。专业致力于为某类最终用户服务。如律师事务所专门服务于刑事或民事案件市场。

（2）垂直专业化。专门致力于产品某一阶段的经营。如黄金生产企业可以从开采、冶炼、制成品加工等环节进行专业选择。

（3）顾客规模专业化。专业为某种规模（大、中、小）的顾客服务。

（4）特定顾客专业化。只对一个或少数几个主要顾客服务，如美国有些公司专为西尔斯公司或通用公司供货。

（5）产品或产业专业化。只生产一种稀罕品或一大类产品，如美国的绿箭公司专门生产口香糖一种产品。

（6）地理区域专业化。只在全球某一地点、地区或范围内经营。

（7）客户订单专业化。只为订购客户生产特制产品。

（8）质量、价格专业化。专门生产经营某种质量和价格的产品，如专门生产高质高价产品或低质低价的产品。

（9）服务项目专业化。专门提供某一种或几种其他企业没有的服务项目。

（10）分销渠道专业化。专门服务于某一类分销渠道，如专门生产适于超级市场销售的产品。

补缺战略的主要风险是，补缺市场可能逐渐枯竭或者遭到强者进攻，因此，企业应意识到补缺市场并非一劳永逸市场，补缺者必须时刻注意创造补缺市场、扩大补缺市场。例如，美国著名的运动鞋制造商耐克公司开发出适合不同项目的特殊运动鞋，如登山鞋、旅游鞋、自行车鞋、冲浪鞋等，不断开辟新的补缺市场，进而为各类鞋开发出不同款式和品牌，如耐克充气乔丹鞋、耐克哈罗克鞋等，以扩大补缺市场，同时时刻关注竞争者动向，防患于未然，因而得以长久保持自己在特定市场的领先地位。

【个案研究7-7】　　　　　　独特的降氟牛奶[①]

河北沧州乡谣公司是一个奶制品小厂，由于遭遇娃哈哈、乐百氏等大品牌的冲击，销售艰难，处

---

① 翁耀雄. 做小池塘里的大鱼[EB/OL]. (2005-12-07)[2020-04-20]. WWW.Qzwb.com/gb/content/2005-12/07/content-1896961.htm.

境非常危险。为此,这家小厂专门找到了专家进行分析,专家经过考察后发现,娃哈哈、乐百氏在当地影响很大,要想翻身必须有特别鲜明的独特卖点,否则将很难生存。

通过阅读大量资料,专家们发现,河北沧州是我国最严重的高氟区之一,当地的引用水源含有过量的氟,对人体健康非常不好,很多沧州人得的地方病就和当地的水质有关系。得知这个情况后,乡谣公司马上跳出一个大胆的想法:能不能生产一种降氟牛奶?只要消费者知道他们的病和高氟水有关,降氟牛奶就有戏!于是乡谣公司马上与北京食品工艺研究所合作,开发具有降氟功效的新产品。现在乡谣牛奶在沧州已经全面上市,并且在当地引起了较大的反响。公司从以前的日销3 000袋,到了现在的20 000袋,不但很快打开了市场局面,而且已经盈利近30万元。

由于降氟牛奶是只针对河北沧州市的水源情况专门设计的牛奶,因此,娃哈哈、乐百氏这样的大品牌绝对不屑于为了一个小市场而改变产品加工的整个流程。乡谣公司反而乐得在这个小小的池塘中,过起了大鱼的轻松日子。

本章内容结构

综合练习

一、名词解释

竞争战略　产业结构　市场地位　低成本战略　差异化战略　专业化战略
市场领导者　市场挑战者　市场追随者　市场补缺者

二、判断题

1. 低成本战略与差异化战略二者是矛盾的。　　　　　　　　　　　　　(　　)
2. 低成本战略与专业化战略二者是矛盾的。　　　　　　　　　　　　　(　　)
3. 差异化战略与专业化战略二者是矛盾的。　　　　　　　　　　　　　(　　)

三、填空题

1. 形成竞争优势的三种基本竞争战略分别是(　　　　)、(　　　　)、(　　　　)。

2．企业占据的不同的市场竞争地位主要分为（　　　　　）、（　　　　　）、
（　　　　　）、（　　　　　）。

3．本书提到的不同产业结构分别是（　　　　　）、（　　　　　）、（　　　　　）、
（　　　　　）。

四、简述题

1．什么是成本领先战略？简述成本领先战略的优点与不足。
2．什么是差异化战略？成功实施差异化战略的主要途径有哪些？
3．什么是专业化战略？什么情况下易于实行专业化？什么情况下易于实行多元化？
4．简述三种基本竞争战略之间的联系与区别。如何选择这三种战略？

五、案例分析

1．以一个具体的产业为例，分析它为何分散？如何在这样的产业中进行竞争？
2．以互联网为例，分析它存在的问题以及企业如何在这样的产业中竞争？
3．在家电连锁业中，国美电器处于什么样的市场地位？应如何采取竞争战略？

子项目 5　　　　短兵相接——确定企业的竞争战略

1．项目任务

企业竞争战略选择——确定企业的竞争战略及实现方式

2．项目指标

（1）从三种基本竞争策略和其他典型竞争战略中选择适合本企业的竞争战略。
（2）确定实现上述竞争战略的具体途径、实现方式和主要任务。
（3）形成符合该企业发展实际的竞争战略分析结论与报告。

3．子项目 5 的实施

任务 1：选择适合本企业的竞争战略

从三种基本竞争战略和其他典型竞争战略中选择适合本企业的竞争战略。此部分内容也与企业总体战略一样，支撑企业战略规划里的战略选择与战略目标的内容。

任务 2：确定竞争战略实现途径和主要任务

在企业使命和价值观的指引下，结合内外部分析结论，确定实现上述竞争战略的具体途径、实现方式和主要任务。此部分内容与企业总体战略一样，也为确定企业战略规划里的战略任务（主要任务）的内容。

任务 3：撰写竞争战略分析报告

根据上述分析内容，参考附录 A 大数据产业发展规划里的"三、指导思想和发展目标"以及"四、重点任务和重大工程"的相关内容，撰写本企业竞争战略分析结论与报告。

4．子项目 5 实施过程中可能出现的问题

（1）不清楚自己的真正竞争对手。要弄清楚谁才是你的真正竞争对手。例如，对于新华人寿

而言，当其制定"二五"规划时，其竞争对手既不是平安寿险、中国人寿（还难望其项背），也不是民生人寿、华泰人寿（与新华相比还太小），而是太平洋寿险、泰康人寿等。

（2）不清楚竞争对手的竞争战略。竞争对手所采取的竞争战略属于其商业秘密，很多时候很难全面掌握，这就使得制定出针对性很强的竞争战略变得异常困难。因此，可以通过其市场表现的蛛丝马迹来分析其竞争战略。

（3）缺乏对行业未来竞争形态的把握。由于经验、视野的原因会导致企业对行业未来竞争形态把握不准，这样就很容易使竞争战略产生偏差，致使其在竞争中失利。因此，企业领导者需要多读、多走、多看、多思考，培养和训练战略眼光与战略思维。

推荐阅读

1．刘平，等．创业学：理论与实践[M]．3版．北京：清华大学出版社，2016：第七～九章．
2．赵越春．企业战略管理[M]．3版．北京：中国人民大学出版社，2019：第六章．
3．杨锡怀，等．企业战略管理[M]．4版．北京：高等教育出版社，2016：第七章．
4．王方华．企业战略管理[M]．2版．上海：复旦大学出版社，2006：第六章．
5．迟宇宙．联想局[M]．北京：中国广播电视大学出版社，2005．
6．吴晓波．大败局Ⅱ[M]．杭州：浙江人民出版社，2007．
7．雷银生．企业战略管理教程[M]．2版．北京：清华大学出版社，2010：第七章．
8．刘庆元．企业战略管理[M]．2版．北京：中国广播电视大学出版社，2006：第六章．

阅读材料7-1　　让竞争对手变成合作伙伴[①]

珠三角中小制造业企业向来是"同行侧目"，但有一家科技企业却让这类同质竞争的中小企业变成了合作者。

实现这一"转变"的是深圳易拓迈克科技有限公司（以下简称易拓迈克），其通过整合当地几十家模具工厂的生产资源，并通过"协同生产"将这些工厂绑在一起。2009年7月20日，易拓迈克获得了深圳市天图创业投资有限公司2 000万元的风险投资，并宣布将开发电子商务平台进行工业产品的供销。

节省合作商30%的生产时间

易拓迈克过去一直专注于模具制造研发，但真正给其吸引来商业合作伙伴的却是自主研发的信息化平台（IMG）。所谓IMG，其实是基本类似于模具行业ERP软件+电子商务+项目监控和工程协同及其他信息化软件。

易拓迈克曾做过一笔国外订单，其中部分生产任务交给某合约模具厂。但是在交货后，模具厂老板找到易拓迈克董事长邓滨说，那批模具工艺非常复杂，易拓迈克却只付了29万元，市场上开出的供货价远不止这个数，希望能重新定价。

[①] 张业军，刘翱铭．让竞争对手变成合作伙伴[N]．中国经营报，2009-08-10（C14）．

邓滨马上给对方算了一笔成本账:"你用我的生产系统,少花了多少人工费、水电费……这些成本满打满算加起来也就21万元。而这一单货你就赚了8万元,利润率比市场行情如何?"

对方也意识到:如果不是采用了易拓迈克的系统平台,或许只是工时延期产生的成本,都足以让这批货无法在29万元以内完成。易拓迈克的合作商金恒立信实业发展有限公司总经理金礼平告诉《中国经营报》记者:"易拓迈克的系统,尤其是模具企业资源规划(IM3)软件,对模具制造业的体系提升很大。操作上改进的地方在于,项目开工前,各个生产环节上的工程师进行一次讨论,提前设定好整个流程,并提供各种意外情况的处理预案,确保整个生产顺利进行。"他表示,同样的产品生产时间比传统流程节省30%,例如一笔订单需60天才能完成,现在只需40余天就能完成。

从单兵作战到联手出击

在深圳沙井,分散于此的模具制造商有数十家,他们为制造业企业提供生产资料。这些规模不大的模具企业往往不敢接海外大单,而小单却面临着利润水平较低的状况。

在易拓迈克的推动下,目前已有50多家模具厂成为其合约制造商。这些模具制造商与易拓迈克结盟的条件是:必须执行易拓迈克开发的IMG平台所规定的生产流程,包括"项目进程跟踪系统""IMG模具企业资源规划""工程协同系统"等。

邓滨表示,通过IMG平台服务方式,客户可以在线提交订单需求,可以通过视频在线审核工厂,在线了解实时项目计划和实际进展,在线工程协同审核3D图纸,甚至可以通过互联网直接看到试模、组装等生产加工的全过程。同时,易拓迈克的成员企业、海外配送和售后服务中心、供应商和合作伙伴也都可以通过这个"信息化网络运营平台"与易拓迈克的运营中心相连接,实现供应链上的各方信息共享和实时交互,从而实现了买卖双方从信息获取、网上交易到订单交付的全流程电子商务。

实际上,这些模具厂与易拓迈克合作,相当于实现了"统一订货,统一生产流程,统一技术标准"。而做到了这一点,就等于能共享效率、订单和利润。邓滨说,在金融危机的背景下,正好借此机会去整合一些中小企业,它们缺什么补什么,形成资源整合。

整合的作用在于能将产业集聚拧成一股绳。天图创投副总经理冯卫东表示:"国际上零部件产业需要大规模协同制造,因此制造业的整合将会分为两种路径:一种是单厂规模扩张;另一种是多厂协同合作。目前,更多的制造业企业走的路径是单厂扩张,但是单厂扩张的风险其实很大,因为一旦出现订单不足,就无法支撑巨大的成本损耗,就会面临生死存亡的考验。而多厂合作模式的协同对抗风险能力更强。"

订单是"聚拢"的关键

易拓迈克的获利途径,第一步就是获得订单,然后再交给协同厂商来生产,可以说,易拓迈克最直接的获利来源是在订单上找价差。

然而,不可回避的是,易拓迈克在向其合作厂商推广IMG平台时,也面临一些问题,如企业担心商业机密被泄露。因为这种网络化的协同迫使企业将自己掌握的产品核心参数公布于系统,所以稍微有一些核心技术的企业都会顾虑到这一问题。

冯卫东也表示:"易拓迈克这一协同模式的风险在于,管理上比较复杂,因为只要某一个工厂出现问题,就会影响全部工厂的项目流程。对于易拓迈克来说,必须先建立标准,输出技术和规范,甚至需要提供资金链融资平台。""关键的是要有获取订单的能力,这是促进工厂整合的关键资源。而一旦形成规模效应，就会进一步强化这种资源。"

投资方说

冯卫东认为，中国并不缺乏加工制造能力强的企业，珠三角产业配套非常完善，这同时导致企业的规模比较小，他们在与大公司谈判时完全不对等，没有什么话语权。而易拓迈克倡导的这种整合方式，能与海外一级供应商拥有较强的话语权。因此，在他看来，多厂协同合作是较有前景的模式。而天图创投之所以投资易拓迈克，也正是看好其大规模协作的商业模式。

第三只眼

广东省中小企业信息化创新服务中心主任魏生认为，信息化与工业化融合是一个大的趋势。易拓迈克的平台是一种现代信息化科技服务，协同生产与整合资源，是其制胜关键。实际上，协同制造是一潭深水，特别是核心模块——协同设计，这是未来商业模式的核心。因此，易拓迈克同样也需要更多技术资源。

几年前广州某教授也曾研发过类似的软件系统，但是没有成功实施，主要因为产学研结合不强，造成市场推广遇阻，其实这本身就是资源整合不畅的表现。因此他建议，适当引入高校资源，开展产学研合作，做"平台+技术"的协同，会更有利于这一协同模式的实现。

讨论题：

1. 易拓迈克能初步实现竞合的基础是什么？
2. 易拓迈克"联盟"下步还面临哪些风险？

阅读材料7-2　　诺基亚三打苹果，智能手机"空战"升级[①]

诺基亚正全力以赴地投身于同苹果之间的专利战。

2010年1月5日凌晨消息，诺基亚再次向美国联邦法庭提出指控，称"苹果侵犯了从摄像头传感器到触摸屏等多种已实施专利"，这意味着两家公司的战火越烧越大。

此前的2009年12月29日，诺基亚将诉状递至美国国际贸易委员会，投诉美国苹果公司的产品全方位侵犯其专利。诺基亚称，除手机外，苹果的音乐播放器、计算机产品几乎都侵犯了其专利，具体涉及用户界面、摄像头、天线和电源管理技术等，要求该委员会禁止从MacBook到iPhone等苹果所有移动产品进口。

早在两个月之前，也就是2009年10月，诺基亚就在美国特拉华州联邦地区法院提起诉讼，状告苹果手机产品侵犯其10项专利。而苹果就在同一家法院反诉诺基亚侵犯了自己的13项专利。

4个月之内三打苹果，诺基亚是要借专利之名遏制苹果疯长的势头，并且以此作为进入北美市场的敲门砖。

贴身"肉搏"

2009年是诺基亚最艰难的一年，因为市场份额持续下降。2009年第三季度，苹果公司iPhone部

[①] 胡雅清. 诺基亚三打苹果：智能手机"空战"升级[N]. 中国经营报，2010-01-10（C11）.

门获利达到 16 亿美元，首次超过了手机产业的"老大"——诺基亚。而同期诺基亚手机部门的获利为 11 亿美元，苹果一举拿下了全球盈利冠军的头衔。

在苹果的巨大压力之下，诺基亚已经不再仅仅是含着醋意说"苹果是我们的叫醒电话"，而是迅速进入了扭转被动局面的实操阶段。

一方面挥舞着专利大棒"攘外"，另一方面诺基亚的"安内"政策也在同步进行。

首先是一向靠机海战术取胜的策略被迫调整。诺基亚在 2009 年发布了约 20 款智能手机，但是表现最佳的只有 N97 和 E71 两款。"2010 年发布的智能手机型号数量将缩减一半，以加强自身对苹果以及 RIM 等新对手的竞争力"，诺基亚在 2009 年年末发布 2010 产品规划时宣布。

而苹果能够后来居上，正是靠坚持产品线简单化，不求推出大量仅作简单修改的所谓新机型，只求每款产品都能让消费者耳目一新，即都是"杀手级产品"。

除了缩减产品数量，降价是诺基亚准备使出的第二招。"诺基亚计划下调智能手机的价格，我们注意到高端市场的竞争十分激烈，同时也看到了中低端智能手机市场的增长机会"，诺基亚 CEO 康培凯说。

问题不仅仅是调整产品战略那么简单，没有竞争对手的速度快同样是一种落后。诺基亚在北美市场的泥潭，越陷越深。

2009 年年初，模仿苹果的专卖店形式，诺基亚在美国开设了两家概念手机店，并且在纽约地铁投放广告，不过，并没有收到显著成效，市场份额跌到不足 10%。由于在美国市场的开拓无法突破，诺基亚在纽约和芝加哥的两家旗舰店经营不到一年就被迫关闭，之前诺基亚也已经宣布要关闭位于英国伦敦和巴西圣保罗的旗舰店。

这对于诺基亚可是个大问题，因为北美正在成为全球增长最快的智能手机市场。失去了这个市场的霸主地位，称霸全球就显得十分单薄。

"到 2011 年，我们在智能手机方面将与苹果和 RIM 相媲美。诺基亚实现这个目标的计划是使自己的电子邮件平台更有吸引力，同时通过增加音乐和娱乐等额外的功能提高软件的价值，"诺基亚移动部门负责人里克赛门森（Rick Simonson）说。

格局暗变

此消彼长，诺基亚的霸主地位受到来自多方力量的挑战，不得不拿最具威胁的苹果开刀。

对于诺基亚的追加诉讼，市场调研公司 Cross Research 的分析师 Shannon Cross 表示，苹果和诺基亚都拥有数量庞大的专利技术，整个案件的审理将会持续很长一段时间。诉讼双方通常会以签订专利交叉授权协议结束诉讼，不过整个过程中，无论是诺基亚还是苹果都会为此付出大量的资金和人力，整个争端在未来几年里可能涉及数亿美元的相关开支。

为什么两家企业宁愿付出如此大的代价兵戎相见，也不愿意握手言和？最主要的原因就是因为现在正是市场格局发生动荡的关键时刻，智能手机的市场前景十分广阔，正处于上升期，谁也不希望在这一轮竞争中成为失败者。

根据 IDC 的数据，2008 年，11.9 亿部手机在全球售出，其中 1.55 亿部是智能手机，占 13%。IDC 预测，2013 年，全球将售出 14 亿部手机，其中智能手机的比例将达到 20%，市场规模达到 2.8 亿部。

从市场排位来看，2009 年第三季度，诺基亚占据着智能手机领域 37.9% 的市场份额，排名第一，出货量为1 640万部。但是这个市场占有率却是诺基亚有史以来的最低点。

黑莓和iPhone的出货量分别为820万部和740万部，分别以19%和17.1%的占比紧随诺基亚之后。尤其值得关注的是黑莓，比2008年同期增长了35.7%，这也是所有智能手机厂商的最大同比增幅。

与此同时，萎靡不振了数年的摩托罗拉，也在集中火力聚焦Android平台之后，推出了首款智能手机，其上市第一周就取得了销售25万台的好成绩。三星和LG也把智能手机作为今后的战略重点，而这两家在北美市场占据了半壁江山的手机厂，是诺基亚一直无法跨越的拦路虎。

仅仅来自手机厂商的阻击，就已经让诺基亚疲于应对。越来越多的公司跟随苹果的步伐，玩起了跨界。北京时间2010年1月6日凌晨2时，谷歌正式发布首款自有品牌手机Nexus One，该机采用Android 2.1操作系统，裸机售价是529美元，约合人民币3611元。之前，宏碁、戴尔、惠普、联想等四大PC巨头也整齐地在智能手机领域亮相。

随着手机向手持式电脑方向发展，手机行业的力量平衡已悄悄变化，让人意想不到的竞争对手将会层出不穷。

讨论题：
1. 你认为诺基亚与苹果的专利战是否必要？为什么？
2. 诺基亚在这轮智能手机的竞争中存在哪些失误？
3. 苹果从危机中走出并取得此轮辉煌的成功经验有哪些？
4. 诺基亚与苹果之间是否存在竞合的可能？为什么？

阅读材料7-3　　寿险公司发展战略的若干模式

战略选择是关乎企业发展的重大课题。寿险行业作为新的朝阳行业，中资、外资和中外合资寿险企业如雨后春笋般诞生，群雄逐鹿寿险，竞争日趋激烈。在这机遇与挑战并存的关键时刻，谁能把握住这一难得的历史机遇，成为新的宠儿？战略选择的正确与否成为成败的前提和关键。

战略选择与规划重点要解决以下三个问题：从哪里来（或说在哪里），到哪里去，以及怎样去。大多数企业为实现自己的目标和使命，可以有若干种选择，战略就与决定选用何种方案有关。战略包括对实现企业目标和使命的各种方案的拟定和评价，以及最终选定将要实行的方案。

具体到寿险公司的战略选择就要回答：

（1）采用何种战略态势：是稳健发展型，还是快速扩张型；明确阶段性的发展目标，即发展到多大的规模。

（2）采用何种业务模式：是个险主导型、银代主导型、团体主导型，还是混合型。

（3）采用什么样的营销模式：是精兵制的代理人模式，还是低成本快速扩张的增员和组织发展模式。

（4）机构如何布局：是重点布局，还是全面布局。

（5）采用何种增长方式：是规模增长型，还是内涵价值增长型；即是靠机构拉动，还是靠内涵增长。

（6）目标客户选择：是中高端客户，还是中低端客户。

这一系列问题解决的是公司定位、发展目标、发展模式、市场地位（规模）设定、产品策略、营销方法和手段等关系到保险公司发展的根本性问题。如此，也就形成了各具特色和竞争力的寿险公司战略选择模式。

1. 战略态势：保守还是激进

战略态势的选择是最根本、最核心的战略问题。选择何种战略态势将直接影响到业务模式、营销模式、机构布局、增长方式和目标客户的选择。战略态势主要有三大类，即稳定发展战略、积极发展战略和防御战略。在我国保险业这个新兴的朝阳行业里，防御战略暂时还不会涉及。

（1）稳定发展战略：稳健发展型。顾名思义，稳定发展战略不是不发展或不增长，而是稳定地、非快速地发展。一般垄断行业的企业和垄断竞争行业的领导者适合采用此种战略，如在公用事业、运输、银行和保险等领域。中国人寿占据我国寿险的半壁江山，分支机构已深入到我国广大的农村乡镇，目前采取的就是稳定发展型战略。此选择应该是中国人寿最合逻辑、最适宜和最有效的战略。在中国寿险行业中，素有"黄埔军校"之称的个人营销业务的领导企业——平安寿险亦是采用此种战略，但是以个人业务为核心业务的稳健发展战略。

（2）积极发展战略：快速扩张型。积极发展战略亦称增长战略。一般在快速成长的朝阳行业里的新兴企业适合采用此种战略，例如，1996年成立的新华人寿和泰康人寿等，受政策限制2000年以前只在总部一地营业。2001年我国加入WTO，监管部门鼓励和支持中资保险企业加快发展，于是在2002年和2003年，这两家公司各发展了150家左右的分支机构，覆盖了全国绝大部分地市；2006年保费收入均超过了200亿元，由区域性中小公司迈入了全国性中大公司的行列，并进入了中国企业500强；2008年保费收入更是分别达到556.8亿元和577.5亿元。

（3）防御战略（略）。

2. 业务模式：专注还是多元

寿险业务主要有团体业务、个人业务和银行代理业务三种。团体业务是我国早期寿险业务的主导业务，新华人寿成立伊始，就是靠团体业务迅速崭露头角的。个人营销业务模式是由友邦保险带入我国的，随着平安全国机构布局的展开而风靡全国，并成为核心业务。银行代理业务在21世纪初才进入我国寿险市场，但由于借助银行庞大的营业网络资源和信誉，业务规模迅速扩张，目前已成为与个人业务、团体业务并驾齐驱的三大业务之一。然而，其业务的内涵价值并不高。在三大业务渠道中，个人业务是内涵价值最高、最为显著的。根据各公司三大业务的不同占比，业务模式可分为个险主导型、银代主导型、团体主导型和混合型四种类型。

（1）个险主导型。个人业务是一个慢工出细活的过程，前期投入大，见效慢。然而，一旦形成了庞大的个险续期业务，公司的经营将非常稳定，效益也将非常突出。友邦的业务模式是典型的个人业务主导型。目前，除了友邦外，中外合资寿险公司大多是个险主导型业务模式，如信诚人寿、中美大都会等。平安保险是主动由混合型业务模式偏向个险主导型模式发展的。作为规模第二大的寿险公司，在第一的中国人寿和第三的太平洋寿险之间的平安有足够的市场份额空间进行调整。

（2）银代主导型。银行代理业务是可以借助银行业务渠道迅速冲规模的，但是此类业务的内涵价值比较低，而对资本金的"消耗量"又比较大，因此鲜有公司把此项业务作为主导业务，多数公司往往是作为锦上添花、冲规模的补充手段。即使如此，也还是有公司把银行代理业务作为主打业务的，如中外合资的瑞泰人寿借用外资方的经验和能力，采用银代主导型业务模式，重点发展银行代理业务。

（3）团体主导型。团体业务是寿险公司的重要业务之一，应该重点发展。然而，由于政策不配套，我国团体保险业务一直处在一种畸形的发展状态。早期靠做资金型业务大发利市。近年来，由于国家加大打击洗黑钱、变相占用侵吞公款等行为，资金型业务遭到取缔。而新的团体业务，如年金险业务又只处在萌芽状态，团体业务受到很大的冲击和影响。但是，我们有理由相信，随着改革开放的进一步发展，必要的配套政策也将陆续出台，团体业务也必将迎来新的发展春天。

（4）混合型。混合型业务模式是目前寿险公司的主要业务模式和形态。混合型模式就是团、个、代三条业务渠道都发展，靠银行代理业务冲规模，靠个人业务提升内涵价值，靠团体业务使业务规模锦上添花。三项业务的有效搭配，可以既解决眼前的规模问题，又解决长远发展的问题，是比较中立和均衡的业务发展模式。目前，中国人寿、太平洋寿险、新华人寿、泰康人寿等都采用此种业务模式。

3. 营销模式：精兵还是粗放

在三大业务中，个险续期业务是寿险公司永续经营的根本、生命线。要形成较大的滚动续期业务就必须有较强的个险新单开拓能力。这是竞争的关键，也是竞争的难点。续期是靠积累来的，新单反映的是开拓能力，是真正竞争力的表现。可以毫不夸张地讲，未来寿险公司的竞争主要体现在个险新单的开拓能力竞争上。目前的情况是，大多数新兴寿险公司还没有形成真正的个险竞争实力。

（1）粗放型模式：低成本快速扩张的增员和组织发展模式。这种营销代理人模式为大多数中资寿险公司所普遍采用，其显著优点就是可以低成本快速扩张，大力进行组织发展，适用于大多数地区，可以满足企业目前发展的需要，也是多数企业较为理想和现实的选择，因为中资寿险公司大多没有足够的寿险营销经验和管理能力，也缺乏雄厚的财务实力。这种模式本身的特点就是人员流动频繁（尤其是新进入的代理人，主管层面则相对比较稳定），这样也才可以不断扩大客户覆盖面。而快速扩张的组织发展也可能造成较高的脱落率，出现代理人大进大出的情况，使各项KPI关键指标有所下降。新华人寿和泰康人寿采用的就是这种营销代理人模式。

（2）精兵制路线：打造高学历、高素质、高绩效的"三高"团队。精兵制的特点是选择没有保险从业经验的高学历、高素质、高收入的"白丁"从头开始培养，最终打造成高绩效的代理人团队，其人均月保费收入超过万元，是普通代理人团队的数倍。然而，这种代理人团队的建立需要有雄厚的财力、丰富的经验和较高的管理能力，因此比较适合外资保险公司和中外合资保险公司。同时，这种模式在地域上比较适合上海、深圳、北京这样的发达地区，广大的欠发达地区目前还不适用。中美大都会、友邦就是在上海、北京等地采取这种代理人模式，信诚也可以算入此列。

（3）平安模式：也可以称为中间模式，是介于以上两者之间的一种模式。平安的代理人团队既不同于粗放型模式的代理人团队，也不同于精兵制路线的代理人团队，而是以类精兵制路线的代理人为核心，以类粗放型模式的代理人为基础的混合式代理人团队，其整体平均绩效介于以上两者之间，既适用于在上海等发达地区与友邦一争高下，更适合于在中国广大地区大展伸手。这样团队的打造既需要经验和能力，也需要时间的积累。

（4）员工制：一种与上述代理人模式完全不同的个险营销模式。这种模式的核心是将代理人转化成了员工。其优点是代理人有了基本收入，有了保障，可以相对稳定下来，容易管理，降低脱落率。

但其也有明显的缺点,首先就是使客户的来源变得狭窄;其次是失去了佣金体系的动力;再次就是面临这种特殊商品销售的困难。

4. 机构战略(机构布局):局部还是全部

一段时期以来,在不断的"狼来了"的喊声中,一些人生出了"御敌于国门之外"的念头和举动。各行各业兴起了以快制胜、跑马圈地的运动。家电连锁、超市连锁莫不如此,保险业也不例外。在这一浪潮中,有人初步功成名就;但功败垂成者也大有人在,如盛兴超市、普马连锁、家世界超市、顾雏军的格林柯尔等。

(1)全面布局。全面布局就是进入全部战场展开竞争,其优点是可以迅速形成规模优势,抢先占领有利地形,利于形成竞争优势;其缺点是战线容易拉得过长、顾此失彼,管理不到位、发展严重失衡,如此整体效率与效益未必高。此战略适合于已经有了一定规模和管理基础的公司,特别是要有足够的人才储备和相对充裕的财力配合。不适合新公司选用。

(2)重点布局。重点布局就是根据企业自身的能力和特点,选择适合自己发展的地方去发展。重点布局可以分成以下几种形态:一是单纯局部发展,比较适合实力较弱的公司,如在西部地区竞争不激烈的地方建立根据地,积蓄力量伺机发展。二是重点地区突破,比较适合根基深厚的公司,如友邦首先进入长三角经济区的中心城市上海,然后进入珠三角经济区的中心城市广州,2002年进入环渤海经济区的中心城市北京。三是局部地区的深耕细作与全国性的战略布局相结合,如中美大都会在北京建立总部之后,又陆续在重庆、广州等地建立区域总部,为下一步发展奠定基础。

目前,新兴中资寿险公司的现状是:缺乏全面作战的能力,无论是人力、财力、客户资源等方面,还是管理水平、品牌知名度、偿付能力等方面。既然目前尚不具备全面开花的能力和资源,那么有限的资源和力量是雪中送炭,还是锦上添花?结论应该是重点区域的锦上添花比非重点区域的雪中送炭更有价值。因此,新兴中资寿险公司现阶段的战略方针宜为:扬长避短、集中力量、重点突破、梯次推进。

以上各方面内容的不同选择和组合构成了寿险公司战略选择的各种不同模式。寿险公司应因地制宜、因时制宜、因人制宜、因己制宜进行战略模式选择和策略安排,以培育出自己的核心竞争力,在激烈的竞争中形成自己的特色和优势市场。

资料来源:刘平. 论寿险公司战略选择的若干模式[J]. 湖南财经高等专科学校学报,2009(5):65-68.
刘平. 保险战争[M]. 北京:电子工业出版社,2009:51-60.

第五篇

战略执行

> 第八章 企业战略的实施与控制

第八章 企业战略的实施与控制

内容提要

本章首先简要介绍战略实施的基本原则、模式和支持系统;然后介绍战略控制的含义、原则、层次与类型,战略控制与评价的过程和方法;最后介绍战略变革的基本含义、必要性和影响因素。通过本章的学习,读者可初步了解战略实施与控制的基本内容。

学习目标与重点

◇ 了解战略实施的基本原则、模式和支持系统;
◇ 了解战略控制的含义、原则、层次与类型,掌握战略控制与评价的过程和方法;
◇ 了解战略变革的基本含义、必要性,掌握战略变革的影响因素。

关键术语

战略实施;战略控制;战略变革

引入案例　　　　　德隆系倒塌,母子公司管控之败[①]

2004 年,显赫一时的德隆系轰然倒塌,它的失败,部分在于资金链的不堪重负,部分在于不谙资本游戏规则,但归根到底,在于母子公司管控之败。

德隆生存最重要的思想——以先进的管理和资本运作为纽带,整合传统产业,激活传统产业,获取超额回报,最终达到超常规发展的目的。

其产业发展模式可以概括为:投资上市公司——输出产业发展战略——战略实施与监控——整合产业——提升产业价值。

德隆战略目标是以资本运作+整合产业的思路,通过以下八个步骤达到其战略目标。

(1)通过上市公司筹措资金,然后将资金注入产业,整合产业,利用产业收益带动股价上升,然后再获取进一步股市融资的资格……这种思路本身是值得借鉴的。

(2)"俱乐部式"融合不同文化、崇尚个性与创新、提倡团队合作、不为繁文缛节束缚的企业文化氛围。这一企业文化有利于消除集团各公司间的文化差异,提高集团内部凝聚力和外部竞争力。

(3)通过资本运作获取资源的思路。德隆通过并购与合作等方式,利用国内外企业的成熟的

---

① 新浪财经. 德隆系倒塌,母子公司管控之败[EB/OL]. (2005-10-19) [2020-04-20]. http://finance.sina.com.cn/leadership/case/ 20051019/13352046244. shtml.

营销网络进行集团的产品销售，不仅节省了营销成本，而且扩大了市场占有率，提高了集团的整体收益。

（4）通过总部进行战略、预算质询实现对子公司的战略管控。

（5）通过总部进行稽核与偏差分析建立对子公司的过程监控。

（6）通过企业家俱乐部形式输入人才。

（7）通过中企东方建立对子公司的行业分析与竞争研究。

（8）通过强势输入管理模式、营销资源提升子公司效益。

纵观德隆的运作模式，可以发现德隆模式成功的关键在于能否对子公司实现有效管控，以达到预期目标。

然而，现实的情况却是，德隆在实施该模式时，面对众多诱惑，贪多求快，盲目扩张，以至于对一些产业的收购并没有达到预期目标。更为重要的是，企业没有解决好短、中、长期的投资比重，过分投资长期项目，占用了大量资金，给企业资金链带来了巨大压力。

而不得不进行的紧缩银根，又导致了德隆的产业发展失去银行的资金支持，恶性循环，德隆开始出现危机。

德隆危机的实质是在公司高速扩张的时候，只有产业整合之名，没有产业整合之实。即公司没有真正实现对整合行业的分子公司进行有效的管控，或者这些管控只是流于形式，并没有产生利润，虽然有着制度上的体系，也有经营计划和偏差分析。

德隆既缺乏对产业发展战略环境层面的分析，也缺乏微观层面出现偏差后改进的有效办法，控股企业众多，随后的母子公司有效管控却没有跟进植入，陷入了资本扩张的怪圈，导致最终的悲剧。

第一节 企业战略实施

在企业确立了战略目标并为此选择了战略方案之后，如何把企业战略贯彻实施便成为战略管理的关键一环。战略实施主要是通过一系列行政、经济等手段组织企业的实际活动，以实现企业的战略目标。

一、战略实施的基本原则

1. 系统性原则

企业实施战略是一个系统工程，需要以总体战略目标为基础，以创新为指导，统筹考虑，制定一系列子系统战略，例如，不同的业务单位的竞争战略，产品、市场、营销、服务、品牌文化战略等，以充分发挥各子系统之间的协调配合关系。

2. 关键性原则

这是由系统性原则派生出来的。企业战略实施是一个系统工程，在这个系统中包含着若干个子系统，在这些子系统中，肯定会有一些子系统起着领导和决定性的作用，对于战略的全局具有举足轻重的作用。战略实施要牢牢把握这些关键性的子系统。

3. 权变性原则

战略实施是在一个不断变化的环境中进行的,外部环境具有很大的不确定性,企业能够预测的只是这种变化的趋势,这种变化的节奏、速度则很难准确预测。因此,企业在战略实施过程中,有必要对实施方案留有一定的余地,以便根据变化的环境做出调整。

4. 积极性原则

战略实施要涉及对战略目标的分解和细化,需要对企业的实力进行充实。企业在实施战略中要抱着积极的态度,勇敢迎接挑战;要做好充分的准备,通过积极的努力为下一步的工作打下良好的基础。

二、战略实施的基本模式

1. 指挥型模式

这种模式的特点是企业总经理考虑如何制定一个最佳战略,让下层管理人员去执行战略,而自己并不介入战略实施问题。在实践中,计划人员要向总经理提交企业战略的报告,总经理阅览后做出结论,确定了战略后,向企业高层管理人员宣布企业战略,然后强制下层管理人员执行。

企业采用这种战略实施模式应具备以下条件。

(1) 总经理拥有较高的权威。只有这样,总经理才能靠其权威通过发布各种指令来推动战略的实施。

(2) 战略比较容易实施。具体表现在:战略制定者与战略执行者的目标比较一致;战略对企业现行运行系统不构成威胁;企业组织结构是高度集权式的体制;企业环境稳定,能集中大量信息,多元化经营程度低;企业处于强有力的竞争地位,资源较宽松。

(3) 准确快速的信息系统。战略实施所需的有关信息只有准确有效地收集并能及时地汇总到总经理手中,总经理才可能迅速、准确地做出决策。否则,如果信息传递缓慢,甚至发生扭曲,总经理据此做出的决策必然也是迟延或错误的。所以,这种模式不适应高速变化的环境。

(4) 规划人员客观公正。在权力分散的企业中,各事业部常常会由于过分强调自身利益而影响了企业总体战略的合理性。所以,企业需要配备一定数量的有全局性眼光的规划人员来协调各事业部的计划,使其更加符合企业的总体要求。

这种模式的缺点是把战略制定者与执行者分开,即高层管理者制定战略,强制下层管理者执行战略,因此,下层管理者缺少执行战略的动力和创造精神,甚至会拒绝执行战略。

2. 变革型模式

与指挥型模式相反,在变革型模式中,企业总经理考虑的主要是如何实施企业战略。他的角色是为有效地实施战略而设计适当的行政管理系统。为此,总经理本人或在其他方面的帮助下要对企业进行一系列变革,如建立新的组织机构、新的信息系统,合并经营范围,增加战略成功的机会。

这种模式多是从企业行为角度考虑战略实施问题,因而比指挥型模式更容易实施。但是,这种模式并没有解决指挥型模式存在的各种问题,如信息的准确获取问题、各事业部及个人利益对战略计划的影响问题以及战略实施的动力问题。同时，这种模式还产生了新的问题，即企业通过建立新的组织机构及控制系统来支持战略实施的同时，也失去了战略的灵活性，在外界环境变化时使战略的变化更为困难。所以，从长远观点看，环境不确定性比较大的企业，不适合采用这种战略实施模式。

3. 合作型模式

在这种模式中，企业总经理考虑的是如何让其他高层管理人员同他一起共同实施战略。企业总经理和其他企业高层管理人员一起对企业战略问题进行充分讨论，形成较为一致的意见，制定出战略，再进一步落实和贯彻，使每个高层管理者都能在战略的制定及实施的过程中做出各自的贡献。

合作型模式克服了指挥型模式与变革型模式存在的局限性，使总经理接近一线管理人员，获得比较准确的信息。同时，由于战略的制定是建立在集体智慧基础之上的，提高了战略实施成功的可能性。

该模式的缺点是：由于战略是由不同观点、不同目的的参与者相互协商的产物，因而有可能使战略的经济合理性降低，同时仍存在谋略者与执行者的区别，仍未能充分调动全体员工的智慧及积极性。

4. 文化型模式

这种模式的特点是：企业总经理考虑的是如何动员全体员工都参与战略实施活动，即企业总经理运用企业文化的手段，不断向企业全体成员灌输这一战略思想，建立共同的价值观和行为准则，使所有成员在共同的文化基础上参与战略的实施活动。由于这种模式打破了战略制定者与执行者的界限，力图使每一个员工都参与制定及实施企业战略，因此使企业各部分人员都在共同的战略目标下工作，使企业战略实施迅速、风险小，企业发展迅速。

文化型模式也有局限性，主要表现在以下几方面。

（1）对员工的素质要求较高。这种模式要求企业员工有较高的文化素质，否则很难真正参与企业战略的制定与实施。而实践中大多数员工，尤其是在劳动密集型企业中的员工很难达到这种学识程度，这必然影响到对企业战略实施的参与程度。

（2）企业文化的掩盖性。企业文化一旦形成，往往会掩盖企业中存在的某些问题，企业为此也要付出代价。

（3）流于形式的可能性大。采用这种模式要耗费较多的人力和时间，而且还可能因为企业高层领导不愿放弃控制权，从而使员工参与战略制定及实施流于形式。

5. 增长型模式

在这种模式中，为了使企业获得更快的增长，企业总经理鼓励中下层管理人员制定与实施自己的战略。这种模式与其他模式的区别之处在于它不是自上而下地灌输企业战略，而是自下而上地提出战略。这种战略集中了来自实践第一线管理人员的经验与智慧，而高层管理人员只是在这些战略中做出自己的判断，并不将自己的意见强加在下级身上。在大型的多元化企业里，这种模式比较适用。因为在这类企业里，高层管理人员面对众多的事业部，不可能真正了解每个事业部所面临的战略问题和作业问题，不如放权给事业部，以保证成功地实施战略。

增长型模式的优点是：给中层管理人员一定的自主权，鼓励他们制定有效的战略并使他们有机会按照自己的计划实施战略。同时，由于中下层管理人员和员工有更直接面对战略的机会，可以及时地把握时机，自行调整并顺利执行战略。因此，这种模式适合于变化较大行业中的大型多元化企业。

上述五种战略实施模式在制定和实施战略上的侧重点不同，指挥型与合作型更侧重于战略的制定，而把战略的实施作为事后行为，而文化型与增长型则更多地考虑战略的实施问题。实际上，在企业实践中，上述五种模式往往是交叉或混合使用的。美国的彼得斯（Peters）和沃特曼（Waterman）提出 7S 模型，强调在战略的实施过程中，既要考虑到企业的战略、结构和体制等三个硬因素，又要考虑到作风、人员、技能和共同价值观四个软因素，只有在这七个因素很好地相互沟通和协调的情况下，企业战略才能获得成功。

三、战略实施的支持系统

在企业中有诸多因素影响着战略转化为行动，这些因素构成了战略实施的支持系统，如图 8-1 所示。

在战略实施中，这些因素将针对以下一些问题。

（1）企业的组织机构及其运行机制是否与战略的实施相适应？

（2）企业内的各个事业部和各个职能部门之间的资源分配能否使之相互协调并提供对实施企业战略足够的支持？能否在各个领域内针对各自的实质性问题并使之得到解决？

（3）各级领导人员的素质和领导作风与战略实施要求其承担的角色是否相匹配？特别是高层领导人员，他们更多的是通过他人开展工作而不全是直接亲自采取行动，他们是否具有驾驭其他各项因素的能力？

图 8-1　战略实施的支持系统

（4）在企业内形成的成文的（企业政策、办事程序等）和不成文的（惯例、风格等）企业文化是否与战略实施的要求相适应？

（5）企业的战略是否为企业成员所清楚理解？各级人员能否取得与其有关的战略意图的信息，以及在其职责范围内为实施战略所必需的信息？

（6）控制系统能否提供及时、准确的反馈信息？报酬制度能否激励促进企业战略实施的行为？

在战略实施中，上述诸因素并非是各自孤立地发挥作用，而是相互联系在一起综合地发生作用。如果这些因素能协同一致，与战略的实施相匹配，则其效果将会很显著。反之，如果这些因素与要求实施的战略不相匹配，相互之间不能协调一致，则在战略实施中产生力量抵消、步履维艰、摩擦丛生、徒劳无功是不足为怪的。

1. 战略实施与组织结构的关系

企业组织结构是实施战略的一项重要工具，一个好的企业战略需要通过与其相适应的组织结构去完成。实践证明，一个不合时宜的组织结构必将对企业战略产生巨大的损害作用，它会使良好的战略设计变得无济于事。因此，企业组织结构是随着战略而定的，它必须按战略目标的变化而及时调整。企业在战略运作中，采取何种组织结构，主要取决于企业决策者和执行者对组织战略结构含义的理解，取决于企业自身的条件和战略类型，也取决于企业对组织适应战略发展标准的认识。

美国学者钱德勒（Chandler）在 1962 年发表的《战略与结构：美国工业企业历史的篇章》一书中指出，战略与结构关系的基本原则是组织的结构要服从于组织的战略，即企业战略决定着结构类型的变化。这一原则指出，企业不能仅从现有的组织结构去考虑战略，而应从另一视角，即根据外在环境的变化去制定战略，然后再调整企业原有的组织结构。

概括地说，组织结构对战略实施的重要性主要体现在如下几个方面。

（1）有效的组织结构规定了各层次管理者分配和使用企业资源的权力，确立了必要的管理控制权威线，从而明确了企业各层次管理人员各自的职责,有利于组织内部建立起管理控制秩序。

（2）有效的组织机构规定了企业内部各单位、各岗位之间的分工合作，从而能够增强全体成员协同完成企业目标的可能性。

（3）有效的组织结构规定了企业内部各单位、各成员之间的联系沟通渠道，从而能够确保企业各类信息的准确、快速传递，有利于提高企业的应变能力。

2. 战略与资源的关系

企业战略实施前的准备，除了用计划推选和适应战略的组织调整外，战略资源配置的优劣也将直接影响到战略目标的实现。战略资源的配置要着眼于资源的使用过程，将企业资源和使用这些资源的战略联系起来。企业总部既要考虑满足每个事业部对资源的要求，也要有全盘考虑，确保资源的总体平衡。

（1）资源是战略实现的保证。战略与资源相适应的最基本关系，是指企业在战略实施过程中，应当有必要的资源保证。但是，在实践中没有资源保证的战略，又没有充分意识到危险性的企业却很多。究其原因：一是在制定战略时忽视了确保资源的必要性；二是预测不准，造成资源缺乏从而影响战略的实施；三是没有充分把握实施战略所需要的资源，不注意资源的积累和储备从而造成损失。

（2）战略促进资源的有效利用。企业即使拥有较多的资源，但如果战略制定不正确，也有可能使资源闲置或浪费，产生不了效益。只有制定了正确的战略，企业才能充分认识到资源的优势和劣势，认识到稀缺资源和充足资源，从而提高资源的利用效果。

（3）战略促进企业资源的有效储备。企业在战略实施过程中都会产生一些新的资源，如生产能力、技术开发、财务积累等，这些资源又是下一阶段战略实施的基础。如果企业不能制定正确的战略，这些积累的新资源将会被浪费或不能充分发挥作用。只有当企业制定了正确的战略后，这些积累的新资源才会在新战略中发挥重要作用。

3. 战略与企业文化

在企业战略中，企业战略与企业文化有着十分密切的关系。优秀的企业文化能突出企业特色，形成企业成员共同的价值观。同时，企业文化具有鲜明的个性，有利于企业制定出与众不同、克敌制胜的战略。

如果说战略领导者通过提出企业的发展愿景能够给全体员工展现出一幅美好蓝图的话，那么要实现这个愿景还必须通过全体员工的共同努力。战略领导者也可以通过联系群众和激励来调动员工共同参与的积极性，但是这还很不够。因为这种做法更多地体现为领导意志，带有较强的阶段性特征。要使这种愿景真正成为每一位员工的理念，融化在每一位员工的血液里，使员工不仅能够变"要我干"为"我要干"，而且还能够知道和掌握"如何干"的方式和方法，这就必须通过企业文化。概括地说，企业文化对战略管理有以下三个方面的重要作用。

（1）企业文化引导战略定位。正如企业的组织结构对战略的形成具有一定的影响和制约作用一样，企业文化对战略的形成也具有一定的影响和制约作用。在一定意义上，有什么样的文化，就会形成什么样的战略。例如，日本汽车企业能够获得成功，与其说是由于企业战略的成功，倒不如说是因为日本的民族文化自然而然地、潜移默化地使其获得了当时的成功。具体地说，一是日本是一个岛国，自然资源极为短缺，这使其形成了较强的危机感；二是贫乏的土地要养育众多的人口，只能精耕细作，这造就了日本民族的认真、勤俭和勤劳；三是集中于中部地区的高密度人口使其没有也不可能有像美国那样的宽阔公路。种种文化原因决定了日本的汽车从其诞生之日起就是小型化和节能化的。正如索尼公司前总裁盛田昭夫所说：日本文化就是袖珍文化、盆景文化。这种由文化而形成的战略在世界石油危机中正好迎合了世界市场的需要，使其大行其道。

（2）企业文化是战略实施的关键。企业战略制定以后，需要全体组织成员积极有效地贯彻实施。长期以来形成的企业文化具有导向、约束、凝聚、激励、辐射等作用，是激发员工工作热情和积极性、统一员工意志和目标、使其为实现战略目标而协同努力的重要手段。战略领导者的愿景要化为企业全体员工的行动就不仅需要员工的理解和支持，更重要的，它还必须变为全体员工的信念、理想和追求。唯有如此，领导者的意愿、企业的意愿才能同员工的意愿融为一体，企业的事业、领导者的事业才能转化为员工自己的事业。只有当员工把企业的发展同自我发展联系起来的时候，在员工中才会产生巨大的凝聚力。

一旦员工在理性上理解了并在情感上接受了企业的战略，就会形成一种强力的"磁场"，它接纳与战略和文化相一致的行为和个人，纠正或排斥与战略和文化相背离的行为或个人，成为企业战略得以顺利实施的保证。从此意义上讲，战略实施必须辅之以文化建设。只有文化保障的战略才是可行的战略，没有文化支撑的战略必将半途而废。

（3）企业文化与战略必须相互适应和协调。企业文化具有刚性和连续性的特点，一旦形成便很难变革，因此，它对企业战略的制定和实施具有引导和制约的作用；另一方面，企业战略也要求企业文化与之相适应、相协调。如果企业根据外部环境和内部条件的变化制定了新战略并要求新文化与之匹配，那么原有的企业文化就可能成为实施新战略的阻碍力量。例如，踏实严谨的作风在经营方向既定、环境比较稳定的情况下有利于企业将产品做得精益求精，但在外部环境剧烈动荡、产业结构发生重大变化的时期，这种埋头苦干的作风任由其惯性地发展，就有可能迷失企业的方向。因此，企业文化必须在继承的基础上不断创新。在战略管理过程中，企业内部新旧文化的协调和更替是战略实施获得成功的重要保证。

实际上，目前的国有企业改革既有体制改革的问题，也有战略变革的问题，同时也伴随着企业文化的变革问题。虽然没有确切的实证研究可为之佐证，但大量的事例足可说明旧的企业文化是国有企业改革过程中的一个难题。从个案研究 8-1 中足可见企业文化变革对国有企业改革的重要性。

【个案研究 8-1】　　　　海尔的"文化先行"战略[①]

1997 年 3 月 13 日，海尔集团跨过长江，南下挺进中国改革开放的最前沿阵地广东顺德市，以控股投资的方式，与赫赫有名的广东爱德集团公司合资组建顺德海尔电器有限公司。

总结接管红星电器等企业的经验，海尔这次依然是以文化导入为主要手段，派出了企业文化中心主任苏芳雯和海尔洗衣机公司总经理柴永森一行前往顺德。他们的使命有两项：一是向爱德集团员工传播海尔企业文化，实施"观念先投入"；二是切身感受、交流并吸收南方重镇改革开放的新信息、新观念，进行南北企业观念上的优势互补，使海尔企业文化的内涵更丰富、更深厚。

海尔人常常自豪地说，海尔最大的优势、最有价值的资产是海尔的企业文化、海尔的报国精神。在此之前，海尔就是以观念和企业文化等作为最大的投入，在不注入资金的情况下将红星电器公司从负债累累的破产边缘救活，一年半时间便创出了中国洗衣机第一名牌的奇迹。用企业文化盘活存量资产，已成为海尔规模扩张中一种不可替代的模式。

在爱德洗衣机公司全体中层以上干部会上，苏芳雯详细讲述了海尔怎样从 12 年前的一家亏损小厂跃变为年销售额超过 60 亿元、利润超过 5 亿元的中国第一名牌家电企业的辉煌历程，讲述了海尔为什么能用 10 年时间便走完国际同行需用 50 年才能走完的路，讲述了什么叫"星级服务"，什么叫"真诚到永远"，讲述了海尔人与爱德人将怎样携手并肩，共创美好明天。

爱德大多数干部听了海尔的文化介绍后，都从内心受到鼓舞，感到踏实、充实，打消了许多顾虑，坚定了与海尔合作的信心，都一致认为"加盟"海尔的选择是正确的、超前的。并认为，跟着海尔干，顺德海尔也一定能创出名牌，企业也一定大有前途。

海尔洗衣机公司派出赵振中任顺德海尔公司总经理后，他不住爱德集团安排好的"贵宾楼"，而是住进设施简陋的企业招待所里，每天和职工们一同下车间，一同加班，一同在职工食堂就餐。这位海尔老板无私奉献、敬业报国的行为，就是海尔文化价值的体现，深深打动了爱德员工的心。

赵振中却说，他所做的一切不仅代表着海尔形象，也代表着青岛企业形象。在公司上下一心奋战 10 多天后，原已停产半年之久的洗衣机总装线全面恢复运转，在家待业的爱德员工已全部回厂上班，原定 5 月中旬正式出产品，提前到 4 月中旬，以海尔命名的新一代电脑控制全自动洗衣机从顺德走向

[①] 刘庆元. 企业战略管理[M]. 2 版. 北京：中央广播电视大学出版社，2006：191-192.

市场,走向世界。

【专论摘要 8-1】 企业文化与企业新战略之间的关系[①]

旧企业文化与新企业战略之间的关系有四种情况,如图 8-2 所示。

(1)一致。一致是指企业实施一个新战略,企业的组织要素变化不大,而且这种变化与企业原有文化相一致。在这种情况下,高层管理者主要应考虑两个问题:① 利用目前的有利条件,巩固和强化企业现有文化;② 利用企业文化相对稳定和持续的特点,充分发挥企业文化对战略实施的保证作用。

(2)潜在一致。潜在一致是指企业实施一个新战略,企业的组织要素会发生很大的变化,但这些变化与企业原有文化有潜在一致性。在这种情况下,企业处于一种很有前途的地位,可以在原有文化的支持下,实施新战略。企业处理战略与文化关系的重点是:① 企业进行重大变革时,必须考虑其与企业的基本性质与地位的关系问题,最大限度地利用现有文化对企业战略的促进作用。② 要发挥现有人员的作用。这些人员仍然保持着企业原有的价值观念和行为准则,可以保证企业在原有文化一致的条件下实施变革。③ 在保持现有文化基本不变的前提下,以不破坏企业已经形成的行为准则为原则,引入新的文化管理,丰富和完善现有的文化。

图 8-2 旧企业文化与新企业战略之间的关系

(3)不很协调。不很协调是指企业实施一个新战略,企业的组织要素变化不大,但这些要素的变化却与企业原有的文化不很协调。在这种情况下,企业高层管理者应在不影响企业总体文化的前提下,对某些特殊的领域实行不同的文化管理。

(4)很不一致。很不一致是指企业实施一个新战略,企业的组织要素发生了很大的变化,而这些变化与企业原有的文化又很不一致。在这种情况下,企业高层管理者首先要考虑的是企业是否有必要大动干戈推行这个新战略,因为企业实施这个新战略要冒很大的风险,可能付出巨大的代价,而这一改变能否取得预期的效果,还很不好预料。如果高层管理者认为没有必要冒这一风险,企业就必须考虑新制定与企业文化基本一致的具有可操作性的战略。但是如果由于外部环境发生重大变化,迫使企业不得不制定要求企业文化发生重大变革的战略时,企业就必须考虑如何进行企业文化的重建。

[①] 刘庆元. 企业战略管理[M]. 2版. 北京:中央广播电视大学出版社, 2006:189-190.

4. 战略实施中企业战略家的作用

（1）企业战略家是企业领导团队的核心。战略实施离不开领导，企业战略是一个体系，在实施中需要一个领导团队形成一个领导集体，对关系企业战略实施的核心问题、关键问题和重要业务进行掌控。而企业战略家是这个团队中的核心人物，起着总设计师的作用。企业战略家能够把各个领导成员团结在一起，形成一种合力；在战略实施遇到困难、企业成败攸关的时刻，起着稳定军心的作用；在企业经营顺利的时候，能够预见到可能存在的危机和风险，起着未雨绸缪的作用。

（2）企业战略家是企业把握机遇、主动权的主帅。制定一个优异的战略方案只能说企业成功了一半，成功的另一半要在战略实施过程中获得。要在战略实施过程中实现企业战略方案既定的目标，企业需要把握机遇，牢牢掌握战役的主动权。企业战略家的主要作用就是审时度势，根据时势决定企业的进攻、相持、防御、撤退的具体态势，做到：攻得坚决，攻其要害；防得稳当，不出差错，能够保持企业的实力和元气；撤得干脆、有序，能够形成新的战斗力；相持时要稳中求变，不过多地消耗实力，持重待机；在没有优势把握时，要善于运筹；取得一些小的胜利或是较大的胜利时不自满，只要没有掌握战役主动权就不能松懈；一旦掌握了战役的主动权，就要想方设法扩大战果。

（3）企业战略家是企业形象和企业文化的缔造者。企业战略的实施不仅能够促进企业战略资源（特别是无形资源）的积累，还能够取得动态相乘的效果。这种动态相乘效果不是自然形成的，而是要经过企业的一番努力。企业战略家在战略实施中可以通过自己的人格魅力造就良好的企业形象，给企业积累无形的巨大财富。企业战略家通过自己的学习和思考，对企业的经营哲学和生存理念进行总结，提出具有深刻思想内涵的经营理论，能够保证企业长盛不衰。企业战略家的行为也可以丰富企业的文化底蕴和文化内涵。

5. 信息系统在战略实施中的重要性

企业战略的实施过程，也是一个信息收集、整理、组合、传递、运用的过程。合适的信息技术和信息系统发挥着"难以估量的作用"；同时，信息技术的发展也使得发挥上述"难以估量的作用"成为可能。正如许多管理学家所指出的那样，信息时代的新型企业组织也被称为"计算机化"的企业。

在战略实施过程中，信息系统的重要作用体现在如下几个方面。

（1）战略表达。企业高层制定的战略只有被全体员工正确理解时才能得到有效的实施。理解战略的前提是战略已经得到了正确、合适的表达，而不再是宽泛、抽象的语言、观念。因此，通过一定的信息把战略思想表达为"行动"就成为战略实施的关键之一。

（2）战略分解与沟通。这是战略实施过程中双向信息交互最频繁的一个阶段。企业的竞争优势是企业全部活动的效果之和，所以，企业有关人员必须对企业战略安排、自己的行动后果、他人的行动都有所了解，从而实现知识的创造与共享。

（3）战略反馈。战略反馈就是企业在其战略实施中通过学习、实践而调整有关的战略前提、假设以确定新战略的过程。显而易见，这依赖于有关信息的反馈与沟通。

第二节　企业战略控制

企业战略在实施过程中，时常会偏离既定的战略目标与战略方案，影响到企业的发展。为了使这种偏差尽可能最小，企业必须对战略实施进行必要的控制。当控制依然不能解决偏差问题时，企业则有必要反思现有战略，决策是否有必要进行较大幅度的战略调整。本节在介绍战略控制的基本特征与原则的基础上，主要介绍战略控制过程与战略调整过程。

一、战略控制的含义

所谓战略控制，是指将预定的战略目标与实际效果进行比较，检测偏差程度，评价其是否符合预期目标要求，发现问题并及时采取措施借以实现企业战略目标的动态调节过程。

战略控制并不仅是具体地进行计划执行情况的检查与控制，而是主要关心如下问题：①现行战略实施的有效性；②制定战略方案的前提，如战略环境及预测等问题的可靠性；③早期发现战略方案修正的必要性和优化的可能性；④ 有无对战略方案与战略规划总体进行重新评价的必要性。

战略控制的目的主要体现在两个方面：一是保证战略方案的正确实施；二是检验、修订、优化原定战略方案。

战略控制的必要性主要源于战略失效的存在。经验表明，在战略实施过程中经常出现战略失效。所谓战略失效，是指企业战略实施的结果偏离了预定的战略目标或战略管理的理想状态。造成战略失效的原因有很多，主要有以下几点。

（1）企业内部缺乏沟通，企业战略未能成为全体员工的共同行动目标，企业成员之间缺乏协作共事的愿望。

（2）战略实施过程中各种信息的传递反馈受阻。

（3）战略实施所需的资源条件与现实存在的资源之间出现较大缺口。

（4）用人不当，主管人员或作业人员不称职或玩忽职守。

（5）公司管理者决策错误，使战略目标本身存在严重缺陷或错误。

（6）企业外部环境出现了较大变化，而现有战略一时难以适应等。

按在战略实施过程中出现的时间顺序，战略失效可分为早期失效、偶然失效和晚期失效三种类型。在战略实施初期，由于新战略还没有被员工理解和接受，或者实施者对新的环境、新的工作还不适应，战略就有可能出现较高的早期失效率。此后，战略实施就像一叶扁舟驶入了水势平缓的湖泊，处于平稳发展阶段，但即使在平湖上，也会因为一些意想不到的因素，使战略出现"偶然失效"。当战略推进一段时间之后，原先对战略环境条件的预测与现实的变化发展情况之间的差距，会随着时间的推移变得越来越大，战略所依赖的基础就显得越来越脆弱，战略就有可能出现较高的晚期失效率。

一个原始战略是否有效，并不在于它是否能被原封不动地运用到底，也不在于它的每个细小目标和环节是否都在实际执行中得以实现，而在于它能否成功地适应不可知的现实，在于能否根据现实情况做相应的调整和修正,并最终能有效地运用多种资源实现既定的整体目标。这就需要进行战略控制。

二、战略控制的层次与类型

如同战略管理层次中有公司战略、竞争战略与职能战略一样,企业中也存在着战略控制层次。战略控制层次分为战略控制、战术控制与作业控制三个层次:战略控制是指涉及企业同外部环境关系的基本战略方向的控制,它从企业总体考虑,着重于长期(1年以上)业绩;战术控制主要处理战略规划实施过程中的局部、短期性问题,着重于短期(1年以下)业绩;作业控制则是处理近期活动,考虑近期(如月度、季度)业绩,如日常的产品质量控制。

显而易见,三种控制方式具有不同的特点与要求,分别适应于企业的"高层""中层"和"基层"三个层次的管理者。每种控制方式又有不同的具体类型,下面着重介绍战略控制和作业控制的类型。

1. 战略控制

战略控制着眼于企业发展与内外环境条件的适应性,通常有避免型控制、跟踪型控制、开关型控制和后馈型控制四种类型。

(1)避免型控制。避免型控制是指采用适当的手段消除不适当行为产生的条件和机会,从而达到避免不适当行为发生的目的。

(2)跟踪型控制。跟踪型控制又称事前控制,是指在战略行动成果实现之前,对战略行动的结果趋势进行预测,并将预测结果与预期结果进行比较和评价。如果发现可能出现战略偏差,则提前采取预防性的纠偏措施,使战略实施始终沿着正确的轨道推进,从而保证战略目标的实现。

(3)开关型控制。开关型控制又称事中控制,是指在战略实施中,要对战略进行检查,对照既定的标准判断是否适宜,如果发现不符合标准的行动,就随时采取措施进行纠偏。这种方式类似于开关的通与止控制,因而称为开关型控制。这种方式一般适用于实施过程标准化、规范化的战略项目。

(4)后馈型控制。后馈型控制又称事后控制,是指在战略结果形成后,将战略行动的结果与预期结果进行比较与评价,然后根据战略偏差情况及其具体原因,对后续战略行动进行调整修正。后馈型控制方式主要有联系行为和目标导向等具体操作形式。联系行为形式是指把对员工战略行动的评价控制同他们的工作行为和绩效评价联系挂钩起来;目标导向形式是指让员工参与战略行为目标的制定和工作业绩的评价。

2. 作业控制

作业控制是对企业内部各项业务进展情况的控制,通常有财务控制、生产控制、销售规模控制、质量控制和成本控制等方式。

(1)财务控制。这种控制方式覆盖面广,是用途极广的非常重要的控制方式,包括预算控制及比率控制。

(2)生产控制。生产控制即对产品品种、数量、质量、成本、交货期及服务等方面进行控制,可分为产前控制、过程控制及产后控制等。

（3）销售规模控制。销售规模太小会影响经济效益，销售规模太大又会占用太多资金，也影响经济效益，为此企业要对销售规模进行控制。

（4）质量控制。质量控制包括对企业工作质量和产品质量的控制。工作质量不仅包括生产工作的质量，还包括领导工作、设计工作、信息工作等一系列非生产工作的质量。因此，质量控制范围包括生产过程和非生产过程。

（5）成本控制。企业通过成本控制使各项费用降低到最低水平，达到提高经济效益的目的。成本控制不仅包括对生产、销售、设计、储备等有形费用的控制，而且包括对会议、领导、时间等无形费用的控制。企业在成本控制中要建立各种费用的开支范围、开支标准并严格执行，要事先进行成本预算等工作。成本控制的难点在于企业中大多数部门和单位是非独立核算的，因此缺乏成本意识。

3. 战略控制与作业控制的区别

由上可知，战略控制与作业控制有很大不同。具体来说，两者的区别体现为以下几点。

（1）执行主体不同。战略控制主要由高层管理者执行；作业控制主要由中层管理者执行。

（2）战略控制具有开放性；作业控制具有封闭性。战略控制既要考虑外部环境因素，又要考虑企业内部因素；而作业控制主要考虑企业内部因素。

（3）控制目标不同。战略控制的目标比较定性，不确定、不具体；作业控制的目标比较定量、确定、具体。

（4）控制目的不同。战略控制主要解决企业的效能问题；作业控制主要解决企业的效率问题。

三、战略控制的原则

1. 确保目标原则

战略控制必须在达到目标过程中，通过执行战略计划确保战略目标的实现，既要控制短期性经营活动，又要控制长期性战略活动。

2. 适度控制原则

战略控制要严格但不乏弹性，有时要严格认真，有时要有弹性。战略控制切忌过度频繁，只要能保持与战略目标的一致性，保证战略实施的正确方向，就应尽可能地少干预实施过程中发生的问题，否则，控制过多可能会引起混乱和目标移位。

3. 适机控制原则

战略控制要掌握适当时机，选择适当的时候进行战略修正，要尽可能避免在不该修正时采取行动或者在需要时却没有及时采取行动。

4. 优先控制原则

战略控制应优先控制那些对战略实施有重要意义的活动和成果。

5. 例外控制原则

战略控制应集中对准例外事件的发生，注意针对超出预先确定的容许范围的那些活动或成果，采取控制行动。

6. 适应性原则

战略控制应能反映不同经营业务的性质与需要。经营业务有大有小，对战略成功的影响力有轻有重，因此，企业应视各部门的业务范围、工作性质、对企业未来成长的贡献来制定不同的控制标准和方式，以更好地适应不同业务的需要。

7. 激励性原则

控制要与激励相结合，要将控制的标准与员工的行为考核标准相结合，使员工的行为期望与战略目标之间相互衔接，从而使员工能够在发现偏差时及时地进行自我控制。

8. 信息反馈原则

战略控制应充分发挥战略管理中的信息反馈作用，不仅要反馈对实施战略有重要作用的信息，而且要反馈对最初战略的形成有重要作用的信息。

四、战略控制与评价过程

战略控制的目标就是使企业战略的实际实施效果尽量符合战略的预期目标。为了达到这一点，战略控制过程可以分为四个步骤，即确定评价指标、评价环境变化、评价实际效果及战略调整。战略控制过程如图8-3所示。

图8-3 战略控制过程

五、战略控制与评价的方法

1. 确定评价指标

战略控制过程的第一步就是根据企业战略目标确定战略实施效果的评价指标。这些指标既可以是定性的，也可以是定量的，但对不同的组织单位和不同的目标，应采取不同的评价指标。某些指标，如投资收益率，非常适用于评估企业或事业部实现利润目标的能力。然而，这些目标对于评估企业要完成的其他目标，如社会责任、职工培训等，则是不充分的。因而，不同的目标要求有不同的评价指标。

公司经营业绩的评价指标有投资收益率、附加价值指标、股东价值、高层管理人员的评价指标、关键表现域指标等。

2. 评价环境变化

由于环境的变化，战略在今天成功并不意味着在明天也一定成功，也正是由于环境的变化，战略实施的控制系统才变得必不可少。评价环境变化的方法主要是因素评价法。该方法将企业内外部环境因素列出评价表,然后将战略实施之前的评价表与实施过程的评价表进行比较。如果内容不变,则企业战略管理者就不必采取调整措施;如果两个评价表的评价不同,则企业战略管理者要按照战略制定的过程重新考虑。

为了评价环境的变化状况,企业战略管理者应经常注意和回答以下问题。

(1) 企业内部的优势是否依然是优势?
(2) 企业是否有新的优势?如果有,有哪些?
(3) 企业内部的劣势是否依然是劣势?
(4) 企业是否有新的劣势?如果有,有哪些?
(5) 企业外部的机会是否依然是机会?
(6) 企业是否有新的机会?如果有,有哪些?
(7) 企业外部的威胁是否依然是威胁?
(8) 企业是否有新的威胁?如果有,有哪些?

3. 评价实际效果

这个阶段主要是衡量企业的实际效益,然后用实际的效果与战略实施计划的效益进行比较,确定两者之间的差距,并尽量分析形成差距的原因。形成差距的原因主要有以下几方面。

(1) 环境变化。环境变化包括外部环境变化和内部环境变化。

外部环境变化主要有以下几类:一是对环境估计错误,出现了没有预料的机会或威胁;二是对环境的估计与实际发生的正好相反,因而导致巨大的影响;三是对环境预测的趋势基本正确,只是发生变化的幅度与预料的不一致,或是机会比原来预料的要大,或是威胁比原来预料的大,或者相反;四是对环境预测的趋势基本正确,但机会与威胁来临的时间比预料的要早或晚。

内部环境变化主要有以下几类:一是企业出现了新的优势或劣势;二是应该产生优势的没有产生;三是应该产生的优势没有达到预期的程度。

总体上我们可以把内外部环境的变化各分为三种情况:一是实际好于预测;二是实际与预测相符;三是实际不如预测。这样,内外环境变化的配合情况出现了九种组合。环境的变化将导致内部环境和外部环境以及企业目标之间新的不一致和不协调。如果这种不协调足够大,企业就要进行战略调整或变革。

(2) 执行中的差距。这主要有两种情况:一是执行者受短期行为的诱惑,从而不去实现企业的战略目标;二是没有正确把握企业的战略目标,即目标移位。

短期行为是指企业管理者仅以利润或投资收益率考核企业及下层单位,造成企业单纯追求短期效益,忽视长期使命,短期增加了利润,却失去了长期发展的潜力,使企业长远战略目标难以实现。美国曾有学者对 112 家大公司做过研究,只有 44% 的公司对位居要职的经理在长远发展中做出的贡献加以奖励,79% 的企业重奖有短期业绩的高层管理人员。

目标移位是指将帮助战略目标实现的经营活动本身变为目的,或者经营活动未能实现自己所要达到的目的,从而混淆了企业战略的目的和手段,导致整个企业经营业绩下降。目标移位有行为替代和次优化两种类型。行为替代是指用某种行为替代另一种行为,而不考虑这种行为对达成目标的作用。次优化则是指在实行独立的责任中心、分权的事业部的大型企业中,有的事业部将自己视为独立存在的实体,强调本部门、本单位的局部利益,忽视企业整体利益,致使企业整体经营业绩不能达到最优。

4. 战略调整

为了纠正战略实施过程中出现的偏差,使实际效果与预期目标趋向吻合,对企业战略进行适时调整便十分必要。大量的实践证明,企业的成功或失败常常取决于管理者能否具有及时认识到需要进行战略调整的能力。一般而言,常见的战略调整有如下几种方法。

(1)常规战略变化。常规战略变化是指企业为了吸引顾客、为自己的产品确定位置而在战略上采取的正常变化。企业可以在正常的生产经营活动中改变自己的广告、包装形式,使用不同的定价战略,甚至改变销售分配的方式来进行常规的战略变化。例如,企业根据不同的季节需求,通过广告宣传自己产品可以满足不同需求的特性,并且制定出适宜的价格,鼓励消费者购买。在这种情况下,企业要协调好生产经营活动,保证有足够的产品供应市场。

(2)有限的战略变化。有限的战略变化是指企业在原有的产品系列基础上向新的市场推出新的产品时,只需要做出的局部变化。由于产品更新的方式较多,这种变化的形式也较多。一般来讲,如果只是改进产品的形式,则企业不需要在生产和市场销售上做出很大的动作,但如果产品中附有高新技术,则会对战略实施带来新的复杂问题。

(3)彻底的战略变化。彻底的战略变化是指企业的组织结构和战略发生重新组合等重大变化。这种变化有两种主要形式:一种是在同一行业里的企业之间形成联合或兼并时出现的变化。作为一个新的联合体,其不仅要求获得新的产品和市场,而且会遇到如何制定新的组织结构、形成统一的企业文化等问题,这些都使战略变化复杂化。另一种是企业自身发生重大的变化。特别是在多种经营企业中,企业管理高层如果对下属的经营单位采取大出大进的方式推进联合或出售,这种变化便格外明显。

(4)企业转向。企业转向是指企业改变自己的经营方向。这种变化主要有两种方式:一种是不同行业之间的企业进行联合和兼并时所发生的变化。这种变化的程度完全取决于行业之间的差异程度,以及新企业实行集中管理的程度。例如,烟酒行业的企业与食品制造行业的企业进行多种经营的联合时,基本上还是在两个类似的行业里实行转向。但是也有企业是在两个截然不同的行业中进行联合,这种企业转向便会遇到较大的困难。企业转向的另一种方式就是一个企业从一个行业中脱离出来,转到一个新的行业中。例如,在啤酒行业里,一个小型酒厂认识到自己在这个行业中绝不会获胜,便转到包装行业里去发挥自己的特长。这种转向会使企业战略的实施变得更为复杂。因为它往往需要企业的使命发生变化,而且要开发新的管理技能和产品技能。

第三节 企业战略变革

在当今世界上,唯一不变的就是变化,而变化必然引起新的问题。特别是在当今科技日新月异、竞争日益激烈的环境中,企业唯有保持高度弹性、充满创新与活力,才能在市场上继续生存。从这个意义上说,企业的最大问题不在于外部环境发生变化,而在于企业自身能否根据这种变化采取相应的变革行动。

随着经济的发展、社会环境的变化,以及企业自身的发展,原有的战略可能不适应新的环境,甚至会制约企业的发展,企业必须通过战略变革来适应新的环境,从而实现企业的长期发展。

一、战略变革的基本含义

1. 战略变革的理论基础

一般来讲,战略变革包含两种形式的变革:一种是企业组织的重大结构性变革;另一种是企业战略的变革。前者是构成西方战略变革管理理论的主要内容。英国曼彻斯特管理学院教授伯恩斯(Burnes)认为,组织理论也是变革理论。在大量关于组织变革的研究文献中,也有涉及企业战略变革的内容,但它属于从属地位。这与战略管理产生时间较晚有关。

随着人们对战略管理的重视,以及企业所处的外部环境的不确定性、不连续性和难以预测性,西方管理学界对企业战略的关注与日俱增,关于这方面的研究文献也于20世纪80年代后期开始出现。目前,此理论正在深入发展,而国内管理学界对它却较少关注,大多聚集于企业组织变革。

近年来,权变理论的运用范围逐渐扩大到组织理论。权变理论的组织设计观念认为,不可能建立一种万能的管理模式,也没有一种"最好"的管理模式,只有"最适宜"的管理模式,企业组织需要根据不同的条件来选择和设计不同的组织模式。

权变理论认为,权变的最基本缘由是变化的环境,企业组织变革的根本原因在于企业内部环境的变化,权变理论称之为权变变量。选择新的组织或改革旧的组织时,必须对这些权变变量予以充分考虑,然后才能依据权变变量的变化设计不同的组织模式。

美国现代管理学之父彼得·德鲁克认为:世界上没有放之四海而皆准的设计,每一个企业机构的设计都必须以配合其使命和策略的主要业务为中心,通权达变,这就是战略变革。战略变革的理论基础就是权变理论。

2. 企业战略变革的含义

所谓企业战略变革,是指企业为了获得可持续竞争优势,根据所处的外部环境或内部情况已经发生或预测会发生或想要使其发生的变化,结合环境、战略、组织三者之间的动态协调性原则,并设计企业组织各要素同步支持性变化,改变企业战略内容的发起、实施、可持续化的系统性过程。

3. 战略变革的种类

达夫特在1992年对企业为了适应环境和在市场条件下生存而推行的战略变革进行了分类,共有以下四种类型。

(1)技术变革。技术变革往往涉及企业的生产过程,包括使之有能力与竞争对手相抗衡的知识和技能。这些变革旨在使企业的生产更有效率或增加产量。技术变革涉及工作方法、设备和工作流程等方面。

(2)产品和服务变革。产品和服务变革是指企业产出的变化,包括开发新产品或改进现有产品,这在很大程度上影响着市场机会。

(3)结构和体系变革。结构和体系变革是指企业运作的管理方法的变化、政策变化和控制系统变化。

（4）人员变革。人员变革是指企业员工价值观、工作态度、技能和行为方式的转变，目的是确保职工努力工作，完成企业目标。

二、企业战略变革的必要性

1. 政治法律环境变化的需要

首先，政府职能的转变为企业战略变革提供了制度性基础。以我国为例，在政企职责分开后，连接企业与政府的隶属关系被切断，企业进入法人治理结构阶段，政府对企业的管理也从部门管理转为行业管理。

其次，政府为保证宏观调控目标的实现，一个重要手段就是加强各种立法和执法力度，以完善的法制体系规范企业行为。法律环境的变化也会影响企业战略的变化，如反不正当竞争法等。

最后，一些新的制约因素不断出现。例如，环境保护的强化和社会伦理标准的重构对企业既是一种潜在的制约，又孕育着新的机会，对环境有害的或被认为不公平的或非伦理的行业，受到越来越多的限制。

2. 企业自身发展的需要

组织本身的因素也是战略变革的内在推动力量，如企业前期业绩、战略、高层管理团队的特点等方面的变化都将成为战略变革的诱发因素。

毫无疑问，企业的前期业绩是战略变革的重要内在因素。一般而言，业绩不佳更容易引起战略变革。当企业面临业绩不佳或业绩下滑时，更可能从战略内容或战略实施，甚至战略决策的过程中寻找问题的根源。

企业内部应变管理能力弱，是许多已破产的企业和濒临破产企业的通病。应该说，管理变革为战略变革创造了基础条件、增加了动力；同时，战略变革为企业的管理变革提供了政策依据和发展方向上的指导。所以，企业在不断通过管理变革来完善自身发展的同时，一定还要充分关注企业的战略变革，否则，将很容易迷失正确的发展方向。目前，我国很多企业正处于转型期和战略变革期。要成功而快速地实现企业的发展目标，很重要的一点就取决于战略变革和管理变革上的密切配合与快速跟进。

3. 经济全球化的需要

20世纪90年代以来，以信息技术为中心的高新技术迅猛发展，不仅冲破了国界，而且缩小了各国和各地之间的距离，使世界经济越来越融为一个整体。目前，经济全球化已显示出强大的生命力，并对世界各国经济、政治、军事、社会、文化等方面，甚至包括思维方式等，造成了巨大的冲击。

这是一场深刻的变革，任何国家也无法回避，唯一的办法就是去适应它，积极参与经济全球化，在历史大潮中接受检验。经济全球化是一把"双刃剑"。与此同时，它也加剧了国际经济竞争，增多了国际投机行为，增加了国际风险。企业面临的经营风险是不可避免的，因此，企业必须及时调整自己的经营战略。

4. 中国加入 WTO 的需要

加入 WTO 既为中国经济持续稳定发展带来了历史性机遇，同时也对中国许多产业的发展带来了严峻的挑战。随着关税的降低，国内商品的价格优势将会逐渐消失。由于技术与管理水平与发达国家存在差距，也会对经济的发展带来负面影响，主要体现在以下三方面。

（1）在市场开放后，一些严重重复建设的行业和企业会受到市场竞争机制严厉的惩罚，相当一部分企业要重新选择发展方向，还有一部分企业会被淘汰。

（2）由于中国的高科技产业发展比较晚，不少行业和产业还是空白，国外企业就有可能长驱直入地抢先占领市场，从而对这类企业的生存产生极大的压力。

（3）加入 WTO 是以降低关税为主要代价的，目前中国一些质次价高的产品会更快地被淘汰，而这样的产品又多集中在劳动密集型的传统产业中，因而这些传统产业中的企业的经营风险将增大。

所以，中国的企业应该充分重视企业战略变革的作用，力争在国际竞争之中立于不败之地。

5. 市场变化的需要

目前，我国乃至全球的市场都出现以下主要特征：买方市场的形成；市场微型化；市场竞争程度加剧；市场的全球化。

消费偏好的快速变化导致产品生命周期日益缩短，使得建立在大规模生产基础上的传统竞争战略面临新的挑战。企业需要寻求既能够制定接近大规模生产的价格，又能够满足个性化需要的生产方式。

在国外，许多行业的生产企业正在从传统的大规模生产方式向大规模订制生产方式转变。相应地，战略也需要从基于大规模生产的理念向大规模订制理念转变。然而，大规模订制战略是对传统战略的巨大挑战。

企业保持生存和继续发展的前提就是：它所提供的产品或服务要满足不断变化的市场需要。企业不仅要满足当前经营和管理的需要，也要满足当前经营和管理中已经显示出来的一些变化的需要，以提高企业的管理效能，增强企业发展后劲。因此，战略变革就是企业保持竞争优势必不可少的一个环节。

6. 科学技术发展的需要

管理创新和技术创新一起被称为企业竞争中起决定性作用的两个车轮，而科技往往在一个社会发展中起先导作用。科学技术的迅速发展直接促进了企业管理模式的发展与变化。例如，科技进步要求企业改变过去传统的粗放型管理方式和经济增长方式，大力发展循环经济，推行清洁生产，建立资源节约型和环保型企业，变高投入、高消耗、低产出、低效益的发展方式为节约资源、质量效益优先的发展方式。因此，企业的发展战略也应紧紧围绕着科学技术的发展进行及时调整，以科技创新促进管理创新。

三、企业战略变革的影响因素

近年来，企业之间的竞争非常激烈，已进入白热化阶段。同时，企业所处的行业与环境都趋向复杂、动态与不确定的发展过程中。企业发展的过程就是一个不断适应外部环境变化和积累自身内部能力的动态过程。为了保证企业可持续发展，基于环境的变迁和自身资源与能力的变化，企业有必要对原有战略进行重大调整。

每个企业都必须面对变革，影响企业变革的因素有很多，其中最关键的有以下几点。

1. 企业领导

高层管理团队对战略变革的影响主要表现在：当高层管理者不是企业的所有者时，根据委托代理理论，高层管理者将按他们个人的利益最大化目标做出实际决策，如盲目扩大企业规模；作为企业所有者的管理者，与那些不是所有者的管理者相比，可能更不愿意偏离组织的先前战略。

企业在战略变革过程中会遇到无数的阻力，因此，企业需要有一批人，尤其是高层管理者坚定地拥护变革。支持变革的管理者权力越大，变革成功的可能性也就越大。这是因为只有企业的高层领导才能最清楚地告诉员工战略变革的重要性和必要性。企业的最高管理层不能仅仅确定战略变革将要达到的目标。为了实现战略变革的目标，他们还应该规划并积极参与战略变革的过程，只有这样，才能向全企业表明变革的重要性，也有助于变革目标和变更过程的协调统一。

当然，除了高层领导要全身心投入到变革中去，各部门管理者也必须理解他们在企业变革中的角色。他们在变革中起管理和激励变革的作用。为了确保各级管理者理解自己在变革中的领导角色，企业应该提供一些针对性强的培训课程。所有成功实现战略变革的企业都表明，在企业变革的过程中，正规的教育与培训是相当重要的因素。

2. 企业文化

在战略变革不可避免时，及时创建一种支持战略变革的组织文化，是变革能否最终获胜的根本因素。企业文化是一个企业在长期生产实践中所凝结起来的一种文化氛围，包括企业价值观、企业精神、经营理念和广大员工所认同的道德规范和行为方式。

战略和文化之间的关系，就好像是人的行为与精神的关系，人先有了精神，然后才有在精神支撑下的行为，而行为又影响人的精神。

中国加入WTO之后，企业面临着国际市场竞争，企业的战略都存在变革问题，而战略变革首先涉及的是组织中的人和文化。战略变革会影响到组织中某些群体的利益，如果对他们而言是有利的，这种组织文化便会支持战略变革；而一旦这些群体不喜欢战略变革所带来的结果时，组织文化便会成为问题之源。对于大部分中国企业而言，如何变革既有战略以适应国际市场竞争，是未来几年或者是相当长时期内都要认真思考的问题，因此，如何创建适合战略变革的企业文化也就成为必选之题了。

3. 员工参与变革的积极性

在战略变革中，如果得不到企业员工的支持和积极参与，变革是不可能成功的。为促进员工积极参与变革，企业应该做到以下几点。

首先，应赋予员工更多的权力和责任。例如，在业务流程再造中，只有在流程专家的指导下，员工参与改造流程，方能获得成功。因此，应赋予员工改变流程的责任和权力，流程改造如果失败，他们应该负相应的责任；如果改造成功，员工也应得到相应的奖励。

其次，应注重对员工的培训。通过培训，可达到两个目的：其一，加深员工对企业业务的理解，以帮助他们理解为什么要进行变革，在哪些方面应该变革；其二，培训可以帮助员工掌握战略变革所需的技能。如果授予员工更多的权力和责任，但却没有教会他们实施变革的技能，最终可能会导致南辕北辙。培训包括针对新上任管理者的领导技巧和员工胜任新工作所需的技术等。

最后，经常调查员工的态度和行为，将调查结果反馈给员工。这有助于员工清楚变革的过程，并帮助管理者了解企业文化变革到达何种程度，还有哪些地方没做到位。

4. 变革过程中的沟通和评估

在战略变革过程中，沟通是相当重要的，具有几方面的作用。

（1）企业的高层领导需要通过沟通将企业的愿景和战略传达给各级员工。

（2）沟通有助于管理层和员工了解战略变革的进展，以及还有哪些工作没完成。

（3）利用多种沟通途径，管理层将重要的信息传达给员工，员工也可向其他员工提供帮助或者寻找帮助。

管理层和员工之间注重沟通，会让员工感受到领导层的关注，一起克服变革中遇到的种种困难。为了促进良好的沟通，掌握一定的沟通技巧是相当重要的，交互作用分析是提高各级员工沟通技巧的非常好的培训课程。

评估对战略变革的成功也至关重要。在变革过程中，企业应当及时评估变革的进展和当前的状态。评估的指标包括两类：一类是一些传统的企业绩效指标和财务指标；另一类是软性指标，如大股东、客户、中高层管理者的意见等。这些信息有助于确定变革是否合适，促进大家对变革过程的理解。通常，评估结果应该及时反馈给所有的员工。

5. 人力资源管理制度是否与战略变革的目标保持一致

人力资源管理制度和政策是与企业的愿景、战略相一致的。对多数企业而言，经过多年的积累，已经形成一套相对稳定的人力资源管理体系。然而，在战略变革中，企业有新的愿景、战略，这时旧有的人力资源管理制度（如薪酬、绩效考核、员工发展等）可能不能满足战略变革的需求，因而需要适当地改变，以配合战略变革的开展。例如，绩效考核制度和所使用的绩效考核方法，应更关注有利于促进文化变革的要素及其他促进变革的要素。同样，绩效管理和薪酬制度也要作相应的调整。

本章内容结构

战略执行 { 战略实施 战略控制 战略变革

综合练习

一、名词解释

战略实施　战略控制　战略变革

二、判断题

1. 战略实施是战略管理的关键一环。（   ）
2. 企业组织结构是实施战略的一项重要工具，一个好的企业战略需要通过与其相适应的组织结构去完成。（   ）
3. 企业战略在实施过程中，时常会偏离既定的战略目标与战略方案，影响到企业的发展。（   ）

三、多项选择题

1. 战略实施的基本原则包括（   ）。
   A．系统性原则　　　B．关键性原则　　　C．权变性原则　　　D．积极性原则
2. 战略实施的基本模式包括（   ）。
   A．指挥型　　　　　B．变革型　　　　　C．合作型　　　　　D．文化型
3. 战略控制的原则包括（   ）。
   A．确保目标原则　　B．适度控制原则　　C．优先控制原则　　D．例外控制原则

四、简述题

1. 简述战略实施的支持系统。
2. 简述战略控制的层次与类型。
3. 简述战略控制与评价的过程和方法。

五、搜索思考（网上冲浪、网上调研、案头研究）

1. 联想集团的战略变革。
2. 海尔集团的战略变革。
3. 国美电器的战略变革。

子项目 6　　　　全力以赴——保障措施与战略实施

1. 项目任务

确定为实现战略任务的保障措施。

2. 项目指标

（1）制定为保障战略任务实现的资源配置计划。
（2）确定为保障战略任务实现的相关考核政策。
（3）形成保障措施分析结论与报告。

3. 子项目 6 的实施

任务 1：制定资源配置计划

制定有关人财物等相关资源的配置方案。

任务2：制定相关考核政策

制定与战略目标和战略任务相适应的考核政策。

任务3：撰写保障措施分析报告

根据上述分析内容，参考附录 A 大数据产业发展规划里的"五、保障措施"的相关内容撰写保障措施分析结论与报告。

4．子项目 6 实施过程中可能出现的问题

（1）资源配置紊乱。资源配置与战略目标和战略任务脱节，不相适应。有限资源要向关键任务倾斜。正因为资源有限，才需要战略与战略管理，使有限资源发挥出最大的效益，因此，资源配置要最大限度地为战略目标和战略任务服务。

（2）配套政策不明确。要使战略目标和关键任务得以顺利实现，相关配套政策必须跟上。保证战略顺利实施的相关配套政策一定要清晰明确，同时便于执行实施。相关政策要充分考虑实际情况，要考虑到差异性，要与时俱进，避免僵化、呆板、一刀切。

（3）考核政策不清晰。考核政策是指挥棒，是导向，是杠杆。要什么就要考核什么。但是考核指标不要太多，如果考核指标面面俱到，也就失去了导向作用。一定要考核那些关键指标，同时考核指标要尽量量化，便于衡量和考核。

推荐阅读

1. 刘庆元．企业战略管理[M]．2 版．北京：中国广播电视大学出版社，2006：第九章．
2. 赵越春．企业战略管理[M]．3 版．北京：中国人民大学出版社，2019：第八章．
3. 王方华．企业战略管理[M]．2 版．上海：复旦大学出版社，2006：第十和第十二章．
4. 谭开明，等．企业战略管理[M]．5 版．大连：东北财经大学出版社，2019：第十章．
5. 施振荣．再造宏碁：开创、成长与挑战[M]．北京：中信出版社，2005：第十章．
6. 施振荣．宏碁的世纪变革[M]．北京：中信出版社，2005：第一章．
7. 凌志军．联想风云[M]．北京：中信出版社，2005．
8. 雷银生．企业战略管理教程[M]．2 版．北京：清华大学出版社，2010：第十二章．
9. 刘平．保险战争[M]．北京：电子工业出版社，2009：第八章和尾声．
10. 杨锡怀，等．企业战略管理[M]．4 版．北京：高等教育出版社，2016：第十三章．

讨论案例　　　　宏碁再造

宏碁的成功促使施振荣果断地筹划了"龙腾十年"的计划：第一个五年，宏碁关系企业的总营业额要达到 400 亿元（编者注：新台币，下同）；第二个五年，也就是到 1996 年，营业额要达到 1 200 亿元。但是，"龙腾计划"出师不利，1991 年宏碁经历了历史上最大的亏损，亏损额高达 6 亿元。从而施振荣尝试进行了第一次"再造宏碁"，如表 8-1 所示。

一造的成功让宏碁在数年内增长了活力：1993—1995 年，每年宏碁的营收增长率依次为 51%、

69%、81%,利润增长率依次为2 436%、207%、72%,已算获得了惊人成就。宏碁的第二次战略变革如表8-2所示。

表8-1 宏碁的第一次战略变革

项　目	一造（1992年）
再造前的情况	1991年年底宏碁发生了最大幅度的亏损,亏损金额达6.07亿新台币,超过预期
再造的原因（外在原因）	电脑业新竞争对手出现,台湾主机板厂商和全球各地进口商联手形成相容电脑的组装联盟,从统合模式走向分工整合模式,挑战旧的系统厂商,包括宏碁
再造的原因（内在原因）	宏碁经过十几年的顺利发展,背负着快速成长带来的沉重包袱,包括:资金太多引起的"大头症",缺乏忧患意识的"安乐症",反映迟钝的"恐龙症",权责不分的"大锅饭心态"
变革的内容	暖身:1989年11月推动"天蚕变",谈到组织扁平化、人力加油站等概念,将组织更改成多利润中心 1991年执行劝退计划,精简人员 1992年的再造—— 理念:全球品牌,结合地缘 组织:采用"主从结构"的分散式管理 流程:快餐店产销模式
再造的结果	营收和获利都高度增长: 1993—1995年每年的营收增长率依次为51%、69%、81%,利润增长率依次为2 436%、207%、72%

表8-2 宏碁的第二次战略变革

项　目	二造（2000年年底）
再造前的情况	准二造时划分五个集团做法造成分配不均,此时宏碁的成长几乎是停滞不前的,获利不理想,靠出售长期投资有获利的股票度日
再造的原因（外部原因）	个人电脑产业的竞争越来越激烈,产品的售价和利润进一步下滑 产业的大规模化,加速推动大企业外包,台湾的专业代工厂商趁势崛起,竞争力超越品牌和代工并存的宏碁 网络公司盛行,宏碁跟随潮流积极投入网际网络事业,后来网络泡沫破灭,宏碁也受波及
再造的原因（内部原因）	自有品牌和代工并存,使得管理复杂度增加,资源和经营相互冲突 自有品牌在欧美无法建立获利的运作模式 五个次集团过度扩张,形成重复投资
变革的内容	组织改造:将集团公司的版图重组,让品牌和代工分家,划分为研制服务事业（DMS）和品牌营运事业（ABO） 营运模式的改造:采取"三一三多"策略,"三一"是指单一公司、单一品牌、单一全球团队,"三多"是指多供应商、多产品线、多通路
再造的成果	ABW家族营收:2002年4 443亿新台币 2003年5 411亿新台币 2004年7 500亿新台币

资料来源:施振荣.宏碁的世纪变革[M].北京:中信出版社,2005:3-5.

讨论题:

1. 宏碁"一造"的主要内容有哪些?这些措施产生了哪些积极的作用?

2. 为什么会有宏碁"二造"？主要内容有哪些？这些措施与"一造"有何不同？
3. 宏碁"二造"之后又面临哪些新形势？应如何应对？

阅读材料 8-1　　　　平衡计分卡简介

高效的管理需要以行为和结果的有效评价为基础，越来越多的人认识到传统的那种以财务为中心的评价模式已经不能适应当代的经营环境。平衡计分卡可以有效解决这一问题。

传统的基于财务报表的业绩评价制度，大多离不开对财务指标的分析。虽然他们有助于认识企业的控制能力、获利能力、偿债能力、成长能力，但它们只能发现问题而不能提供解决问题的思路，只能做出评价而难以改善企业的状况。

在现代市场竞争环境下，各种不确定因素对企业前景有着众多影响，仅仅对一些财务指标分析，已经难以满足企业经营管理的需要。为了使企业能够应对顾客、竞争和变化，对企业经营业绩的评价必须突破单一的财务指标，采用包括财务指标和非财务指标相结合的多元化指标体系。

1. 平衡计分卡的含义

简单地说，平衡计分卡就是通过建立一套财务与非财务指标体系，包括财务业绩指标、客户方面业绩指标、内部经营过程业绩指标和学习与成长业绩指标，对企业的经营业绩和竞争状况进行综合、全面、系统的评价。

平衡计分卡克服了单一财务指标体系的不足，通过对质量、市场份额、客户和雇员满意度进行衡量，可以更好地了解驱动财务绩效的各种因素。而且，这些非财务绩效的下降可以对财务绩效的降低起到预警作用，使组织能及时做好补救措施，保证最终财务目标的实现。

这样既有利于正常评价企业的经营业绩和竞争实力，也有利于企业全体员工对企业战略目标、经营计划的理解，还有利于企业经营决策的正确制定和竞争优势的形成。实践表明，企业要想实现自己的战略目标，必须通过财务和非财务目标的更加平衡的方法进行绩效考核。由于受到卡普兰和诺顿的平衡计分卡的影响，现在很多企业开始重视建立更为全面和完整的一系列指标，来评价和引导公司及部门的各项活动。

2. 平衡计分卡的起源

平衡计分卡可以追溯到 1990 年，当时美国诺顿研究所对若干公司进行了一年的研究，课题为"衡量未来组织的业绩"。美国著名管理会计学家卡普兰和复兴方案公司总裁诺顿经过全面而深入的研究，于 1992 年、1993 年和 1996 年在《哈佛商业评论》分别发表了《平衡计分法：良好的绩效测评体系》《平衡计分卡的应用》和《将平衡计分卡用于战略管理系统》三篇论文，此后又出版了《平衡计分卡：一种革命性的评估和管理系统》和《平衡计分卡：战略目标的转换》等专著，使平衡计分卡的理论与方法得以系统化。

3. 平衡计分卡的主要内容

平衡计分卡的主要内容包括以下四个方面。①

（1）财务业绩指标。财务业绩指标主要内容包括收入增长指标、成本减少或生产率提高指标、资产利用或投资战略指标。当然，也可以根据企业的具体要求，设置更加具体的指标，如经济增加值、净资产收益率、资产负债率、投资报酬率、销售利润率、应收账款周转率、存货周转率、成本降低率、营业净利和现金净流量增加值等。

平衡计分卡在运用财务业绩指标对企业经营业绩进行评价时，充分考虑了企业在不同发展时期的具体要求，使之更符合企业的实际情况。

（2）客户方面业绩指标。客户方面业绩指标主要包括市场份额、客户保持率、客户取得率、客户满意度、客户盈利率等指标。用于衡量客户方面业绩的这些指标，系统地反映了企业在市场中为客户提供了什么样的价值，处于什么样的竞争地位。

因此，平衡计分卡运用这些指标就能够从客户方面对企业收入的主要来源及盈利能力加以系统评价，从而使企业的经营战略转变为以客户和市场为依据的具体目标。

（3）内部经营过程业绩指标。内部经营过程业绩指标主要包括三个方面：评价企业创新能力的指标、评价企业生产经营业绩的指标和评价企业售后服务业绩的指标。

平衡计分卡运用这些业绩指标，能够对企业的竞争优势，包括创新能力、质量、缩短生产周期、提高生产率、降低成本等方面进行系统评价。

（4）学习与成长业绩指标。学习与成长业绩指标主要包括三个方面：评价员工能力的指标、评价企业信息能力的指标和评价激励、授权与协作的指标。平衡计分卡运用这些指标，能够对企业的长期发展能力或创造未来价值的能力加以系统评价。

上述四部分内容虽各自有特定的评价对象和指标，但彼此之间存在密切的联系，共同构筑了一个完整的评价体系，如图8-4所示。

图8-4　平衡计分卡的组成

---

① Kaplan R S, Norton D P. The balanced scorecard: measures that drive performance[J]. Harvard Business Review, 1992 (1/2): 71-79.

4. 平衡计分卡的应用

下面以 Rexam Custom Europe（RCE）公司为例，说明企业如何设计平衡计分卡，以便为其他企业利用平衡计分卡进行战略评价提供借鉴。①

RCE 公司是美国 Rexam Custom 公司在欧洲的分支机构，它为客户提供符合特殊要求的镀膜机、薄片机和转炉。RCE 的总体战略是以"不寻常的增长"和"持续的进步"为中心目的，目标为每年营业额增长 20%。为此，RCE 必须扩大其客户范围，缩短新产品的研发周期。

RCE 平衡计分卡的形成过程，就是战略评价的关键业绩指标得以确立并实施的过程，主要包括熟悉与检查、访谈、第一次提议、第二次提议、接受与实施五个主要步骤，如图 8-5 所示。

（1）熟悉与检查。这一步是评价并检查 RCE 的考核制度和数据收集方法，发现了 RCE 进行数据收集的两个主要原因，即为了向总公司进行财务报告和检测全面质量管理及世界级制造的持续改进。管理者需要明确绩效考核与战略之间的联系，平衡计分卡应与公司的整体愿景协调一致。

（2）通过访谈决定关键绩效指标。对作为平衡计分卡信息来源的高级管理者进行单独访谈（他们是来自 3 个经营点的 13 位代表，包括运营、财务管理和人力资源各方面）。每次访谈都围绕着标准问题进行，这些问题是为了收集每位高级管理者的职责及其关键绩效考核措施等方面的信息，还要收集高级管理者将来会使用的其他考核措施的信息。

图 8-5 确定关键绩效指标的过程

从访谈的结果中得出的第一次建议是使用卡普兰和诺顿的"四因素"模型，此时计分卡其实汇总了所有高级管理者提供的信息。

这里面临的主要问题是如何将"关键绩效指标"的数量限制在卡普兰和诺顿建议的 16~20 个。第一次建议的绩效考核有 35 个，远远超过有效监控的范围，因此有必要对绩效考核与公司战略之间的关系进行重新评估，其顺序大致如下：

---

① Butler A，Letza S R，NEALE B. Linking the balanced scorecard to strategy[J]. Long Range Planning，1997，30（2）：242-253.

戦略 ━━━━▶ 目标 ━━━━▶ 绩效考核 ━━━━▶ 对象

从访谈中绩效考核指标已经明确，但是它们存在于战略和目标中的何处却不清楚。解决问题的关键是要考虑他们之间的因果关系。引发商业增长的原因和导致其结果的关键因素是什么呢？解释这个问题需要将计分卡分为两个主要部分：战略（A），将战略中的关键目标和对象与考核联系起来；原则（B），将 Rexam 公司的运行方式和 Rexam 公司的 21 条原则与考核联系起来。将修改意见提交高级管理层，并同高级管理层进行讨论。

（3）第一次提议。计分卡的原则（B）已比较简单，不需要进一步的发展，但是战略部分（A）需要进行大的改进，从而使其成为一种有用的工具。

在早期计分卡初稿的讨论中，所有的与会者认为卡普兰和诺顿的"四因素"模型并不完全适合 RCE 的文化。在讨论了 RCE 战略的各个方面以后，制定出了一个进行战略评价的可行方法。以下三个方面替代了卡普兰和诺顿的"四因素"，其关注的是：股东（财务）、超常增长和持续发展三个方面。

（4）第二次提议。通过对第一次提议的进一步补充和完善，得出了 RCE 公司的平衡计分卡的第二次建议，如表 8-3 所示。

（5）接受与实施。计分卡的第二稿再次在最高管理层进行审查与讨论。在进行了小幅度修改后成为被大家肯定和执行的最终稿，然后就是实施阶段。然而，新的绩效标准不能简单地强制执行。高级管理人员认为，必须确保所有相关人员对于最终计分卡中的那套绩效考核措施都能明白且对其有信心。

在此过程中，卡普兰和诺顿一直参与协商、访谈和讨论。此外，聘请外部顾问有助于过程中各方的表达更加公开和坦白。因此，最终的平衡计分卡更可能表达了管理者关心的方面，从而保护他们的利益和义务。

很显然，在 RCE 公司，绩效考核及其与战略的结合是很重要的。事实上，RCE 公司的模板与卡普兰和诺顿提出的具有一般性且能适用于所有情况的"四因素"模型有很大的不同。此外，卡普兰和诺顿的"四因素"模型意味着这四个部分具有平等的地位，尽管他们也承认好的战略也能带来糟糕的财务状况。多数公司都会认为财务结果与战略的其他驱动力相比更为重要。显然，RCE 的执行者们的计分卡的开发过程中也强调了财务指标的重要性。

表 8-3 RCE 公司的平衡计分卡

股东方面					
目 标	考核标准	单 位	当前状况	目 标	基准水平
净资产回报率上升 > %	总利润	%			
	销售管理费用	%			
	周转率	%			
超常增长					
目 标	考核标准	单 位	当前状况	目 标	基准水平
销售增长/客户基础的扩大 %	年销售增长率	%			
	新产品市场占有率	%			
	新产品销售	英镑			

续表

目标	考核标准	单位	当前状况	目标	基准水平
持续发展					
利润增长 销售回报率>%	生产利用率	%			
	机器每小时产出	英镑			
	新产品开发利润	%			
	年研发生产成本	%			
周期的减少>%	平均样本周期	天			
	项目出成果率	%			
	新产品研发时间	天			
	交货准时率	%			

卡普兰和诺顿也承认他们所提出的四个方面必须与各个公司特殊的运营环境及需要相适应:"平衡计分卡不是一种能用于一般性公司甚至全行业的模板,不同的市场情况、产品战略和竞争环境需要用不同的计分卡。企业要设计出适合自己使命、战略、技术和文化的计分卡。事实上,成功的平衡计分卡其关键在于透明度:观察者应能从商业单位的竞争战略中看到 15～20 个计分卡考核指标"。

思考题:

平衡计分卡在战略评价与控制中有什么作用?试做一个个人发展规划的平衡计分卡。

阅读材料 8-2　　联想"二次革命"全面进军移动互联网[①]

2010 年 1 月 6 日,联想在消费电子展(CES)展上宣布了移动互联战略,并推出其第一代移动互联网终端产品:智能本 Skylight、智能手机乐 Phone 和双模笔记本电脑 IdeaPad U1。其中,IdeaPad U1 双模笔记本电脑荣获 CENT 颁发的电脑和硬件类"消费电子展(CES)最佳产品奖"。在互联网的包装下,联想会变成何样?

联想的逻辑

在联想历史上一共发布过两次互联网战略:一次是在网站 FM365 上市时,但最终无疾而终,另一次就是这次的移动互联网战略。有了第一次互联网战略的前车之鉴,联想 2010 年 1 月在美国拉斯维加斯电子展上发布移动互联网战略时显然更自信,用杨元庆的话说,"我们看清楚了",战略表达也很明确。

联想互联网战略的逻辑大致是这样的:因为 3G、云计算等技术的成熟,移动互联网应用越来越丰富,但现在还没有那么多终端产品供大家选择,就像高速公路修好了,但上面没车,因此,移动互联网将出现爆发性增长。具体到产品就是智能手机、智能上网本等将出现爆发性增长。从这个角度上看,联想移动互联网战略就是联想的"造车"战略。

从联想内部发展来看,联想 PC 机的市场份额已经达到全球第四、连续多年国内第一,PC 的发展基本呈现饱和的状态。联想急于开拓下一个利润增长点。在技术的推动下,移动互联是一个颇为现

---

① 侯雪莲. 联想"二次革命"全面进军移动互联网[N]. 中国经营报,2010-02-21(C11).

实的选择，全球 PC 的几大巨头，如惠普、宏碁都在进行这方面的准备，这也充分说明了这一点。

有了 PC 市场的成功经验，联想确信自己的制造优势、成本优势、渠道优势同样可以在移动互联网市场上充分发挥出来。也就是说，此前这个领域的竞争，一直靠被神话的外资的品牌、科技、高端等因素笼罩，现在终于回归到了"贸、工"这些联想的优势项目了。所以，杨元庆在接受采访时特别强调"量"，"在这个领域的终端产品如果做不到年产销 100 万～200 万台，就没有生存的理由。"杨元庆说。

通过上量抢夺市场份额，联想打的还是"控制成本""降低价格"的主意。杨元庆和联想移动总裁吕岩都认为，如果主流市场不被大众接受，产品就不会出现爆炸性增长，而 1000～2000 元将成为智能手机的主流价格。"只有当规模上去以后，研发才会把精力主要集中在降低成本上，从而推动规模的扩大，这是我们的目标。"杨元庆说。

这些都是联想在 PC 领域的惯常做法及优势所在，从某种程度上说，联想的移动互联网战略依靠的仍然是制造优势和渠道优势。

中国是联想实施互联网战略的第一站，"因为中国是我们的大本营，是我们的核心优势所在地，我们有最好的品牌优势，有很好的渠道网络，我们也有很好的关系，包括服务提供商、运营商等。天时、地利、人和都具备，应该说现在是志在必得。"杨元庆解释道。至于海外市场，联想也在与一些运营商接洽，希望在时机成熟的时候推进。

联想集团首席执行官杨元庆表示，联想下一步的战略除了需要进一步加强和提升我们在 PC 领域里的地位外，也要大力度地发展移动互联网新领域。

2009 年 11 月 27 日，联想集团正式宣布，斥资 2 亿美元，回购之前出售给旗下弘毅投资等投资方的联想移动业务。如今看来，这是联想布局移动互联网战略的一个铺垫。

联想的新突破

联想的移动互联网战略，除了凭借以往的制造优势和渠道优势之外，在用户体验及产品设计等方面也进行了突破，如产品要轻薄、时尚、方便，要时时在线、待机要长等。

杨元庆还特意提到了设计的问题。"设计是一个基础要求，如果没有很好的设计，消费者就不会接受，另外，我们也不可能给自己的品牌定到一个高端的位置上，那就意味着盈利空间不大。这是联想目前一个共识。"杨元庆说。

在设计方面，联想曾遭遇过一些挫折。据说，在联想制定互联网战略之前，生产过一款类似黑莓的智能手机，但设计太差了，拿给运营商看，人家根本就不屑一顾，这让杨元庆很受刺激。于是，杨元庆对联想研究院下命令，要求技术人员向全世界最好的设计看齐，如 iPhone，最终由此设计出了联想的乐 Phone。

在联想内部人士看来，乐 Phone、Skylight 和 IdeaPad U1 组成的联想第一代移动互联网终端产品可以算是联想历史上设计得最好的产品，历经一年多的打磨，才投放市场。而联想过去的产品战略往往是边设计边推向市场，在销售过程中不断完善。从这一点上看，移动互联网终端产品可以说是开了联想产品设计的先河。

更重要的是，联想认为自己还有一个优势，是外资品牌、山寨品牌都不具备的，就是联想在国内市场的品牌影响力和资源整合能力，所以联想在国内智能手机市场采用了推送的服务形式，而且整合了众多资源,像QQ、淘宝等。对消费者来说,联想此举能保证用户使用的感受、体验更加方便,而对外资及山寨品牌来说,则是一道很难跨越的门槛。

初获成功[①]

2010年11月12日,联想集团在京举办了2010年移动互联开发者大会,会上公布了联想应用商店"乐园"的发展策略,意在将其打造为最适合中国用户和开发者的移动应用软件商店,十大首发应用也随之亮相。联想还推出了1亿元人民币规模的"乐基金"支持中国本土应用开发企业快速、健康成长。

本次大会以"应用智慧,乐自由我"为主题。联想集团CEO杨元庆表示:"我们移动互联网战略的关键在于,把丰富多彩的互联网应用和硬件、软件完美地整合在一起,帮助用户随时随地享受最佳的移动上网体验。乐Phone上市以来的成功,证明这一战略是正确的。下一步,我们将继续开发更加先进、完整的移动互联终端,加大力度提升终端规模,并为培育、孵化更多的应用提供更加直接的支持,与开发者共赢中国移动互联网的未来!"

联想"乐园"应用商店以"聚焦精品、安全保障、提高收益、合作共赢"为四大策略,致力打造一个最适合中国的移动互联应用平台。联想"乐园"应用商店目前运营良好。数据显示:自2010年5月推出至今的半年间,"乐园"已经收到开发者贡献的2 000多个精品应用,成功上架1 000多个,拥有2 774名个人以及团队开发者,542家企业开发者,总下载量超过200万次,10月以来日均下载量超过2万次。联想"乐园"的用户拥有极大的活跃度:81%的用户使用联想"乐园",其中53%的用户至少每周访问一次。

专门用于支持开发者创业成长的重大计划——"乐基金"也在本次大会上正式亮相。"乐基金"首期投入1亿元人民币,由联想控股公司旗下专业投资团队运营管理。"乐基金"作为天使投资,将专注于支持在移动互联网应用和服务领域进行开发的初创期和早期企业。

"乐基金"将与联想集团移动互联战略互为依托,充分利用联想相关业务优势,为被投企业带来增值价值。被投企业不仅能获得资金支持,更重要的是获得"宣传推广、深度开发、上下游合作以及预装机会"等多方面增值服务。凭借在数字阅读平台领域的出色创新,广州华阅数码科技有限公司成为首家获得"乐基金"投资的企业。

阅读材料8-3 为了前进必须付出的代价[②]

对于一位65岁的老人而言,他的退休生活远没有其他人安逸。作为联想集团的创始人,也是外界公认的联想头号人物,面对联想在2008年年底出现的巨额亏损,柳传志决定在2009年重新出山执掌联想大局。9个月后,联想公司在11月份公布的2009年公司第二季度的财报显示,在连续三个季度出现亏损后,联想终于扭亏为盈。

这不禁让人们提出新的疑问:联想陷入巨亏是因为之前的海外并购错了吗?柳传志一回来联想就复苏的现象,是否说明联想仍然无法切断与这位创始人的精神联系?以下为柳传志剖析联想在这几年的艰难历程。

---

① 谭茂. 联想举办2010年移动互联开发者大会[EB/OL]. (2010-11-12) [2020-04-20]. https://www.csdn.net/article/ 2010-11-12/281879.
② 商界名人故事:孔雀柳传志的"联想魂"[EB/OL]. (2010-05-17) [2020-04-20]. http://31.toocle.com/detail—5153770.html.

一、收购时埋下的隐患

我认为，尽管全球金融危机是让联想在 2008 年陷入低谷的直接导火索，但根本原因却是联想在 2005 年并购了 IBM 公司 PC 业务之后企业管理方面所埋下的隐患，其中最大的问题就是职业经理人的短期行为。

但如果当初就执意由中国人来执掌联想，联想可能会由于不了解国际市场和沟通障碍在当时就发生更大的危机。因此，在这样的两难之间，我们被迫选择了那些方向正确但绕了一个大弯的策略，犯下事前就心知肚明但仍然不得不去犯的"错误"，这是联想为了成为一家国际化公司而必须要做出的妥协，必须要缴纳的学费。而在几经辗转任命杨元庆担任 CEO 之后，联想终于回到了当初所制定的轨迹上，重新找到了一个具有"联想魂"的企业领导人。

"救火队长""教父回归"，这些都是外界对于我面对联想集团在 2008 年出现巨额亏损重新担任董事会主席时给出的称呼。但作为联想的创始人，我更愿意大家用父亲和孩子来形容我与联想集团之间的关系。面对联想 2008 年 2.2 亿美元的亏损，就如同眼看自己的孩子在成长的过程中遇到了难题，作为家长，我心里自然是最急的。于是，我义不容辞地要站出来。

我从来不认为自己是一个"教父"级的管理者，所谓的教父是要为大家明确指引方向的，是不能够犯错误的。但我不是圣人，我只是人，人都会犯错误。在面对联想的问题时，也是一样。让我最难受的是，即使在你已经意识到有些决定是错误的，会对联想造成一定伤害的时候，你还是必须咬着牙让它摔倒一次，因为这样才能够让联想拥有更好的成长空间。在我们 2005 年决定收购 IBM 公司 PC 业务的这件事上，联想就经历了这样的艰难蜕变。

2005 年 5 月 1 日，联想完成了对 IBM 全球 PC 业务的并购。当时，联想并购 IBM 公司 PC 业务的决定引起了业界的高度关注。我本人也听到了很多不同的意见，唱好或唱衰的声音都不少。3 年后，联想 2008 财年第四季度财报显示，2008—2009 年度全年净亏 2.26 亿美元，是联想历史上出现的最大亏损。这似乎给看衰联想"出海捕鱼"的人们找到了最确凿的论据。

但我从来不认为联想这次的并购可以用众人口中的"失败"来形容。我们一直都在朝着正确的方向行驶，只是在行驶的过程中，由于外部因素和自身条件的限制，我们在短时间内无法通过"两点之间线段最短"的原则前进，而是被迫要通过绕一个大弯的方法继续保持我们的行驶安全和方向正确。

机遇与妥协对于联想史上最难看的报表而言，金融危机的爆发是最直接的导火索。联想的股票在港交所的表现，同美国道琼斯指数的走势趋于一致，从这点可以看出金融危机对一家企业的影响；而从业务的角度来分析，联想收购了 IBM 全球的 PC 业务后，这部分业务针对的核心客户群体是商业用户，金融危机的爆发导致这些大的商业客户缩减了原有的预算，减少、延后甚至是取消了办公用品的采购计划。所以直接导致联想集团的营业额在这一年大幅度缩水。在我们自己绕弯的过程中，遭遇这种我们无法预见又无力抗衡的外部大环境因素，联想业绩的下滑就引起了外界各种猜疑和说法。

我用"直接导火索"来形容金融危机给联想带来的冲击，但它并不是导致联想在 2008 年陷入低谷期的根本原因。在这里我可以非常坦诚地向大家承认，导致联想出现危机的根本原因其实在 2005 年并购的时候就已经埋下了伏笔，我个人心里其实非常清楚，也因此在很长一段时间内备受煎熬。

二、必要的妥协

我在前面也已经提到了，从 2005 年并购 IBM 公司 PC 业务起，我们就开始了一段绕大弯的过程，而联想业绩在2008年的大幅下滑是绕大弯过程中所呈现出来的具体表现。我这里所指的绕大弯更具体点说,就是联想在完成收购,成为一家国际性公司后,对于执掌企业大局的首席执行官进行甄选的问题。

大家都知道,我是1984年同朋友一起创办中科院计算所新技术发展公司,也就是联想集团的前身的。那一年,我已经40岁了。对于我这个年纪的人而言,前面的三十几年都是浑浑噩噩地过日子。国家后来改革开放了,正好也赶上我的年龄和身体状况还允许,我认为自己是赶上改革开放这班车了,所以格外珍惜联想这个机会,联想对于我来说真可谓是老来得子的感觉。

我在很多场合也讲过,我希望联想能够成为一家伟大的企业。在我的理解中,一家伟大的企业第一是得活得长久;第二,要有一定的吨位,也就是规模;第三,这家企业对社会要有强烈的责任感。作为一家中国企业,社会责任感在我看来,不仅仅是公益、环保和捐资助学,作为中国企业的旗舰,不谦虚地说,我觉得联想有责任为中国的国家品牌做贡献,为中国企业向海外进发做出自己的贡献。

所以,不管从规模还是从品牌的国际效应上来考虑,我们已经非常确定联想是要走出去,从一家本土企业变为一家国际性大公司。如果我们能够成功地把握2005年那次机会收购IBM的PC业务,对于联想而言是千载难逢的打开国际市场、做大做强的好机会。IBM当年在PC领域的品牌知名度是联想无法比拟的,在业务量上也是当时联想的3倍。成功收购IBM公司PC业务,对于联想在核心技术同品牌知名度上都将是前所未有的提升,所以联想对于收购IBM的PC业务志在必得。

在并购过程中,为了能够更顺畅地完成,我们邀请了美国两家知名PE公司同联想一同参与并购工作。在谈到未来公司全球CEO人选的问题时,IBM推荐了IBM个人系统部总经理、IBM高级副总裁斯蒂芬·沃德。联想与这两家PE公司对IBM推荐的人选做了详细的分析和调查,当时董事会并不看好这个候选人。但如果联想当时不接受这个CEO,并购谈判很可能就此终止。我明白,这场并购对于联想要成为伟大的公司至关重要。为了能够把握住这次并购良机,也出于自身多方面的考虑,联想最后接受了这位来自IBM的CEO。我当时已经意识到,这是我必须要做出的妥协,而且代价可能是惨重的。

联想就这个问题在公司内部也研究了很久。虽然我可以说联想对于本土市场已经研究得非常透彻了,但是一旦走出家门,本土的经营方式在国外是否仍然适用,我们心里都没有底。成为一家国际公司后,你的员工都是国际人士,销售的、采购的、对外接口的等。如果收购后立马换上中国的领导,海外团队不认可怎么办?品牌的认同也就是品牌价值出现流失怎么办?联想的高管层普遍缺乏在国际市场上的经验,在面对如何带好国际团队的问题上,实话实说,我们当时的能力还有限。

就拿被大家认定的我的接班人杨元庆来说,我当然考虑过让他继续来做这家企业的CEO。但就当时的情况,杨元庆本人单从语言的沟通上,就不具备能够立即撑起一家跨国企业CEO的重任。当时如果我决定任命自己最信赖的杨元庆远赴海外担任这家跨国公司的CEO,在对国际市场经验不足的前提下,公司在决策上要是出现了任何的失误,被董事会举手表决否定这个人就十分冤枉。本土的员工到海外执掌大权,最多只是对海外市场没有充分的认知,如果这样就被完全否定掉一个人才,对联想集团、对杨元庆本人都是十分不公平的。

其实不仅仅是我一家企业,任何中国企业在面对走国际化路线的时候,都会遇到同样艰难的选择,在这样的两难境地下,权衡各方利弊,我最终同意了IBM的提议。但出于董事会对斯蒂芬·沃德的判断,我希望联想总部能够在业务上对接任的CEO有所把控。于是我决定自己退下来,让当时还是总裁兼CEO的杨元庆顶替我担任联想董事局主席一职。就此，联想完成了对IBM公司PC业务的收购。

三、职业经理人的短期行为

对于并购后联想的发展，我当时就已经对可能会到来的挫折有了预判。我暗自下了决心，一定要让中国的团队尽快成长起来，等我们羽翼丰满了，具备了充足的海外经验时，我就要让中国人担任联想CEO的角色。我当时为联想换将定下了5年的期限。

在斯蒂芬·沃德担任CEO不到一年的时间里，他对于行业的了解同做事的风格证实了董事会当初的判断。于是，董事会决定重新考虑CEO的人选。为了不造成中国企业收购美国公司就立即换掉美国人的误解，CEO的离任工作由当时参与并购的PE公司高层同斯蒂芬·沃德进行了谈判。由美国人出面，而且完全从业务的角度出发，联想并购后第一任CEO的离职处理得很顺利，从媒体到股市的表现都相当平稳，我一颗悬着的心终于落地了。

随后，我们找来了戴尔高级副总裁阿梅里奥接替沃德，成为公司第二任CEO。虽然他是电脑行业的专家，不会有人对他的专业能力提出异议，但是时间长了以后，这位洋CEO还是在掌管联想的问题上暴露了让我必须解决的问题。

其实，我觉得这是运营一家国际企业时可能存在的带有普遍性的问题。我一直在思考这个问题。当一家企业，他的创始人从公司领导者的位置上退下来后，公司创始人的第二代、第三代不愿意继承企业经营的现象大有人在。在这种情况下，富二代、富三代把上一辈打拼下来的企业轻而易举地就卖了，把成果转换为现金。那么这家企业变成谁的了呢？就变成全体股民的了。以后谁还会来为这么一家公司呕心沥血地制定长远规划和愿景呢？除了创始人，我们很难苛求其他人做到同样用心。

当一家企业从创始人掌舵变为职业经理人管理时，高级打工仔是设身处地为企业着想，还是只关注自己在位几年能否交出一份漂亮的财务报表，抱着不同态度来经营企业，表现在结果上可能是悬殊的。2001年上任的通用电气CEO杰夫·伊梅尔特，在接过杰克·韦尔奇的重任之前，已经在这家企业工作了将近20年，所以他对这家企业会充满感情，会从企业的长远利益的角度来思考问题。这样的职业经理人也是联想所需要的。

联想2005年并购了IBM公司的PC业务。从历史上讲，IBM公司PC部门主要针对的核心用户是商业客户。但在那个时候，电脑这个领域已经有了一个明显的发展趋势，那就是商用电脑的需求增长乏力，而个人消费电脑的增长却后劲十足。联想整个公司从战略上也是要朝着消费电脑的方向前进的。但是在海外这块，让IBM从商业客户提供商向消费类电子产品提供商转变的过程是相当困难的。

做商业客户，你的产品是跟着客户的需求走的。客户订制怎样的产品，我们就生产怎样的产品，这种生产方式是客户拉动产品。而要做消费类产品，就像联想在国内一直走的路线，是你必须洞察市场的需求，自己先行生产然后再拉动消费。两种模式的供应系统是不一样的，需要的IT系统也是不一样的。

在面对电脑产业大趋势有所改变的情况下，从长远角度考虑，我希望IBM能够上马更适合消费类产品的IT系统。但这个系统的改造要花费高达5亿~7亿美元。这些费用都是要从公司的利润里面分期扣除。这是一个具有长期效益的战略投资，但从短期利益来看，会对公司的年报产生很大的负面影响。

财报的表现又会牵动资本市场股价的波动，作为公司的高层，CEO的薪酬是由年薪同期权两部分组成，这就涉及职业经理人对企业经营的眼光放在多大的时间范畴内来考虑。这个 IT 系统的投资项目在阿梅里奥担任 CEO 期间由于各方面的原因，迟迟没有能够执行下去。在大环境改变的情况下，联想在向消费类提供商转型的过程中步伐相对迟缓，公司高层对企业的战略长远着眼点也有所不同。

当然，作为一家公司的 CEO，他一定会有自己的顾虑，这是完全可以理解的。但从联想的角度来看，一个不能够从情感和血脉上跟过去一起创业的联想员工荣辱与共的 CEO，是一个标准的职业经理人，但并不是联想所需要寻找的理想领导者。这是联想海外并购必然要遭受的挫折。不仅是我，所有的中国企业在海外并购时都存在类似的问题。

在联想出现海外同本土战略步伐不一致的情况后，我也试图同阿梅里奥进行长谈，希望他能够进行改进，但事实证明这样的沟通非常困难。我曾拜读过施振荣先生的《再造宏碁》，宏碁当年也为了更加国际化请来了国际人才，结果却出现水土不服的现象，给公司带来了大麻烦。我不是说为公司寻找外援是件不可行的事情，但必须要认同你服务的这家企业的核心价值。如果核心价值不能够得到认可，企业就会出大事。所以我后来就下定决心，一定要换上有联想血脉的人，愿意关注联想长远利益的 CEO。

四、有"联想魂"的领导者

2009 年的 2 月份，正巧赶上阿梅里奥的任职到期。回顾 3 年多联想在海外的成长之路，我们已经稳定住了公司的团队、原有的客户、品牌的价值以及市场占有率，在企业内部理顺了公司架构、决策、产品研发等流程。这些功劳都要感谢联想的前两任 CEO。在接下来的日子里，联想需要的是明确企业愿景，明确战略方向，也需要更强的执行能力。

这个时候，我觉得杨元庆是最适合联想 CEO 的人选。他从 1989 年进入联想工作，到今天已有 21 年了。他个人的才华和能力在国内已经得到了充分的认可。在联想并购 IBM 后的 3 个月后，为了近距离地积累海外的经验，杨元庆举家搬往了美国，开始了自己的"洋下乡"生活。几年的时间，杨元庆从自信心到同西方人沟通的能力都有了突飞猛进的提高。于是我向董事会提出了让杨元庆重新担任 CEO 的提议。

这几年，杨元庆在磕磕绊绊中已经成熟了起来。我个人认为他完全有能力担任好董事长兼 CEO 的角色。这个也是我在并购时候所想到的 5 年后的结果。企业由拥有"联想魂"的人掌舵，以前没有推行下去的 IT 系统改造已经在按部就班地执行了。我们现在新品开发的周期也从以前的 18 个月缩短到现在的 4 个半月，这是我们大量投入资金在研发上所取得的成绩。

但面对 2008 年联想的巨亏和对杨元庆团队建设的顾虑，为了给董事会吃一颗定心丸，我决定重新出山，担任董事会主席，为杨元庆保驾护航一段时间，让董事会对他的团队有更加充分的认识和信赖。但说实话，真正的工作都是杨元庆在做。从我个人的角度来看，我在不在其实真的没有太大的区别。

联想是起源于中国的公司。即便我们现在成为跨国企业，将会以开放的心去学习和接受新的理念和做法，但是，所有的行为都必须认同联想自身的文化和核心价值观。我们的根、我们的魂就在中国，这是联想一定要坚持的事情。

回首并购走过的几年，联想从赶鸭子上架水土不服到重新找回自己，这其中承受了必要的妥协和让步，也收获了宝贵的经验。现在，我们已经储备了充分的能量，调整好了自己的队伍，外部的大环境也相对好转了，我相信，2010 年将是联想转折的一年。

【链接】 柳传志喜获法国"世界企业家"大奖，联想集团国际化广受世界好评[①]

  法国时间2010年11月4日，联想集团董事局主席、联想控股有限公司总裁兼董事长柳传志在法国里昂市出席了由法国里昂商学院和毕马威会计师事务所联合举办的"世界企业家论坛"，并撷取了该论坛颁发的"世界企业家"大奖，该奖项是为了表彰在全球范围内有创业成就、对社会做出杰出贡献的典范性人物而设，获此殊荣的企业家2010年只有柳传志一人。

  评审团认为柳传志应获此奖的理由是：他们对Lenovo在过去20多年的发展历程感到印象深刻。在柳传志的领导下，这家基于中国的公司变成了一家国际公司，这一过程展现了柳传志的创业能力、领导素质，以及全球视野。更为重要的是，Lenovo是正在全球崛起的"中国企业"的一个绝佳代表。

  据了解，该国际评审委员会由来自不同国家18位国际商界领袖和社会学家等知名人士组成，经过严格挑选和激烈争论，最终在42个候选人选出了当晚不同类别的四名获奖者，他们都是负责任的企业界人士或专家，具有很强的代表性。颁奖现场，他们中的颁奖代表表示："柳传志在已经成为知名企业家后，还有这么大的勇气再向前走出一步，并购IBM个人电脑业务，具有高瞻远瞩的精神，勇敢且有能力成为中国企业界的代表。"

  当晚，近千人的颁奖现场座无虚席，气氛热烈。里昂市工商会会长Guy Mathiolon、中国驻里昂总领事馆总领事李平、新加坡创业部部长等官员与100多位来自55个国家的商界领袖见证了这一时刻。获得2010年"世界政治家奖"的法国经济部长克里斯蒂娜·拉加德因公务不能来到现场，特别在巴黎通过视频表示："当年IBM个人电脑业务卖给联想时，我惊诧不已。当时就有人给我介绍这位来自中国的联想创始人，这让我看到东西方企业正走向新十字路口，这是一个新的战略时刻，希望法国新兴的创业家把握好现在创业的大好时机。"

  "2004年，我在中国一所知名商学院演讲时曾问过下面的96个来自企业的高管，很多就是企业家，我问他们是否看好联想并购IBM个人电脑业务，下面只有三个人举手，其中有两个还是我们的员工。联想国际化过去五年充满波折，近两年来业绩直线上升，我这次来欧洲在西欧与法国公司员工眼中看到同事们的脸上、眼睛里充满信心。"柳传志在发表获奖感言中如此说。

  众所周知，联想集团的国际化之路并非坦途，尤其在金融危机横扫全球之时，并购IBM个人电脑业务的联想集团在2008财年曾亏损2.26亿美元，遭到业界很多质疑，甚至有人认为联想处于危险的悬崖边上。2009年2月，公司创始人柳传志义无反顾、挺身而出，重归联想集团董事长职位，与经历4年国际化磨炼的CEO杨元庆再度联手，迅速制定了新的全球战略并组建了强有力的国际化领导团队。在清晰而有效的战略指引下，联想集团在短短两个季度后就迅速扭亏为盈，在2009财年全年盈利1.61亿美元，此次调整也成为公司战略的一个全新转折点。

  以柳传志重新担任联想集团董事长、杨元庆重新担任联想集团CEO为标志，2009年初到今天，联想集团进入主动增长的国际化新阶段，尤其在全球经济继续呈现不确定性情况下，2010/2011财年第一季度，联想在全球的市场份额实现了两位数的历史性突破，达到10.2%，体现实现了财年初的战略目标；并且以48%的增长速度，连续第三个季度在全球五大PC厂商中保持第一，比市场21%的平均增速快了一倍。

[①] 资料来源：http://epaper.southcn.com/nfdaily/html/2010-11/05/content_6894129.html.

联想集团能够迅速扭转局面,展现了一个中国公司在走向世界的过程中,对企业管理规律和行业特点的深刻把握。调整后,联想集团建立了一个中西合璧的领导层,以联想多年来行之有效的管理理念和企业文化为基础,明确并有力执行了一个更加简单和清晰的战略,即"一手保卫战,一手进攻战"的双拳战略。既保卫好中国市场和全球企业客户两大核心业务,同时又提升利润率。

另一方面,联想要向高速增长的新兴市场和全球交易型业务市场发起猛烈的进攻,着重提升市场份额。现在,联想集团已经从国内 PC 的领导者成长为世界级的企业,公司的销售额从不到 30 亿美元迅速提升到近 170 亿美元,增长近 5 倍。

26 年来,柳传志一直致力于高科技产业化的探索和实践,不断引领企业开展自主创新,走出了一条具有中国特色的高科技产业化道路,并成为在全球崛起的"中国企业"的代表。柳传志在颁奖现场发表了充满激情的获奖感言:

"作为一个中国企业家,我能得到这个奖项,说明评审会对中国企业界的重视。我今年 66 岁了。我是从 40 岁开始创业的。而邓小平先生提出的改革开放是从我 34 岁那年开始的。在此之前,中国之贫穷难以想象。是开放让我们看到了外面的世界是多么美好,我们有多少东西要向外界学习;是改革解开了计划经济的绳子,让我们这些企业家能施展我们的智慧和释放我们的能量。所以我还要衷心感谢中国的改革开放的政策。得到这个奖项,我想我会以实际行动来表示我的感谢。一是把企业办好,为我们的股东创造利润的同时,让我们的员工生活得更好;二是努力为中国为全世界提供更多的就业机会;三是更多地参与各类公益活动,让社会变得更和谐;四是为环保而努力,为我们的子孙后代留下更好的环境。"

"世界企业家论坛"今年已经是第三届,"社会企业家"获得者是来自印度的支持妇女创业的负责人 Ms. Ela R. Bhatt、"政治家"奖项颁发给了法国经济部长克里斯蒂娜·拉加德,"学术专家"奖项颁给了哈佛商学院的 Howard H. Stevenson 博士。据悉,前两届最受瞩目的"世界企业家"得主分别是罗技公司的创始人丹尼尔·波里尔和在日本有"经营之父"之称的京瓷株式会社的创始人稻盛和夫。

2011 年 11 月 2 日,联想集团创始人柳传志卸任董事长一职,将担任集团名誉董事长,CEO 杨元庆兼任集团董事长,同时任战略委员会和企业管治委员会主席。柳传志称杨元庆是其"生命中的一部分",信任的表情正向外界表明,他终于将联想集团的未来交到了杨元庆的手里。柳传志说:"我相信,在元庆及其核心管理团队的领导下,联想集团将团结一心,取得更大的成就。"

2005 年,柳传志和杨元庆主导收购了 IBM 的个人电脑业务。之后,联想原 CEO 杨元庆接任董事长一职,柳传志退隐幕后。2009 年,联想巨额亏损,柳传志当年 2 月复出担任集团董事局主席,杨元庆则担任集团 CEO。目前,杨元庆终于全面接掌了联想集团。

【个案研究】 环宇集团持续成长"四要素"[①]

经过十多年的不懈努力,环宇集团由一个作坊式低压电器小厂,迅速发展成为销售收入超过 60 亿元、总资产超过 10 亿元的跨地区、跨行业的大型经济联合体,并跻身全国工业企业 500 强。概括

---

① 王拓宇. 论企业成长的四要素[J]. 温州企业家,2008(1).

起来,以下四个要素在其持续成长过程中起到了至关重要的作用。

时刻践行企业的社会责任

建厂初期环宇就倡导"严质量、重信誉"的企业精神,并一直保持足额纳税,把不欠税、不偷税漏税作为必须遵守的道德底线,以追求"阳光下的利润"为荣,因而多次获得"纳税大户""纳税百强""信用 AAA 级""重合同守信用"等表彰。随着公司的发展壮大,环宇在献爱心、救灾区、扶贫助学及公益活动中对社会的回报也在不断增加,以多做贡献、多做善事为大德。创业以来,累计出资数千万元用于各种捐赠活动,董事长王迅行荣登 2005 年"福布斯中国慈善榜",他的颁奖感言是"通过企业回报社会,通过社会提升创造财富的价值"。

及时调整企业发展战略

从创业到 20 世纪 90 年代初的以质量求发展,从 1996 年组建集团公司到 2000 年以规模求发展,从 2000 年至今以科学技术求发展,环宇集团在十多年的发展历程中,始终坚持根据形势的变化、不失时机地进行规模扩张,对企业发展战略做到合理调整,及时充实,从而增强了企业活力。目前,环宇这艘源于"草根经济"的帆板,已经由"船大抗风浪"的大船开始向现代化的"航母"过渡了。

不断创新为企业注入持续发展的动力

环宇集团创业的道路,从某种意义上说,就是一部科技兴业、不断开拓创新的历史。经过十多年的不懈努力,到 2005 年,与世界同步的环宇低压电器系列全部研发成功。现在公司的所有利润都来自科技创新。公司先后开发具有自主知识产权的 23 个系列 500 多种新产品,其中有省级新产品 30 多项,获得国家专利 12 项,塑壳断路器 HUM8 系列被科技部列为国家火炬计划项目。这些成绩充分显示了科技兴业的威力,环宇构筑的"科技金字塔"起到了巨大作用。

文化管理开启环宇管理新境界

长期以来,环宇集团在自己的企业管理行为中,渗透着许多文化因素,如倡导企业精神、经营理念,开展企业文化活动,以及企业形象的设计与宣传,并且制定了各种行为规范条例,用以提高做现代文明人的素质等。环宇强调"以人为本",特别重视培养人才和留住人才。环宇留住人才,一靠诚心,二靠周到。早在创业初期,有位为环宇做过较大贡献的电器老专家要求离职回家,公司同意了,但每个月的工资照发(寄到他家),一年下来,他被诚意感动,主动要求回公司再干两年。2003 年,环宇总部搬迁至工业园区,条件改善了,公司首先想到的是建设上档次的员工宿舍、员工食堂,因为这是人人有份的事,让全体员工都能分享到企业发展的成果。公司还特别开设了"夫妻房",被誉为"温暖工程"。这一切人文关怀,使员工心里潜移默化地产生了巨大的向心力和凝聚力,也成就了今天的环宇。

 项目总结 为了我们未来的成功——为自己制定人生发展规划

只有善于思考和总结的人,才能获得最大的收获与提高。

成长在于积累。笔记是积累的一种方式,这种方式最笨,也最聪明。它记录了你的发现,你的成长,你的感悟。把它们收集起来,这是你的财富,也是你永久的珍藏。

为家乡企业制定战略规划的过程是充实而艰辛的,但更大的收获与提高在于项目的总结和交流。经过了 15 周的项目开发,及时认真的总结交流和反思是必要的。15 周的项目开发带给我们的是启迪,是思考,是发现自己。

你肯定有很多感想,知识和技能也装了一箩筐,虽然可能仅仅是知识点。你也可能会有些许遗憾,因为你匆忙行动而顾不及运用相关的知识和方法,或是想当然地认为应该怎么做而忽略了相关的原理和法则,致使规划出错或是发展失利;你可能会有一个小小的愿望:假如我们可以重新再来……

那么,就开动你的脑筋,拿起你的笔进行反思和总结吧!同时,运用企业战略规划的理论、流程、方法与工具进行自己的人生发展规划。只有实践才能真正检验我们学到了什么,才能真正跨越自己。

一、项目参与者的日常记录

二、提交为家乡企业制定的战略规划

提交符合毕业论文撰写规范的《××企业战略规划》文本,字数 1 万至 1.5 万字。基本格式和要求如下:

绪论(阐述本规划的目的、意义、研究方法和内容结构等。字数 1 千字左右。)

1. 企业简介(对所研究企业的整体情况做一个简要概述。)
2. 外部环境分析

    2.1 外部发展机遇(从众多机遇中找出最适合本企业的 3~5 个机会。)

    2.2 外部发展威胁(从众多威胁中找出对本企业最大的 3~5 个威胁。)

3. 内部环境分析

    3.1 积淀的优势(立足于行业,从众多优势中找出本企业最鲜明的 3~5 个优势。)

    3.2 存在的不足(从众多不足中找出对本企业影响最大的 3~5 项威胁。)

4. 战略选择与战略目标

    4.1 指导思想(清晰描述企业的价值观、发展愿景和宗旨使命)

    4.2 战略选择

    (在企业价值观与愿景、使命的指引下,通过 SWOT 综合分析,做出本企业的战略选择,总体战略和竞争战略。)

    4.3 战略目标

    (目标,包括定性的描述和量化的指标。战略指标不宜太多,3~5 项足矣。)

5. 主要任务(战略任务)

    (战略任务是实现企业战略目标所要进行的重点工作。主要任务是影响企业战略目标实现的那些主要因素、主要方面。可以通过整合企业总体战略和竞争战略的具体实现途径和方式等得出。主要任务不宜太多,5~8 项足矣。)

6. 保障措施

    (保障措施是保障企业战略任务实现的重要举措,主要包括人、财、物的配置政策及考核政策等。)

    结论(提纲挈领地总结全文主要观点和结论。字数为 500~1 000 字。)

三、对发展规划的再思考

企业经营的本质是盈利,那么我们不妨从"如何盈利"入手,逐级展开以下6个问题的探讨:

(1) 利润不足是成本过高还是销售不足?

(2) 如果是成本太高,找出控制成本的有效方法。

(3) 如果是销售不足,分析是什么原因造成的?

(4) 如果企业所处行业已经没有利润空间,考虑尽早进行行业调整。

(5) 如果通过市场分析,感觉企业的细分市场不够大,要么加大市场投入,要么需要重新定位。

(6) 如果既不是行业的问题,也不是市场的问题,那么问题应该是出在管理上,就需要细化管理,内部改进。

四、改进工作的思路

(1) 扩大销售。

① 提高产品和服务的质量,增加客户满意度;

② 提高附加服务;

③ 市场渗透;

④ 开拓新市场;

⑤ 研发新产品、新技术;

⑥ 加强企业品牌宣传,改善公司及产品形象;

⑦ 集中资源重点投放;

⑧ 并行工程;

⑨ 扩建或改造生产设备,提高产能;

⑩ 提高设备利用率;

……

(2) 降低成本。

① 消除生产过程中的一切浪费;

② 考虑替代料;

③ 考虑委外、外包;

④ 节约资源;

⑤ 寻求合作;

⑥ 规模化、标准化;

……

五、项目总结交流

学习别人的长处,弥补自己的短处。各项目团队汇报,学生提问,教师点评。

六、为自己制定人生发展规划

人们习惯在低于自己能力的水平上工作,然而,确立目标会迫使人们调整自己的投入程度,从而提升工作绩效的水准。确立目标可有的放矢，使行动富有效率化，朝成功迈进。目标是一种期望值，每个人都渴望去实现。

目标应该是：

富有激励性——应当要求工作绩效较过去有所提升；

可达成的——不切实际的目标会导致沮丧、气馁和失败；

可衡量的——没有衡量标准，很难做出调整，取得效果。

借鉴企业战略管理理论、流程、方法与工具对自己的人生发展做规划。

××人生发展规划

1. 你所处的外部环境分析

机会：从众多机遇中找出最适合你的 3~5 个机会。

威胁：从众多威胁中找出 3~5 个对你最大的威胁。

2. 自身条件分析

优势：立足你所处环境，从众多优势中找出自身最鲜明的 3~5 个优势。

劣势：从众多不足中找出对你的发展影响最大的 3~5 项劣势。

3. 你的价值观与愿景、使命

认真思考，清晰描述你的价值观、发展愿景和使命。

4. 人生选择与目标

在价值观与愿景、使命的指引下，通过 SWOT 综合分析，做出自己的人生选择，设定人生目标，包括定性的描述和量化的指标；设定阶段性目标，将"高不可攀"的远大目标转化为"触手可摸"的阶段性目标；明确实现目标的途径，设定实现目标的主要举措。

5. 主要任务

确定为实现目标的关键任务，明确任务指标和时间节点。

6. 保障措施

制定为保障主要任务完成的具体措施。

7. 风险与应对

找出最可能影响目标实现的潜在的、主要风险点 3~5 个，并未雨绸缪，提前制定应对措施。

尾声　高成长企业的长赢基因[①]

过去近三十年，中国创造了一大批成功的企业，它们从无到有、从小到大，在提高生产力、创造就业机会等方面都取得了举世瞩目的骄人业绩。然而，在这些成功企业的背后却是数以万计的鲜为人知的夭折企业及小企业。那么，高成长企业的长赢基因到底是什么？

高速成长的企业，会因成长撕裂已有的管理体系和经营体系，会因成长引发更多的矛盾与冲突，陷入成长的陷阱——"没有成长等死，高速成长找死。"成长的企业有成长的烦恼。所以，成长是令人兴奋的，也是让人担忧的。

昙花一现的高成长企业并不鲜见

毋庸讳言，大量垮塌的企业中有很多企业从一开始就选项不好、管理也不行，注定发展不起来。我们姑且不谈这样的企业，而是说那些选项不错、一开始管理和发展也不错的企业。这些的确也红红火火了一阵子的企业，为什么会在一夜之间垮掉？如唐氏兄弟的德隆系、顾雏军的格林柯尔系、巨人集团、亚细亚、红高粱、盛兴超市、家世界等。

究其原因，主要有四点：一是机构迅速膨胀，管理力不能渗透到底；二是财务的过度扩张导致财务失控；三是人性的弱点，坐享其成、不思进取；四是成功的狂热，进入亢奋状态，轻视一切、导致失败。不仅如此，在过去显而易见的机会俯拾即是的情况下，许多企业形成了只知进攻、不知防守，只顾眼前目标、忽视长远战略，只凭直觉做事、不重系统思考，突出个人"英明"、淡漠高层团队价值，重模仿却对本土市场创新不足的短板和软肋。

然而，今天中国企业面临的环境已经发生并正在发生巨大的变化：市场开放的程度越来越高；全球一体化的特征越来越明显；竞争越来越激烈；显而易见的市场机会越来越少；中国和全球的消费者越来越成熟；技术创新的速度越来越快；中国劳动力和其他商务成本越来越高；中国企业员工的知识水平和管理难度越来越高；中国企业在承担社会责任方面的压力越来越大。

中国企业也正在加速变化以适应外部环境：它们正在从小规模生产经营演变到大规模生产经营；正在从提供低端、单一产品和服务演变到提供高中低全系列的产品和服务；正在从模仿者演变成创造者；正在从只关注本土经营和竞争演变到关注全球经营和竞争；正在从以自我为中心逐步演变到以客户为中心；正在从一成不变的营运和组织模式演变为适应性强、灵活多变的组织模式；正在从只关注生产经营演变到兼顾生产经营和资本运作。

在这种背景下，中国企业如何才能做到持续的高成长？的确，对单个企业来讲，成长是独特的个案，带有很大的偶然性，所以每个成长企业都有自己精彩的成长故事；但作为一个整体来看，成长企业几乎都有相同的成功要素，几乎都遵循着相同或类似的成长轨迹。分析国内外众多高成长企业中的"常青树"，我们可以发现以下特质极为重要。

[①] 刘平. 高成长企业的长赢基因[J]. 经理人，2008（8）：45-49.

（1）强烈的社会责任感和与时俱进的发展战略。
（2）危机意识和处理危机的能力。
（3）不断创新的意识与能力。
（4）不断创业的精神和富有凝聚力的企业文化。
（5）适应企业发展的管理与营运能力。
（6）动态调适的组织能力。

长赢基因一：强烈的社会责任感和与时俱进的发展战略

许多短寿的高成长企业在进行决策的时候，更偏好从直觉出发，而非依赖深入、系统的战略性思考。直觉是重要的，特别是在显而易见的机会俯拾即是的时候，这种直觉式的信息处理和决策风格确实可以带来速度和效率。但是，当业务日益复杂、竞争日益加剧、信息纷繁杂乱、显而易见的机会日益减少的时候，"凭直觉、拍脑袋""摸着石头过河"显然不能适应企业发展的需要。

国内很多企业自创始之日，受到创始人的影响就非常大，企业的战略方向基本是由创业者决定的。问题在于，很多创始人在创立企业的时候，并没有认真思考过企业的未来，大多为了生存只盯着近期的收益，只考虑眼前赚不赚钱，却没有真正从战略的高度来看待一个企业，最终导致很多企业还没有发展大，合伙人已经各奔东西，甚至另起炉灶。市场变化是迅速的，如果不能够长远打算，迟早会被挤出市场。

当然，企业初创时，目标一般是一个暗藏的、朦胧的意识。因为企业还很弱小，对瞬息万变的市场还缺乏足够的把握。无论企业具有怎样的信心，目标对于初创的企业至多是一个远大的抱负而无法量化和明确。即或企业有这样的远大目标，也缺乏说服力。IBM在一开始也没有想到会成为IT行业的蓝色巨人。联想集团"扛起民族工业的大旗"也是在后来具有足够实力时提出来的，目前走上了国际化。海尔在20世纪80年代中期提出了名牌战略，目前，海尔的战略目标则是由20世纪90年代初海尔的国际化发展到现在的国际化的海尔。也正是这些与时俱进的战略目标促成了这些企业持续的高速成长。

持续成长的企业需要一个符合时代潮流的具有前瞻性的发展战略和目标。研究发现，九成以上持续成长的企业都有清晰明确的发展战略和科学的制定流程，使企业发展战略能够做到与时俱进，不仅适时指明了企业的发展方向，明确了企业的行动纲领，同时也激发了员工的热情和斗志。

这些高成长企业表现出来的强烈社会责任感及行为，为企业创造了持续的高绩效。表现出这一特质的企业在企业内部和外部推崇并捍卫这些社会价值观，有时甚至在短期利益受损或得罪同行的情况下依然坚持这些行为。这些卓越的企业家认为持续的业务成功有赖于道德感和责任感。有一位CEO这样说过："你只有具有很高的道德标准才能够奠定成功的基石。"的确如此，有研究表明，企业的社会责任感和自律行为与良好的企业绩效具有高度的正相关。

长赢基因二：危机意识和处理危机的能力

危机意识是企业永续经营的良药。有人说，企业发生危机是异常情况。宏碁的创始人施振荣却并不这么认为。他认为，企业随时都可能碰到危机，这是一种正常状态，而不是异常状态。

因此就必须有随时应付危机的准备。当然，什么时候会发生危机是难以预料的。

人类为了防风雨而盖房子，而非好天气。既然我们懂得不要等到风雨来袭时才盖房子，企业也不能等到危机发生时才培养处理危机的能力。许多企业把危机看作是异常，缺少危机意识和准备，以至于危机来临时，束手无策。同时，危机常常也带来新的发展机遇，当企业处理好这一危机，往往也使企业迈上一个新的台阶。联想和宏碁的发展历程已经充分验证了这一点。

成功的领导者首先要有危机意识，并且善于制造危机，以提高组织的警觉，提升凝聚力和向心力；避免当真的危机来临时，束手无策、束手就擒。比尔·盖茨在《拥抱未来》一书里写道："败亡可以极快的速度降临市场领导者的身上。一旦你失掉了正面循环，再改变作为就已经太晚了；所有负面循环的要素都会乘虚而入"。当企业营运十分顺畅的时候，要经营者时刻意识到企业处于危机之中，并且立即做出反应，实非易事。

近年来，微软也刻意雇用一些曾在面临失败的公司里服务过的管理者。当面临失败时，人会被迫变得更有创意，挖得更深、想得更多，而且是夜以继日。比尔·盖茨希望他的身边有些具备这种经验的人。他认为，微软在未来也不免会遭遇挫败，到时希望这些在逆境中力争上游的人，能为微软扭转乾坤。

电视连续剧《男人没烦恼》中有这么一出戏：新生命公司为了在市场竞争中打垮强力公司，采用卑劣的手段，编造消费者的来信，贿赂记者发了一则《强力口服液有质量问题，对身体有害》的新闻报道。现实生活中，就有天津花旗果茶因此倒牌子的真实故事。等到若干年后企业打赢官司，也会因远水解不了近渴，产品大量积压、资金周转不灵而垮掉。这是人命关天的大事，谁还敢购买这样的产品？人们宁可信其有，也不会信其无。这对企业的危害有多大？可口可乐饮料在欧洲也碰到过被污染的事，所幸的是可口可乐最高层领导沉着冷静，采取积极认真负责的态度亲自去处理这一突发事件，终于使之安然渡过难关。

强力公司的经营者在产品质量有保证的坚定自信下，以冷静的眼光对待这一突发危机，并把危机变成难得的机遇。他们及时邀请众多的新闻媒体追踪报道这一事件，调查消费者来信、反映真实情况、让广大消费者为强力说话、迫使那家媒体检讨等，澄清了事实、扩大了影响、提高了知名度，反而有力地推动了销售；也使得新生命公司搬起石头砸了自己的脚。

强力公司化解并利用这一危机的关键在于，他们没有马上去纠缠不可能一下子就说清的法律责任，而是立即从正面出发，及时让广大消费者说话、让权威质量检测机构说话；及时抓住这一难得的机会，运用舆论大加炒作，获得了不曾有的宣传机会与效果。这也是因祸得福吧。危机不可怕，也躲不过，重点是要会化危机为契机。

长赢基因三：不断创新的意识与能力

在显而易见的机会变得越来越少、竞争日益激烈而利润水平不断下降的情况下，如何找到"蓝海"，对于中国企业来说是巨大的挑战。找到"蓝海"，并在"蓝海"中畅游，就需要产生大量的创新活动和行为。这些创新活动可以是产品服务的创新、营运模式的创新或者是盈利模式的创新等。

一个企业能够脱颖而出，往往有其独特的地方。但是单靠一个独特产品打天下的时代已经过去，不断地创新才是长赢之道。微软在借力IBM利用DOS奠定了PC机操作系统的标准后，不仅不断推出 DOS 的新版本,更是推出了 Windows 95、Windows 98、Windows 2000、Windows XP 等；英特尔公司能不断推出 CPU 新品,使用户不断追逐其足迹,也成就了他们不断的辉煌。

需要注意的是,创新是为开拓市场服务的,不是技术开发人员的自娱自乐、孤芳自赏。过度创新不仅于企业无利,甚至有害。索尼即是抱定"工程师文化"过度创新的受害者,20 世纪 70 年代中后期,在 VCR(录放机)制式的竞争中,日本 JVC 公司成为正循环下的胜利者,而索尼成为坐拥独门技术的失败者,即是一例。目前,韩国三星以市场需求为导向,成为学习索尼并超越索尼的不断创新者。

长赢基因四：不断创业的精神和富有凝聚力的企业文化

企业的成长要经过六道坎：技术坎－营销坎－管理坎－理念坎－战略坎－文化坎。联合国教科文组织的一项统计资料显示,文化因素占经济增长方式中 50%的份额,也就是说,经济的一半是文化。

成长企业与大企业相比,差距在于管理,而不在于经营。不断膨胀的员工规模和业务领域,使得管理的难题凸显出来。而企业的高速扩张引发的机会诱惑,也使得企业没有时间和精力思考管理问题,内外部矛盾交织在一起,遏制了良好的成长势头,更多的企业陷入成长的陷阱——没有成长等死,高速成长找死。

那些成功的企业,其成功的关键要素是企业文化,即通过良好的企业文化凝聚稳定员工队伍和干部队伍,通过企业文化弥补管理上的漏洞,通过企业文化把企业家个人的成功扩展到全体员工的成功,通过企业文化维持企业的活力与组织氛围。松下幸之助曾讲过：企业小的时候,取决于老板的能力,老板的能力有多大,企业就能做多大。企业大的时候,取决于员工的胸怀,员工的胸怀有多大,企业就能做多大。

员工的胸怀即来自企业文化。对创业者来说,当拥有千万资产的时候,就容易产生惰性：一是坐享财富；二是自满不进。而这种自满不仅一个人会产生,企业的许多人都会以各种不同的形式产生自满,于是贪图安逸、计较名利得失、妄自尊大、奋斗精神减弱等,失去了前进的动力,就失去了创新精神,也失去了开拓进取。企业失去了创新力,也就等于失去了继续发展的推动力。企业在商海里有如逆水行舟,不进则退。

企业发展到一定规模需要有系统化的企业文化,包括可以激励人的愿景和神圣的使命、企业精神和价值观等,这是企业向心力与凝聚力的核心来源,是使企业员工行为与方向趋向一致的规范,也是激励员工永葆创业精神、不断创新、开拓进取的动力。企业的发展除了需要一个好的领导人和正确的决策,还需要人气。人气对企业很重要。企业的领导者要把人气聚起来很不容易,但人气要散起来却很快。而好的企业文化是聚集人气的有力武器。

长赢基因五：适应企业发展的管理与营运能力

企业文化对企业成长很重要,但终究不能替代管理,因为企业文化的主体是工作中的人,它调整的更多的是生产关系；而管理的主体是人的工作,它调整的是生产力。企业价值的直接源泉在于效率,管理能够把企业的资源与要素加以整合,可持续发展的有效机制为企业的成长提供原动力。

不同的规模需要不同的管理方式和能力,管理 100 个人和管理 1 000 个人是不一样的。发展到一定规模必须进行专业化的企业管理。扎扎实实的基础管理是企业前进的基石。飞机要起飞必须要有一条坚实而宽阔的跑道。对企业而言，基础管理就是这样的一条跑道。

稳健的财务管理是企业管理和营运能力的核心体现之一，是企业长期发展经营的根本。不同行业及产品与定位的不同构成不同的经营形态，可称之为生意模型（Business Model）。根据不同的生意模型，才能发展出正确的财务运作方式，或称财务结构、财务模式。

财务结构与生意模型密不可分，财务结构要随着生意模型的变化而变化。公司资金有长短之分，经营者要有能力区分资金的性质与用途。否则以短期资金用作长期投资，破坏了财务的健全性，后患无穷。企业要兼顾成长与财务健全，必须维持适当比例的自有资金。也就是说，借钱要适度，使用要适量，留有余地。

长赢基因六：动态调适的组织能力

有研究发现，大多数中国企业领导人认为他们最大的挑战是人才短缺。换句话说，超高速发展的中国企业面临着人才的短缺和组织能力的脱节。同时，人才和组织建设的滞后和脱节也一定会制约企业的可持续高速增长。

组织能力体现在以价值为导向，强调人力资源前置管理的组织力，是组织为持续获得创新力、执行力，而进行的一项基础管理活动。新技术、新领域、新需求的不断爆发，导致有限的人力资源流动过快，以往粗放的、强调以结果为导向的后置式人力资源管理方式，令组织在新环境下的风险和成本激增，出现人才流失、无法聚焦、问题多发、内耗严重等管理失效现象。强化组织能力，可预见并化解管理风险、稳定执行力，更可令组织迅速适应环境，脱颖而出。

企业组织"动态调适"的设想是模块化，有各自的接口的组织机制，依此配置资源与能力，信息动态对称，价值动态对称，能力动态对称，这样的企业一定是反应敏捷、组织柔性、文化开放、人力激活，从而资源的附加值最大化、价值创造能力不断提升的组织。

参 考 文 献

[1] 杨锡怀，冷克平，王江．企业战略管理[M]．4版．北京：高等教育出版社，2016．
[2] 王方华．企业战略管理[M]．2版．上海：复旦大学出版社，2006．
[3] 赵越春．企业战略管理[M]．3版．北京：中国人民大学出版社，2019．
[4] 小阿瑟·A．汤普森，等．战略管理：概念与案例[M]．蓝海林，等．译．19版．北京：机械工业出版社，2015．
[5] 弗雷德·R．大卫．战略管理：概念部分[M]．李青，译．11版．北京：清华大学出版社，2008．
[6] 雷银生．企业战略管理教程[M]．2版．北京：清华大学出版社，2010．
[7] 陈忠卫．战略管理：新常态与新思维[M]．4版．大连：东北财经大学出版社，2015．
[8] 刘冀生．企业战略管理[M]．3版．北京：清华大学出版社，2015．
[9] 若热·瓦斯康塞洛斯·伊·萨．战略管理方法——定性与定量分析[M]．邓盛华，译．北京：中国标准出版社，2000．
[10] 刘平，李坚．创业学：理论与实践[M]．3版．北京：清华大学出版社，2016．
[11] 施振荣．再造宏碁：开创、成长与挑战[M]．北京：中信出版社，2005．
[12] 施振荣．宏碁的世纪变革[M]．北京：中信出版社，2005．
[13] 希尔，琼斯，周长辉．战略管理：第7版[M]．孙忠，译．中国版．北京：中国市场出版社，2007．
[14] 刘平．创业攻略：成功创业之路[M]．北京：中国经济出版社，2008．
[15] 高红岩．战略管理学[M]．北京：清华大学出版社，2007．
[16] 关国亮．新华方略[M]．北京：人民出版社，2004．
[17] 刘平．保险战争[M]．北京：电子工业出版社，2009．
[18] 刘庆元．企业战略管理[M]．2版．北京：中国广播电视大学出版社，2006．
[19] 凌志军．联想风云[M]．北京：中信出版社，2005．
[20] 弗雷德·R．大卫．战略管理：案例部分[M]．李青，译．11版．北京：清华大学出版社，2009．
[21] 方光罗．市场营销学[M]．3版．大连：东北财经大学出版社，2008．
[22] 刘平．拯救AIG：解读美国最大的金融拯救计划[M]．北京：中国经济出版社，2009．
[23] 吴晓波．大败局[M]．杭州：浙江人民出版社，2001．
[24] 陈惠湘．联想为什么[M]．北京：北京大学出版社，1997．
[25] 赵守兵，刘平．解密友邦：友邦保险中国攻略[M]．北京：中国发展出版社，2007．
[26] 刘平．用友ERP企业经营沙盘模拟实训手册[M]．5版．大连：东北财经大学出版社，2017．

[27] 黄丹，余颖．战略管理：研究注记·案例[M]．2 版．北京：清华大学出版社，2009．

[28] 迟宇宙．联想局[M]．北京：中国广播电视大学出版社，2005．

[29] 吴晓波．大败局 II[M]．杭州：浙江人民出版社，2007．

[30] 刘平．企业经营管理综合实训：基于企业经营沙盘模拟对抗[M]．2 版．北京：清华大学出版社，2015．

[31] 李海林，刘蓓．战略管理经典模式[M]．北京：经济科学出版社，2004．

[32] 魏杰．中国企业战略创新[M]．北京：中国发展出版社，2006．

[33] 张秀玉．企业战略管理[M]．2 版．北京：北京大学出版社，2005．

[34] 揭筱纹，张黎明．创业战略管理[M]．北京：清华大学出版社，2006．

[35] 谭开明，魏世红．企业战略管理[M]．5 版．大连：东北财经大学出版社，2019．

附录 A 综合案例大数据产业发展规划（2016—2020）[①]

数据是国家基础性战略资源，是 21 世纪的"钻石矿"。党中央、国务院高度重视大数据在经济社会发展中的作用，党的十八届五中全会提出"实施国家大数据战略"，国务院印发《促进大数据发展行动纲要》，全面推进大数据发展，加快建设数据强国。"十三五"时期是我国全面建成小康社会的决胜阶段，是新旧动能接续转换的关键时期，全球新一代信息产业处于加速变革期，大数据技术和应用处于创新突破期，国内市场需求处于爆发期，我国大数据产业面临重要的发展机遇。抢抓机遇，推动大数据产业发展，对提升政府治理能力、优化民生公共服务、促进经济转型和创新发展有重大意义。为推动我国大数据产业持续健康发展，深入贯彻十八届五中全会精神，实施国家大数据战略，落实国务院《促进大数据发展行动纲要》，按照《国民经济和社会发展第十三个五年规划纲要》的总体部署，编制本规划。

一、我国发展大数据产业的基础

大数据产业指以数据生产、采集、存储、加工、分析、服务为主的相关经济活动，包括数据资源建设、大数据软硬件产品的开发、销售和租赁活动，以及相关信息技术服务。

"十二五"期间，我国信息产业迅速壮大，信息技术快速发展，互联网经济日益繁荣，积累了丰富的数据资源，技术创新取得了明显突破，应用势头良好，为"十三五"时期我国大数据产业加快发展奠定了坚实基础。

信息化积累了丰富的数据资源。我国信息化发展水平日益提高，对数据资源的采集、挖掘和应用水平不断深化。政务信息化水平不断提升，全国面向公众的政府网站达 8.4 万个。智慧城市建设全面展开，"十二五"期间近 300 个城市进行了智慧城市试点。两化融合发展进程不断深入，正进入向纵深发展的新阶段。信息消费蓬勃发展，网民数量超过 7 亿，移动电话用户规模已经突破 13 亿，均居世界第一。月度户均移动互联网接入流量达 835M。政府部门、互联网企业、大型集团企业积累沉淀了大量的数据资源。我国已成为产生和积累数据量最大、数据类型最丰富的国家之一。

大数据技术创新取得明显突破。在软硬件方面，国内骨干软硬件企业陆续推出自主研发的大数据基础平台产品，一批信息服务企业面向特定领域研发数据分析工具，提供创新型数据服务。在平台建设方面，互联网龙头企业服务器单集群规模达到上万台，具备建设和运维超大规模大数据平台的技术实力。在智能分析方面，部分企业积极布局深度学习等人工智能前沿技术，在语音识别、图像理解、文本挖掘等方面抢占技术制高点。在开源技术方面，我国对国际大数

[①] 中华人民共和国工业和信息化部. 工业和信息化部关于印发大数据产业发展规划（2016—2020 年）的通知[EB/OL].（2016-12-18）[2020-04-20]. http://www.miit.gov.cn/n1146295/n1652858/n1652930/n3757016/c5464999/content.html.

据开源软件社区的贡献不断增大。

大数据应用推进势头良好。大数据在互联网服务中得到广泛应用，大幅度提升网络社交、电商、广告、搜索等服务的个性化和智能化水平，催生共享经济等数据驱动的新兴业态。大数据加速向传统产业渗透，驱动生产方式和管理模式变革，推动制造业向网络化、数字化和智能化方向发展。电信、金融、交通等行业利用已积累的丰富数据资源，积极探索客户细分、风险防控、信用评价等应用，加快服务优化、业务创新和产业升级步伐。

大数据产业体系初具雏形。2015年，我国信息产业收入达到17.1万亿元，比2010年进入"十二五"前翻了一番。其中软件和信息技术服务业实现软件业务收入4.3万亿元，同比增长15.7%。大型数据中心向绿色化、集约化发展，跨地区经营互联网数据中心（IDC）业务的企业达到295家。云计算服务逐渐成熟，主要云计算平台的数据处理规模已跻身世界前列，为大数据提供强大的计算存储能力并促进数据集聚。在大数据资源建设、大数据技术、大数据应用领域涌现出一批新模式和新业态。龙头企业引领，上下游企业互动的产业格局初步形成。基于大数据的创新创业日趋活跃，大数据技术、产业与服务成为社会资本投入的热点。

大数据产业支撑能力日益增强。形成了大数据标准化工作机制，大数据标准体系初步形成，开展了大数据技术、交易、开放共享、工业大数据等国家标准的研制工作，部分标准在北京、上海、贵阳开展了试点示范。一批大数据技术研发实验室、工程中心、企业技术中心、产业创新平台、产业联盟、投资基金等形式的产业支撑平台相继建成。大数据安全保障体系和法律法规不断完善。

二、"十三五"时期面临的形势

大数据成为塑造国家竞争力的战略制高点之一，国家竞争日趋激烈。一个国家掌握和运用大数据的能力成为国家竞争力的重要体现，各国纷纷将大数据作为国家发展战略，将产业发展作为大数据发展的核心。美国高度重视大数据研发和应用，2012年3月推出"大数据研究与发展倡议"，将大数据作为国家重要的战略资源进行管理和应用，2016年5月进一步发布"联邦大数据研究与开发计划"，不断加强在大数据研发和应用方面的布局。欧盟2014年推出了"数据驱动的经济"战略，倡导欧洲各国抢抓大数据发展机遇。此外，英国、日本、澳大利亚等国也出台了类似政策，推动大数据应用，拉动产业发展。

大数据驱动信息产业格局加速变革，创新发展面临难得机遇。当今世界，新一轮科技革命和产业变革正在孕育兴起，信息产业格局面临巨大变革。大数据推动下，信息技术正处于新旧轨道切换的过程中，分布式系统架构、多元异构数据管理技术等新技术、新模式快速发展，产业格局正处在创新变革的关键时期，我国面临加快发展重大机遇。

我国经济社会发展对信息化提出了更高要求，发展大数据具有强大的内生动力。推动大数据应用，加快传统产业数字化、智能化，做大做强数字经济，能够为我国经济转型发展提供新动力，为重塑国家竞争优势创造新机遇，为提升政府治理能力开辟新途径，是支撑国家战略的重要抓手。当前我国正在推进供给侧结构性改革和服务型政府建设，加快实施"互联网+"行动计划和中国制造2025战略，建设公平普惠、便捷高效的民生服务体系，为大数据产业创造了广阔的市场空间，是我国大数据产业发展的强大内生动力。

我国大数据产业具备了良好基础，面临难得的发展机遇，但仍然存在一些困难和问题。**一是**数据资源开放共享程度低。数据质量不高，数据资源流通不畅，管理能力弱，数据价值难以被有效挖掘利用。**二是**技术创新与支撑能力不强。我国在新型计算平台、分布式计算架构、大数据处理、分析和呈现方面与国外仍存在较大差距，对开源技术和相关生态系统影响力弱。**三是**大数据应用水平不高。我国发展大数据具有强劲的应用市场优势，但是目前还存在应用领域不广泛、应用程度不深、认识不到位等问题。**四是**大数据产业支撑体系尚不完善。数据所有权、隐私权等相关法律法规和信息安全、开放共享等标准规范不健全，尚未建立起兼顾安全与发展的数据开放、管理和信息安全保障体系。**五是**人才队伍建设亟须加强。大数据基础研究、产品研发和业务应用等各类人才短缺，难以满足发展需要。

"十三五"时期是我国全面建成小康社会决胜阶段，是实施国家大数据战略的起步期，是大数据产业崛起的重要窗口期，必须抓住机遇加快发展，实现从数据大国向数据强国转变。

三、指导思想和发展目标

（一）指导思想

全面贯彻党的十八大和十八届三中、四中、五中、六中全会精神，坚持创新、协调、绿色、开放、共享的发展理念，围绕实施国家大数据战略，以强化大数据产业创新发展能力为核心，以推动数据开放与共享、加强技术产品研发、深化应用创新为重点，以完善发展环境和提升安全保障能力为支撑，打造数据、技术、应用与安全协同发展的自主产业生态体系，全面提升我国大数据的资源掌控能力、技术支撑能力和价值挖掘能力，加快建设数据强国，有力支撑制造强国和网络强国建设。

（二）发展原则

创新驱动。瞄准大数据技术发展前沿领域，强化创新能力，提高创新层次，以企业为主体集中攻克大数据关键技术，加快产品研发，发展壮大新兴大数据服务业态，加强大数据技术、应用和商业模式的协同创新，培育市场化、网络化的创新生态。

应用引领。发挥我国市场规模大、应用需求旺的优势，以国家战略、人民需要、市场需求为牵引，加快大数据技术产品研发和在各行业、各领域的应用，促进跨行业、跨领域、跨地域大数据应用，形成良性互动的产业发展格局。

开放共享。汇聚全球大数据技术、人才和资金等要素资源，坚持自主创新和开放合作相结合，走开放式的大数据产业发展道路。树立数据开放共享理念，完善相关制度，推动数据资源开放共享与信息流通。

统筹协调。发挥企业在大数据产业创新中的主体作用，加大政府政策支持和引导力度，营造良好的政策法规环境，形成政产学研用统筹推进的机制。加强中央、部门、地方大数据发展政策衔接，优化产业布局，形成协同发展合力。

安全规范。安全是发展的前提，发展是安全的保障，坚持发展与安全并重，增强信息安全技术保障能力，建立健全安全防护体系，保障信息安全和个人隐私。加强行业自律，完善行业监管,促进数据资源有序流动与规范利用。

(三)发展目标

到 2020 年,技术先进、应用繁荣、保障有力的大数据产业体系基本形成。大数据相关产品和服务业务收入突破 1 万亿元[①],年均复合增长率保持 30%左右,加快建设数据强国,为实现制造强国和网络强国提供强大的产业支撑。

技术产品先进可控。在大数据基础软硬件方面形成安全可控技术产品,在大数据获取、存储管理和处理平台技术领域达到国际先进水平,在数据挖掘、分析与应用等算法和工具方面处于领先地位,形成一批自主创新、技术先进,满足重大应用需求的产品、解决方案和服务。

应用能力显著增强。工业大数据应用全面支撑智能制造和工业转型升级,大数据在创新创业、政府管理和民生服务等方面广泛深入应用,技术融合、业务融合和数据融合能力显著提升,实现跨层级、跨地域、跨系统、跨部门、跨业务的协同管理和服务,形成数据驱动创新发展的新模式。

生态体系繁荣发展。形成若干创新能力突出的大数据骨干企业,培育一批专业化数据服务创新型中小企业,培育 10 家国际领先的大数据核心龙头企业和 500 家大数据应用及服务企业。形成比较完善的大数据产业链,大数据产业体系初步形成。建设 10～15 个大数据综合试验区,创建一批大数据产业集聚区,形成若干大数据新型工业化产业示范基地。

支撑能力不断增强。建立健全覆盖技术、产品和管理等方面的大数据标准体系。建立一批区域性、行业性大数据产业和应用联盟及行业组织。培育一批大数据咨询研究、测试评估、技术和知识产权、投融资等专业化服务机构。建设 1～2 个运营规范、具有一定国际影响力的开源社区。

数据安全保障有力。数据安全技术达到国际先进水平。国家数据安全保护体系基本建成。数据安全技术保障能力和保障体系基本满足国家战略和市场应用需求。数据安全和个人隐私保护的法规制度较为完善。

四、重点任务和重大工程

(一)强化大数据技术产品研发

以应用为导向,突破大数据关键技术,推动产品和解决方案研发及产业化,创新技术服务模式,形成技术先进、生态完备的技术产品体系。

加快大数据关键技术研发。围绕数据科学理论体系、大数据计算系统与分析、大数据应用模型等领域进行前瞻布局,加强大数据基础研究。发挥企业创新主体作用,整合产学研用资源优势联合攻关,研发大数据采集、传输、存储、管理、处理、分析、应用、可视化和安全等关键技术。突破大规模异构数据融合、集群资源调度、分布式文件系统等大数据基础技术,面向多任务的通用计算框架技术,以及流计算、图计算等计算引擎技术。支持深度学习、类脑计算、认知计算、区块链、虚拟现实等前沿技术创新,提升数据分析处理和知识发现能力。结合行业

---

① 基于现有电子信息产业统计数据及行业抽样估计,2015 年我国大数据产业业务收入 2 800 亿元左右。

应用,研发大数据分析、理解、预测及决策支持与知识服务等智能数据应用技术。突破面向大数据的新型计算、存储、传感、通信等芯片及融合架构、内存计算、亿级并发、EB级存储、绿色计算等技术,推动软硬件协同发展。

培育安全可控的大数据产品体系。以应用为牵引,自主研发和引进吸收并重,加快形成安全可控的大数据产品体系。重点突破面向大数据应用基础设施的核心信息技术设备、信息安全产品以及面向事务的新型关系数据库、列式数据库、NoSQL数据库、大规模图数据库和新一代分布式计算平台等基础产品。加快研发新一代商业智能、数据挖掘、数据可视化、语义搜索等软件产品。结合数据生命周期管理需求,培育大数据采集与集成、大数据分析与挖掘、大数据交互感知、基于语义理解的数据资源管理等平台产品。面向重点行业应用需求,研发具有行业特征的大数据检索、分析、展示等技术产品,形成垂直领域成熟的大数据解决方案及服务。

创新大数据技术服务模式。加快大数据服务模式创新,培育数据即服务新模式和新业态,提升大数据服务能力,降低大数据应用门槛和成本。围绕数据全生命周期各阶段需求,发展数据采集、清洗、分析、交易、安全防护等技术服务。推进大数据与云计算服务模式融合,促进海量数据、大规模分布式计算和智能数据分析等公共云计算服务发展,提升第三方大数据技术服务能力。推动大数据技术服务与行业深度结合,培育面向垂直领域的大数据服务模式。

专栏1　　　　　　　　大数据关键技术及产品研发与产业化工程

突破技术。支持大数据共性关键技术研究,实施云计算和大数据重点专项等重大项目。着力突破服务器新型架构和绿色节能技术、海量多源异构数据的存储和管理技术、可信数据分析技术、面向大数据处理的多种计算模型及其编程框架等关键技术。

打造产品。以应用为导向,支持大数据产品研发,建立完善的大数据工具型、平台型和系统型产品体系,形成面向各行业的成熟大数据解决方案,推动大数据产品和解决方案研发及产业化。

树立品牌。支持我国大数据企业建设自主品牌,提升市场竞争力。引导企业加强产品质量管控,提高创新能力,鼓励企业加强战略合作。加强知识产权保护,推动自主知识产权标准产业化和国际化应用。培育一批国际知名的大数据产品和服务公司。

专栏2　　　　　　　　　　大数据服务能力提升工程

培育数据即服务模式。发展数据资源服务、在线数据服务、大数据平台服务等模式,支持企业充分整合、挖掘、利用自有数据或公共数据资源,面向具体需求和行业领域,开展数据分析、数据咨询等服务,形成按需提供数据服务的新模式。

支持第三方大数据服务。鼓励企业探索数据采集、数据清洗、数据交换等新商业模式,培育一批开展数据服务的新业态。支持弹性分布式计算、数据存储等基础数据处理云服务发展。加快发展面向大数据分析的在线机器学习、自然语言处理、图像理解、语音识别、空间分析、基因分析和大数据可视化等数据分析服务。开展第三方数据交易平台建设试点示范。

（二）深化工业大数据创新应用

加强工业大数据基础设施建设规划与布局，推动大数据在产品全生命周期和全产业链的应用，推进工业大数据与自动控制和感知硬件、工业核心软件、工业互联网、工业云和智能服务平台融合发展，形成数据驱动的工业发展新模式，支撑中国制造2025战略，探索建立工业大数据中心。

加快工业大数据基础设施建设。 加快建设面向智能制造单元、智能工厂及物联网应用的低延时、高可靠、广覆盖的工业互联网；提升工业网络基础设施服务能力。加快工业传感器、射频识别（RFID）、光通信器件等数据采集设备的部署和应用，促进工业物联网标准体系建设，推动工业控制系统的升级改造，汇聚传感、控制、管理、运营等多源数据，提升产品、装备、企业的网络化、数字化和智能化水平。

推进工业大数据全流程应用。 支持建设工业大数据平台，推动大数据在重点工业领域各环节应用，提升信息化和工业化深度融合发展水平，助推工业转型升级。加强研发设计大数据应用能力，利用大数据精准感知用户需求，促进基于数据和知识的创新设计，提升研发效率。加快生产制造大数据应用，通过大数据监控优化流水线作业，强化故障预测与健康管理，优化产品质量，降低能源消耗。提升经营管理大数据应用水平，提高人力、财务、生产制造、采购等关键经营环节业务集成水平，提升管理效率和决策水平，实现经营活动的智能化。推动客户服务大数据深度应用，促进大数据在售前、售中、售后服务中的创新应用。促进数据资源整合，打通各个环节数据链条，形成全流程的数据闭环。

培育数据驱动的制造业新模式。 深化制造业与互联网融合发展，坚持创新驱动，加快工业大数据与物联网、云计算、信息物理系统等新兴技术在制造业领域的深度集成与应用，构建制造业企业大数据"双创"平台，培育新技术、新业态和新模式。利用大数据，推动"专精特新"中小企业参与产业链，与中国制造2025、军民融合项目对接，促进协同设计和协同制造。大力发展基于大数据的个性化定制，推动发展顾客对工厂（C2M）等制造模式，提升制造过程智能化和柔性化程度。利用大数据加快发展制造即服务模式，促进生产型制造向服务型制造转变。

专栏3　　　　　　　　　工业大数据创新发展工程

加强工业大数据关键技术研发及应用。加快大数据获取、存储、分析、挖掘、应用等关键技术在工业领域的应用，重点研究可编程逻辑控制器、高通量计算引擎、数据采集与监控等工控系统，开发新型工业大数据分析建模工具，开展工业大数据优秀产品、服务及应用案例的征集与宣传推广。

建设工业大数据公共服务平台，提升中小企业大数据运用能力。支持面向典型行业中小企业的工业大数据服务平台建设，实现行业数据资源的共享交换以及对产品、市场和经济运行的动态监控、预测预警，提升对中小企业的服务能力。

重点领域大数据平台建设及应用示范。支持面向航空航天装备、海洋工程装备及高技术船舶、先进轨道交通装备、节能与新能源汽车等离散制造企业，以及石油、化工、电力等流程制造企业集团的工业大数据平台开发和应用示范，整合集团数据资源，提升集团企业协同研发能力和集中管控水平。

探索工业大数据创新模式。支持建设一批工业大数据创新中心，推进企业、高校和科研院所共同探索工业大数据创新的新模式和新机制，推进工业大数据核心技术突破、产业标准建立、应用示范推广和专业人才培养引进，促进研究成果转化。

（三）促进行业大数据应用发展

加强大数据在重点行业领域的深入应用，促进跨行业大数据融合创新，在政府治理和民生服务中提升大数据运用能力，推动大数据与各行业领域的融合发展。

推动重点行业大数据应用。 推动电信、能源、金融、商贸、农业、食品、文化创意、公共安全等行业领域大数据应用，推进行业数据资源的采集、整合、共享和利用，充分释放大数据在产业发展中的变革作用，加速传统行业经营管理方式变革、服务模式和商业模式创新及产业价值链体系重构。

促进跨行业大数据融合创新。 打破体制机制障碍，打通数据孤岛，创新合作模式，培育交叉融合的大数据应用新业态。支持电信、互联网、工业、金融、健康、交通等信息化基础好的领域率先开展跨领域、跨行业的大数据应用，培育大数据应用新模式。支持大数据相关企业与传统行业加强技术和资源对接，共同探索多元化合作运营模式，推动大数据融合应用。

强化社会治理和公共服务大数据应用。 以民生需求为导向，以电子政务和智慧城市建设为抓手，以数据集中和共享为途径，推动全国一体化的国家大数据中心建设，推进技术融合、业务融合、数据融合，实现跨层级、跨地域、跨系统、跨部门、跨业务的协同管理和服务。促进大数据在政务、交通、教育、健康、社保、就业等民生领域的应用，探索大众参与的数据治理模式，提升社会治理和城市管理能力，为群众提供智能、精准、高效、便捷的公共服务。促进大数据在市场主体监管与服务领域应用，建设基于大数据的重点行业运行分析服务平台，加强重点行业、骨干企业经济运行情况监测，提高行业运行监管和服务的时效性、精准性和前瞻性。促进政府数据和企业数据融合，为企业创新发展和社会治理提供有力支撑。

专栏 4　　　　　　　　　跨行业大数据应用推进工程

开展跨行业大数据试点示范。选择电信、互联网、工业、金融、交通、健康等数据资源丰富、信息化基础较好、应用需求迫切的重点行业领域，建设跨行业跨领域大数据平台。基于平台探索跨行业数据整合共享机制、数据共享范围、数据整合对接标准，研发数据及信息系统互操作技术，推动跨行业的数据资源整合集聚，开展跨行业大数据应用，选择应用范围广、应用效果良好的领域开展试点示范。

成立跨行业大数据推进组织。支持成立跨部门、跨行业、跨地域的大数据应用推进组织，联合开展政策、法律法规、技术和标准研究，加强跨行业大数据合作交流。

建设大数据融合应用试验床。建设跨行业大数据融合应用试验床，汇聚测试数据、分析软件和建模工具，为研发机构、大数据企业开展跨界联合研发提供环境。

(四)加快大数据产业主体培育

引导区域大数据发展布局,促进基于大数据的创新创业,培育一批大数据龙头企业和创新型中小企业,形成多层次、梯队化的创新主体和合理的产业布局,繁荣大数据生态。

利用大数据助推创新创业。 鼓励资源丰富、技术先进的大数据领先企业建设大数据平台,开放平台数据、计算能力、开发环境等基础资源,降低创新创业成本。鼓励大型企业依托互联网"双创"平台,提供基于大数据的创新创业服务。组织开展算法大赛、应用创新大赛、众包众筹等活动,激发创新创业活力。支持大数据企业与科研机构深度合作,打通科技创新和产业化之间的通道,形成数据驱动的科研创新模式。

构建企业协同发展格局。 支持龙头企业整合利用国内外技术、人才和专利等资源,加快大数据技术研发和产品创新,提高产品和服务的国际市场占有率和品牌影响力,形成一批具有国际竞争力的综合型和专业型龙头企业。支持中小企业深耕细分市场,加快服务模式创新和商业模式创新,提高中小企业的创新能力。鼓励生态链各环节企业加强合作,构建多方协作、互利共赢的产业生态,形成大中小企业协同发展的良好局面。

优化大数据产业区域布局。 引导地方结合自身条件,突出区域特色优势,明确重点发展方向,深化大数据应用,合理定位,科学谋划,形成科学有序的产业分工和区域布局。在全国建设若干国家大数据综合试验区,在大数据制度创新、公共数据开放共享、大数据创新应用、大数据产业集聚、数据要素流通、数据中心整合、大数据国际交流合作等方面开展系统性探索试验,为全国大数据发展和应用积累经验。在大数据产业特色优势明显的地区建设一批大数据产业集聚区,创建大数据新型工业化产业示范基地,发挥产业集聚和协同作用,以点带面,引领全国大数据发展。统筹规划大数据跨区域布局,利用大数据推动信息共享、信息消费、资源对接、优势互补,促进区域经济社会协调发展。

专栏5　　　　　　　　　大数据产业集聚区创建工程

建设一批大数据产业集聚区。支持地方根据自身特点和产业基础,突出优势,合理定位,创建一批大数据产业集聚区,形成若干大数据新型工业化产业示范基地。加强基础设施统筹整合,助推大数据创新创业,培育大数据骨干企业和中小企业,强化服务与应用,完善配套措施,构建良好产业生态。在大数据技术研发、行业应用、教育培训、政策保障等方面积极创新,培育壮大大数据产业,带动区域经济社会转型发展,形成科学有序的产业分工和区域布局。建立集聚区评价指标体系,开展定期评估。

(五)推进大数据标准体系建设

加强大数据标准化顶层设计,逐步完善标准体系,发挥标准化对产业发展的重要支撑作用。

加快大数据重点标准研制与推广。 结合大数据产业发展需求,建立并不断完善涵盖基础、数据、技术、平台/工具、管理、安全和应用的大数据标准体系。加快基础通用国家标准和重点应用领域行业标准的研制。选择重点行业、领域、地区开展标准试验验证和试点示范,加强宣贯和实施。建立标准符合性评估体系,强化标准对市场培育、服务能力提升和行业管理的支撑作用。加强国家标准、行业标准和团体标准等各类标准之间的衔接配套。

积极参与大数据国际标准化工作。 加强我国大数据标准化组织与相关国际组织的交流合作。组织我国产学研用资源，加快国际标准提案的推进工作。支持相关单位参与国际标准化工作并承担相关职务，承办国际标准化活动，扩大国际影响。

专栏6　　　　　　　　大数据重点标准研制及应用示范工程

　　加快研制重点国家标准。围绕大数据标准化的重大需求，开展数据资源分类、开放共享、交易、标识、统计、产品评价、数据能力、数据安全等基础通用标准以及工业大数据等重点应用领域相关国家标准的研制。

　　建立验证检测平台。建立标准试验验证和符合性检测平台，重点开展数据开放共享、产品评价、数据能力成熟度、数据质量、数据安全等关键标准的试验验证和符合性检测。

　　开展标准应用示范。优先支持大数据综合试验区和大数据产业集聚区建立标准示范基地，开展重点标准的应用示范工作。

（六）完善大数据产业支撑体系

统筹布局大数据基础设施，建设大数据产业发展创新服务平台，建立大数据统计及发展评估体系，创造良好的产业发展环境。

合理布局大数据基础设施建设。 引导地方政府和有关企业统筹布局数据中心建设，充分利用政府和社会现有数据中心资源，整合改造规模小、效率低、能耗高的分散数据中心，避免资源和空间的浪费。鼓励在大数据基础设施建设中广泛推广可再生能源、废弃设备回收等低碳环保方式，引导大数据基础设施体系向绿色集约、布局合理、规模适度、高速互联方向发展。加快网络基础设施建设升级，优化网络结构，提升互联互通质量。

构建大数据产业发展公共服务平台。 充分利用和整合现有创新资源，形成一批大数据测试认证及公共服务平台。支持建立大数据相关开源社区等公共技术创新平台，鼓励开发者、企业、研究机构积极参与大数据开源项目，增强在开源社区的影响力，提升创新能力。

建立大数据发展评估体系。 研究建立大数据产业发展评估体系，对我国及各地大数据资源建设状况、开放共享程度、产业发展能力、应用水平等进行监测、分析和评估，编制发布大数据产业发展指数，引导和评估全国大数据发展。

专栏7　　　　　　　　大数据公共服务体系建设工程

　　建立大数据产业公共服务平台。提供政策咨询、共性技术支持、知识产权、投融资对接、品牌推广、人才培训、创业孵化等服务，推动大数据企业快速成长。

　　支持第三方机构建立测试认证平台。开展大数据可用性、可靠性、安全性和规模质量等方面的测试测评、认证评估等服务。

　　建立大数据开源社区。以自主创新技术为核心，孵化培育本土大数据开源社区和开源项目，构建大数据产业生态。

（七）提升大数据安全保障能力

针对网络信息安全新形势，加强大数据安全技术产品研发，利用大数据完善安全管理机制，构建强有力的大数据安全保障体系。

加强大数据安全技术产品研发。 重点研究大数据环境下的统一账号、认证、授权和审计体系及大数据加密和密级管理体系，突破差分隐私技术、多方安全计算、数据流动监控与追溯等关键技术。推广防泄露、防窃取、匿名化等大数据保护技术，研发大数据安全保护产品和解决方案。加强云平台虚拟机安全技术、虚拟化网络安全技术、云安全审计技术、云平台安全统一管理技术等大数据安全支撑技术研发及产业化，加强云计算、大数据基础软件系统漏洞挖掘和加固。

提升大数据对网络信息安全的支撑能力。 综合运用多源数据，加强大数据挖掘分析，增强网络信息安全风险感知、预警和处置能力。加强基于大数据的新型信息安全产品研发，推动大数据技术在关键信息基础设施安全防护中的应用，保障金融、能源、电力、通信、交通等重要信息系统安全。建设网络信息安全态势感知大数据平台和国家工业控制系统安全监测与预警平台，促进网络信息安全威胁数据采集与共享，建立统一高效、协同联动的网络安全风险报告、情报共享和研判处置体系。

专栏8　　　　　　　　　　大数据安全保障工程

开展大数据安全产品研发与应用示范。支持相关企业、科研院所开展大数据全生命周期安全研究，研发数据来源可信、多源融合安全数据分析等新型安全技术，推动数据安全态势感知、安全事件预警预测等新型安全产品研发和应用。

支持建设一批大数据安全攻防仿真实验室。研究建立软硬一体化的模拟环境，支持工业、能源、金融、电信、互联网等重点行业开展数据入侵、反入侵和网络攻防演练，提升数据安全防护水平和应急处置能力。

五、保障措施

（一）推进体制机制创新

在促进大数据发展部际联席会议制度下，建立完善中央和地方联动的大数据发展协调机制，形成以应用带动产业、以产业支撑应用的良性格局，协同推进大数据产业和应用的发展。加强资源共享和沟通协作，协调制定政策措施和行动计划，解决大数据产业发展过程中的重大问题。建立大数据发展部省协调机制，加强地方与中央大数据产业相关政策、措施、规划等政策的衔接，通过联合开展产业规划等措施促进区域间大数据政策协调。组织开展大数据发展评估检查工作，确保重点工作有序推进。充分发挥地方政府大数据发展统筹机构或协调机制的作用，将大数据产业发展纳入本地区经济社会发展规划，加强大数据产业发展的组织保障。

（二）健全相关政策法规制度

推动制定公共信息资源保护和开放的制度性文件，以及政府信息资源管理办法，逐步扩大开放数据的范围，提高开放数据质量。加强数据统筹管理及行业自律，强化大数据知识产权保护，鼓励企业设立专门的数据保护职位。研究制定数据流通交易规则，推进流通环节的风险评估，探索建立信息披露制度，支持第三方机构进行数据合规应用的监督和审计，保障相关主体合法权益。推动完善个人信息保护立法，建立个人信息泄露报告制度，健全网络数据和用户信息的防泄露、防篡改和数据备份等安全防护措施及相关的管理机制，加强对数据滥用、侵犯个人隐私等行为的管理和惩戒力度。强化关键信息基础设施安全保护，推动建立数据跨境流动的法律体系和管理机制，加强重要敏感数据跨境流动的管理。推动大数据相关立法进程，支持地方先行先试，研究制定地方性大数据相关法规。

（三）加大政策扶持力度

结合《促进大数据发展行动纲要》《中国制造2025》、"互联网+"行动计划、培育发展战略性新兴产业的决定等战略文件，制定面向大数据产业发展的金融、政府采购等政策措施，落实相关税收政策。充分发挥国家科技计划（专项、基金等）资金扶持政策的作用，鼓励有条件的地方设立大数据发展专项基金，支持大数据基础技术、重点产品、服务和应用的发展。鼓励产业投资机构和担保机构加大对大数据企业的支持力度，引导金融机构对技术先进、带动力强、惠及面广的大数据项目优先予以信贷支持，鼓励大数据企业进入资本市场融资，为企业重组并购创造更加宽松的市场环境。支持符合条件的大数据企业享受相应优惠政策。

（四）建设多层次人才队伍

建立适应大数据发展需求的人才培养和评价机制。加强大数据人才培养，整合高校、企业、社会资源，推动建立创新人才培养模式，建立健全多层次、多类型的大数据人才培养体系。鼓励高校探索建立培养大数据领域专业型人才和跨界复合型人才机制。支持高校与企业联合建立实习培训机制，加强大数据人才职业实践技能培养。鼓励企业开展在职人员大数据技能培训，积极培育大数据技术和应用创新型人才。依托社会化教育资源，开展大数据知识普及和教育培训，提高社会整体认知和应用水平。鼓励行业组织探索建立大数据人才能力评价体系。完善配套措施，培养大数据领域创新型领军人才，吸引海外大数据高层次人才来华就业、创业。

（五）推动国际化发展

按照网络强国建设的总体要求，结合"一带一路"等国家重大战略，加快开拓国际市场，输出优势技术和服务，形成一批具有国际竞争力的大数据企业和产品。充分利用国际合作交流机制和平台，加强在大数据关键技术研究、产品研发、数据开放共享、标准规范、人才培养等方面的交流与合作。坚持网络主权原则，积极参与数据安全、数据跨境流动等国际规则体系建设，促进开放合作，构建良好秩序。

附录 B 企业战略规划提纲

0. 绪论

1. 企业简介
2. 外部环境分析

    2.1 外部发展机遇

（说明：机遇通常 3~5 条，最多不超过 8 条。每一条要用个性化标题总结，可参考本书第二章美国克莱斯勒汽车公司外部分析结论里的 5 条发展机遇以及附录 A 综合案例大数据产业发展规划中"'十三五'时期面临的形势"等）

   2.1.1
   2.1.2
   2.1.3
   2.1.4
   2.1.5
   ⋮

  2.2 外部发展威胁

（说明：威胁通常 3~5 条，最多不超过 8 条。每一条要用个性化标题总结，可参考本书第二章美国克莱斯勒汽车公司外部分析结论里的 3 条威胁以及附录 A 综合案例大数据产业发展规划中"'十三五'时期面临的形势"等）

   2.2.1
   2.2.2
   2.2.3
   2.2.4
   2.2.5
   ⋮

3. 内部环境分析

    3.1 积淀的优势

（说明：优势通常 3~5 条，最多不超过 8 条。每一条要用个性化标题总结，可参考本书第三章美国克莱斯勒汽车公司内部分析结论里的 5 条优势以及附录 A 综合案例大数据产业发展规划中"我国大数据发展的基础"等）

   3.1.1

3.1.2
3.1.3
3.1.4
3.1.5
⋮

3.2 存在的不足

（说明：不足通常 3~5 条，最多不超过 8 条。每一条要用个性化标题总结，可参考本书第三章美国克莱斯勒汽车公司内部分析结论里的 4 条劣势以及附录 A 综合案例大数据产业发展规划中"'十三五'时期面临的形势"等）

3.2.1
3.2.2
3.2.3
3.2.4
3.2.5
⋮

4. 战略选择与战略目标

4.1 指导思想

（可参考附录 A 综合案例大数据产业发展规划"指导思想和发展目标"中的指导思想和发展原则）

4.2 战略选择

（可参考本书第五章美国克莱斯勒汽车公司的 SWOT 分析矩阵）

4.3 战略目标

（可参考：附录 A 综合案例大数据产业发展规划 "三、指导思想和发展目标"中的发展目标，要定性描述和定量指标相结合）

5. 主要任务

（说明：整合子项目 4 和子项目 5 的相关内容形成主要任务，通常 5~8 项，最多不超过 10 项，每一项要用个性化标题总结，可参考附录 A 综合案例大数据产业发展规划中"重点任务和重大工程"）

5.1
5.2
5.3
5.4
5.5

5.6
5.7
5.8
5.9
……

6. 保障措施

（说明：保障措施通常 4~5 项，每一项要用个性化标题总结，可参考附录 A 综合案例大数据产业发展规划中"保障措施"）

6.1
6.2
6.3
6.4
6.5

7. 结论